江西师范大学博士文库专项资助成果

J I A N G X I N O R M A L U N I V E R S I T Y

明代江西进士考证

TEXTUAL RESEARCH ON JIANGXI JINSHI

OF THE MING DYNASTY

邱进春 著

中国社会科学出版社

图书在版编目(CIP)数据

明代江西进士考证／邱进春著．—北京：中国社会科学出版社，2015.6
ISBN 978－7－5161－5224－9

Ⅰ.①明…　Ⅱ.①邱…　Ⅲ.①进士－研究－江西省－明代　Ⅳ.①D691.3

中国版本图书馆CIP数据核字(2014)第297525号

出 版 人　赵剑英
责任编辑　宫京蕾
特约编辑　李　倩
责任校对　李　楠
责任印制　何　艳

出　　版　中国社会科学出版社
社　　址　北京鼓楼西大街甲158号
邮　　编　100720
网　　址　http://www.csspw.cn
发 行 部　010－84083685
门 市 部　010－84029450
经　　销　新华书店及其他书店

印刷装订　北京市兴怀印刷厂
版　　次　2015年6月第1版
印　　次　2015年6月第1次印刷

开　　本　710×1000　1/16
印　　张　32.75
插　　页　2
字　　数　465千字
定　　价　85.00元

凡购买中国社会科学出版社图书，如有质量问题请与本社联系调换
电话：010－84083683

序

清光绪三十一年（1905），行用了将近一千三百年的科举制，戛然中止。

此后百余年来，随着时间的推移，人们对科举制从开始偏激地声讨、冷静地反思，到现在全面、客观地进行研究，科举学形成一门显学，说明科举制的历史没有远离我们而去。这一曾牵动一千三百多年中国社会世道人心的制度，其对中国历史进程所产生的影响，对中国文化传统演进的影响，不是凭一纸废除的“诏令”就能终结的；相反，亟须我们走进科举制历史，深入地去研究、分析、吸纳、消化该制度的内容、生命力和影响力，取其精华，剔除糟粕，对其功过是非给出正确的评价，对该制度的进步性、合理性、公正性给予肯定、弘扬和借鉴，而其所存在的弊病与腐朽性，则给予揭发与批判。

正是在这样的学术大背景下，越来越多的年轻学子，选择了科举研究的学术方向，投身于中国科举史的研究。江西师大邱进春博士，就是其中的一位。

科举研究是一门跨学科的研究，它涉及历史学、教育学、中国语言文学、考古学，文物、图书、档案、博物馆学、汉学等领域，不是哪一个学科能够包办得了科举史和科举学的研究。本书作者邱进春，是古代汉语专业硕士、中国古典文献学专业博士，他具备了从事中国古代科举史研究的学力和基础。《明代江西进士考证》，是他在博士论文基础上修改而成的一部科举史研究学术专著。

科举史研究，须是宏观的、中观的、微观的研究相结合，即总体概括千百年的科举史、断代的科举史和各个专题的科举制研究相结合；而这三者之研究，又离不开理论性的探讨与基础性的研究相结合。基础研究是一切科举研究的基础。基础研究包括两个方面，一是对科举文献的挖掘与整理；二是对历代登科人物的资料挖掘与整理。摸清历代登科人物的总数、掌握登科人物的传记资料，这是科举研究之基础的基础。如果将科举史研究比作一座大厦，那摸清历代登科人数及其主要的传记资料，就是大厦的基础。没有这个基础，科举研究就成了“空中楼阁”。我主持的国家社科基金重大课题《中国历代登科总录》，做的正是这一基础性工作。

2003 年，作者考进浙大古籍所古典文献专业，我成了他的博士生导师。经相商，确定了将攻博论文的撰写，与参加《中国历代登科总录》子课题《明代登科总录》结合起来。作者即以明代江西进士研究为题，投入了三年艰苦而深入的研究。《明代江西进士考证》这篇学位论文，便是他交出的一份优秀的研究成果。

不言而喻，本书是一项中观型的基础性研究。江西是科举大省，明代江西科举，继续保持宋代科举繁荣时期前沿地位的强劲势头。作者指出：“有明一代，江西在科举方面取得了辉煌的成就，不仅在数量上居于全国前列，而且质量上也相当突出。”可以说，与南直隶、浙江同居于前列地位。作者选取明代江西进士，作为区域性基础研究的对象，具有典型意义。作者又是江西人，在江西求学、工作，做此项研究又有地利、人和之便。

本书特点，首先是不厌其烦、深入地下功夫选取第一手科举文献资料，资料运用之精审、翔实、可靠，在同类研究中是佼佼者。试以明代江西进士总数研究为例，吴宣德《明代进士的地理分布》认为有 2761 人，郑建明《试论江西进士的地理分布》认为有 3008 人，谢宏维《论明清时期江西进士的数量变化与地区分布》认为有 2728 人，三者相差甚远，何故？他们在统计明代江西进士总数时，主要依据《明清进士题名碑录索引》《国朝历科进士题名碑录初集·明洪武至崇祯附》，甚至依据类书《古今图书集成》。基本上都是根据第二手资料。所以得出的结论既不统一，也难以令人信服。作者在书中指出，明代原始登科名录不全，别的不说，即如洪武十八年榜，《登科录》不传，进士题名碑被明成祖朱棣仆倒，《国朝历科进士题名碑录初集·明洪武至崇祯附》只保存了293名。李周望据方志增补了21名，合计314名。朱保炯的《明清进士题名碑录索引》，在其增补的基础上，又据方志增补了108名，但仍缺少50名。几位研究明代江西进士总数的学者，没有先去解决这50名缺额，以及增补进士的真伪等问题，就凭《明清进士题名碑录索引》进行统计，能得出正确的数据吗？回答当然是否定的。作者就不绕开这一难题，而是深入挖掘和利用第一手科举文献，如《御制大诰三编》《明实录》《登科考》《贡举考》《类姓登科考》《弇山堂别集》《掖垣人鉴》《国榷》等，扎扎实实地对洪武十八年进士一一予以考证，全部考出了该榜472名进士，写成《洪武十八年榜进士考实》，发表在《文献》（2008年第1期）上。窥一斑可见全豹，其他考证不一一举例。这种严谨的考据贯穿全书，是本书的一大亮点。

正是在这样严谨考证的基础上，明代科举研究中的诸多重大问题，如明代贡士并非会试中式者，明代进士榜次和进士总数的确认，洪武十八年榜名单的是非，进士的更名改姓，考籍与乡贯的脱节，官年与实年的差异，等等，都在本书中得到了较好的解决，其结论令人信服。因此，本书的价值不仅限于考证江西进士，对于推进整个明代科举制度的研究，同样具有十分重要的学术意义。

本书第二个特点，就是运用历史唯物主义，去鉴别江西明代进士因地域流动、姓名变更及字号行用、文献记载的失误、地方行政区划的变动等，造成进士一人变二人、籍贯歧异或张冠李戴等一系列问题。如康熙《江西通志》卷18《选举·进士·明》：“正统丙辰周旋榜　龙文，泰和人，官至侍郎……龙文，兴国人，官至南京工部侍郎。”据《通志》，龙文为二人同榜。《登科考》《国朝历科进士题名碑录初集·明洪武至崇祯附》均作泰和县人，而嘉靖《赣州府志》、天启《赣州府志》，则作兴国县人。作者经过考证，认为龙文为一人，兴国县户籍，移居泰和县登进士。又如天启五年进士张斌，《类姓登科考》有“姚张斌”，《国朝历科进士题名碑录初集·明洪武至崇祯附》有“张斌”，这两者是否同一人呢？作者据崇祯《抚州府志》、雍正《江西通志》，理清了张斌原姓姚，临川人，登进士后复姓姚，但又保留曾改姓，故有双姓“姚张斌”之称，此称确使用于时，见雍正《广西通志》卷68《名宦·明》：“姚张斌，字宪卿，临川人，崇祯八年任苍梧道。”如此精细入微的考证，于当前信手拈引《明清进士题名碑录索引》《国朝历科进士题名碑录初集·明洪武至崇祯附》等二手或常用文献资料进行区域进士研究风气，是重大冲击，也是一个重大突破。

本书第三个特点，是在严谨的史料鉴别与考订基础上，梳理出一份江西明代2719位进士的小传。其工作量至大，其功亦伟。这是一项研究江西明代进士地理分布、科举人物、地方经济与文化的基础性成果，具有重大的学术意义。

作者与我师生相从三年，在完成博士论文之后，我又请他继续参与《中国历代登科总录》子项目《明代登科总录》的研究工作，因此一直保持着联系，关系良好。我对他的学术研究，十分信赖。一方面，他做学问，不好高骛远，能耐得住寂寞，刻苦好学，踏踏实实，严谨细致，一丝不苟。另一方面，他淡泊明志，为人忠实厚道，谦逊坦诚，不沽名钓誉，不搞旁门邪道，与势利之徒更是水火不容，是当代年轻知识分子的一根标杆。我和他在从事《明代登科总录》研究过程中，相互切磋，相互尊重，他重然诺，讲信用，合作得十分愉快。这在大型集体项目的分工合作中，是十分难能可贵的品格。

该博士论文在完成之后，因客观原因，迟迟未能出版。今年终于获得了出版机会，我为他高兴。他嘱我为之写序，我欣然命笔，遂写下了以上文字，权为之序。希望读者也能和我一样，分享这一可贵的研究成果，并从中得到为学的启迪。

杭师大特聘教授　浙江大学教授、博导龚延明

2013年12月7日

前　　言

一项延续了一千三百余年的人才选拔制度——科举考试制度，一度只作为被批判的对象存在于人们的认识当中。随着社会的进步，人们的思想观念发生了巨大的变化，能够客观理性地看待世界，真正运用辩证唯物主义的观点来分析一切人和物。对于科举制度，我们已将其视为传统文化的一部分，在批判的同时，开始了对其合理性内核的发掘。时至今日，这项研究已经取得了相当丰硕的成果。

何忠礼教授对过去一个世纪的科举研究进行了综述。① 他认为，这一期间科举研究的重要成果，主要集中在以下几个方面：一是科举制度起源问题，十余位中外学者对此进行了考辨，由于对确定科举制度的标准不统一，故未能达成一致；二是各朝科举制度的具体实施，包括科目设置、考试程序、考试内容、舞弊与防范、学校与科举、各朝制度的异同对比等诸多方面，都进入我们的研究视野，成果也最为丰富；三是对科举制度的历史评价及其国际影响；四是对古代科举史料的编纂，列举了三种最有影响的资料汇编。为作者直接引用的相关专著有四十余部，论文近八十篇，基本囊括了二十世纪较有影响力的论著，充分反映了过去科举研究的发展脉络，具有相当的深度。

刘海峰教授则从广的角度，对 2005 年 8 月以前几乎所有的“科

① 何忠礼：《二十世纪的中国科举制度史研究》，《历史研究》2000 年第 6 期，第 142—155 页。陈高华又补充了部分元代科举研究的著作，见《〈二十世纪的中国科举制度史研究〉的一点补充》，《历史研究》2001 年第 3 期，第 187—188 页。

举学著作”进行了统计，其中甚至包括不少普及性的非学术作品，比如《科举奇闻》《状元趣谈》等。由此归纳出近二十个专论形式的科举学框架，包含了科举研究所能涉及的诸多领域，视野十分开阔。[①]

参照以上几位大家的研究，我们不难发现，从朝代的取向来看，科举研究成果的分布并不均衡。对唐宋科举制度研究的成果最为丰富，聚集的名家也最多，如傅璇琮、何忠礼、龚延明教授等；对清代的研究也有不少力作，如商衍鎏的《清代科举考试述录》等。[②] 相比之下，明代科举制度的研究成果比较薄弱，主要表现在两个方面：一是成果数量相对较少，除了政治制度、科举制度通史外，专门系统地研究明代一朝科举考试制度的专著，目前大陆仅见黄明光《明代科举制度研究》和王凯旋《明代科举制度考论》；二是成果质量还有待提高，不少著作对相关问题的论证不够细致，有些甚至还存在一定的观点性错误。

先拿上面列举的两本专著来说，作为目前国内仅见的两部明代科举制度研究专著，作者的选题具有填补空白的意义。在内容上，两书分别就相关问题开展了比较深入的专题研究，有助于加深我们对明代科举制度的了解。不过，两书中还是存在一些不足之处，下面我们仅以两书对明代贡士的论述为例，稍微展开一点说。

黄著在第三章讨论明代会试情况及特点时，专辟一节论述会试贡士在政府衙门中的地位。[③] 作者并没有对明代贡士的概念做出判定，但从其标题和正文内容看，显然是把贡士视为会试中式者的专称。从《明代登科录汇编》所记载的考官名单中，作者统计出33科会、殿试的考官有591人为贡士，然后依据这591位贡士的任职情况，得出了相关结论。我们认为，作者整个这一节的论证根本不能成立，因为他

① 刘海峰：《科举学导论》，华中师范大学出版社2005年版。

② 以下在非引用时所提到的各书，版本请参见本书末参考文献，正文中不赘举。

③ 黄明光：《明代科举制度研究》，广西师范大学出版社2000年版，第62—63页。亦见于黄明光《明代会试初探》一文，载《广西右江民族师专学报》1999年第4期，第63—65页。

连明代贡士的概念都弄错了。明人所称的贡士有多种含义①，既可以是贡生，也可以是举人；会试中式者当然可以叫贡士，但会试下第者同样可以称贡士。贡士被规定为会试中式者的专称乃在清代。那么明代《会试录》《登科录》中所载考官中的贡士，是不是会试中式者呢？试以其中《嘉靖二十年（1541）会试录》为例，该科受卷官王聘为癸酉贡士，沙廷珪为壬午贡士，侯嘉祥为己卯贡士，林宗桂为乙酉贡士；弥封官魏琦为己卯贡士，夏时中为癸酉贡士，甘志道、张邦学为壬午贡士，等等。② 明代的会试时间一般为辰、戌、丑、未年，但以上癸酉、壬午、己卯、乙酉等年均为乡试年，何来"会试贡士"？其实，这些"贡士"都是举人，明代俞宪早就说明了："是年，礼部尚书称总提调兼知贡举，革掌行科举文字之称；执事官由举人者，改称贡士。"③

我们都知道，明代殿试只用以确定进士甲次，一般不存在黜落的问题，因此只要不出现意外情况，会试中式者都会参加本科殿试，获得出身。如果出现疾病、丁忧等特殊情况而不能如期殿试者，也可以参加下科甚至相隔好几科的殿试，然后出仕。④ 会试中式者不经殿试而去做官，不但未见载于史籍，亦不合于常理——有没有进士资格，对仕途发展的影响太大了，"非进士不入翰林，非翰林不入内阁"⑤，谁会放弃唾手可得的功名利禄？黄明光对此没有留意，以致讨论了一个根本不存在的问题。

王著在"科举三级考试探议"一章中直接引用了黄的结论，认为"科举会试后贡士的任官相对较低"，并且进一步阐述其原因是"明初相当一段时间内没有举行殿试，会试的结束也就意味着科举考试过

① 邱进春：《明代"贡士"小考》，《武汉大学学报》（人文科学版）2006 年第 1 期，第 82—85 页。

② 屈万里编：《明代登科录汇编》，《明代史籍汇刊》，台湾学生书局 1969 年版，第 5065—5068 页。

③ （明）俞宪：《皇明进士登科考》，《明代史籍汇刊》，台湾学生书局 1986 年再版，影印明嘉靖增补本，第 215 页。

④ 钱茂伟：《国家·科举与社会》，北京图书馆出版社 2004 年版，第 108—110 页。

⑤ （清）张廷玉等：《明史》，中华书局 1974 年标点本，第 1539 页。

程的终结，正式的选官便已开始"[①]。这种解释实在是错上加错。所谓明初未行殿试，大概指的是自洪武四年（1371）殿试后，又同年、次年连举乡试，不经会试便直接授官[②]，洪武六年（1373）后暂停科举，直至洪武十七年（1384）又恢复科举。这段时间没有举行殿试，同样也没有举行会试，"会试的结束"云云实为不妥。即使贡士是会试中式者的专称，没有举行会试，又怎么会有中式的贡士呢？

与前二者相比，钱茂伟《国家·科举与社会》无疑是一部更见功力的著作。他从国家管理与社会控制的角度，对明代科举制度的实施机制进行了阐释。该书理论建构与实证考据并重，以明代为切入点，实现了对古代科举社会的整体观照。龚延明教授评价其为"近年来涌现的研究中国科举的一部力作"[③]，其价值毋庸本文赘言。不过该书对明代科举制度的把握，依然存在一些小小的不足，诸如贡士之类的若干小问题，该书亦未详考[④]。以下补充谈明代进士观政制度中的一个问题。

《国家·科举与社会》中说，"哪些人指定到哪些部门实践的原则是什么？文献没有明确道明"，于是作者推测"大体按所治之经即同门集中原则"[⑤]。文献真的没有道明吗？《贡举考》卷1引《吏部职掌》云："礼部咨送新科进士，其二甲、三甲者，吏部具题照依钦定二甲从七品、三甲正八品支俸，拨各衙门办事，照依名序，吏、户、礼、兵、刑、工、都察院各二员，通政司大理寺各一员，周而复始，榜末十余员俱留吏部。"[⑥] 把这个挑选原则说得清清楚楚。潘星辉《明代文官铨选制度研究》中也引用了这则材料，但并没有作实证性

① 王凯旋：《明代科举制度考论》，沈阳出版社2005年版，第97页。

② （明）沈德符：《万历野获编》，文化艺术出版社1998年标点本，第421页。

③ 钱茂伟：《国家·科举与社会》，北京图书馆出版社2004年版，封底。

④ 邱进春：《科举在国家管理和社会控制中的作用》，《中国图书评论》2005年第9期，第40—41页。

⑤ 钱茂伟：《国家·科举与社会》，北京图书馆出版社2004年版，第117页。

⑥ （明）张朝瑞：《皇明贡举考》，《四库全书存目丛书》，齐鲁书社1997年影印本，史部第269册，第51页。

说明。[1] 为了验证，本文特意选取《嘉靖丙辰（1556）同年世讲录》，制作了一个表格（见正文末附表1），考察该科每位进士的甲次、观政部门和所习经书之间的关系。从这个表格中，我们不难发现，尽管不是特别严格（或许是个别调整），但这个原则还是基本得到遵行：观政部门只依照进士的殿试名次分拨，与所习经书之间没有任何关系。

由此可见，明代科举制度研究中存在的问题还是不少。产生问题的根源，可能还是忽视了对原始文献的深入发掘。或许大家都以为明代科举制度与清代完全相同，参照清代的相关论著，既省时又省力，没有必要对浩如烟海的明代文献进行深究。下面这种研究现象，更能反映出忽视原始文献的严重性。

对进士进行统计分析，是近年来涌现的一个研究热点，与明代相关的论文十余篇，一些专著也辟有专门章节。论文中影响较大的有沈登苗《明清全国进士与人才的时空分布及其相互关系》、范金民《明清江南进士数量、地域分布及其特色分析》、谢宏维《论明清时期江西进士的数量变化与地区分布》、郑建明《试论江西进士的地理分布》、吴宣德《明代地方教育建设与进士的地理分布》等。[2] 专著见何炳棣《明清社会史论》（*The Ladder of Success In Imperial China*）、吴宣德《中国教育制度通史·明代卷》、多洛肯《明代福建进士研究》（多洛肯的另一专著《明代浙江进士研究》对其数据进行了一定程度的修正）、方志远《明代城市与市民文学》等。以上论著通过对明代进士的量化统计，对明代进士在各地域的分布规律及其成因进行了分析，从科举的角度描述了明代的社会生活状况，不失为一种很有价值

---

① 潘星辉：《明代文官铨选制度研究》，北京大学出版社2005年版。

② 沈登苗《明清全国进士与人才的时空分布及其相互关系》，载《中国文化研究》1999年冬之卷，第59—66页；范金民《明清江南进士数量、地域分布及其特色分析》，载《南京大学学报》（哲社版）1997年第2期，第171—178页；谢宏维《论明清时期江西进士的数量变化与地区分布》作24898人，见《江西师范大学学报》（哲社版）2000年第4期，第23—28页；郑建明《试论江西进士的地理分布》，载《中国历史地理论丛》1999年第4期，第205—226页；吴宣德《明代地方教育建设与进士的地理分布》，载《教育学报》2005年第1期，第76—88页。

的研究。

但是，由于没有充分利用原始文献，仅凭借索引性工具书或其他二手资料，又缺乏必要的考证，致使大多数的研究结果相互矛盾，造成相当混乱的局面。

第一，对明代进士总数的统计数字不一（详见本书第二章第一节）。何炳棣、范金民、沈登苗、吴宣德等学者都对明代进士的总数作了统计，所得数据最大者为谢宏维的24898人，最小者为黄明光的24452人，相差446人。造成这种差距的原因，除了技术操作上的误差外，与各自采用的原始资料不同有密切关系。他们有的选择方志，有的选择《古今图书集成》，更多的选择是《国朝历科进士题名碑录初集·明洪武至崇祯附》（以下简称《碑录》），以及据此编成的《明清进士题名碑录索引》（下称《索引》）。这些资料存在各种各样的问题，包括对明代进士总数的记载，或漏或增或误，不一而足。

第二，各地区的分布统计数据不一。比如江西地区的明代进士，就有不同的数字。吴宣德认为有2761人，郑建明却认为有3008人（详见本书第二章第二节），差距十分明显。再细到各府县，同样各有各的数字。

以上学者在作统计时，基本都是将二手资料视为原始资料，未加考证便直接利用。作为当前学者使用最多的工具书，朱保炯、谢沛霖编的《索引》是“把清乾隆十一年（1746）所刊行的《国朝历科题名碑录初集》及其所附刊明代诸科，以《进士题名碑》的拓片、《登科录》、各省方志等校订增补，重行汇辑，并加以索引化”[①]，极大地方便了我们的利用，确实是一部非常好的索引书。从统计的角度出发，只要将《索引》完整地输入电脑，稍加编辑，即可得到一系列的数据。从技术层面看，这是没有任何问题的。但是，数据的正确与否，取决于资料的可靠程度，如果《索引》真的利用《登科录》等资料完成了对明代进士的必要考证，那么从其得到数据当然真实可信。可惜的是，《索引》虽然进行了校订增补，比如对洪武十八年

---

① 朱保炯等：《明清进士题名碑录索引·前言》，上海古籍出版社1979年版。

(1385) 科进士的增补等，但远远没有达到完善的地步，甚至还存在不少错误的考证。编者的确对《登科录》等原始材料加以利用了，但从其内容来看，实在有限得很。而且，在进行编排的时候，也存在不少诸如漏载、重出、错字、错甲次等种种疏误。因此，把《索引》当作统计的原始资料，是值得商榷的。其他几种资料同样存在问题，均有待必要的考证。除此以外，大家对明代进士的籍贯判定标准存在差异，有的以其户籍所在地为统计源，有的则以其乡贯为统计源，这也是导致分区统计数据不一的重要原因。

统计数字的精确是量化研究的追求目标，如果原始数据就存在大量错误，又怎能做出精确的统计？由此可见文献整理与研究的重要性。依照现今的研究水平，我们完全可以进行系统的整理，以保证数据的可靠性。但到目前为止，专门对明代科举文献进行研究的论著极少。陈长文在这方面下力较深，其初有《〈明清进士题名碑录索引〉校误》一文①，这是国内第一篇专门给《索引》挑错的论文；后又以《明代进士登科录研究》作为博士论文，对明代科举研究的最可靠文献——《登科录》进行了全面的剖析，为我们合理利用这些文献提供了重要的参考。毛晓阳、马怀云亦有专文对《索引》进行订正。② 钱茂伟对明代科举名录的编纂也作过探讨，但重在介绍。多洛肯亦对此有过阐述，但他在《明代福建进士研究》和《明代浙江进士研究》中，似乎并没有充分体现出其对各种文献进行的整理工作。

随着科举研究的深入，对最为基础性的各朝进士名录进行充分的考证和统计，已经成了一项十分必要而紧迫的任务。于此，我们不能不提及龚延明教授主持的国家社科基金项目《中国历代登科总录》。该大课题组依照朝代细分，组织了几个子课题组，广泛收集了国内外各种科举文献，在进行文献整理的基础上，力求对每一位进士的字

① 陈长文：《〈明清进士题名碑录索引〉校误》，《开封教育学院学报》2001 年第 2 期，第 13—16 页。

② 毛晓阳：《〈明清进士题名碑录索引〉进士籍贯刊误述论》，《中国文化研究》2005 年秋之卷，第 43—52 页；马怀云：《〈明清进士题名碑录索引〉订正》，《河南大学学报》(社科版) 2004 年第 6 期，封三。

号、籍贯、甲次、历官及生卒年等情况做出准确的考证。其学术价值之高，是不言而喻的。课题组成员祖慧教授应邀去日本访学时，曾专门向日本学者介绍了该课题的进展情况；龚延明教授亦在2005年科举研究国际研讨会（厦门）上作过《中国历代登科总录》编纂情况的介绍，引起了海内外学者较大的关注。

这是一项耗时费力的巨大工程，其中的任何一个朝代，都不是某一个人在短时间内可以完成得了的。其中明清进士为数众多，分省、分专题进行是一个比较实际的选择。多洛肯《明代福建进士研究》和《明代浙江进士研究》、蒋金星《清代硃卷集成文献价值研究》、毛晓阳《清代江西进士丛考》以及陈长文《明代进士登科录研究》等博士学位论文，都源出于该课题。他们分别选取不同的角度，为《中国历代登科总录》之子课题《明清登科录》进行了部分最基本的文献考据工作。笔者这篇博士学位论文，也与此课题紧密相连。这是一项有意义的工作，章培恒先生曾指出，“这种区域性的断代研究实在是当务之急；只有这样的成果积累得多了，我们才有可能对科举制度开展较为全面的断代研究”①。

本文选择明代江西进士②作为研究范围，主要是考虑到，有明一代，江西在科举方面取得了辉煌的成就，不仅在数量上居于全国前列，而且质量上也相当突出。明代江西进士中，名登巍科者甚众，乃至有一科鼎甲全为江西者。比如建文二年（1400）榜，状元、榜眼、探花、传胪全是江西人；下科永乐二年（1404）榜，江西人又一次囊括了三鼎甲，而且二甲前12名中，仅有第5—7名旁落外省。如此盛况，在明代是绝无仅有！下表对巍科③人数的统计，基本能反映出江西在明代科举中的重要地位：

---

① 多洛肯：《明代浙江进士研究》，上海古籍出版社2004年版，第3页。

② 按：本书所考证的明代江西进士定义从宽，凡户籍或乡贯为江西（明代江西布政使司所辖地区，不含婺源县）者，均予以收入，后文在统计时作了说明；本书所指进士，均不含武进士。

③ 明人所谓的“巍科”，其实范围比较广泛，凡二甲前列者亦可称之，此处特借指表中所列5类杰出者。

明代巍科地区分布表　　单位：人

省名	状元	榜眼	探花	传胪①	会元	合计
合计	89	89	89	89	89	445
南直隶	22.5	18.5	23	16.5	29	109.5
浙　江	19.5	18.5	15	15.5	19	87.5
江　西	17	17	22	23.5	16	95.5
福　建	11	12	10	9	8.5	50.5
北直隶	4	7	3	5.5	2.5	22
山　东	4	1.5	2.5	3	1	12
湖　广	3	2	3	5	5	18
广　东	3	2	2	3	4	14
河　南	2	2.5	0.5	2	1	8
陕　西	2	2	3	1	3	11
四　川	1	3	2	2.5	0	8.5
山　西	0	2	2	2	0	6
广　西	0	1	1	0	0	2
云　南	0	0	0	0.5	0	0.5
贵　州	0	0	0	0	0	0

说明：本表据明各榜《登科录》《进士履历便览》《明实录》《登科考》《皇明三元考》《国朝典汇》和《碑录》《索引》等综合而成，对于户籍和乡贯不在同省者，两省各计0.5，既便于统计，亦可避免不必要的争执②。另，万历四十四年（1616）会元沈同和因舞弊被除名，但此统计含。

从表中可见，江西在各项指标上都居于全国的前列，其中在巍科总数、探花等项上还超过了浙江，仅落后南直隶数人。江西进士在仕途上也有不凡的表现，官至首辅、尚书等显宦者大有其人。据《新知录摘抄》载：

江西一省，可谓冠裳文物之盛，而吉安一府为尤最。自洪武

① 《明史》卷70《选举二》谓俗以“二、三甲第一为传胪云”（第1693页），考虑到三甲第一名的实际影响力并不突出，本表仅统计二甲第一名者。

② 多洛肯亦有《明代巍科人物的各直省分布统计表》，但他对籍贯的确定没有说明，故其表数字与本表稍有差异，见《明代浙江进士研究》，第162页。

> 辛亥至嘉靖己未（1559）凡六十科，吉安进士七百八十八人，状元十一人，榜眼十一人，探花十人，会元八人，解元三十九人（登第者二十八人）。官至内阁九人；一品六人，赠三人；尚书二十二人，赠四人；左、右都御史六人；得谥二十五人。①

因此，在明代进士中，江西进士无疑是最为重要的部分之一，由此也成为《中国历代登科总录》之子课题《明代登科总录》的研究重点之一。

本书的研究过程：第一步，从《索引》中抽出籍贯为江西的进士名录，依照榜次先后排序列表，作为校勘的底本。第二步，用《碑录》作对校，初步发现《索引》存在的问题。第三步，用各榜《登科录》《进士履历》或《同年序齿录》等对校，同时制作进士小传，凡《索引》《碑录》与之相矛盾者，以《登科录》等为准；《索引》《碑录》缺载原籍者，概依《登科录》补入。第四步，对于无《登科录》可资利用的科次，以《皇明进士登科考》（以下简称《登科考》）、《皇明贡举考》（以下称《贡举考》）等对校。第五步，用地方志作对校，补充进士人物小传。最后形成《明代江西进士小传》和明代江西进士分榜分区统计表（见附录）。在这个过程中，凡是各进士名录不能相互印证处，尽可能利用《明实录》《献徵录》《明史》《国榷》等传记资料加以考证，最大限度地保证考证结果的可信度。

本书结构安排如下：正文的开头，先对记载明代江西进士的文献进行分析，比较各种文献之间的异同，并对其存在的问题加以揭示。其次，对明代全国进士的总数及各科人数进行考证，以之为江西进士的参照系，可以使我们更好地了解江西在明代科举中的位置。然后对明代江西进士总数、时空分布进行统计，总结其变化规律和原因。本来还应该把江西与其他直省作一比较，但经慎重考虑，还是觉得不作此比较为好——尽管目前有不少学者对明代进士的地理分布进行了研

① （明）刘仕义：《新知录摘抄》，《丛书集成初编》，中华书局1985年新1版，第2928册，第72—73页。

究，但其研究所用的基本为二手资料，又没有经过细致的考证，其数据不太可靠。只有等到《中国历代登科总录》结题以后，各地区的进士统计才会有一个比较准确的数字。这一章其实是在考证结果的基础上进行的研究。接下几章都是对文献记载中存在的讹误进行分类考订。首先考证的是进士姓名，包括复姓、改名、各书的误载等。其次考证了进士的籍贯记载中的一些问题，比如原籍和户籍分离、割地新置县等情况引起各书的误载等。再次考证各书对进士榜甲名次的误载。最后考证各书对进士年岁的误载。正文考证中有些表格因为所占篇幅较大，故放在附录部分。正文末附《明代江西进士小传》，是本文考证的阶段性成果。

目　录

绪论 ………………………………………………………………………… (1)
第一节　明代江西进士研究的文献分析 …………………………………… (1)
一　《登科录》资料 ………………………………………………………… (1)
二　《登科考》《贡举考》 …………………………………………………… (7)
三　《类姓登科考》 ………………………………………………………… (11)
四　题名碑、《碑录》与《索引》 …………………………………………… (14)
五　地方志中的选举表 ……………………………………………………… (18)
六　其他文献 ………………………………………………………………… (24)
第二节　明代全国进士总数考 …………………………………………… (25)
一　明代进士的榜数 ………………………………………………………… (26)
二　明代的进士总数 ………………………………………………………… (29)
三　结语 ……………………………………………………………………… (42)
第三节　明代江西进士统计 ……………………………………………… (43)
一　明代江西进士的地理分布及其原因 …………………………………… (46)
二　明代江西进士的历时分布规律及其成因 ……………………………… (58)
第一章　明代江西进士姓名之考证 ……………………………………… (66)
第一节　明代进士姓名更改概述 ………………………………………… (67)
一　复姓 ……………………………………………………………………… (68)
二　更名 ……………………………………………………………………… (74)

三 以字行及其他 …………………………………………………… (76)
第二节 姓名更改之考证 ……………………………………………… (77)
一 复姓考 ……………………………………………………………… (77)
二 更名考 ……………………………………………………………… (85)
三 以字行考 …………………………………………………………… (90)
第三节 各书误载姓名之考订 ………………………………………… (97)
第二章 明代江西进士籍贯之考证 ……………………………… (109)
第一节 概述 ……………………………………………………………… (109)
第二节 增置新县引起的进士籍贯变化考 …………………………… (113)
第三节 单籍进士籍贯记载之错误考 ………………………………… (117)
一 省内府县之误 ……………………………………………………… (117)
二 误收外省进士作江西进士者 ……………………………………… (131)
第四节 双籍进士籍贯记载之错误考 ………………………………… (131)
一 原籍江西占籍外省者 ……………………………………………… (131)
二 原籍外省占籍江西者 ……………………………………………… (169)
三 江西省内占籍外府县者 …………………………………………… (171)
四 误收外省进士为原籍江西者 ……………………………………… (178)
第五节 户籍记载其他疏误之考订 …………………………………… (181)
第三章 明代江西进士榜甲之考证 ……………………………… (185)
第一节 各书记载榜次之误 …………………………………………… (186)
第二节 各书记载甲次之误 …………………………………………… (195)
第四章 明代江西进士年龄之考证 ……………………………… (207)
第一节 《登科录》资料中的官年考证 ……………………………… (208)
第二节 传记资料记载失误考证 ……………………………………… (217)
第五章 各书漏载、补缺和滥增江西进士考 …………………… (222)
第一节 《碑录》《索引》漏载进士 ………………………………… (222)
第二节 《碑录》《索引》补缺进士 ………………………………… (224)
一 补缺不误，但所据不当 …………………………………………… (224)
二 补缺错误 …………………………………………………………… (226)
第三节 其他各书误收作进士者 ……………………………………… (228)

一　洪武辛亥榜……………………………………………………（228）
二　洪武十八年榜…………………………………………………（230）
三　洪武二十一年榜　……………………………………………（230）
四　洪武三十年榜…………………………………………………（231）
五　建文二年榜……………………………………………………（231）
六　永乐二年榜……………………………………………………（232）
七　永乐四年榜……………………………………………………（232）
八　永乐九年榜……………………………………………………（232）
九　永乐十年榜……………………………………………………（233）
十　永乐十九年榜…………………………………………………（234）
十一　永乐二十二年榜　…………………………………………（234）
十二　宣德二年榜…………………………………………………（234）
十三　正统七年榜…………………………………………………（234）
十四　正统十三年榜　……………………………………………（235）
十五　成化十一年榜　……………………………………………（235）
十六　弘治九年榜…………………………………………………（235）
十七　正德三年榜…………………………………………………（235）
十八　嘉靖二年榜…………………………………………………（236）
十九　嘉靖八年榜…………………………………………………（236）
二十　嘉靖二十三年榜　…………………………………………（236）
二十一　嘉靖三十二年榜　………………………………………（236）
二十二　嘉靖四十一年榜　………………………………………（237）
二十三　嘉靖四十四年榜　………………………………………（237）
二十四　万历五年榜　……………………………………………（237）
二十五　万历某科…………………………………………………（237）
二十六　万历三十五年榜　………………………………………（238）
二十七　天启二年榜　……………………………………………（238）
二十八　崇祯丁丑榜　……………………………………………（238）
二十九　崇祯十三年榜　…………………………………………（238）
三十　崇祯十六年榜　……………………………………………（238）

三十一 记载榜次不详 ……………………………………………… (239)
附录1 正文参考表格 ……………………………………………… (240)
附录2 明代江西进士小传 …………………………………………… (308)
一 洪武四年辛亥（1371）吴伯宗榜 ………………………………… (308)
二 洪武十八年乙丑（1385）丁显榜 ………………………………… (310)
三 洪武二十一年戊辰（1388）任亨泰榜 …………………………… (313)
四 洪武二十四年辛未（1391）许观榜 ……………………………… (314)
五 洪武二十七年甲戌（1394）张信榜 ……………………………… (314)
六 洪武三十年丁丑（1397）春陈郊榜 ……………………………… (315)
七 建文二年庚辰（1400）胡靖榜 …………………………………… (316)
八 永乐二年甲申（1404）曾棨榜 …………………………………… (317)
九 永乐四年丙戌（1406）林环榜 …………………………………… (323)
十 永乐九年辛卯（1411）萧时中榜 ………………………………… (326)
十一 永乐十年壬辰（1412）马铎榜 ………………………………… (327)
十二 永乐十三年乙未（1415）陈循榜 ……………………………… (329)
十三 永乐十六年戊戌（1418）李骐榜 ……………………………… (334)
十四 永乐十九年辛丑（1421）曾鹤龄榜 …………………………… (337)
十五 永乐二十二年甲辰（1424）邢宽榜 …………………………… (341)
十六 宣德二年丁未（1427）马愉榜 ………………………………… (343)
十七 宣德五年庚戌（1430）林震榜 ………………………………… (344)
十八 宣德八年癸丑（1433）曹鼐榜 ………………………………… (346)
十九 正统元年丙辰（1436）周旋榜 ………………………………… (347)
二十 正统四年己未（1439）施槃榜 ………………………………… (348)
二十一 正统七年壬戌（1442）刘俨榜 ……………………………… (349)
二十二 正统十年乙丑（1445）商辂榜 ……………………………… (351)
二十三 正统十三年戊辰（1448）彭时榜 …………………………… (352)
二十四 景泰二年辛未（1451）柯潜榜 ……………………………… (354)
二十五 景泰五年甲戌（1454）孙贤榜 ……………………………… (356)
二十六 天顺元年丁丑（1457）黎淳榜 ……………………………… (360)
二十七 天顺四年庚辰（1460）王一夔榜 …………………………… (361)

二十八　天顺八年甲申（1464）彭教榜 …………………… （362）
二十九　成化二年丙戌（1466）罗伦榜 …………………… （364）
三十　成化五年己丑（1469）张昇榜 …………………… （367）
三十一　成化八年壬辰（1472）吴宽榜 …………………… （369）
三十二　成化十一年乙未（1475）谢迁榜 …………………… （370）
三十三　成化十四年戊戌（1478）曾彦榜 …………………… （372）
三十四　成化十七年辛丑（1481）王华榜 …………………… （374）
三十五　成化二十年甲辰（1484）李旻榜 …………………… （376）
三十六　成化二十三年丁未（1487）费宏榜 …………………… （377）
三十七　弘治三年庚戌（1490）钱福榜 …………………… （380）
三十八　弘治六年癸丑（1493）毛澄榜 …………………… （382）
三十九　弘治九年丙辰（1496）朱希周榜 …………………… （383）
四十　弘治十二年己未（1499）伦文叙榜 …………………… （385）
四十一　弘治十五年壬戌（1502）康海榜 …………………… （388）
四十二　弘治十八年乙丑（1505）顾鼎臣榜 …………………… （390）
四十三　正德三年戊辰（1508）吕柟榜 …………………… （391）
四十四　正德六年辛未（1511）杨慎榜 …………………… （394）
四十五　正德九年甲戌（1514）唐皋榜 …………………… （397）
四十六　正德十二年丁丑（1517）舒芬榜 …………………… （399）
四十七　正德十六年辛巳（1521）杨维聪榜 …………………… （401）
四十八　嘉靖二年癸未（1523）姚涞榜 …………………… （402）
四十九　嘉靖五年丙戌（1526）龚用卿榜 …………………… （404）
五十　嘉靖八年己丑（1529）罗洪先榜 …………………… （406）
五十一　嘉靖十一年壬辰（1532）林大钦榜 …………………… （408）
五十二　嘉靖十四年乙未（1535）韩应龙榜 …………………… （409）
五十三　嘉靖十七年戊戌（1538）茅瓒榜 …………………… （411）
五十四　嘉靖二十年辛丑（1541）沈坤榜 …………………… （413）
五十五　嘉靖二十三年甲辰（1544）秦鸣雷榜 …………………… （415）
五十六　嘉靖二十六年丁未（1547）李春芳榜 …………………… （417）
五十七　嘉靖二十九年庚戌（1550）唐汝楫榜 …………………… （418）

五十八　嘉靖三十二年癸丑（1553）陈谨榜 ……………… （420）
五十九　嘉靖三十五年丙辰（1556）诸大绶榜 ……………… （422）
六十　嘉靖三十八年己未（1559）丁士美榜 ……………… （424）
六十一　嘉靖四十一年壬戌（1562）徐时行榜 ……………… （426）
六十二　嘉靖四十四年乙丑（1565）范应期榜 ……………… （428）
六十三　隆庆二年戊辰（1568）罗万化榜 ……………… （431）
六十四　隆庆五年辛未（1571）张元忭榜 ……………… （433）
六十五　万历二年甲戌（1574）孙继皋榜 ……………… （436）
六十六　万历五年丁丑（1577）沈懋学榜 ……………… （437）
六十七　万历八年庚辰（1580）张懋修榜 ……………… （439）
六十八　万历十一年癸未（1583）朱国祚榜 ……………… （441）
六十九　万历十四年丙戌（1586）唐文献榜 ……………… （442）
七十　万历十七年己丑（1589）焦竑榜 ……………… （445）
七十一　万历二十年壬辰（1592）翁正春榜 ……………… （447）
七十二　万历二十三年乙未（1595）朱之蕃榜 ……………… （448）
七十三　万历二十六年戊戌（1598）赵秉忠榜 ……………… （450）
七十四　万历二十九年辛丑（1601）张以诚榜 ……………… （451）
七十五　万历三十二年甲辰（1604）杨守勤榜 ……………… （453）
七十六　万历三十五年丁未（1607）黄士俊榜 ……………… （454）
七十七　万历三十八年庚戌（1610）韩敬榜 ……………… （457）
七十八　万历四十一年癸丑（1613）周延儒榜 ……………… （458）
七十九　万历四十四年丙辰（1616）钱士升榜 ……………… （460）
八十　万历四十七年己未（1619）庄际昌榜 ……………… （461）
八十一　天启二年壬戌（1622）文震孟榜 ……………… （463）
八十二　天启五年乙丑（1625）余煌榜 ……………… （465）
八十三　崇祯元年戊辰（1628）刘若宰榜 ……………… （467）
八十四　崇祯四年辛未（1631）陈于泰榜 ……………… （468）
八十五　崇祯七年甲戌（1634）刘理顺榜 ……………… （469）
八十六　崇祯十年丁丑（1637）刘同升榜 ……………… （472）
八十七　崇祯十三年庚辰（1640）魏德藻榜 ……………… （474）

八十八　崇祯十六年癸未（1643）杨廷鉴榜 ………………（475）
参考文献 ……………………………………………………………（477）
后记 …………………………………………………………………（493）
出版后记 ……………………………………………………………（495）

绪　　论

第一节　明代江西进士研究的文献分析

明代（1368—1644）去今不远，遗留下来的各种文献十分丰富，为明代进士的研究提供了便利条件。直接记载进士名录的文献我们可以称之为进士名录，大体可以分成以下几类：一、考试完后官修的明代各科《会试录》《登科录》，题名碑、《进士题名录》等；二、民间编修的同榜进士名录，如《进士履历便览》《同年序齿录》等；三、民间对科举名录的汇编，其实也是编者初步研究的成果，如现存的《登科考》《贡举考》，以及清以后的《类姓登科考》《碑录》等；四、各地方志中的选举表（或称进士表、科第表等）。这是我们开展相关研究的第一手资料，也是本文研究的主要取材范围。

对于各种进士名录的修纂、体例和利用价值，钱茂伟的《国家·科举与社会》和陈长文的《明代进士登科录研究》作了相当深入的论述，本书仅就这些资料在使用时应注意问题稍作几点补充。

一　《登科录》资料

毫无疑问，《登科录》资料（包括《进士履历便览》《同年序齿录》等）是研究明代进士最为权威的原始资料。在《登科录》中，进士的字号、籍贯、行第、生日、登第年龄、各级考试的名次，以至主要家族成员的相关情况都有介绍，其价值颇类《清代硃卷集成》。尽可能地收集、利用《登科录》，可以说是每个科举研究者的毕生追求。但遗憾的是，明代《登科录》流传下来的并不完整，据陈长文的研究，现存世的明代《登科录》资料尚有73科共151种。其收藏也比较分散[①]，而且，由于各种原因，有些资料我们目前暂无法利用。比如天一阁所藏的孤本《登科录》29种，孤本《会试录》32种[②]，至今秘而不宣；台湾"中研院"史语所收藏的14种《登科录》资料也未见出版[③]。我们所能收集到的只是台湾学生书局出版的《明代登科录汇编》和分别藏于国内各图书馆的《登科录》资料，合计58科。

《登科录》中的信息基本上准确可信，但对进士登科年龄的记载存在问题，即官年现象，对此钱茂伟和陈长文均有论述。不过钱茂伟认为，尽管明代《登科录》中存在这一现象，但并不普遍[④]；陈长文通过详细考察各科《登科录》和相关资料，证明这在明代是一个长期存在的普遍现象。[⑤] 但是他们对明代存在官年现象的具体原因的分析，尚存不足，以下试作探讨。

在明代，减年入试是其最主要的表现形式。以《万历八年（1580）进士登科录》为例：邵伯悌廷试年龄载作31岁[⑥]，然《万历八年庚辰科进士履历便览》（下称《履历》）载其为己酉年（1549）十一月二十六日生[⑦]，至庚辰当为32岁；王梦暘作30岁[⑧]，《履历》

---

① 陈长文：《明代进士登科录研究》，博士学位论文，浙江大学，2005年，第6—12页。

② 沈登苗：《也谈天一阁藏明代登科录》，《浙江学刊》1998年第2期，第109页。按，天一阁藏各种试录在2006年以后陆续影印出版。

③ 陈长文：《明代进士登科录研究》，博士学位论文，浙江大学，2005年，第6页。

④ 钱茂伟：《国家·科举与社会》，北京图书馆出版社2004年版，第269页。

⑤ 陈长文：《明代进士登科录研究》，博士学位论文，浙江大学，2005年，第45页。

⑥ 屈万里编：《明代登科录汇编》，《明代史籍汇刊》，台湾学生书局1969年版，第10267页。

⑦ 《万历八年庚辰科进士履历便览》，江西广信府下，上海图书馆藏明万历刻本。

⑧ 屈万里编：《明代登科录汇编》，《明代史籍汇刊》，台湾学生书局1969年版，第10372页。

（广信府下）载其为己酉年十月初五日生，则亦当为32岁；王德新作26岁[1]，《履历》（吉安府下）载其为庚戌年（1550）五月三十日生，实际当为31岁；李廷谟作30岁[2]，《履历》（南昌府下）载其为丁未年（1547）四月十六日生，实际当为34岁；但贵元作28岁[3]，《履历》（南康府）载其为乙酉年（1525）九月二十九日生，实际当为56岁。

增年的例子在《登科录》中也有，不过相对减年而言比较少见。如黄建中，《万历二十六年（1598）进士登科录》作30岁[4]，然《万历二十六年戊戌科进士履历便览》载其为乙酉年（1585）七月十五日生[5]，则实际年龄只有14岁。李继周，《万历三十二年（1604）进士登科录》载其廷试时年26岁[6]，然据《万历三十二年甲辰科进士履历便览》载其生于丁亥七月十七日[7]，自万历十五年丁亥（1587）至万历甲辰（1604），实际当为18岁，《登科录》增年8岁。陈长文对官年现象产生原因的解释，只适用于减年现象，却不能说明为什么要增年[8]。

当然，这还是需要从明代考选庶吉士和科道官的相关规定中寻找根源，但必须注意，对于庶吉士选拔的限年来说，的确是只有上限而没有下限；而科道官的选拔，不但有上限，还有下限。

先说庶吉士的选拔。有关的制度性规定，在史料中并不多见，以下略引数条。《皇明贡举考·纪略》（第51页）引《吏部职掌》云："凡考选庶吉士，或间科一选，……或限年三十五岁以下，或不限

① 屈万里编：《明代登科录汇编》，《明代史籍汇刊》，台湾学生书局1969年版，第10242页。

② 同上书，第10344页。

③ 同上书，第10340页。

④ 《万历二十六年进士登科录》，第三甲166名，上海图书馆藏明万历刻本。

⑤ 《万历二十六年戊戌科进士履历便览》，南直隶扬州府下，上海图书馆藏明万历刻本。

⑥ 《万历三十二年进士登科录》，第三甲168名，上海图书馆藏明万历刻本。

⑦ 《万历三十二年甲辰科进士履历便览》，江西南昌府下，上海图书馆藏明万历刻本。

⑧ 陈长文：《明代进士登科录研究》，博士学位论文，浙江大学，2005年，第46页。

年，……”，而《国朝典汇》载，嘉靖十一年（1532）十月，“上命李时等于新进士未选者年三十而下，悉令就试，取二十一人”①。据我们的研究，所谓“或不限年”的规定似乎仅为具文，大多数时候还是限年的，但其限或高或低，各朝规定不一，明人别集中的记载更为具体些。

如明储巏《陕西布政使司左参议王公徽墓志铭》载，天顺四年（1460），王徽“预选庶吉士，内阁李文达、吏部王忠肃二公试《春雨诗》百余韵，奇其才，以限年不果用，为给事中”②。按，王徽卒于正德庚午（1510）七月七日，时年83岁，逆推其登科时为33岁，可知天顺四年榜选庶吉士的年龄当在33岁以下。

成化二年（1466）榜的林瀚，登第后被选为庶吉士，《成化二年进士登科录》载其时年33岁③，但据章懋《林公瀚传》云其“正德丁卯（1507）之秋卒，享寿八十有六”④，则成化二年时实际年龄已45岁，可知成化二年选庶吉士的上限至少也在33岁。

嘉靖二十六年（1547）榜进士马一龙，《嘉靖二十六年（1547）进士登科录》作39岁⑤，但《嘉靖丁未科进士序齿录》载，马一龙生于弘治己未（1499）五月初三日⑥，登科时实已49岁。李春芳《南京国子监司业孟河马公一龙墓志》云，“阁臣雅重公才，特破限年例改翰林院庶吉士”⑦，马一龙已减年10岁，还须破例。同科汪镗亦选为庶吉士，《登科录》作36岁⑧，《序齿录》载其生于壬申年（1512）二月初五日⑨，据沈一贯《汪公镗行状》载，汪镗生于正德壬申（1512），23岁中举，“数困于春官”，至丁未（1547）中进士，

① （明）徐学聚：《国朝典汇》卷65，书目文献出版社1996年版，第1069页。
② （明）焦竑：《献徵录》，上海书店1987年影印本，第4075页。
③ 《成化二年进士登科录》，第二甲2名，国家图书馆藏明成化刻本。
④ （明）焦竑：《献徵录》，上海书店1987年影印本，第1736页。
⑤ 《嘉靖二十六年进士登科录》，第三甲29名，上海图书馆藏明嘉靖刻本。
⑥ 《嘉靖丁未科进士序齿录》，己未年下，上海图书馆藏明张春写本。
⑦ （明）焦竑：《献徵录》，上海书店1987年影印本，第3191页。
⑧ 《嘉靖二十六年进士登科录》，第二甲2名，上海图书馆藏明嘉靖刻本。
⑨ 《嘉靖丁未科进士序齿录》，壬申年下，上海图书馆藏明张春写本。

被选为庶吉士[1]，《登科录》未减年。由此可以推知，36岁或许是嘉靖二十六年选庶吉士的上限。

据我们对《献徵录》所载150余位庶吉士的统计，他们入选的实际年龄平均为30.1岁，其中最大者为正德六年（1511）榜的刘夔，时年55岁。通过对照《登科录》，我们发现其中相当多的庶吉士是减年入试。庶吉士的目标是未来的内阁辅臣，这个过程足够漫长，以致年龄偏大者没有培养前途。我们今天在确定后备干部时，对不同的级别规定相应的限年，与此道理相同。

再说科道官的选拔。因为科道官不像庶吉士那样需要长期的特别培养，故选拔的年龄较庶吉士更为宽松。上面所举的天顺四年进士王徽，33岁因限年例未能选庶吉士，但被选拔为给事中。万历五年（1577）榜进士沈孚闻的例子更能说明问题。王世贞《河南汝宁府光州商城县知县沈君孚闻墓志铭》载，沈年“四十三而始成进士”，“既成进士，刻《登科录》，当以生齿闻，而君具实数。或请减不过三岁而可以预馆选，即毋选，而更五岁以当给事、御史选，毋害也”[2]。所谓“更五岁”，即再过五年。在减年至40岁的前提下，沈孚闻即使当年没能选上庶吉士，五年以后可以参加科道选拔。

有资料表明，当时选拔科道有最低年龄的限制。《皇明贡举考·纪略》（第54页）云：“今例，进士……年三十以上者，方许选科道官，盖皆裁抑成就之意云。”指出科道官的选拔必须大于30岁。张朝瑞是隆庆二年（1569）进士，所言当为隆万之制，对于其前代的规定，作者没有言及，但我们从若干科次的实例中大致可以推测得知。据《承直郎刑部福建清吏司主事东君野墓表》，东野于弘治十五年（1502）中进士，年21岁，“正德丁卯（1507）秋，吏部以御史起君，君年不当为御史，乃为刑部福建清吏司主事云。其年冬，……乃遂不起，终年仅二十有六”[3]。显然，26岁是没有达到选拔科道官的下限。由此推知，科道官限年30岁以上的规定，可能在明代一直得

① （明）焦竑：《献徵录》，上海书店1987年影印本，第1413页。

② 同上书，第4047页。

③ 同上书，第1984页。

到施行。为何科道选拔需要设定下限？科道作为风宪官，履行监督百官、讽谏时事的职责，需要相当成熟的气质和经验，年纪太轻，阅历必然有限，是难以承担如此重任的。

庶吉士是通向最高官位——内阁辅臣的捷径。按照明代定制后的规定，翰林官只有两个来源，一是殿试三鼎甲，可以直接除授翰林修撰和编修；二是考选庶吉士，散馆后优者除授编修或者检讨。对于鼎甲以外的新科进士而言，考选庶吉士几乎就是他们唯一的机会。超过年限，意味着连这唯一的机会都将丧失。科道官虽然品秩很低，但在明代士人中却有着崇高的声望，对以后的升迁也有很大帮助。景泰五年（1454）进士孙珂曾说："人有恒言，'中科中进士，作官作御史'。吾非此，宁老死不仕也。"① 为了达到目的，年龄不合格的进士们必然要增减岁数，这只不过是其追求个人利益最大化的一个手段而已。

从明代各榜《登科录》中的记载来看，增减年岁的进士并不罕见。陈长文有非常详尽的数字可以证明，官年是当时社会的一种习见现象。② 据李乐《见闻杂记》载："高大学士仪教诸进士曰：'减年入齿录，嘉靖辛丑以前无此事，今日始有之，诸子慎勿为。'卒无人从先生之言者，致齿录与同年叙会大相矛盾，恬然不以为非。"③ 高仪所言嘉靖辛丑以前没有减年之事，只是为了教育新科进士而说的官话，貌似冠冕堂皇，其实当不了真，故诸新进士"卒无人从先生之言者"。

除考虑选拔庶吉士和科道官的限年外，另一个经济方面的因素也应加以考虑。明代官员一旦致仕，除非有特旨，一般不再有官俸收入④，因此减年的做法可以延长自己为官的时间，以保证获得更多的

---

① （明）焦竑：《献徵录》，上海书店 1987 年影印本，第 2995 页。

② 陈长文：《明代进士登科录研究》，博士学位论文，浙江大学，2005 年，第 132—142 页。

③ （明）李乐：《见闻杂记》卷 9，转引自尹德新主编《历代教育笔记资料》，中国劳动出版社 1992 年版，第 3 册明代部分，第 394 页。

④ 周荣：《明代致仕官员的食俸与养老》，《武汉大学学报》（人文科学版）2006 年第 1 期，第 62—68 页。

收入。

现存的明代《登科录》资料还有一个版本问题。《登科录》在殿试结束时即由礼部加以编制，并装订成册，本来是不会有任何问题的，但后人在流传、翻印过程中，个别科次的《登科录》难免会出现错页的情况。《明代登科录汇编》收集的《嘉靖二十三年（1544）进士登科录》就很明显：第一甲三名，依次为秦鸣雷、瞿景淳、吴情，不误①；第二甲九十三名，自传胪至第7名分别为涂铉、章士元等，亦不误②；但紧接章士元之下的，不是二甲第8名，而是第三甲第1名曹三暘③，显然是个错误。因此，该科进士的名次就不能依据该版本的《登科录》了。这是我们在利用明代《登科录》时所发现的仅有的一个例子。《履历便览》的编写应该是依据《登科录》，但其对进士甲次的记载问题不少。从现存的几种《履历便览》看，基本是校对方面的错误，大多是"二甲" "三甲"相混。以《崇祯七年（1634）甲戌科进士三代履历》为例，程峋和牟贤均载作二甲38名，却不载三甲38名；王永积和南永台均作三甲50名，但却不载二甲50名；二甲本只57人，但张星作二甲76名，孙必达作二甲87名，向玉轩作二甲193名，等等④，其实"二"是"三"之笔误。

二　《登科考》《贡举考》

对明代《登科录》进行研究，其实在明代就开始了。嘉靖俞宪的《登科考》和万历张朝瑞的《贡举考》即是其中最有影响者。二书对于明代中前期的科举研究均有一定的参考价值，其编纂体例等可以参见陈长文《明代进士登科录研究》。⑤ 从进士研究的角度来看，除榜次不全（俞书收录至嘉靖二十九年榜，张书则至万历十一年榜止），

---

① 屈万里编：《明代登科录汇编》，《明代史籍汇刊》，台湾学生书局1969年版，第5255—5256页。

② 同上书，第5257—5260页。

③ 同上书，第5261页。

④《崇祯七年甲戌科进士履历便览》，吉安府下，上海图书馆藏明崇祯刻本。

⑤ 陈长文：《明代进士登科录研究》，博士学位论文，浙江大学，2005年，第111—116页。

存在的问题还有：一、内容过于简单。据《登科考》各科下附见的考证可知，除明初少数科次外，嘉靖以前各榜《登科录》都有礼部刊本流传，如果俞宪能将《登科录》中一些重要信息多加记载，那么其价值将大大提升。二、内容有若干记载错误和脱漏，涉及籍贯、朝榜、名次等诸多方面。以《贡举考》为例，有地名错误71处，地名脱字63处，人名错误36处，人名脱字90处，还有数科进士名次与其他文献所载不同。二书存在的问题大体相当，张朝瑞在编纂《贡举考》时，参考过俞宪的《登科考》。但张朝瑞并非照搬俞著，特别是对于洪武十八年至洪武三十年（1397）春榜5科，张抛弃了俞的记载而另有所本，二书存在相当大的矛盾。孰对孰误，需要使用另外比较可靠的文献来证明。以下以洪武十八年榜为例试作分析。

洪武十八年榜的进士《登科录》和题名碑，因为“革除间，子宁、子澄皆柄用，侵削藩王。靖难师起，以奸党戮之，仆碑削籍”①，后人只能通过其他资料加以辑补。张朝瑞当然没有见过该科部本《登科录》，他在《贡举考》（第11页）中说：“是录部本缺，湖本不全，此据俞振才本录之。二甲缺五名，三甲缺一百八十二名。”所据为“俞振才本”，但其本亦残缺不全，而且来历不明，其可信度相当值得怀疑。以下试举几例以明之：

卓敬，卷2（第16页）：“（洪武十八年）第三甲三百六十二名赐同进士出身……卓敬，浙江瑞安县。”按，卓敬其实为洪武二十一年（1388）进士，袁袠《户部右侍郎瑞安卓公敬传》：“卓敬，浙江瑞安人也。……洪武戊辰中进士，拜给事中。”② 洪武戊辰即洪武二十一年。《温州府志》亦有其传：“卓敬，瑞安人。……登洪武戊辰进士第，除给事中。……升宗人府经历，再升吏部侍郎。……靖难兵南下，敬死之。”③ 同样作洪武二十一年进士。

---

① （明）张朝瑞：《皇明贡举考》，《四库全书存目丛书》，齐鲁书社1997年影印本，史部第269册，第11页。

② （明）焦竑：《献徵录》，上海书店1987年影印本，第1238页。

③ 嘉靖《温州府志》卷3《人物·国朝》，《天一阁藏明代方志选刊》17册，上海古籍书店1982年版，第29页。

齐泰，卷2（第16页）：“（洪武十八年）第三甲三百六十二名赐同进士出身……齐德，更名泰，直隶溧阳县。”按，齐泰其实为洪武二十一年进士，《献徵录》卷38《兵部尚书齐泰传》：“齐泰，溧水人，初名德。洪武二十年乡贡，明年举进士，……赐名泰。三十年升兵部左侍郎，明年进本部尚书。”①

吴谦，卷2（第12页）：“（洪武十八年）第二甲一百七名赐进士出身……吴谦，河南许州。”但同卷（第22页）于洪武二十一年榜重出：“第二甲一十四名赐进士出身……吴谦，河南许州。”明《许州志》载吴谦于洪武戊辰榜下②，可证吴谦当为洪武二十一年进士。

这种两榜重出的还有不少，如湖广夏铭善，《贡举考》重见于洪武二十一年榜；河南朱懋，亦重见于二十一年榜；江西戴安，重见于洪武三十年春榜；南直隶俞本，重见于建文二年榜，等等。这些重出的现象进一步证明，《贡举考》对洪武十八年榜进士缺乏充分的考证，吸收了别人错误的成果，当然也可能别人不误而张朝瑞自己犯了误收的毛病。上述所举数人，我们现在有充分的证据表明，他们都不是洪武十八年进士，考证的详细过程，限于篇幅，当另文撰写。

对于卓敬、齐泰等人的榜次，俞宪没有犯张朝瑞同样的错误。俞宪《登科考》成书在前，张朝瑞在参考该书时，为何没有吸收其研究成果呢？据徐学聚《国朝典汇》卷128云：“俞宪《登科考》名姓次序俱以会试为准，然不载杨靖、蹇瑢，其脱略可知矣。”③他认为《登科考》未载杨靖和蹇瑢，因此怀疑该书的可信性。但据我们收集的版本看，杨靖见第94位（第47页）④，蹇瑢见第379位（第61页），全科472人一个不少，并不存在“脱略”的情况。或许徐氏当时所见为残本，故有此语。徐学聚为万历十一年进士，和张朝瑞的生

① （明）焦竑：《献徵录》，上海书店1987年影印本，第1533页。

② 嘉靖《许州志》卷5《官纪志》第5《选举·许州·进士》，《天一阁藏明代方志选刊》47册，上海古籍书店1982年版，第61页。

③ （明）徐学聚：《国朝典汇》，书目文献出版社1996年版，第1621页。

④ （明）俞宪：《皇明进士登科考》卷2，《明代史籍汇刊》，台湾学生书局1986年再版，影印明嘉靖增补本。

活年代相差无几，因此我们推测，张朝瑞所见的《登科考》同样残缺，故不予采信。

《登科考》的可信度如何，这是考实洪武十八年榜进士的关键问题。《登科考》该榜收录472人，是唯一一部与实际总数相吻合的名录。但因为二、三甲名数次序失考，所以将二、三甲编在一起，共计469名，加一甲3名，合计正好472人。那么俞宪所依据的原始文献是什么？他对比了湖本和闽本，发现“湖本据其可考者，增入三十四人；闽本以其多湖人，疑而不录。宪校刻时，仍依湖本”，可见其开始时依据的是湖本，后来“见佥事章蘖《补遗录》，有是科会试人数，乃续而全之。然廷试名第，漫不可考矣。惟一甲传其可信，二甲、三甲但载其名籍，而次序姑以会试为准。若二甲首马京，次齐麟，则本诸《实录》云。按察使范钦谓，章本得之莆阳，第不知闽本何考不及此也”[①]。则其最终依据的是当时存世的该科《会试录》及《明实录》，那么其记载又是否可信？

我们从《明实录》《献徵录》及《御制大诰三编》[②]中，找到了该科180名进士的相关资料，这三种原始文献的记载相对可靠。通过对比《登科考》和《贡举考》对此180人记载的吻合度（见正文末附表2），我们不难判断出二者的可信度。在这180人中，《登科考》收176人，只有4人不载，吻合度97.8%；《贡举考》收95人，不载85人，吻合度52.8%。再结合《贡举考》误将他榜进士收入洪武十八年榜的情况，我们有理由做出这样的推断：《贡举考》的可信度相当低，而《登科考》则比较接近于历史真实。俞宪所谓参考了洪武十八年《会试录》云云，看来并非虚言。至于为什么没能完全吻合，我们推测不外以下几种原因：一是进士入仕后改变了姓名，或者以字行，或者记载中出现错别字，致使二者出现不一致；二是俞氏参考的《会试录》本身存在个别的错误，出现误收的情况。

---

① （明）俞宪：《皇明进士登科考》卷2，《明代史籍汇刊》，台湾学生书局1986年再版，影印明嘉靖增补本，第8页。

② （明）朱元璋：《御制大诰三编》，《续修四库全书》，第862册，上海古籍出版社2002年版。

三 《类姓登科考》

清代与俞氏、张氏同类收集明代进士名录的著作，有盛子邺的《类姓登科考》，我们收集到的有《四库全书存目丛书》影印湖北图书馆藏清钞本。关于该书的体例，我们必须纠正《四库全书总目》提要中的一个说法："……宋谢维新《合璧事类》所列诸姓故实，则以乡塾所诵之《百家姓》赵钱孙李诸字为纲。此本盖用维新之例，其《百家姓》所不载者，则附录第六卷末焉。"[①]《百家姓》是以"赵钱孙李周吴郑王"等依序排列，但《类姓登科考》并非如此，而是根据姓氏所属韵部，依照一东二冬三江最后到十七洽的平水韵目来排列的；附录部分是复姓，如欧阳、皇甫等姓，并非"《百家姓》所不载者"。《清文献通考》沿袭其误[②]，有些当代学者同样没有细查。[③]

关于该书的作者，《四库全书总目》和《清文献通考》著录时均作"不著撰人名氏"。湖北图书馆藏清钞本著作"惰率斋主人盛子邺汇录"，应该可信。朱彝尊撰《经义考》尝引用"盛子邺说"两条，题《刘氏玉执斋易图说》云："盛子邺曰：刘玉，万安人，弘治丙辰（1496）进士，历官刑部左侍郎，赠尚书，谥端敏。"[④] 题《林氏云同尚书正宗》："盛子邺曰：林云同号退斋，莆田人，嘉靖癸未（1523）（按，实当作丙戌，见下文）进士，改庶吉士，累官南京刑部尚书，赠太子少保，谥端简。"[⑤] 其文字与《类姓登科考》刘玉条和林云同条所载大体相同，见《类姓登科考》卷2："刘存业，……弘治庚戌（1490）一甲榜眼。……刘东，……丙辰二甲。……刘玉，江西万安县人，乔子，字成栗，三甲，刑部左侍郎，赠尚书，谥端敏。"[⑥] 卷2

---

① （清）永瑢等：《四库全书总目》卷138，中华书局1965年影印本，第1177页。

② （清）嵇璜等：《清文献通考》卷224，浙江古籍出版社1988年版十通本，第6870页。

③ 见《国家·科举与社会》第235页、《明代进士登科录研究》第116页。

④ （清）朱彝尊：《经义考》卷51，《四部备要》第91—98册，台湾中华书局1981年版，第4页。

⑤ 同上书卷89，第1页。

⑥ （清）盛子邺：《类姓登科考》，《四库全书存目丛书》子部，第226册，齐鲁书社1997年影印清钞本，第549页下。

（第574页上）："林文华，福建莆田县人，嘉靖癸未二甲。……林琼，……丙戌二甲。……林云同，福建莆田县人，二甲，庶吉士，南京工刑二部尚书，赠太子少保，谥端简。"可以断定，盛子郕就是《类姓登科考》的作者。

关于该书的成书年代，因为它收录朝榜的下限为崇祯十六年（1643）杨廷鉴榜，肯定是入清之作。从清钞本的内容判断，应该在清康熙年间。

《类姓登科考》劳永嘉、吴希周、沈声等人的籍贯均作浙江石门县①，但明代浙江无石门县，《贡举考》等书均载作"浙江崇德县"。这并非编纂者（或者抄书者）的笔误，而是有意识的更改。石门县乃崇德县在清初的改称，据《大清一统志》卷220《嘉兴府·石门县》载："五代晋天福三年，吴越析置崇德县，……明洪武二年（1369）复为县，属嘉兴府。本朝康熙元年（1662），改曰石门，仍属嘉兴府。"② 改名的原因是避讳，乾隆《浙江通志》卷6《建置·嘉兴府·石门县》："国朝，崇德县属嘉兴府，编户一百六十四里。康熙元年，因与太宗文皇帝年号相同，改名石门，以县有石门镇故也。"③ 由此推断，该书成于康熙元年以后。又，该书既为朱彝尊撰《经义考》所引用，则其成书也必在前。据毛奇龄《经义考·序》尾云"因卒读而为之序，康熙四十年萧山毛奇龄初晴氏"④，可知《经义考》成书于康熙四十年（1701）以前。由此推知，《类姓登科考》（清钞本）的成书当在康熙元年至康熙四十年之间。该书中数次提及"刊本作某"，则刊本较钞本更为前出，惜今不见刊本传世。

根据书中"谦牧堂藏书记""朱彝尊印""秀水朱氏潜采堂图书"

---

① （清）盛子郕：《类姓登科考》，《四库全书存目丛书》子部，第226册，齐鲁书社1997年影印清钞本，分别见第441页上、第387页下、第642页下。

② 《大清一统志》，台湾商务印书馆1986年影印文渊阁《四库全书》，第479册，第79页上。

③ 乾隆《浙江通志》，台湾商务印书馆1986年影印文渊阁《四库全书》第519册，第240页上。

④ （清）朱彝尊：《经义考》卷51，《四部备要》第91—98册，台湾中华书局1981年版，第2页。

等藏书印识，此书在康熙年间至少已经两度易主。“谦牧堂”为清揆叙居室名，按，揆叙，字恺功，康熙时官至左都御史[①]；“潜采堂”则为朱彝尊藏书处[②]。二人均为当时著名的藏书家，能先后为两大名家所收藏，说明该书具有比较高的价值。

但《类姓登科考》历来未能引起科举研究者的注意。我们认为，就研究价值来说，该书并不逊于《登科考》和《贡举考》。首先，该书收录榜次之全、进士之多，可谓前无古人。除崇祯十三年（1640）赐特用出身榜外（该科并非进士榜，详后），其余89科均被采录，所载进士总数达24314人，和明代进士的实际总数相去不远。其次，该书不是对明代《登科录》的简单汇编，还利用其他资料，补充了一些名进士的终官、赠官和谥号等信息。尤为可贵的是，“或一家世膺是选者，则注曰某为某子，某为某孙，某为某之兄弟”[③]，对于明代进士家族的研究，无疑可以提供相当重要的线索。

当然，清钞本《类姓登科考》中存在的问题很多，地名之误、人名之误、甲次颠倒、错简等不为少见。限于篇幅，我们仅以进士家族关系的记载为例。

卷1（第423页上）：“孙如洵，浙江余姚县人，癸丑二甲，燧子。”按，“燧子”误，孙如洵与如游、如法、如滨等为兄弟，当同为燧之曾孙。见同页：“孙如游，浙江余姚县人，三甲，燧曾孙。”《嘉靖丙辰同年世讲录》载孙鑨“祖燧，父陞；……子如滨”[④]，亦可证孙如洵当为孙燧之曾孙。

卷2（第434页上）：“钱喜起，浙江仁和县人，若赓子，二甲，三代进士。”按，钱喜起与钱若庚实际上没有任何关系，喜起一家是三代进士不误，但他的父亲名养廉，《崇祯十三年庚辰科进士三代履历便览》（以下简称《崇十三履历》）载其“祖立，嘉靖乙丑

---

① 池秀云：《历代名人室名别号辞典》，山西古籍出版社1998年版，第926页。

② 同上书，第1057页。

③ （清）永瑢等：《四库全书总目》卷138，中华书局1965年影印本，第1177页。

④ 屈万里编：《明代登科录汇编》，《明代史籍汇刊》，台湾学生书局1969年版，第6774页。

(1565) 进士，广西副使……；父养廉，万历己丑 (1589) 进士，吏部员外……；本生父养度，刑部主事”①。而钱若庚是鄞县人，他的儿子名敬忠，《类姓登科考》卷2 (第433页下)：“钱敬忠 浙江鄞县人，若赓子，天启壬戌 (1622) 二甲。”卷2 (第434页上)：“钱肃乐 浙江鄞县人，丁丑二甲，若赓孙。”也是祖孙连续三代进士。《类姓登科考》张冠李戴，误将二者混为一谈。

卷3 (第698页上)：“郭鋆，山西高平县人，鋆弟，同胞三进士。”同页载：“郭鉴，山西高平县人，二甲，鋆弟，兄弟同榜。”按，其实三人并非同胞，而是叔伯兄弟，见《献徵录》载《郭公鋆墓志》：“郭氏……质知光州，生定，…定七子，以长子鋆贵赠官。次子城，判安州，生銮及公。……公与从弟鉴又同年举进士，鉴副使，而公为侍郎。”②

其他种种错误，不一一列举。总之我们在参看时，应当结合《登科录》、墓志铭等文献细加考证。

四 题名碑、《碑录》与《索引》

从资料渊源看，现存的明各科进士题名碑、清李周望《碑录》、今人朱保炯等编《索引》大体上可归为一个系统。其体例内容及相互关系等相关内容，参见陈长文《明代进士登科录研究》下编第二章，本书只对《索引》中的问题稍加补充。

自《索引》问世以来，便被学界奉为“研究明清科举人物的最重要、最权威、最方便的工具书”③。不可否认，作为目前第一部也是唯一一部进士人物索引，《索引》为我们的研究发挥了非常重要的作用，完全当得起这样的评价。但是我们也必须看到，《索引》是在《碑录》的基础上，参考其他文献编辑而成的，已经是第三手、第四手资料了，从严格意义上讲，是不能作为原始文献来使用的。在日常

---

① 《崇祯十三年庚辰科进士三代履历便览》，浙江杭州府下，上海图书馆藏明崇祯刻本，第11页。

② (明) 焦竑：《献徵录》卷53，上海书店1987年影印本，第2250页。

③ 沈登苗：《也谈天一阁藏明代登科录》，《浙江学刊》1998年第2期，第110页。

的使用过程中，我们也发现《索引》存在着比较多的错误。陈长文曾在《〈明清进士题名碑录索引〉校误》中谈到其中的人数错误、姓名错误、后附注释中的错误等，多达数十项①，然而这只是冰山一角。李大东也认为《索引》中存在的问题比较重大，“直接影响了其价值的可靠性”②。沈登苗则持相反观点，认为“怀疑《索引》的权威性、可靠性理由不足”③。我们认为，在充分肯定《索引》价值的同时，也不必讳谈其缺陷，否则对学术的健康发展不利。

从其产生原因看，《索引》中的错误大致可以概括为以下几类。

第一，刊印时校对的疏忽。从我们对《索引》正文的掌握看，如果采用今天的校对标准，它恐怕连一部合格的出版物都算不上。一些非常显而易见的错误，在正文部分比比可见。比如永乐二年榜的刘灏，《索引》正文作“明永乐20”④，显然是2后误加0了，后附《历科进士题名录》不误（第2426页）。天顺元年（1457）三甲乔凤本为55名，误作54名（第636页），与张元济同（第500页），导致以下全错，至最后一名李和由194名变为193名（第1244页），《历科进士题名录》不误（第2456—2457页）。嘉靖二十六年榜《碑录》有两个林一新，一为漳浦人，一为晋江人，《历科进士题名录》不误（第2532页），但正文却仅见漳浦林一新（第1619页）。此外在摘抄《碑录》时，也往往出现偏差，比如万历四十一年（1613）榜的孔贞时，《碑录》作“应天府句容县儒籍，佥充江西抚州所屯田，建德县人”⑤，《索引》误作应天府句容籍，江西建德人（第546页）。不过也难怪，《索引》总收明清进士多达五万余人，其校对工作的确足够繁难，在当时的条件下能做成这个样子已经很不错了。这类校对上的

---

① 陈长文：《〈明清进士题名碑录索引〉校误》，《开封教育学院学报》2001年第2期，第13—16页。

② 李大东：《进士题名校勘记》，载虞浩旭主编《天一阁论丛》，宁波出版社1996年版，第187页。

③ 沈登苗：《也谈天一阁藏明代登科录》，《浙江学刊》1998年第2期，第111页。

④ 朱保炯等：《明清进士题名碑录索引》，上海古籍出版社1979年版，第1999页。

⑤ （清）李周望：《国朝历科题名碑录初集·明洪武至崇祯各科附》，华文书局1958年版，第1160页。

错误虽然较多，但比较好解决，只需对校即可。

第二，照搬原材料中的错误。《索引》的主体来自《碑录》，但《碑录》本身的错误也不少，《索引》多未能更正。比如嘉靖四十一年（1562）进士蒋机，《碑录》误作“山西南昌府丰城县民籍”（第861页），《索引》同作山西丰城人（第1460页），其实南昌府丰城县①不在山西，山西乃江西之误。嘉靖三十八年进士邢实，《碑录》误作“江西平阳府洪洞县军籍”（第846页），《索引》亦作江西洪洞人（第610页），洪洞不属江西，江西乃山西之误。弘治十八年（1505）进士刘瓒，《碑录》作四川行都司合州卫（第521页），《索引》同（第1973页），按《明史·地理志》四川行都司无合州卫，有会川卫军民指挥使司②，《弘治十八年进士登科录》载刘瓒“贯四川行都司会川卫军籍，江西安福县人”③，可知“合州”乃“会川”之误。如此仅是字形相近造成的错误，也比较好解决。《碑录》还存在一些更为重大的错误，处理起来颇为棘手。比如《碑录》误将万历二十年（1592）榜的4人（黄炜、李作舟、穆深、杨逢时）窜入万历二十六年榜，导致万历二十六年榜虚增4人，《索引》未加考辨，以讹传讹（详见本书第二章第一节）。再如洪武十八年榜进士，《碑录》全采自《贡举考》，里边就存在不少错误的记载，《索引》亦全盘照录。

第三，考证的疏误。编者在《索引·前言》中说他们“把清乾隆十一年（1746）所刊行的《国朝历科题名碑录初集》及其所附刊明代诸科，以《进士题名碑》的拓片、《登科录》、各省方志等校订增补”，这在《索引》后附《历科进士题名录》下的注解中可以得到充分的证实。但这些“校订增补”的质量，应该还有进一步提高的空间。

先说《索引》的“增补”，主要表现在洪武十八年榜，其中据地

① 明南昌府辖地今分属南昌市、九江市和宜春市，丰城县今为丰城市，属宜春市。

② （清）张廷玉等：《明史》卷43，中华书局1974年标点本，第1052页。

③ 屈万里编：《明代登科录汇编》，《明代史籍汇刊》，台湾学生书局1969年版，第2504页。

方志补缺者多达123人（第2418—2419页），功劳可谓不小。但是，地方志的可靠性就如此之高？其实不然，更何况《索引》的引证都是孤证。以下试举两例。《索引》据《江西通志》补缺的永丰人张睢（第505页）[①]，实为张唯，《江西通志》收入洪武十八年榜下，十七年乡试榜下云其为解元，河南中[②]。这是一条错误的记载，《明史·选举二》卷70、《弇山堂别集》卷81、《翰林记》卷4等均以张唯为举人，未登进士第。《弇山堂别集》对此记载比较详细："是年（洪武六年），遂诏天下举人罢会试。正月初八日，河南解额内选四名，第一人张唯，年二十七；其次王辉，年二十八；……二十三日，山东解额内选五名，……皆拜翰林编修。又选国子监蒋学……等拜给事中，于文华堂肄业，命太子赞善大夫宋濂、太子正字桂彦良分教之。"[③] 后来张唯等16人改官监察御史。[④] 由此可见，张唯其实为洪武五年（1372）举人，并没有中进士；方志不但误作进士，连乡试科次也给弄错了。再如江西分宜的欧阳贞，《索引》据《江西通志》补缺作洪武十八年进士（第2269页）。《江西通志》洪武四年榜下载欧阳贞[⑤]，但在人物本传中却说："欧阳贞，字元春，……国初科举法行，始以《易》魁乡试，任考城、扶沟县簿。"[⑥] 当是洪武四年举人。康熙《江西通志》不载，编者应该是作过考证的。但雍正《江西通志》却收于洪武十八年榜下[⑦]。方志对进士的收录并不十分可靠，在参考时应当格外谨慎。

再说《索引》的"校订"。《索引》对《碑录》某些科次进行了

---

① 按：《索引》所据地方志均未说明版本。

② 嘉靖《江西通志》卷26《吉安府·科目·国朝》，载《中国方志丛书·华中地方》第780号，成文出版社1989年影印明嘉靖四年刊本，第4355页。

③ （明）王世贞：《弇山堂别集》卷81，中华书局1985年版，第1543页。

④ （明）黄佐：《翰林记》卷15，台湾商务印书馆1986年影印文渊阁《四库全书》，第596本，第12页。

⑤ 嘉靖《江西通志》卷32《袁州府·科目·国朝》，载《中国方志丛书·华中地方》第780号，成文出版社1989年影印明嘉靖四年刊本，第5350页。

⑥ 同上书，第5388—5389页。

⑦ 雍正《江西通志》卷52《选举四·明》，台湾商务印书馆1986年影印文渊阁《四库全书》第514册，第689页下。

校补，如成化八年（1472）榜，《碑录》三甲160名张抚下空缺2人（第347页），《索引》补第161名为薛真，仍空缺1人（第2467页）。其实该榜单只空缺1人，补上薛真即可，但《索引》榜末却又据地方志多补缺2人：金迪、翟廷蕙（第2468页）。此2人不见载于《贡举考》等书。按，《索引》正文载翟廷蕙作“河南洛阳，明成化8”，注云“据《河南通志》补缺”（第604页）。然《河南通志》载翟廷蕙入成化二年榜[①]，其实就是《索引》所载成化二年榜的翟庭蕙，河南洛阳人（第603页）。金迪，《索引》正文据《江南通志》补缺，为直隶安东人（第2284页），《江南通志》则不知所据。《索引》对《碑录》嘉靖二十三年榜的校订同样如此，详见本书第二章第一节。

此外，《碑录》中多漏载进士的原籍，《索引》也未利用《登科录》作必要的订补，详见本书第四章。

由此我们认为，不能把《索引》的价值过分拔高。作为一本编于20世纪80年代的工具书，受到当时条件的限制，不可避免会存在这样那样的问题。今天我们以之作为检索工具当然可以，若据为原始资料，则其研究结果恐怕会产生新的问题。

五　地方志中的选举表

明清时期，方志编纂之风盛行，由于去今未远，故保存下来的方志数量相当可观。方志记载一方文献，内容十分丰富，举凡当地的建置沿革、水利山川、户口赋税、名人显宦，乃至名篇佳作，无不纳入其中。几乎无论从哪个研究角度，方志都具有非常重要的参考价值。从本课题出发，我们主要利用了江西方志中的选举表和人物志。此外，方志对当地坊镇和丘墓的记载，也能为进士的籍贯提供重要佐证。散见于其他各省地方志中的职官、名宦、流寓等处对江西进士的记录，同样具有重要的参考价值，我们在考证时也充分加以利用。

---

① 雍正《河南通志》卷45《选举二·进士》，台湾商务印书馆1986年影印文渊阁《四库全书》第536册，第573页下。

关于江西一省的方志，现在保存状况较好。我们选取了《天一阁藏明代地方志选刊》及《续编》和《中国方志丛书》《中国地方志集成》所收明清江西各地府志（包括个别县志），三种《江西通志》（嘉靖本、康熙本和雍正本）。在众多的方志中，我们尽量使用明代刊本，《天一阁藏明代地方志选刊》及《续编》收有建昌、临江、九江、赣州、南康、瑞州、饶州、广信和抚州等9府志，缺南昌和吉安2府，另有（广信）永丰、瑞昌、东乡、瑞金、武宁、丰城等8（州）县志，大都修纂于正德、嘉靖年间。《中国方志丛书》和《中国方志集成》对江西方志的收录相当齐备，我们主要选择其中的明末清初刊本，部分也参考了同治版府县志，具体版本见本书附录参考文献。

进士作为本地名人的杰出代表，一般都会在地方志中留下记载。相对于其他进士名录而言，方志对进士的字号、家族关系、历官、生平事迹等情况的记载比较翔实，历来为研究者所重视。

但方志中存在的问题也不容忽视。首先是误收非进士者。方志对进士的收录在原则上是宁滥勿缺，其中有些是举人，明代拟古亦称乡贡进士，编纂者误以为进士；有些则无凭无据，不见于《登科录》或其他进士名录。比如前面所举的张唯、欧阳贞，就是典型例子。

其次是误收他地进士者。明代有些地名的设置不太合理，同名者不少。比如永丰县，一属于广信府，一属于吉安府；新昌县，既见于江西瑞州府，又见于浙江绍兴府；建昌既是县名，不属于建昌府，却隶南康府；而南康之为县，亦不属于南康府，却归南安府，等等。凡此种种，不但令今人迷惑，即便古人，也不免误此为彼、误彼为此了。比如正德六年榜三甲进士俞集，本为浙江绍兴府新昌县人，《登科考》①《贡举考》②、同治《瑞州府志》③ 均误收为江西瑞州府新昌

① （明）俞宪：《皇明进士登科考》卷10，《明代史籍汇刊》，台湾学生书局1986年再版，影印明嘉靖增补本，第628页。

② （明）张朝瑞：《皇明贡举考》卷6，《四库全书存目丛书》，齐鲁书社1997年影印本，史部，第269册，第38页。

③ 同治《瑞州府志》卷9，《中国地方志集成·江西府县志辑》第37册，江苏古籍出版社1996年版，第179下。

县人。正德《瑞州府志》不载，其他明代方志均作浙江新昌县人。如万历《新昌县志》（浙江）：“俞集，正德六年。”[①] 嘉靖《浙江通志》：“（弘治）十七年（1504）绍兴府三十二人：萧鸣凤，解元……俞集，……璿、集，正德六年进士。”[②]

最后，由于明人的户籍和乡贯时有分离，造成一个进士而同时被两个甚至三个平行层次的地方志所收录。比如杨一清，祖籍云南安宁州，随父落籍于湖广巴陵县，后又家于南直隶丹徒县，以故清代云南、湖广和江南三地通志的选举志都载有其名。我们把清初官修的各省通志选举表所录进士作了一个简单的统计，共得 26086 人，大大超出了明代进士的实际总数；多出来的部分，除了少数非进士而窜入者外，大多是由一人两见或三见这种情况引起的。

我们以三个版本的《江西通志》中的进士表为例，来具体说明地方志对进士记载的问题。嘉靖《江西通志》为林庭㭿、周广等编修，刊于嘉靖四年（1525），所收进士名录截至嘉靖二年（1523）榜止。该书体例仿照《大明一统志》，因而进士表在各府下分别罗列，基本上就是府志选举表的翻版。这一体例在后来的通志中被弃用。康熙二十二年（1683）刊本《江西通志》为清于成龙等奉旨编修，编者对选举表进行了改造，一是不再分府，而按照榜次先后，对全省进士加以罗列；二是将举人表和进士表分开，各自成卷，其中卷 18 为明代进士表。雍正十年刊本《江西通志》同样是官修之书，在体例上基本沿袭前志，但选举表有所改动，即将进士表和举人表合二为一，依照年代先后，对江西的举人和进士统一加以编订。从实用的角度看，雍正《江西通志》的体例较旧志更方便检索。

从内容上看，后志一般都袭用前志的文字，而稍作调整，或者加以充实、补订，进士表也是如此。限于编纂年代，嘉靖《江西通志》对嘉靖二年以后的进士没有收录，总计全书共收明代江西进士 48 科，

---

① 万历《新昌县志》（浙江）卷 10《选举志 · 皇明科甲 · 国朝进士》，《天一阁藏明代方志选刊》19 册，上海古籍书店 1982 年版，第 14 页。

② 嘉靖《浙江通志》卷 51《选举志》第七之二，《天一阁藏明代方志选刊续编》24—26 册，上海书店 1990 年版，第 392 页。

载进士1711名。康熙《江西通志》对此48科江西进士进行了比较大的补充，共得1830名，多出119人。雍正《江西通志》在总数上和康熙省志较接近，仅相差4人，但具体到各个科次，其实误差还是不小（见下表）。

三个版本《江西通志》所收洪武四年至嘉靖二年榜进士人数对比表

单位：人

科次	实有人数	嘉靖《江西通志》	康熙《江西通志》	雍正《江西通志》
洪武四年	27+1	27	32	27
洪武十八年	58	44	58	63
洪武二十一年	18	18	21	18
洪武二十四年	3	5	6	8
洪武二十七年	13	15	14	14
洪武三十年	20	15	16	17
建文二年	23	25	26	26
永乐二年	111+1	110	115（重1）	115（重1）
永乐四年	54	52（重1）	57（重2）	65
永乐九年	27	23	30	29
永乐十年	28	31（重2）	29	28
永乐十三年	95	97	95	86
永乐十六年	65+1	63	66	66
永乐十九年	73+3	73	76	76
永乐二十二年	42	40	42	42
宣德二年	31	30	31	31
宣德五年	18+1	20	19	19
宣德八年	22	22	22	22
正统元年	17	18（重1）	18（重1）	18（重1）
正统四年	16+1	13	16	16
正统七年	33+1	35	34	34
正统十年	23+2	22	25	25
正统十三年	22+1	23	23	28
景泰二年	39+3	42	42	37
景泰五年	60+8	69	68	68
天顺元年	35+5	39	41	41

续表

	实有人数	嘉靖《江西通志》	康熙《江西通志》	雍正《江西通志》
天顺四年	14 + 4	16	18	18
天顺八年	31 + 6	37	37	36
成化二年	43 + 4	47	47	47
成化五年	22 + 3	25	27	27
成化八年	24 + 5	26	30	29
成化十一年	25 + 3	30	29	30
成化十四年	41 + 6	47	49	49
成化十七年	31 + 3	33	35（重1）	35（重1）
成化二十年	29 + 4	33	33	33
成化二十三年	37 + 4	40	41	41
弘治三年	31 + 6	35	37	37
弘治六年	26 + 1	25	28	28
弘治九年	28 + 9	36	39	40
弘治十二年	33 + 9	38	41	42
弘治十五年	31 + 5	29	35	35
弘治十八年	26 + 5	24	31	31
正德三年	41 + 5	45	46	46
正德六年	41 + 11	42	52	52
正德九年	43 + 5	44	48	48
正德十二年	26 + 5	28	32	31
正德十六年	26 + 3	25	32	31
嘉靖二年	37 + 4	35	41	41
48 科总计	1795	1711	1830	1826

说明：由于省志在收录江西进士时，包括了户籍在江西和原籍在江西两种类型进士，故表中列举的“实有人数”中，亦包括此二类人数，前为户籍在江西的进士，加号后为原籍江西而户籍外省的进士。

嘉靖《江西通志》固然存在漏收的情况，但后志的补充是否就可靠？未必尽然。三个版本的《江西通志》都存在以下问题。

第一，漏收，这一问题主要表现在对洪武朝进士的记载。比如洪武四年榜，嘉靖《江西通志》漏收叶孝友、熊谊、吴权、黄载、毛煜；洪武十八年榜的漏载更为严重，仅以三者皆未收的进士为例，就有黄德安、危瓛、余子恭、郭昌、胡肃、聂以大、陈孟芳、吴渊等8人。后志在对前志的传抄过程中，也偶尔出现脱漏。比如康熙《江西通志》卷18载："傅瀚，新喻人，官至礼部尚书。夏景，新喻人，大兴籍，官佥事。"① 雍正《江西通志》载作"傅翰（当作瀚），新喻人，大兴籍，佥事"②。对比两处文字，我们可以发现，雍正《江西通志》抄脱"官至礼部尚书，夏景，新喻人"等内容，以致把夏景的资料挪移到傅瀚身上。

第二，误收，指误将举人或外省进士收入江西进士榜。比如饶州府的许仲猷、查仲源、俞敬德、汪彦思和袁州府的欧阳贞，嘉靖、康熙《江西通志》均收入洪武四年榜，但《明洪武四年进士登科录》不载此5人；雍正《江西通志》则收入洪武十八年榜，同样是错误的。南昌府的刘端和熊瓒，三志皆收入建文二年榜，但《建文二年殿试登科录》不载，可知他们也不是进士。

第三，重出，不少进士两见于不同的科次，个别进士则两见于同一科次不同府县。如戴安，嘉靖《江西通志》两见于洪武十八年榜和洪武三十年春榜；赵礼，康熙《江西通志》两见于永乐九年（1411）和十年（1412）榜；萧仪，康熙、雍正《江西通志》均两见于永乐四年（1406）和永乐十三年（1415）榜。正统元年（1436）进士龙文，三志皆重出，一作泰和人，一作兴国人，其实是同一人。嘉靖《江西通志》正统四年（1439）榜载的孙俨，其实与正统七年（1442）榜孙振望为同一人（见后文考证）。

第四，窜榜，本作此榜而误入彼榜。比如永乐四年榜，雍正《江西通志》较前志多出8人，除了误增1人外，其余7人均由永乐十三年窜入：曾令得、张永、周崇厚、李学、刘智安、章旭、张彦晒。雍正《江西通志》对正统十三年（1448）榜和景泰二年（1451）榜的记载更显混乱。正统十三年榜有5人窜入景泰二年榜：胡皞、刘泰、

① 康熙《江西通志》，载《中国方志丛书·华中地方》第781号，成文出版社1989年影印清康熙二十二年刊本，第1717页。

② 雍正《江西通志》卷53《选举五·明》，台湾商务印书馆1986年影印文渊阁《四库全书》第514册，第734页上。

周瑚、朱厚、彭广；而景泰二年榜有10人窜入正统十三年榜：邓秀、刘彝、项倬、李钧、刘敷、刘昇、龙需、吴绰、左兴、吴汇。

由此可见，通志进士表的记载并不完全可据。从嘉靖二年以前48科进士总数的统计看，嘉靖《江西通志》显然偏少，而康熙、雍正两志又偏多，与实际人数都存在一定的差距。上表中我们统计的数字显示，嘉靖《江西通志》的总数为1711人，少于实际总数84人；康熙《江西通志》同期总数为1830人，多于实际总数35人；雍正《江西通志》则多出实际总数31人。从对明代江西全部进士总数的统计看，康熙《江西通志》为3066人，雍正《江西通志》为3070人，二者相去不远。但据我们的考证，户籍在江西的明代进士有2719人，加上乡贯为江西但户籍在外省的进士362人，则明代江西有进士3081人。虽然康熙、雍正《江西通志》总的数字与此差距并不算大，但考虑上述种种情况，具体到每个科次，其数字统计就有比较大的问题，需要作细致的考证。

六　其他文献

通过以上分析，我们可以发现，各种进士名录都或多或少存在一定的问题。本书所作的研究，就是针对以上问题而开展的。我们在考证时，除了名录之间的互相比勘外，还充分利用了现存的《明实录》《献徵录》《翰林记》《弇山堂别集》《抑庵文集》《万历野获编》等各类明代文献，以资佐证。

《明实录》中详细记载了明代各朝科举考试的相关情况，包括考试时间、地点，考试官的安排，会、殿试录取人数，等等，是研究明代科举制度不可或缺的第一手资料。《明实录》还有为数不少的人物传记，由于编者距离传主的生活年代不远，其可靠性相对较高。

《献徵录》一称《国朝献徵录》，为明焦竑所编。焦竑，字弱侯，号澹园，南京旗手卫人（原籍山东），万历十七年状元，官修撰，仕宦不显，卒于泰昌元年，享年81岁。该书收集了万历中期以前的各种人物传记资料，其中进士近2400位；相关墓志、圹志、神道碑铭等1180余份，行状、行实等170余份，传记900余份，为我们研究人物的家世、履历等提供了十分翔实的第一手资料。其他别集、笔记类资料，同样值得我们参考，兹不一一论述。

第二节　明代全国进士总数考

有明一代，270 余年间，一共产生了多少进士？历来研究者得出的结论各自不同，吴宣德曾对此作过综述："如何炳棣先生（Mr. Ping-ti Ho）The Ladder of Success In Imperial China（《明清社会史论》）统计为 24594 人；萧源锦《状元史话》统计为 24610 人；范金民《明清江南进士数量、地域分布及其特色分析》为 24866 人；沈登苗《明清全国进士与人才的时空分布及其相互关系》为 24814 人。黄明光《明代科举制度研究》（广西师范大学出版社 2000 年 6 月版）为 24452 人。"[①] 由此他认为，统计数据的不统一，"实在让人怀疑建立在这样的统计结果上的论点的可信性"[②]。但是，吴宣德本人对明代进士的统计数据同样不统一：他在《明代进士的地理分布》中作 24878 人[③]，在《中国教育制度通史·明代卷》中统计为 24861 人[④]，在《明代地方教育建设与进士的地理分布》中又作 24790 人[⑤]。

问题产生的根源，除了统计技术上可能存在的误差外，更在于我

---

① 范金民《明清江南进士数量、地域分布及其特色分析》，见《南京大学学报》（哲社版）1997 年第 2 期，第 172 页。沈登苗《明清全国进士与人才的时空分布及其相互关系》，见《中国文化研究》1999 年冬之卷，第 61 页。此外，谢宏维《论明清时期江西进士的数量变化与地区分布》作 24898 人，见《江西师范大学学报》（哲社版）2000 年第 4 期，第 23 页；多洛肯《明代福建进士研究》正文作 24876 人（第 62 页），而据后面的附录二统计则有 24890 人（第 230—259 页）。何炳棣在《明清进士与东南人文》又作 22980 人，见缪进鸿《中国东南地区人才问题国际研讨会论文集》，浙江大学出版社 1993 年版，第 219 页。

② 见吴宣德《明代进士的地理分布》，见 http://humanum.arts.cuhk.edu.hk/~hkshp/ng/mingjinshi1.htm。

③ 同上。

④ 吴宣德：《中国教育制度通史·明代卷》，山东教育出版社 2000 年版，第 491 页。

⑤ 吴宣德：《明代地方教育建设与进士的地理分布》，《教育学报》2005 年第 1 期，第 80 页。作者注云：此数据未计入辽东都司人数。

们对参考文献缺乏必要的考证：从上述学者的著作中，我们看不到相关的考证，有的甚至连数据的出处都没有注明。由此可见，有些学者在做统计时，还不够严谨，同时也反映出求得明代进士总数的必要性和迫切性。我们在进行《中国历代登科总录》子课题《明登科录》的研究过程中，对相关科举文献进行了整理比照，得出了明代登科进士较为确切的数据。以下我们先对明代进士的榜数作一个探讨，进而再考证明代进士的总数。

一 明代进士的榜数

关于明代究竟开科取进士多少榜，学界存在不同意见。吴宣德认为，“整个明代，如果不包括南明小王朝，共举行了91届科举。其中洪武四年、洪武五年举行了乡试，但未举行会试，所以这两届无进士”①，则取进士为89科。而多洛肯认为是88科，“其中洪武三十年有春夏两榜进士，应算一科殿试。另崇祯十五年（1642）为赐特用出身进士”②。对于洪武三十年两榜，刘晓东认为：“洪武三十年，曾开两科，曰春、夏榜。春榜所取52人作废后方取夏榜61人，因此在实际录取人数中不能将其包括在内，科数也只能算作6科。”③ 对于崇祯赐特用榜算不算进士，也有学者提出了质疑。④

这里存在一个标准问题，我们认为，必须以经殿试传胪作为确定进士科榜的标准。赵翼《陔余丛考》卷28《举人》条云：“今会试中式者，礼部放榜，但云会试中式举人，必俟殿试后，赐进士及第、出身、同出身，始谓之进士。或有事故不及赴殿试者，但尚是中式举

---

① 吴宣德：《中国教育制度通史·明代卷》，山东教育出版社2000年版，第487页。

② 多洛肯：《明代福建进士研究》，上海辞书出版社2004年版，第62页。

③ 刘晓东：《科举危机与晚明士人社会的分化》，《山东大学学报》2002年第2期，第104页。笔者按，其所谓“春榜所取52人作废后方取夏榜61人”的观点是值得商榷的，洪武三十年春榜并未作废，该榜只是状元陈䢿等几人事后被处死，其余大多数进士并未受到影响。

④ 陈长文：《崇祯十三年赐特用出身科科年考实》，载《文献》2005年第3期，第168—175页。

人，不得称进士。”[①] 那么矛盾的焦点就在于，如何看待洪武三十年的南北榜和崇祯十三年的赐特用出身榜。

洪武三十年春三月殿试，录取陈䢿等51人，并依照惯例授予相应的官职。但由于所录取的进士都是南方人（实际还有四川李祥、蔡天祥2人），下第的北方举子便认为考官刘三吾等人存在舞弊行为，于是闹得不可开交。明太祖为了平衡北人心态，严厉处分了该科考官，状元陈䢿亦被处死。然后于六月重开一榜，所取者韩克忠等全为北人（包括四川人冉通、张朝贵、马忠、王原、陈铿、张玺6人）。后来人们多把陈䢿榜称为春榜，或者南榜；而韩克忠榜则为夏榜，或者北榜。有人以洪武三十年为春、夏两榜，也有人将二者并为一榜。时人在这个问题上也是模棱两可，如王直《进士题名记应制作》云：“明年改元正统，行在礼部会试如制，……盖自洪武辛亥至于今，凡二十科，其得人多矣。”[②] 则其将洪武三十年视为两科（洪武7科，建文1科，永乐8科，宣德3科，加正统1科正好20科）。然同出王直之手的《癸丑年会试录后序》又云：“宣德八年（1433）春，行在礼部会试天下所贡士，……自洪武庚戌诏下兴贤，今十八举矣。”[③] 却又把洪武三十年视为一科，前后自相矛盾。同样的情况也存在于其他文人的叙述，以故叶盛发出这样的慨叹：“今而登科一事，即洪武中事，已无能悉者。”[④]

既然春夏榜都经过殿试传胪等程序，都有状元、榜眼、探花，都有二甲、三甲之分，就应该视为两科。否则，一科之中，岂不有两位状元、两位榜眼、两位探花？因此，我们采纳把洪武三十年分成两科的观点。

崇祯十三年春已录取魏藻德等为进士，同年夏四月，“帝思破格

① （清）赵翼：《陔余丛考》，（上海）商务印书馆1957年版，第582页。

② （明）王直：《抑庵文集》卷1，上海古籍出版社1991年影印四库明人文集丛刊本，第1页。

③ （明）王直：《抑庵文后集》卷14，上海古籍出版社1991年影印四库明人文集丛刊本，第1—2页。

④ （明）叶盛《水东日记》卷16，中华书局1980年点校本，第163页。

用人，而考选止及进士，特命举人贡生就试教职者，悉用为部寺司属、推官、知县，凡二百六十三人，号为庚辰特用”[①]。后来史惇等人又“请援进士例，谒孔庙行释菜礼，并立石题名。帝如所请”[②]。该科题名碑现存于北京东城区国子监内，名录见载于《碑录》和《索引》，但都被误作崇祯十五年榜。

他们实际的身份是，前163人为该科会试的副榜举人，后100人则为当年经过廷试的岁贡生员，显然和进士是两码事。依照明代的规定，会试正榜外还有副榜，副榜例授教职；岁贡生员经过廷试，也分别授以教职，这是在明代相沿已久的铨选惯例，也即所谓循资格。众所周知，崇祯皇帝对大臣的疑心非常之重，内阁辅臣和经略辽东的督抚一个个或者短期即卸任，或者下诏狱、处死。在崇祯的眼里，出身进士的大臣并无经国韬略，他认为这是历年以来铨官循资格太甚造成的弊端。他要打破当时唯进士是重的成例，特地将举人和贡生的初授官资格提高到进士的地步，这样既可以鼓励非进士出身的人才积极报国，又能对拥资格而自重的进士们产生一定的刺激作用。谈迁《国榷》云：“丙寅，谕吏部：年来资格畛域，抑坏人才考选。屡奉旨举贡兼收，究竟不遵，非祖宗破格用人至意。就教贡士并试过岁贡生共二百六十三人，俱着于六部司属、都、通、太常寺各司属及推、知正官通行察阙，依次填补。此系特用，后不为例。”[③] 表明“赐特用”的本意只是破例升用，并非赐进士出身。

从文献中，我们也没有看到崇祯对其“赐进士”的直接记载，但即便有，我们也不应视其为进士。特赐进士的情况在明代前期就曾经有过。据焦竑《玉堂丛语》载：“孔谔，山东曲阜人，永乐中举乡试，上以圣裔，欲宠异之，特赐进士，官左春坊中允，赐宅一区，命教太子。”按，孔谔为永乐六年（1408）举人，永乐七年（1409）会试中副榜第一，时太宗北巡，太子监国，特赐其为进士，但该科进士

---

① （清）张廷玉等：《明史》卷274，中华书局1974年标点本，第7032页。

② （清）朱彝尊：《北京国子监进士题名碑跋》，载《曝书亭全集》卷51，《四部备要》第529—531册，台湾中华书局1981年版，第8页。

③ （明）谈迁：《国榷》卷97，古籍出版社1958年版，第5862页。

题名中并未见载其名。又《弇山堂别集》载："天顺七年（1463），贡院灾，会试举人死于火者九十人。事闻，俱赠进士出身。"① 但当年进士题名中亦不见载，也没有谁会真把他们当作进士看待。

时人对于崇祯十三年榜的态度也是如此。史惇请求援例立碑时，"阁臣张四知以为不可"②，显然是因为他们不是进士。但阁臣的阻拦，反而刺激了崇祯"厌薄进士"的逆反心理，特旨批准。清初的盛子邺在《类姓登科考》中收入了几乎明代所有各科进士，就是不载崇祯十三年赐特用出身榜。清初各省通志中，亦唯江西、浙江两省选举表见载。而当事人自己的态度更具有说服力。出身该榜的雷縯祚历官佥事，曾上疏弹奏周延儒，内自称"臣外藩小吏，乙榜孤踪"③，未尝说自己是进士出身。

总之，崇祯十三年赐特用出身榜不能视为进士。

小结：洪武三十年当作春、夏两科，而崇祯十三年只有一科，那么明代总计取进士 89 科。

二 明代的进士总数

明代进士数量的统计同样必须以殿试为准，不能参照会试中式人数。在一般情况下，会试中式举人都会参加本科殿试，但由于疾病或者丁忧等意外情况发生，有些举子不参加本科殿试，下科甚至后数科方始殿试。这种现象在永乐朝以后各科中几乎都存在，造成相当多的科次会、殿试人数不相吻合。未经殿试者不能得到进士的出身，其名分依然还是举人。据我们统计，明代过会试而未殿试者有 56 人，除崇祯十六年因明亡而未殿试的 11 人外，其余 45 人大多未及殿试便已身故了。如黄绾《东瀛王公启神道碑铭》载，王启的祖父王钦"举

① （明）王世贞：《弇山堂别集》卷 8《异典述三》，中华书局 1985 年版，第 148 页。

② （清）于敏中：《日下旧闻考》卷 67，北京古籍出版社 1981 年版，第 1110 页。

③ （清）张廷玉等：《明史》卷 274，中华书局 1974 年标点本，第 7033 页。按，"乙榜"在明代文献中多指会试副榜，"往会试各房所取卷，拘于会额，不能尽收者，登之乙榜"（见陈继儒《见闻录》卷 3）。例如，宣德八年状元曹鼐，"永乐癸卯举乡荐。宣德丁未中乙榜，授代州学官，……上亲擢第一"。（见《献徵录》卷 13《大学士曹文襄公鼐传》）

进士，未廷试卒”[①]（卷46，第1932页），科年无考；《万历壬辰科进士履历》载，四川富顺范岷汇会试121名，未廷试卒[②]。

系统记载明代各科进士数量的文献，有清《续文献通考》卷35《选举考·明登科总目》（以下简称《续文献通考》），李周望编《碑录》，陈梦雷编《古今图书集成·选举典·殿试部》（下称《古今图书集成》）。[③]今人朱保炯等编《索引》是一种工具书，其后附《历科进士题名录·明朝之部》，相当于对明代进士的分榜统计。明俞宪《登科考》、张朝瑞《贡举考》、徐学聚《国朝典汇》卷128《礼部·科目》（下称《国朝典汇》）等亦有记载，但限于编纂年代而收录不全。另外，《明实录》《登科录》、题名碑、各种序文等也有相关记载。笔者对以上文献进行整理研究时，发现其中有部分科次的数据，各书所载不同，孰正孰误，需要进行细致的考证才能判断。

下文依照朝榜次序，对各书所载不一的科次以表格形式进行对比，然后考异，以求其真；诸书所载相同者不出考，仅作分榜列举。最后总结出明代进士的总数。

（1）洪武朝

各书所载不一者 单位：人

榜名	《索》	《碑》	《通》	《古》	《汇》	《登》	《贡》	
二十一年戊辰任亨泰榜	95	95	97	83	97	97	97	97
三十年丁丑春陈郊榜	51	51	52	53	51	53	51	51

注：为节省篇幅，表中书名皆用单字，《索》即《索引》，《碑》指《碑录》，《通》指清《续文献通考》，《古》指《古今图书集成》，《汇》指《国朝典汇》，《登》指《登科考》，《贡》指《贡举考》。最后一列是本文经考异认为正确的数据。以下各表同。

考异：二十一年戊辰科会试中式99人，《国朝典汇》云：“二十一年戊辰，以编修苏伯衡、李叔荆主会试，取中式举人施显等九十九

① （明）焦竑：《献徵录》卷46，上海书店1987年影印本，第1932页。

② 屈万里编：《明代登科录汇编》，《明代史籍汇刊》，台湾学生书局1969年版，第11599页。

③ 按，该书自万历五年以后，各榜仅录一甲三人姓名，而不载登科人数。

名。”① 殿试黜落2人，实际过殿试者97人，《明太祖实录》载“时廷对者九十七人，擢任亨泰为第一”② 一语不够准确，97人是最终录取的人数，非“廷对”人数。《贡举考》：“时廷对之士九十九人，赐任亨泰等九十七人进士及第出身有差。……是录部本缺，闽本存。今除黜落二人，尚缺二人。”③ 故各书所载名录均只有95人，《碑录》和《索引》据以为殿试人数，而未加考证。《古今图书集成》作83人则差之甚远，不可信。本科进士当作97人。

三十年春陈䢵榜，殿试录取51人，《明太祖实录》载：“洪武三十年三月癸丑朔，上御奉天殿策试举人，……时廷对者五十一人。”④ 据《国朝典汇》云：“（洪武）三十年丁丑二月会试，……取宋琮等五十一人。”⑤ 则会试中式亦只51人，前科并无未廷对者，而《续文献通考》云“廷试宋琮等五十二人”⑥，《登科考》和《古今图书集成》等作53人，都超过会试录取人数，显误。

其余科次各书所载一致：四年辛亥吴伯宗榜120人，十八年乙丑丁显榜472人，二十四年辛未（1391）许观榜31人，二十七年甲戌（1394）张信榜100人，三十年丁丑夏韩克忠榜61人。合任亨泰榜、陈䢵榜，洪武朝共取进士932人。

（2）建文朝

本朝进士各书所载一致：二年庚辰胡靖榜110人。

（3）永乐朝

各书所载不一者　　单位：人

榜名	《索》	《碑》	《通》	《汇》	《登》	《贡》	
二年甲申（1404）曾棨榜	470	470	472	472	470	470	470

① （明）徐学聚：《国朝典汇》卷128，书目文献出版社1996年版，第1621页。

② 《明太祖实录》卷189，台湾“中研院”史语所1962年校印本，第2831页。

③ （明）张朝瑞：《皇明贡举考》卷2，《四库全书存目丛书》，齐鲁书社1997年影印本，史部，第269册，第21页。

④ 《明太祖实录》卷251，台湾“中研院”史语所1962年校印本，第3629页。

⑤ （明）徐学聚：《国朝典汇》卷128，书目文献出版社1996年版，第1622页。

⑥ 《续文献通考》卷35，浙江古籍出版社1988年十通本，第3159页。

考异：甲申科会试录取472人，有2人当年未廷试，故诸名录均作470人。王直《送吴侍郎致仕序》称："永乐之初，太宗皇帝仍用科目取士。明年甲申，会试礼部者数千人，中者凡四百七十二人，公在高选，而予亦幸得焉。"① 又《赠龚君归省序》同样说："当太宗皇帝即位之初，设科取天下士，……中选者得四百七十二人。"② 王直即该科进士，所云当确。黄佐《翰林记》亦云："永乐二年，侍读学士解缙、侍读黄淮为考试官，取杨相等四百七十二人，遵洪武乙丑例也。"③ 据《永乐九年进士登科录》载二甲2名刘永清，会试389名④，即是永乐二年未廷试者之一。《续文献通考》和《国朝典汇》均误以会试人数作殿试人数。本科进士当为470人。

其余各科各书所载一致：四年丙戌林环榜219人，九年辛卯萧时中榜84人，十年壬辰马铎榜106人，十三年乙未陈循榜351人，十六年戊戌（1418）李骐榜250人，十九年辛丑（1421）曾鹤龄榜201人，二十二年甲辰（1424）邢宽榜148人。合曾棨榜，永乐朝共取进士1829人。

（4）宣德

宣德朝进士各书所载一致：二年丁未（1427）马愉榜101人，五年庚戌（1430）林震榜100人，八年癸丑曹鼐榜99人。合计共取进士300人。

（5）正统朝

正统朝进士各书所载一致：元年丙辰周旋榜100人，四年己未施槃榜99人，七年壬戌刘俨榜149人，十年乙丑（1445）商辂榜150人，十三年戊辰彭时榜150人。合计共取进士648人。

---

① （明）王直：《抑庵文后集》卷21，上海古籍出版社1991年影印四库明人文集丛刊本，第21页。

② 同上书卷22，第13页。

③ （明）黄佐：《翰林记》卷14，台湾商务印书馆1986年影印文渊阁《四库全书》第596册，第4页。

④ 《永乐九年进士登科录》，二甲2名，上海图书馆藏明永乐刻本。

（6）景泰朝

各书所载不一者 单位：人

榜名	《索》	《碑》	《通》	《汇》	《登》	《贡》	
五年甲戌孙贤榜	349	345	345	349	349	349	349

考异：孙贤榜当为349人，《明英宗实录》载：“（景泰五年三月）甲寅，帝亲阅举人所对策，赐孙贤等三百四十九人进士及第出身有差。”① 陈循《题名记》亦云：“景泰五年春三月朔，……进是岁会试所取天下贡士三百四十九人于廷，以俟皇上临轩亲策。”② 题名碑刻一甲3名，二甲129名，三甲217名，合计349名，与《登科考》等书同。

《碑录》三甲题作213名，漏载牛宜、俞纪、沈鏞和沈謜等4人，以故总数仅345人③，《索引》据碑刻作了更正。④《续文献通考》可能是依据《碑录》，亦误。

各书所载一致者：二年辛未柯潜榜201人。合孙贤榜，景泰朝共取进士550人。

（7）天顺朝

天顺朝进士各书所载一致：元年丁丑黎淳榜294人，四年庚辰王一夔榜156人，八年甲申（1464）彭教榜247人。天顺朝共取进士697人。

（8）成化朝

各书所载不一者 单位：人

榜名	《索》	《碑》	《通》	《汇》	《登》	《贡》	
八年壬辰吴宽榜	252	251	251	不详	250	250	250

注：《国朝典汇》本科只载会试中式人数。

---

① 《明英宗实录》卷239，台湾“中研院”史语所1962年校印本，第5203页。

② 徐自强：《北京图书馆藏中国历代石刻拓本汇编》第50册，中州古籍出版社1989年版，第195页。

③ （清）李周望：《国朝历科题名碑录初集·明洪武至崇祯各科附》，华文书局1958年版，第250页。

④ 朱保炯等：《明清进士题名碑录索引》，上海古籍出版社1979年版，第2455页。

考异：本科殿试录取250人，《明宪宗实录》载：“（成化八年三月）癸丑，……上亲阅举人所对策，赐吴宽等二百五十人进士及第出身有差。”① 商辂《题名记》亦云：“成化八年三月十五日，皇上临轩策试礼部所贡士，赐吴宽等二百五十人进士及第出身有差。”②《成化八年进士登科录》《登科考》《贡举考》所载名录与之相符：一甲3名，二甲78名，三甲169名，合计250人。

《碑录》三甲题作170名，较他书多出1人，但其三甲160名，张抚下空缺2人（第347页）。《索引》补第161名为薛真，仍记空缺1人（第2467页），且榜末又据地方志补缺2人：金迪、翟廷蕙（第2468页），则《索引》实有252人，不可信，前文已作考证，兹不赘述。

其余科次各书所载一致：二年丙戌罗伦榜353人，五年己丑（1469）张昇榜247人，十一年乙未（1475）谢迁榜300人，十四年戊戌（1478）曾彦榜350人，十七年辛丑（1481）王华榜298人，二十年甲辰（1484）李旻榜300人，二十三年丁未（1487）费宏榜351人。合吴宽榜，成化朝共取进士2449人。

（9）弘治

弘治朝进士各书所载一致：三年庚戌钱福榜298人，六年癸丑（1493）毛澄榜298人，九年丙辰朱希周榜298人，十二年己未伦文叙榜300人，十五年壬戌康海榜297人，十八年乙丑顾鼎臣榜303人。

（10）正德朝

正德朝进士各书所载一致：三年戊辰（1508）吕柟榜349人，六年辛未杨慎榜349人，九年甲戌（1514）唐皋榜396人，十二年丁丑（1517）舒芬榜349人，十六年辛巳（1521）杨维聪榜330人。

---

① 《明宪宗实录》卷102，台湾“中研院”史语所1962年校印本，第1987—1988页。

② 徐自强：《北京图书馆藏中国历代石刻拓本汇编》第52册，中州古籍出版社1989年版，第111页。

（11）嘉靖朝

各书所载不一者　单位：人

榜名	《索》	《碑》	《通》	《古》	《汇》	《登》	《贡》	
二十三年甲辰秦鸣雷榜	322	322	322	317	不详	317	317	317
三十二年癸丑（1553）陈谨榜	403	403	401	403	不详	×	403	403

注：《国朝典汇》此2科均只载会试中式人数；《登科考》载至嘉靖二十九年止。

考异：二十三年甲辰科殿试录取317人，《明世宗实录》载："嘉靖二十三年三月……丁巳，赐进士秦鸣雷等三百十七人及第出身有差。"① 因科场案发，新进士中5人削籍为民，《明世宗实录》卷289云：

（嘉靖二十三年）八月，刑科给事中王交、王尧日论劾少詹事江汝璧、修撰沈坤、编修彭凤、欧阳�、署员外郎高节朋私通贿，大坏制科，大学士翟銮以内阁首臣，二子汝俭、汝孝既联中乡试，又连中会试，若持券取物然。崔奇勋乃汝俭等师，焦清与汝俭结姻，又同受业。四人者会试俱一号，汝俭、汝孝、奇勋皆彭凤所取。……及沈坤之取中陆炜、高节之取中彭谦、汪一中，皆以纳贿故，乞明正其辜，……遂勒銮并汝俭、汝孝、奇勋、清及凤、�俱为民，汝璧等俱下镇抚司逮问。已法司会鞫，谓汝璧、鸣夏、应麟虽各阿取辅臣之子，然实非贿故，坤之取炜、节之取一中亦然。独彭谦实以校尉张岳贿节五百金而中，……谦为民，坤、一中、炜存留供职。②

《贡举考》则言之甚简："以辅臣翟銮二子俱登科，为言官论劾，榜内削籍者五人。"③ 以故翟汝俭、翟汝孝、崔奇勋、焦清和彭谦5人

① 《明世宗实录》卷284，台湾"中研院"史语所1962年校印本，第5507页。

② 同上书卷289，第5567—5569页。按，《国朝典汇》卷128（第1646—1647页）引用此段文字，稍有错讹。

③ （明）张朝瑞：《皇明贡举考》卷7，《四库全书存目丛书》，齐鲁书社1997年影印本，史部，第269册，第40页。

姓名均不见载于各进士名录中。我们认为，此5人既已经殿试传胪，并授以官职，就应当计入进士总数，因此本科进士当为317人。

《嘉靖二十三年进士登科录》载一甲3人，二甲题为93人，三甲题为216名[①]，合计312人。若补上除名的翟汝俭等5人，则与《明世宗实录》所云317人相合。

国子监立有本科题名碑，一甲3名，二甲93名，三甲仅199人（尚有数行脱字），且无《题名记》，但首列制诰一道："奉天承运皇帝诏曰：嘉靖二十三年月日，策试天下贡士秦鸣雷等二百九十四名，第一甲赐进士及第，第二甲赐进士出身，第三甲赐同进士出身，故兹诰示。"[②] 立碑时间无考，但可肯定不是当年所立，其所云294人之数既与碑刻名单相悖，亦与他书所载不符，不可信。

《碑录》三甲题为226名，实际仅216名，且三甲第68名至71名李临阳、吴朝凤、康迪吉、陈淮四人，重见于二甲第90至93名（第749—765页），其实当作万寀、王学、张鍊（《碑录》补遗置三甲最后一名）、张侃，则全榜与《嘉靖二十三年进士登科录》《登科考》《贡举考》一致。《索引》未纠正《碑录》的错误，且又据碑补缺2人（孙萃蘧、马成），据地方志补缺6人（张侃、彭谦、崇宗尧、翟汝孝、翟汝俭、万寀）[③]，则总数增加到321人，当误。孙萃蘧、马成、崇宗尧3人不见载于他书，当是误收。《续文献通考》作322人[④]，当是误以为《明世宗实录》所云317人不含除名者，又重加5人。《索引》可能受其影响，欲补全322之数，则又以讹传讹。

三十二年癸丑科各书均作403人，唯《续文献通考》作401人，当是笔误。徐阶《赐进士题名记》云："我皇上御极之三十二年癸丑

---

① 屈万里编：《明代登科录汇编》，《明代史籍汇刊》，台湾学生书局1969年版，第5255、5257、2161页。

② 徐自强：《北京图书馆藏中国历代石刻拓本汇编》第55册，中州古籍出版社1989年版，第97页。

③ 朱保炯等：《明清进士题名碑录索引》，上海古籍出版社1979年版，第2530页。

④ 此为四库本《续文献通考》的数据，见卷35，第32页；浙江古籍出版社《续文献通考》第3161页作328人，当是传抄讹误。

春三月……赐陈谨等四百三人及第出身有差。”[①] 各书名录一甲 3 名，二甲 105 名，三甲 295 名，合计 403 名。

其余科次各书所载一致：二年癸未姚涞榜 410 人，五年丙戌（1526）龚用卿榜 301 人，八年己丑（1529）罗洪先榜 323 人，十一年壬辰林大钦榜 316 人，十四年乙未（1535）韩应龙榜 325 人，十七年戊戌（1538）茅瓒榜 320 人，二十年辛丑（1541）沈坤榜 298 人，二十六年丁未李春芳榜 301 人，二十九年庚戌唐汝楫榜 320 人，三十五年丙辰诸大绶榜 296 人，三十八年己未丁士美榜 303 人，四十一年壬戌徐时行榜 299 人，四十四年乙丑范应期榜 394 人。

（12）隆庆朝

各书所载不一者　　单位：人

榜名	《索》	《碑》	《通》	《汇》	《贡》	
二年戊辰罗万化榜	408	403	403	不详	403	403

注：《国朝典汇》本科只载会试中式人数。

考异：《隆庆二年进士登科录》和《贡举考》名录完全一致，一甲 3 人、二甲 77 人、三甲 323 人，合计 403 人。《碑录》题记亦作 403 人，但三甲空缺 2 人；《索引》同，但榜末又据地方志补缺 7 人，则名单共有 408 人。其实《索引》有 5 人重出：

二甲王鏻与三甲王之臣为重出。《索引》王鏻作直隶休宁民籍（第 332 页），王之臣同（第 189 页）。乾隆《江南通志》举人表载王之臣不载王鏻（第 510 册，第 793 页下），而进士表载王鏻不载王之臣（第 510 册，第 623 页下）。《隆庆二年进士登科录》《隆庆二年进士会试录》《贡举考》等不载王鏻。又《隆庆二年进士登科录》载王之臣“兄鑛、弟铭”[②]，则王鏻应当是王之臣的又一名。二甲许子良和三甲许亘为重出。《索引》许亘和许子良均作浙江仁和民籍[③]，《隆

① 屈万里编：《明代登科录汇编》，《明代史籍汇刊》，台湾学生书局 1969 年版，第 6341 页。

② 同上书，第 8954 页。

③ 朱保炯等：《明清进士题名碑录索引》，上海古籍出版社 1979 年版，第 162、165 页。

庆二年进士登科录》和《隆庆二年会试录》《贡举考》均不载许亘。这两处错误来源于《碑录》，《索引》未加考证。

补缺的7人中，除张镗、穆炜、陈文衡、黄龙（当作黄一龙）外，楼懋中、徐秋鹗和张汝济均为重出。

楼懋中即叶懋中。《索引》叶懋中籍贯作“直隶江都（浙江义乌）”，而楼懋中作“直隶江都”，甲次不详①。《隆庆二年进士登科录》三甲224名为叶懋中，直隶扬州府江都县民籍，浙江义乌县人②，不载楼懋中。

徐秋鹗即徐鸣鹗。《索引》徐秋鹗作“直隶青阳”，甲次不详，而徐鸣鹗作“广西柳州（直隶青阳）”③。《隆庆二年进士登科录》徐秋鹗三甲106名，贯广西柳州卫官籍，直隶青阳县人④，不载徐鸣鹗。

张汝济是三甲153名司汝霖之更名。《索引》司汝霖作“湖广荆州右卫”，而张汝济作湖广江陵人，甲次不详⑤。《类姓登科考》卷2（第516页上）云：“张汝济，榜姓司，名汝霖，湖广江陵县人，三甲，右副都御史、巡抚福建。”袁宗道《巡抚福建右副都御史傅野司公汝济墓志铭》对其家世言之甚详：“公姓张氏，始从养父司月泉公姓，讳汝霖；后复其本姓，改讳汝济，字泽民，傅野其别号也。世为山东汶上人，自五世祖浩礼贾开河里，……吾郡司月泉公镗部运开河，与游甚欢。时月泉公年四十矣，尚无子，而公甫四岁，无母，遂请于公父，携归子之。公以是为吾郡人。”⑥ 按袁宗道乃湖广荆州府公安县人。可知张汝济本山东汶上县人，过继给荆州右卫籍的司镗为

---

① 朱保炯等：《明清进士题名碑录索引》，上海古籍出版社1979年版，第1600、1645页。

② 屈万里编：《明代登科录汇编》，《明代史籍汇刊》，台湾学生书局1969年版，第9003页。

③ 朱保炯等：《明清进士题名碑录索引》，上海古籍出版社1979年版，第964、983页。

④ 屈万里编：《明代登科录汇编》，《明代史籍汇刊》，台湾学生书局1969年版，第8944页。

⑤ 朱保炯等：《明清进士题名碑录索引》，上海古籍出版社1979年版，第620、466页。

⑥（明）焦竑：《献徵录》卷62，上海书店1987年影印本，第2686页。

后，登第后复姓更名以归其宗。

综上所述，该科总数当为403人。

各书记载一致者：五年辛未（1571）张元忭榜396人。合罗万化榜，隆庆朝共取进士799人。

（13）万历朝

各书所载不一者　　单位：人

榜名	《索》	《碑》	《通》	刻	
十四年丙戌（1586）唐文献榜	351	351	345	345	351
二十六年戊戌赵秉忠榜	296	296	292	292	292

注：《国朝典汇》载至隆庆五年止，《贡举考》载至万历十一年止，故不列；"刻"指题名碑刻。

考异：万历十四年殿试者351人，《明神宗实录》载："（万历十四年三月）癸丑，赐进士唐文献等三百五十一人及第出身有差。"① 题名碑漏载6人，《碑录》予以补正："是科……查《登科录》则275名高岩下尚有六人，……共二百八十一名。未知孰是，并存之以俟考。"②《万历丙戌科同年总录》亦载刘讷等人，其中曹代萧为三甲280名，张国纪为三甲281名③，可证《碑录》所考正确。

为何题名碑会漏载6人？可能与其立碑时间相关。是科题名碑未载立碑年月，但署名工部监督主事王振奇立。④ 按，王振奇，江西安福县人，万历四十七年进士，可知万历十四年榜未当年立碑。又万历八年题名碑亦署名工部监督主事王振奇立，立碑时间为天启三年（1623）四月⑤，则十四年题名碑亦可能为天启三年补立，与登科时间相去达37年之久！这应该是造成题名碑漏刻进士的一个客观原因。

① 《明神宗实录》卷172，台湾"中研院"史语所1962年校印本，第16—17页。

② （清）李周望：《国朝历科题名碑录初集·明洪武至崇祯各科附》，华文书局1958年版，第1020—1021页。

③ 屈万里编：《明代登科录汇编》，《明代史籍汇刊》，台湾学生书局1969年版，第10948、10925页。

④ 徐自强：《北京图书馆藏中国历代石刻拓本汇编》第57册，中州古籍出版社1989年版，第149页。

⑤ 同上书第59册，第140页。

《续文献通考》所据当为题名碑，同误。

二十六年戊戌榜则相反，题名碑作292人不误，而《碑录》《索引》考证误增4人。此科题名碑二甲作57名，但《碑录》（第1088页）注云："是科碑刻……查《登科录》则三十一名潘阳春下，尚有四人：黄炜……李作舟……穆深……杨逢时……共六十一名。未知孰是，并存之以俟考。"《索引》据此亦存之[①]。但黄炜、李作舟、穆深、杨逢时重见于万历二十年榜二甲24至27名，姓名籍贯几乎完全一致：黄炜，四川南充民籍；李作舟，四川合州民籍；穆深，山东历城；杨逢时，湖广荆州卫远安守御千户所军籍，湖广江陵人（二十六年榜之杨逢时作湖广江陵军籍）[②]。《万历二十六年戊戌科进士履历便览》（下称《万二十六履历》）不载此4人，且自潘阳春以下至曹志遇，依次排名为31至57，未见有58至61名者。

可见，《碑录》是误将万历二十年榜的4人窜入万历二十六年榜，《索引》以讹传讹。故本科人数当从题名碑作292人。《续文献通考》不误。

其余科次各书所载一致：二年甲戌（1574）孙继皋榜299人，五年丁丑沈懋学榜301人，八年庚辰张懋修榜302人，十一年癸未朱国祚榜341人，十七年己丑焦竑榜347人，二十年壬辰翁正春榜304人，二十三年乙未（1595）朱之蕃榜304人，二十九年辛丑（1601）张以诚榜301人，三十二年甲辰杨守勤榜308人，三十五年丁未（1607）黄士俊榜298人，三十八年庚戌（1610）韩敬榜302人，四十一年癸丑周延儒榜344人，四十四年丙辰钱士升榜344人，四十七年己未（1619）庄际昌榜345人。合唐文献榜、赵秉忠榜，万历朝共取进士5083人。

（14）天启朝

天启朝进士各书所载一致：二年壬戌文震孟榜409人，五年乙丑

① 朱保炯等：《明清进士题名碑录索引》，上海古籍出版社1979年版，第2580页。《索引》引文将"穆深"误作"穆深山"，《碑录》原文作"穆深，山东济南府历城民籍"，《索引》点断有误。

② 同上书，第1573、1247、891—892、1684页。

(1625) 余煌榜 300 人。合计 709 人。

(15) 崇祯朝

各书所载不一者　　单位：人

榜名	《索》	《碑》	《通》	《履》	
崇祯十六年杨廷鉴榜	395	395	395	391	395

注：《履》指《崇祯十六年癸未科进士三代履历便览》。

考异：十六年癸未科殿试，《续文献通考》等均题作 395 人，然《崇祯十六年癸未科进士三代履历》（以下简称《履历》）只载 391 人，当有脱漏。

《碑录》总数题作 395 人，但名单中二甲 78 名中脱漏 5 人，实有 73 人；三甲题作 314 名，然数其名单则有 316 人[①]，据《索引》考证，有 3 人重出（李安世、顾咸建、李震成）。则《碑录》实际只有 389 人，尚缺 6 人。《索引》据《履历》补缺钱尔登、王曰俞 2 人，又据地方志补缺 3 人（杨若梓、张元锡、张铃），仍缺 1 人[②]。

按，该科有两王曰俞，《碑录》漏载其一，《索引》本已补出，却于正文中又误为一人："曰俞，直隶常熟○（山西阳城）。"[③] 即直隶常熟籍，山西阳城人。查《履历》，常熟王曰俞字中怙，湖广籍，庚戌年正月十七日生；阳城王曰俞字纺世，己未年五月二十日生[④]。显然是毫无关系的两个人，《索引》想当然地误为一人，大谬。《类姓登科考》卷 2（第 502 页下）亦载："王曰俞，南直常熟人，三甲。……王曰俞，山西阳城人，三甲，同榜同姓名。"

其余科次各书所载一致：元年戊辰（1628）刘若宰榜 353 人，四年辛未（1631）陈于泰榜 349 人，七年甲戌刘理顺榜 302 人，十年丁丑（1637）刘同升榜 301 人，十三年庚辰魏藻德榜 296 人。合杨廷鉴

---

① （清）李周望：《国朝历科题名碑录初集·明洪武至崇祯各科附》，华文书局 1958 年版，第 1345—1365 页。

② 朱保炯等：《明清进士题名碑录索引》，上海古籍出版社 1979 年版，第 2624 页。

③ 同上书，第 302—303 页。

④ 《崇祯十六年癸未科进士三代履历》，上海图书馆藏明崇祯刻本。

榜，崇祯朝共取进士1996人。

小结：明代89科共录取进士24595人。

三 结语

在完成以上考证之后，我们才能真正对前人的研究成果进行审视，找到其问题的所在。吴宣德是国内第一个对明代进士数量进行细致统计的学者，并制作出《明代历届科举进士人数表》[①]，开创之功，难以抹杀。但是，该表有几科数据存在问题，可以分成以下几种情况：一是误以会试人数作殿试人数，如永乐二年作472人（实470），永乐二十二年作150人（实148），正统七年150人（实149），天顺四年150（实156），嘉靖二十年300（实298）。二是对引用资料的错误未加考证，如嘉靖二十三年作328（实317），是引用浙江古籍出版社十通本《续文献通考》的数据（四库本《续文献通考》作322人，同样是错误的）；嘉靖三十二年作401（实403）人，以及万历十四年作345（实351），均只参考《续文献通考》。三是抄录的疏忽，如万历四十七年作344（实345），不见他书记载，当是笔误。以上种种，导致总数有3人的偏差；另外，对“崇祯十五年”榜也没有进行必要的考证，算是一个小小的失误。吴宣德最后统计得出24861人，比本书多出266人，如果除去以上情况，则其数据与本书完全一致。但他在其他文章里为什么又会出现不同的数据呢？据我们分析，是因为统计方法发生了改变。《明代进士的地理分布》和《明代地方教育建设与进士的地理分布》两篇文章均涉及进士的分区统计，必须依照每个进士的籍贯分别累加，部分科次（比如洪武十八年），由于原始资料的缺乏，其缺漏之人难以补全，所以据此统计出的进士总数和实际总数肯定会有出入。其他学者的著作中，既没有考证的过程，又未明言其数据的准确出处，我们难以评说。

① 吴宣德：《中国教育制度通史·明代卷》，山东教育出版社2000年版，第488—491页。

第三节　明代江西进士统计

在澄清了明代全国进士总数之后，此节主要分析明代江西进士的相关数据统计，包括：一、江西进士地理分布及其原因；二、江西进士的历时演变规律及其成因。为了方便行文和阅读，于此先列一明代府县与今市县地名对照表，见下：

<table>
<tr><th colspan="3">明代地名</th><th colspan="2">对应今地名</th></tr>
<tr><td rowspan="13">府名</td><td colspan="2">南昌府</td><td colspan="2">驻地今为南昌市，辖地今分属南昌市、九江市和宜春市</td></tr>
<tr><td colspan="2">饶州府</td><td colspan="2">驻地今为上饶市波阳县，辖地今分属景德镇市、上饶市和鹰潭市</td></tr>
<tr><td colspan="2">广信府</td><td colspan="2">驻地今为上饶市区，辖地今分属上饶市和鹰潭市</td></tr>
<tr><td colspan="2">南康府</td><td colspan="2">驻地今为九江市星子县，辖地今分属九江市和南昌市</td></tr>
<tr><td colspan="2">九江府</td><td colspan="2">驻地今为九江市区，辖地今属九江市</td></tr>
<tr><td colspan="2">建昌府</td><td colspan="2">驻地今为抚州市南城县，辖地今属抚州市</td></tr>
<tr><td colspan="2">抚州府</td><td colspan="2">驻地今为抚州市区，辖地今属抚州市</td></tr>
<tr><td colspan="2">临江府</td><td colspan="2">驻地今属宜春市樟树市，辖地今分属宜春市、吉安市、新余市</td></tr>
<tr><td colspan="2">吉安府</td><td colspan="2">驻地今为吉安市区，辖地今属吉安市</td></tr>
<tr><td colspan="2">瑞州府</td><td colspan="2">驻地今为宜春市高安市，辖地今属宜春市</td></tr>
<tr><td colspan="2">袁州府</td><td colspan="2">驻地今为宜春市区，辖地今分属宜春市、新余市和萍乡市</td></tr>
<tr><td colspan="2">赣州府</td><td colspan="2">驻地今为赣州市区，辖地今属赣州市</td></tr>
<tr><td colspan="2">南安府</td><td colspan="2">驻地今为赣州市大余县，辖地今属赣州市</td></tr>
<tr><td rowspan="5">县名</td><td>县名</td><td>属地</td><td>县名</td><td>属地</td></tr>
<tr><td>南昌县</td><td>南昌府</td><td>南昌县</td><td>南昌市</td></tr>
<tr><td>新建县</td><td>南昌府</td><td>新建县</td><td>南昌市</td></tr>
<tr><td>进贤县</td><td>南昌府</td><td>进贤县</td><td>南昌市</td></tr>
<tr><td>丰城县</td><td>南昌府</td><td>丰城市</td><td>宜春市</td></tr>
</table>

续表

明代地名			对应今地名	
县名	奉新县	南昌府	奉新县	宜春市
	靖安县	南昌府	靖安县	宜春市
	武宁县	南昌府	武宁县	九江市
	宁　州	南昌府	修水县	九江市
	乐平县	饶州府	乐平市	景德镇市
	浮梁县	饶州府	浮梁县	景德镇市
	鄱阳县	饶州府	波阳县	上饶市
	余干县	饶州府	余干县	上饶市
	德兴县	饶州府	德兴市	上饶市
	安仁县	饶州府	地今属余江县	鹰潭市
	万年县	饶州府	万年县	上饶市
	上饶县	广信府	上饶县	上饶市
	玉山县	广信府	玉山县	上饶市
	弋阳县	广信府	弋阳县	上饶市
	贵溪县	广信府	贵溪市	鹰潭市
	铅山县	广信府	铅山县	上饶市
	永丰县	广信府	广丰县	上饶市
	兴安县	广信府	横峰县	上饶市
	星子县	南康府	星子县	九江市
	都昌县	南康府	都昌县	九江市
	建昌县	南康府	永修县	九江市
	安义县	南康府	安义县	南昌市
	德化县	九江府	九江市区	九江市
	德安县	九江府	德安县	九江市
	瑞昌县	九江府	瑞昌市	九江市
	湖口县	九江府	湖口县	九江市
	彭泽县	九江府	彭泽县	九江市
	南城县	建昌府	南城县	抚州市
	新城县	建昌府	黎川县	抚州市
	南丰县	建昌府	南丰县	抚州市
	广昌县	建昌府	广昌县	抚州市
	泸溪县	建昌府	资溪县	抚州市

续表

明代地名			对应今地名	
县名	临川县	抚州府	上顿渡区	抚州市
	崇仁县	抚州府	崇仁县	抚州市
	金溪县	抚州府	金溪县	抚州市
	宜黄县	抚州府	宜黄县	抚州市
	乐安县	抚州府	乐安县	抚州市
	东乡县	抚州府	东乡县	抚州市
	清江县	临江府	地今属樟树市	宜春市
	新淦县	临江府	新干县	吉安市
	新喻县	临江府	新余市区	新余市
	峡江县	临江府	峡江县	吉安市
	庐陵县	吉安府	吉安市区	吉安市
	泰和县	吉安府	泰和县	吉安市
	吉水县	吉安府	吉水县	吉安市
	永丰县	吉安府	永丰县	吉安市
	安福县	吉安府	安福县	吉安市
	龙泉县	吉安府	遂川县	吉安市
	万安县	吉安府	万安县	吉安市
	永新县	吉安府	永新县	吉安市
	永宁县	吉安府	地今属井冈山市	吉安市
	高安县	瑞州府	高安市	宜春市
	上高县	瑞州府	上高县	宜春市
	新昌县	瑞州府	宜丰县	宜春市
	宜春县	袁州府	宜春市区	宜春市
	分宜县	袁州府	分宜县	新余市
	萍乡县	袁州府	萍乡市区	萍乡市
	万载县	袁州府	万载县	宜春市
	赣　县	赣州府	赣州市区	赣州市
	雩都县	赣州府	于都县	赣州市
	信丰县	赣州府	新丰县	赣州市
	兴国县	赣州府	兴国县	赣州市
	会昌县	赣州府	会昌县	赣州市
	安远县	赣州府	安远县	赣州市

续表

明代地名			对应今地名	
县名	宁都县	赣州府	宁都县	赣州市
	瑞金县	赣州府	瑞金市	赣州市
	龙南县	赣州府	龙南县	赣州市
	石城县	赣州府	石城县	赣州市
	定南县	赣州府	定南县	赣州市
	长宁县	赣州府	寻乌县	赣州市
	大庾县	南安府	大余县	赣州市
	南康县	南安府	南康县	赣州市
	上犹县	南安府	上犹县	赣州市
	崇义县	南安府	崇义县	赣州市

一 明代江西进士的地理分布及其原因

关于江西进士的统计，已经有数篇研究论文。郑建明《试论江西进士的地理分布》一文，对唐至清各朝江西进士进行了统计，其中明代江西进士为3008人，依据是康熙《西江志》卷49至52《科目》。[①]谢宏维的《论明清时期江西进士的数量变化与地区分布》专门论述明清时期的江西进士，认为明代江西进士有2728人，其主要依据是《明清历科进士题名碑录》。[②] 沈登苗《明清全国进士与人才时空分布及其相互关系》认为江西明代进士有3114人，依据是《索引》。[③] 据除专门论文外，上节所提到的如吴宣德、多洛肯等人的专著中，也对明代全国的进士进行了分省乃至分府县的统计，兹不赘述。

这些数字互不一致，究其原因有以下几点：一、参考文献各异，或者参考《碑录》，或者参考《索引》，或者参考地方志，等等。在第一章和上节中我们讨论过，这些文献均非第一手文献，都存在相当

① 郑建明：《试论江西进士的地理分布》，《中国历史地理论丛》1999年第4期，第205—226页。

② 谢宏维：《论明清时期江西进士的数量变化与地区分布》，《江西师范大学学报》（哲社版）2000年第4期，第23—28页。

③ 沈登苗：《明清全国进士与人才时空分布及其相互关系》，《中国文化研究》1999年冬之卷，第59—66页。

大的问题，是不能用为原始数据库的。从以上作者的论著中，不论是明代全国进士的总数，还是江西进士的总数，都看不到相关的考证。二、大多数作者分区统计的依据不明，即是依据进士的户籍（服役地），还是依据他们的乡贯（原籍）；对于户籍地与乡贯分离的进士（即所谓的“双籍进士”①）该统计入哪个地区，更是一笔糊涂账。这里必须说到吴宣德的分区原则，他在《明代进士的地理分布》一文中，充分考虑到明代进士籍贯中存在的复杂情况，对统计的标准作了细致划分。文中《明代各政区进士分布总状况表》把双籍进士分成两个系统分别加以统计：一个依照户籍标准，一个依照乡贯标准。依照籍贯类型的不同，前者又分出“卫所”（在卫所服役者）和“籍贯异”（在州县地方服役者）两项，后者亦分出“乡贯”（乡贯为州县者）、“卫所籍贯异”（乡贯为卫所，但在异地卫所服役）和“卫所籍贯同”（乡贯为卫所，本地服役）三项。前者两项之和，等于后者三项之和。如此做法，充分体现了作者的细致和严谨，是相当值得称道的。不过，他的统计，是“以清乾隆十七年（1752 年）刻《历代进士题名录》（下称《历科进士题名录》）中的明代进士题名录为基本依据，并参照《索引》以及《四库全书》中各省《通志》的有关记载进行”②。作者对这些文献的考证程度如何，不得而知，但其据此统计出的明代进士总数为 24878 人，不但超出我们的考证结果（24595 人）283 人，而且也超出了他本人对明代进士总数考证的结论（24861 人）17 人。他统计出的江西进士依照户籍为 2774 人，依照乡贯为 3023 人，均与本书有一定差距。

针对以上情况，我们认为，在进行明代进士的分区统计或者比较研究时，首先应该做好考证工作。第一是考证明代全国的进士总数，以之为分区比较的大背景，这项工作我们已经完成了；第二是对各进

① 参考沈登苗：《明代双籍进士的分布、流向与明代移民史》，《历史地理》第 20 辑，2004 年。按：现在所谓的原籍或者乡贯，目前并无统一的概念，本书暂且定为该进士祖籍所在地。这一定位未必妥当，俟日后再作深入探究。

② 吴宣德：《明代进士的地理分布》，见 http：//humanum. arts. cuhk. edu. hk/ ~ hkshp/ng/mingjinshi1. htm.

士的科次和籍贯加以考证，这是保证数据可信度的一个前提，这项工作需要分省或者分科次进行。本书充分利用了《中国历代登科总录》课题组的资料，对明代江西进士的各项信息进行了细致的考证，在此基础上建成的数据库，具有比较高的可信度。由于其他省份的进士考证工作尚未完成，故本书不做跨省的比较。

其次要确定分区的标准。有学者认为，“古人重视乡贯，而忽略户籍所在地”①。本书以为，这种观点不适用于明代的官方规定，从科举录取的地域配额制中，我们就可以得出相反的结论。

明代为了平衡国家资源在地方的分配，保证国家政治的稳定性，在科举考试中实行了配额制，各省乡试录取名额有多有少，会试录取还分南北中卷，由此造成各地考生的录取难易程度并不相等。南直隶、浙江、江西等省的考试竞争强度，是远远高于云南、贵州等其他省份的。为了保证考试的公平性，明代规定禁止考生冒籍应试，否则要处以重罚。② 入学、考试所依据的，都是户籍而非乡贯。本地服役自不消说，在外地服役的人员，均在服役地入学，占用当地的乡试录取名额。比如傅商弼，据《万历丙戌同年总录》，其本陕西梁州卫人，以戎籍隶河南嵩县，以嵩县学生登第③；王嘉谟，本山东邹平县人，以豹韬卫官籍入顺天府学，后登第④，等等。陆容《菽园杂记》载：“今天下卫所，凡与府州县同治一城者，官军子弟皆附其学。食廪岁贡，与民生同。军卫独治一城，无学可附者，皆立卫学。”⑤ 即使是

① 多洛肯：《明代浙江进士研究》，上海古籍出版社 2004 年版，第 9 页。

② 据沈德符《万历野获编》卷 14（第 399—400 页）载：“国初冒籍之禁颇严，然而不甚摘发。惟景泰四年，顺天举冒籍者十二人，时礼部主事周骙请照例论罪，已中式者斥不录，未中式者终身不许入试。既而言者以为过刻，始令斥回者仍许再试。”其对冒籍者的处罚大体如此，算不上严厉。但是万历“十三年乙酉科，顺天场后，冒籍之说纷起。既而给事中钟羽正发之，为浙人冯诗等八名。俱奉严旨，诗等二人，枷示顺天府前，满日同六人俱发为民，禁锢终身。是时讯治既酷，二生被重创，荷三木，穷冬盛寒，皆濒死而苏”。按，该书文化艺术出版社 1998 年点校本原文若干处标点不当，笔者径改。

③ 屈万里编：《明代登科录汇编》，《明代史籍汇刊》，台湾学生书局 1969 年版，第 11001 页。

④ 同上书，第 11034 页。

⑤ （明）陆容：《菽园杂记》卷 6，上海古籍出版社 2005 年点校本，第 428 页。

独立的卫学，也大多在驻地省乡试，除非另有特旨规定。比如辽东都指挥使司诸卫和德州卫的科举，在嘉靖朝经历了一次变动，据夏言《改便科举以顺人情疏》载，“今照辽东卫学，远去山东六千余里，乃使越过顺天而附于山东科举；德州左等卫学本是山东地方，而科举乃反附于顺天，事体人情通属未便”，为了便于考试管理，“今后德州左等卫儒学听山东提学官管辖，就山东布政司应试；辽东科举生儒，听辽东巡按御史考送顺天府乡试”。①

会试录取的南、北、中分卷，依据的也是户籍地原则。各科《会试录》等所载考生籍贯，反映的都是考生的户籍所在地。我们对《万历十四年会试录》和该科《同年序齿录》中的考生籍贯作了一个比较，依照其户籍和原籍分别加以统计。该科会试共录取350人，依照户籍，北卷录取125人，占总数35.7%；南卷195人，占总数55.7%；中卷30人，占总数8.6%。这个比例与“南取五十五名，北取三十五名，中取十名”② 的分卷取士原则基本吻合。如果依照原籍统计则不然，北卷为115人，占总数32.8%；南卷206人，占总数58.9%；中卷29，占总数8.3%，与分卷原则偏差较大。其他各科也是大体如此，限于篇幅，不一一赘举。有学者以为，“所谓南、北、中卷的比例在录取时并没有真正实行，或者是只在短时期内曾经实行”③，应该是一个错误的判断。原因在于他的明代进士分布表仅据《碑录》和《索引》，而且对分区依据的籍贯原则把握不当，“在京及各省卫所军籍进士未记”④，自然无法得到准确的数据，也就不能做出正确的判断。

因此，我们如果要做进士的分区排名榜，就应该按照户籍地而非乡贯的标准。如此做出的比较，方有可比性。再者，从原籍出发的统计，存在太多的不可知性。比如，有些考生是本代（即自己）到户籍地服役，所受的教育和户籍地未必有关，而与其乡贯的关系密切；有

① （明）夏言：《南宫奏稿》卷1，台湾商务印书馆1986年影印文渊阁《四库全书》第429册，第5—8页。

② （清）张廷玉等：《明史》卷70，中华书局1974年标点本，第1697页。

③ 方志远：《明代城市与市民文学》，中华书局2004年版，第54页。

④ 同上书，第52页。

些考生自祖辈起，已在当地生活了几代，他们就与乡贯没有多大关系；还有些考生的祖上屡经迁徙，其原籍也不好确定，或者就没有记载，无从考证。《会试录》《登科录》在记载考生籍贯时，户籍是必须记录的，而乡贯或载或漏，无伤大雅。总之，依照户籍给考生分区，是一个既可靠又便于操作的标准。

但是，乡贯（原籍）的考察又是必不可少的。仅凭排名榜来说明各地科举、教育的水平，未免过于简单化，进士的原籍分布也可资旁证。除了科举研究外，原籍对于人物本身的研究，对于地方文化史的研究，等等，均有比较重要的价值。有学者提出用“双籍”进士来考察明代移民史问题，无疑是一个很好的研究课题；但如果对进士的原籍不做考证，或者考证不准确的话，自然无法得出令人信服的结论。[①]因此，我们赞同吴宣德对进士统计时划分两个系统的原则。

以下是我们从考证中得出的两组数据：一、依照户籍统计，明代江西进士总数为 2719 人（包括原籍在外省的 13 人）；二、依照乡贯统计（减去原籍在外省的 13 人），则总数为 3067 人，其中于外省中式者 361 人。详见以下两表（分科统计明细表见正文末附）：

1. 明代江西进士分朝分府县统计表（户籍地在江西者）

单位：人

		洪武	建文	永乐	宣德	正统	景泰	天顺	成化	弘治	正德	嘉靖	隆庆	万历	天启	崇祯	合计
江西		139	23	495	71	111	99	80	252	175	177	432	87	392	53	133	2719
南昌府	府	25	10	87	5	15	16	17	37	27	23	152	31	138	12	30	625
	南昌	11	5	16	0	2	3	1	10	5	5	71	11	61	5	12	218
	新建	2	2	7	1	2	0	2	1	6	0	16	6	22	1	8	76
	丰城	5	0	39	3	11	11	14	13	6	7	39	8	26	3	6	191
	进贤	2	1	15	1	0	1	0	11	6	6	19	1	25	2	4	94
	奉新	2	1	4	0	0	0	0	0	1	2	4	3	3	0	0	20
	靖安	0	0	5	0	0	1	0	1	1	0	1	0	0	1	0	10
	武宁	2	0	0	0	0	0	0	0	0	0	2	0	0	0	0	4
	宁州	1	1	1	0	0	0	0	1	2	3	0	2	1	0	0	12

① 沈登苗《明代双籍进士的分布、流向与明代移民史》中依然以《索引》为主要依据，虽然文中说进行了必要的考证，但仅凭他个人的努力，其考证的程度恐怕十分有限。

续表

		洪武	建文	永乐	宣德	正统	景泰	天顺	成化	弘治	正德	嘉靖	隆庆	万历	天启	崇祯	合计
瑞州府	府	3	0	21	1	1	1	2	8	5	6	11	6	16	1	10	92
	高安	0	0	10	1	0	1	1	5	3	3	8	3	7	1	1	44
	上高	1	0	6	0	0	0	0	1	1	2	1	1	3	0	0	16
	新昌	2	0	5	0	1	0	1	2	1	1	2	2	6	0	9	32
九江府	府	1	0	10	0	3	3	0	3	1	2	15	0	12	2	9	61
	德化	0	0	0	0	1	2	0	2	1	2	5	0	5	1	2	21
	德安	0	0	1	0	0	0	0	0	0	0	1	0	1	0	0	3
	瑞昌	0	0	0	0	1	0	0	0	0	0	1	0	0	0	1	3
	湖口	1	0	5	0	1	1	0	1	0	0	4	0	3	0	4	20
	彭泽	0	0	4	0	0	0	0	0	0	0	4	0	3	1	2	14
南康府	府	1	0	22	0	1	1	0	4	3	2	8	1	9	0	4	56
	星子	0	0	5	0	0	0	0	0	0	0	5	0	3	0	1	14
	都昌	0	0	4	0	1	0	0	1	3	0	1	1	2	0	1	14
	建昌	1	0	13	0	0	1	0	3	0	2	1	0	2	0	2	25
	安义	0	0	0	0	0	0	0	0	0	0	1	0	2	0	0	3
饶州府	府	18	1	42	4	7	6	7	38	12	18	52	5	20	0	10	240
	鄱阳	4	0	5	1	2	1	0	5	6	4	14	3	5	0	3	53
	余干	2	1	5	1	0	0	1	4	1	4	4	1	4	0	2	30
	乐平	6	0	14	1	2	2	0	8	2	1	8	0	1	0	0	45
	浮梁	2	0	9	1	2	2	5	6	0	4	18	1	8	0	5	63
	德兴	4	0	7	0	1	1	0	9	0	1	5	0	2	0	0	30
	安仁	0	0	2	0	0	0	1	6	3	4	2	0	0	0	0	18
	万年	0	0	0	0	0	0	0	0	0	0	1	0	0	0	0	1
广信府	府	6	0	27	2	7	6	6	22	28	32	31	5	15	2	9	198
	上饶	1	0	14	1	1	0	1	6	4	3	4	1	4	0	3	43
	玉山	1	0	5	0	0	0	0	2	2	4	2	0	2	0	0	18
	弋阳	0	0	1	0	2	1	0	6	7	3	1	2	0	0	1	24
	贵溪	4	0	5	1	3	4	2	4	9	16	17	2	4	1	0	72
	铅山	0	0	1	0	1	0	0	3	2	3	2	0	0	0	2	14
	永丰	0	0	1	0	0	1	3	1	4	3	5	0	5	1	3	27
	兴安	0	0	0	0	0	0	0	0	0	0	0	0	0	0	0	0

续表

		洪武	建文	永乐	宣德	正统	景泰	天顺	成化	弘治	正德	嘉靖	隆庆	万历	天启	崇祯	合计
建昌府	府	11	1	20	3	2	2	2	7	3	4	17	4	26	2	13	117
	南城	7	0	8	1	1	1	2	5	2	2	6	3	12	0	1	51
	南丰	1	1	5	0	1	0	0	1	0	0	7	0	4	1	5	26
	新城	3	0	3	2	0	0	0	1	1	1	2	0	5	0	3	21
	广昌	0	0	4	0	0	1	0	0	0	1	2	1	4	1	4	18
	泸溪	0	0	0	0	0	0	0	0	0	0	0	0	1	0	0	1
抚州府	府	10	1	37	10	8	6	4	18	17	10	33	15	51	13	21	254
	临川	5	0	16	3	3	1	1	8	10	5	21	5	29	5	11	123
	崇仁	0	1	4	2	0	1	1	1	2	3	2	0	1	0	2	20
	金溪	4	0	8	2	1	1	2	3	5	1	6	8	14	4	6	65
	宜黄	0	0	1	0	0	0	0	0	0	0	1	0	0	1	0	3
	乐安	0	0	8	3	4	3	0	6	0	1	0	1	3	0	2	31
	东乡	1	0	0	0	0	0	0	0	0	0	3	1	4	3	0	12
吉安府	府	45	7	172	34	63	52	38	85	57	61	88	15	70	13	18	818
	庐陵	6	1	19	3	5	6	5	10	6	5	10	3	20	2	1	102
	泰和	12	0	45	8	14	8	7	21	9	10	20	3	10	0	3	170
	吉水	11	4	51	11	13	4	9	13	10	6	11	1	7	3	7	161
	永丰	8	2	23	3	5	5	2	5	1	2	6	1	1	0	3	67
	安福	1	0	15	5	17	18	13	29	24	26	18	6	21	5	1	199
	万安	4	0	5	1	6	0	0	2	4	4	15	1	6	2	1	51
	龙泉	3	0	4	1	0	1	0	1	0	1	0	0	0	1	1	16
	永新	0	0	9	2	3	10	2	4	3	7	8	0	4	0	1	50
	永宁	0	0	1	0	0	0	0	0	0	0	0	0	1	0	0	2
临江府	府	9	3	40	10	2	5	4	19	15	13	15	4	17	4	7	167
	清江	3	1	11	1	1	1	0	2	2	4	4	0	9	0	2	41
	新淦	3	2	13	7	1	1	3	9	5	4	3	3	2	2	2	60
	新喻	3	0	16	2	0	3	1	8	8	5	6	1	3	2	3	61
	峡江	0	0	0	0	0	0	0	0	0	0	2	0	3	0	0	5
袁州府	府	4	0	7	0	0	0	0	6	3	3	7	0	9	3	0	42
	宜春	2	0	1	0	0	0	0	5	2	2	4	0	3	1	0	20
	分宜	1	0	2	0	0	0	0	1	1	1	2	0	2	2	0	12
	萍乡	1	0	0	0	0	0	0	0	0	0	0	0	2	0	0	3
	万载	0	0	4	0	0	0	0	0	0	0	1	0	2	0	0	7

续表

		洪武	建文	永乐	宣德	正统	景泰	天顺	成化	弘治	正德	嘉靖	隆庆	万历	天启	崇祯	合计
赣州府	府	5	0	4	0	2	1	0	5	3	1	2	1	7	1	2	34
	赣县	2	0	1	0	0	0	0	0	0	1	0	0	2	0	0	6
	雩都	1	0	0	0	0	0	0	1	0	0	1	1	0	0	0	4
	信丰	0	0	1	0	1	1	0	1	0	0	1	0	2	0	0	7
	兴国	1	0	0	0	1	0	0	0	0	0	0	0	0	0	0	2
	会昌	0	0	0	0	0	0	0	0	0	0	0	0	0	0	0	0
	安远	0	0	0	0	0	0	0	0	0	0	0	0	0	0	0	0
	宁都	1	0	2	0	0	0	0	2	3	0	0	0	2	1	1	12
	瑞金	0	0	0	0	0	0	0	1	0	0	0	0	0	0	1	2
	龙南	0	0	0	0	0	0	0	0	0	0	0	0	1	0	0	1
	石城	0	0	0	0	0	0	0	0	0	0	0	0	0	0	0	0
	定南	0	0	0	0	0	0	0	0	0	0	0	0	0	0	0	0
	长宁	0	0	0	0	0	0	0	0	0	0	0	0	0	0	0	0
南安府	府	1	0	6	2	0	0	0	0	1	2	1	0	2	0	0	15
	大庾	1	0	2	2	0	0	0	0	1	2	0	0	2	0	0	10
	南康	0	0	3	0	0	0	0	0	0	0	1	0	0	0	0	4
	上犹	0	0	1	0	0	0	0	0	0	0	0	0	0	0	0	1
	崇义	0	0	0	0	0	0	0	0	0	0	0	0	0	0	0	0

2. 明代江西进士中的双籍流动表

单位：人

迁出／迁入	总计	南直隶	北直隶	浙江	湖广	福建	河南	交趾	南昌府	瑞州府	九江府	南康府	饶州府	广信府	建昌府	抚州府	吉安府	临江府	袁州府	赣州府	南安府
总计	422	5	1	3	1	1	1	1	85	9	8	4	19	9	11	34	161	45	7	10	7
省外	362								66	8	8	3	19	9	7	29	148	41	6	10	7
北直	67								6	3	2	1	1	3	2	2	27	11	3	5	1
南直	34								7			1	1		2	2	14	4	1	1	1
浙江	3												1	1				1			
福建	9								1			1		1	2	3		1			
湖广	87								20	2	5		2			6	46	6			
山东	37								7				6		1	5	14	1	1	2	
河南	35								8		1		5	1		4	10	6			

续表

迁出 / 迁入	总计	南直隶	北直隶	浙江	湖广	福建	河南	交趾	南昌府	瑞州府	九江府	南康府	饶州府	广信府	建昌府	抚州府	吉安府	临江府	袁州府	赣州府	南安府
山西	1																1				
陕西	8								2	1						1	2	1	1		
四川	30								5	2				1		2	13	7			
贵州	15								5				1	1		2	3	2			1
云南	17								3				2	1		2	6	2			1
广西	8								1								7				
广东	11								1								5			2	3
省内	60	5	1	3	1	1	1	1	19	1	0	1	0	0	4	5	13	3	1	0	0
抚州	3	1							1							1					
赣州	3							1									2				
广信	1														1						
吉安	8																8				
建昌	2														1	1					
九江	4		1		1												1	1			
临江	6	2				1	1											2			
南昌	26	1		3					16	1					2	3					
饶州	1	1																			
瑞州	2								1								1				
袁州	3								1								1		1		
南康	1											1									

明代全国有15个直省，以进士总数24595人均分，每省应该有1639名进士；按照百分比，各省的平均水平应该是6.7%。从考籍的角度看，江西的2719人比全国平均水平多出1080人，在明代全国进士总数中占的比例为11%；从原籍的角度看，江西的3067人较全国平均多出1428人，占全国总数的12.5%。这个水平是相当高的。

从上表1中，我们可以按照进士的数量，给明代江西各府列一个排名榜：

明代江西各府进士总数排序表　　单位：人

排位	地名	进士总数	排位	地名	进士总数	排位	地名	进士总数
1	吉安府	818	2	南昌府	625	3	抚州府	254
4	饶州府	240	5	广信府	198	6	临江府	167
7	建昌府	117	8	瑞州府	92	9	九江府	61
10	南康府	56	11	袁州府	42	12	赣州府	34
13	南安府	15						

吉安府和南昌府是明代江西录取进士最多的两个府，二者相加1443人，超过了全省的一半！在进士迁出地的统计中，吉安府和南昌府同样高居榜首，合计占到全省的58%。就是放到全国范围内，吉安府和南昌府都是最为重要的进士输出地之一。

从分县统计看，总数排名前10的依次是：南昌县218人，安福县199人，丰城县191人，泰和县170人，吉水县161人，临川县123人，庐陵县102人，进贤县91人，新建县76人，贵溪县72人。合计1403人，也超过了全省的一半。以上10县中，属吉安府的有4个，南昌府4个，抚州府1个，广信府1个，基本上代表了各府在全省的地位。

从明代江西一甲进士的分布看，其地域差异更为明显：吉安府35人（2人占籍外省），南昌府6人，抚州府3人，广信府3人，临江府3人（1人占籍外省），饶州府2人，建昌府1人，九江府1人，瑞州府1人，袁州府1人，赣州府1人，合计57人。其中，明代江西共出状元17人，12人来自吉安府，2人来自南昌府，其余来自抚州府、广信府、建昌府各1人。状元最多的县是吉水县，共5人（见下表）。吉安府的一甲进士占全省的66%，状元占70.6%，在江西科举中可谓独占鳌头！

明代江西状元名录表

姓名	县	府	朝榜	姓名	县	府	朝榜
胡　靖	吉水	吉安府	建文二年	曾　棨	永丰	吉安府	永乐二年
刘　俨	吉水	吉安府	正统七年	罗　伦	永丰	吉安府	成化二年
彭　教	吉水	吉安府	天顺八年	彭　时	安福	吉安府	正统十三年

续表

姓名	县	府	朝榜	姓名	县	府	朝榜
罗洪先	吉水	吉安府	嘉靖八年	王一夔	新建	南昌府	天顺四年
刘同升	吉水	吉安府	崇祯十年	舒　芬	进贤	南昌府	正德十二年
陈　循	泰和	吉安府	永乐十三年	吴伯宗	金溪	抚州府	洪武四年
曾鹤龄	泰和	吉安府	永乐十九年	张　昇	南城	建昌府	成化五年
曾　彦	泰和	吉安府	成化十四年	费　宏	铅山	广信府	成化二十三年
萧时中	庐陵	吉安府	永乐九年	合计 17 人			

为什么吉安府、南昌府会成为江西出产进士最多的地区？回答了这个问题，也就回答了为什么江西能在明代全国排在前列的问题。前人学者对此进行了研究，试归纳如下：

一、吉安府和南昌府是当时江西经济最为发达的地区，为科举提供了必要的物质保障。各府粮额数可以反映出它们的经济水平，据梁方仲《中国历代户口田地、田赋统计》绘制的《明天顺年间各府州粮额数》一表①，南昌府应征税粮 50 万石，吉安府 44 万石，居于全省第一、二位；而全省总数为 258.1 万石，二府分别占到总数的 19.4% 和 17%，合计超过全省的三分之一。南昌府和吉安府的粮额数在全国也居于前列，仅次于苏州、松江、常州、嘉兴等少数几个重赋之地。

二、南昌府和吉安府是当时江西人口最多的地区，为科举提供了充分的人力资源。曹树基分析过洪武二十六年（1393）分府人口密度，江西人口最多的是吉安府，172.8 万；其次为抚州府，120.5 万；再次是南昌府，113.1 万。吉安府与南昌府人口之和（285.9 万），占到全省总数（812.1 万）的 35.2%②。尽管后来人口数量增加，但这个比例大体保持了不变。王直在《送张太守考绩序》中夸赞“吉

① 梁方仲：《中国历代户口田地、田赋统计》，上海人民出版社 1980 年版，第 354 页。

② 曹树基：《中国人口史》第 4 卷明时期第 7 章，洪武二十六年分府（区）人口密度表，复旦大学出版社 2000 年版，第 241 页。

安之为望郡旧矣，贡赋之殷，人民之众不论也”①。

三、南昌府和吉安府是当时江西文化积淀最为深厚的地区，前人为科举之路奠定了良好的基础。南昌府历朝都是江西首府，其文化氛围自不待言。吉安府自宋以后，文化名人辈出，给后人形成了一种良好的文化风气，在明代继续得以发扬。“吉安为江南邹鲁邦也，家治诗书，人蹈仁义，既久而风俗不能无少迁易”②。在这种风气的影响下，当地民间的教育取得相当高的水平，杨士奇曾将吉安与周边地区的风俗和文化状况进行了对比，从中我们不难发现，吉安府民间文化水平之高：

> 吾尝窃谓，吾郡之俗所为可重，非他郡所及者，其民务义修礼尚气节，虽至贫不肯弃诗书不习，至贱者能诵《孝经》《论语》，晓知其大义。凡城郭间巷、山溪林谷之中，无不有学。富贵者遇逢掖士，必敬礼之，不敢慢易。而尤重世族，苟其世贱，后虽贵盛，人固不愿与齿，而彼亦不敢以其贵盛加人。吾乡之俗如此。吾何以知其可重也？吾尝下彭蠡、泝大江、浮洞庭，游乎楚郢之间，又涉淮道舒而东，上下数千余里，或行数日，不闻弦诵声；观其人之所务，朴者事渔稼，智者趍贾贩以逐什一之利。率资大势厚者为雄长，不务乎诗书礼义，不重乎逢掖之士也，不辨乎世族也。③

从各地拥有书院的数量上看，明代吉安府为数最多，有书院 88 处；南昌其次，42 处。二府合计 130 处，约占明代江西总数（326 处）的 40%。④ 有如此深厚的文化底蕴，加上民间对教育的重视，吉

---

① （明）王直：《抑庵文后集》卷 23，上海古籍出版社 1991 年影印四库明人文集丛刊本，第 51 页。

② （明）杨士奇：《送王伯瞻归西昌序》，《东里续集》卷 8，台湾商务印书馆 1986 年影印文渊阁《四库全书》第 1238 册，第 15 页。

③ （明）杨士奇：《石冈书院记》，《东里集》卷 1，台湾商务印书馆 1986 年影印文渊阁《四库全书》第 1238 册，第 14—15 页。

④ 郑建明：《试论江西进士的地理分布》，《中国历史地理论丛》1999 年第 4 期，第 218 页。

安府在明代成为进士大府，实属必然。

四、人多田少，造成生存压力巨大，迫使人们走向科举。尤其是吉安府，陈循对此作过分析：“臣原籍江西及浙江、福建等处，自昔四民之中，其为士者有人，而臣江西颇多；江西诸府，而臣吉安府又独盛。盖因地狭人多，为农则无田，为商则无赀，为工则耻卑其门地，是以世代务习经史，父子叔侄、兄弟姻亲，自相为师友，……其心初皆望由科举出仕，……”①

总之，上述各种条件综合在一起，促成了吉安和南昌二府成为江西进士的输出大户。其他各府中，抚州、饶州、广信等府的进士总数虽不如上述二府突出，但也取得不错的成绩。以上 5 府的进士，合计约占全省总数的 80%，构成明代江西进士的主体。不过，这一状况是从整体上说的，具体到各朝各科，还需要作具体分析。

二　明代江西进士的历时分布规律及其成因

明代江西进士在各府县之间的分布并不均衡，同样，在各朝各科的历时分布，也并非一成不变。详细数字可以参见书末附表，于此只讨论历时分布中表现出来的规律，并对其原因作一探讨。

下面是依据江西进士（户籍）在明代 88 科（洪武三十年夏榜无南方进士，故不统计入内）进士总数中所占比例制作的一个演变图表：

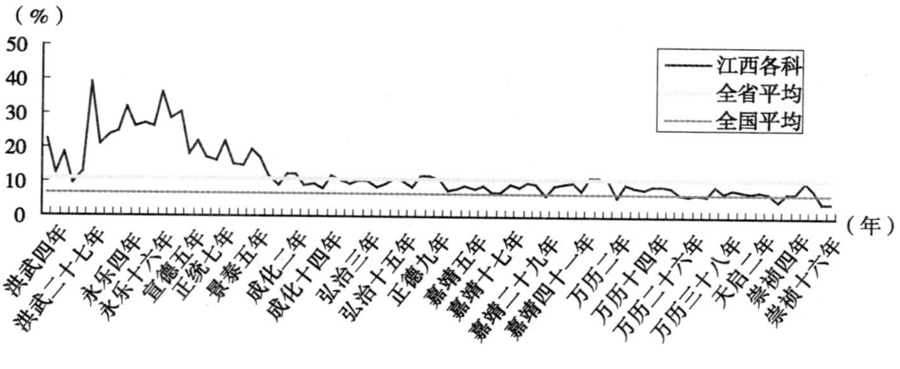

此表有一条曲线和两条直线，曲线为明代各科江西进士在全国中

① 《明英宗实录》卷 268，台湾“中研院”史语所 1962 年校印本，第 5690 页。

所占比重的演变趋势；两条直线分别是江西进士总数在全国进士总数中所占比重（11.1%），和全国各直省的平均数（6.7%）。

此表比较直观地反映了明代江西进士的发展趋势。天顺元年科显然是一个分水岭，此前的数值（除洪武二十四年科外）都远远高于全国平均和全省平均水平。天顺元年开始，江西进士的比重急剧下降，天顺四年科仅为9%，已低于全省平均水平2.1个百分点；之后基本都维持在全省平均线以下，正德十二年以后更是在全国平均线上下挣扎，至崇祯十六年科达到谷底4.3%，低于全国平均值2.4个百分点。有明一代，合计时长274年，江西进士只在三分之一的时间里居于全国前列，而其余三分之二的时间里，江西举子们似乎只在为平均值而奋斗。

明初的89年间，是江西科举的辉煌时期。这段时间，江西共产生进士938名，是同期全国进士总数（4369）的21.5%，换言之，全国每5个进士中就有1个是江西人。从单个朝代来说，永乐朝（1403—1424）是江西进士的鼎盛时期，此时江西进士占全国总数的比例为27%，全国每4个进士就有1个多来自江西。景泰五年榜是这一盛况的尾声，该榜江西进士还占到全国的17.2%。

自天顺朝起，这一盛况就不再有了。天顺元年科，江西进士在全国总数中的比重一落至11.5%；以后的一百八十年里，江西进士的比例持续平缓下降；直至崇祯朝，更是降为6.7%这个全国平均水平。相对明初的鼎盛而言，天顺以后可谓是一蹶不振！

再从明代江西的一甲进士的历时分布看。明代江西共产生状元17人，榜眼18人，探花22人，以上合计57人，他们在明代各朝的分布见下图：

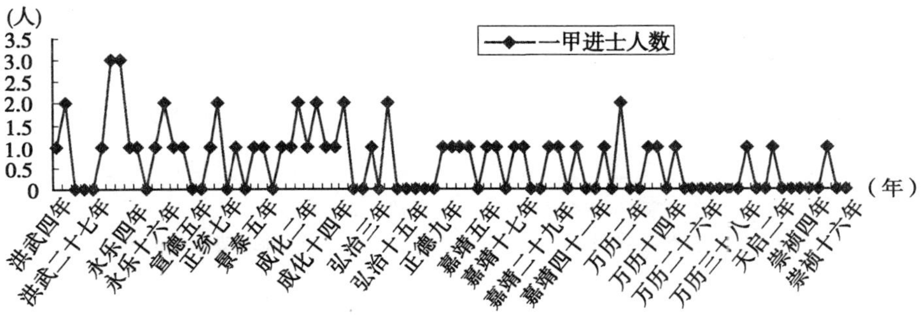

包揽同科一甲三名的江西进士出现过2次，建文二年榜和永乐二年榜；同科有两位江西进士考中一甲的情况，共出现过8次，其中7次出现在弘治六年以前；一甲无江西进士的科次共44科，其中有32科出现在弘治六年以后。这一规律与明代江西进士总数的历时分布规律基本一致，只是转折点的到来比后者晚三十几年而已。

如何来看待这种历时变化？首先我们要弄清楚明初江西进士鼎盛的原因，然后从这些要素的变迁中找到这一剧变的根子。

江西进士在明初的鼎盛，似乎不能用经济的原因加以阐释。江西在元末明初的战争中，是朱、陈两家的主战场，历经了多年的拉锯战，朱元璋才最后控制了江西。在此期间，江西的经济受到严重的破坏，此后又成为重赋之地，饱受苦难。《国榷》卷4“洪武四年五月”条：“乙卯，免江西田租。诏曰：朕本农夫，深知民间疾苦。……念惟江西之民，土豪割据，狼驱蚕食，赀财一空。归附之后，供给繁重，已九年矣。……其免今年秋粮。”① 方志远在《明代苏松江浙人“毋得任户部”考》一文中引用了一则碑文，可与之相互照应：“自元季张士诚据苏、松、嘉、湖，陈友谅据南昌、袁、瑞，与明太祖苦战于江东西，横敛以给军，终明之世，故籍未改。特命永除数郡浮粮，著为令典。”② 这说明，江西和南直隶、浙江一样，既遭受了元末战争的破坏，入明又被科以惩罚性的重赋。但在明初时期，江西在科举方面取得的成就，远胜南直隶和浙江两省。

何柄棣曾指出：“最不易解释的现象是明初百年之中，科第以江西省为最盛，江西省中尤以吉安一府为最。此期间吉安一府两度包办三名一甲进士，更是空前绝后的纪录。……目前只能粗略地揣测这一现象或与宋代江西人文之盛不无关系。”③ 用前代“人文之盛”来解释明初江西的科举盛况，的确有一定的道理，但作者没有用实证来

① （明）谈迁：《国榷》，古籍出版社1958年版，第447页。

② 方志远：《明代苏松江浙人“毋得任户部”考》，《历史研究》2004年第4期，第72页。

③ 何柄棣：《东南进士与人才分布》，载缪进洪等编《东南地区人才论文集》，浙江大学出版社1993年版，第217—218页。

说明。

综合起来看，我们可以从以下几个角度来解释这种现象。

先说前代的文化积累。“国初文运，江西独盛”[①]，这自然与宋代江西人文之盛不无关系。自宋代以来，江西就成为全国儒学的中心地区之一。王安石、欧阳修、杨万里、朱熹[②]、陆九渊等人在政治、文学和思想等诸多方面的巨大成就，为江西士人培育起相当自信的主流意识。这一意识在江西流传广泛，历时久远，以故江西民间多有饱学之士。尽管元代科举无常，使得江西人的才能发挥受到压制，但家学相传，生生不息，一直延续到明初。据《国榷》载，洪武三年（1370），“征天下学识笃行之士，应诏送至尚书，考最得十八人：……永丰丁节，……万安夏瓒，……龙泉刘谷、赵晖，……分宜刘沂，永新欧阳子韶，泰和王子启，安福欧阳楚芳，庐陵胡伯清，吉水胡子祺，……皆拜监察御史”[③]，18 人中就有 10 人是江西人，可见江西人才积累之厚重。自此，江西积累日久的人才潜力喷薄而发，在明初迅速占据了全国的主导地位。

从政治的角度看，明初自永乐设立内阁以来，至洪熙、宣德和景泰四朝的八十余年间，共有宰辅 23 人，其中江西人多达 8 人（胡广、解缙、杨士奇、金幼孜、胡俨、陈循、彭时和萧镃）[④]，超过了总数的三分之一。从担任首辅的情况看，从解缙始至陈循止，53 年中（1403—1456）只有 12 年首辅为非江西人。尤其是杨士奇，自永乐二十二年入阁，至正统九年（1444）卒止，期间担任首辅的时间长达 20 年之久，历侍四朝。从这个角度讲，江西人在明初长期处在国家权力的中心地带，这对江西士子参加科举考试的积极性，具有相当重要的激励作用。

---

① （明）张朝瑞：《皇明贡举考》卷 1，《四库全书存目丛书》，齐鲁书社 1997 年影印本，史部，第 269 册，第 14 页。

② 朱熹原籍婺源，在宋属徽州，虽非江西人，但其在江西的活动时间较长，对江西士人影响较大。

③ （明）谈迁：《国榷》卷 4，古籍出版社 1958 年版，第 423 页。

④ 据《明史》卷 109—110《宰辅表》。

从文学的角度看，就是台阁体在明初百年的盛行。宋代江西文学盛况空前，在全国居于领先地位，自无庸赘言。这一盛况延续至明初，江西人由于在内阁地位突出，进而影响了明初的文学，台阁体得以形成并统治了当时的文坛。台阁体是“以江西地域文学传统为内核的一个文学流派”①，也就是说，江西文学主宰了明初的文风走向，成为时人学习的典范。朱国祯《涌幢小品》卷7《京尹黜卷》：“昆山张和往试南京，时少保邝忠愍公为京尹，……命题以试。和文先成，公读之良久，曰：‘文体略似西江。汝当是冒籍者。’和曰：‘吾祖以来家昆山，不闻冒籍，尝从西江人学耳。’西江人者，谓翰林尹凤岐也。”② 按尹凤岐，江西吉水人，永乐十六年进士。从中可见，江西文学在当时形成了比较突出的特征，并对科举考试的衡文标准产生了重要影响。江西士子自幼受到其熏陶，在考试中写出合乎衡文标准的答卷，相对更为容易些。

再从会试考试官的角度来看。会试是士子科举生涯最为关键的一步，得中与否，取决于考试官。朝廷对考试官的选拔，首先考虑的是其文学修养。从考试官的籍贯，也能间接地看出该地文学水平在当时的影响。我们依据《贡举考》所载诸科考试官的籍贯，统计出如下数据：自洪武至景泰共会试26科，除去洪武二十四年等科缺载考试官外，合计考试官40人次，江西人为19人次，浙江5人次，南直隶5人次，河南2人次，湖广2人次，山东2人次，福建1人次，四川1人次，北直隶1人次，内李叔荆与白信蹈2人籍贯无考。江西人担任会试考试官人次的比例，接近总数的一半，也几乎是浙江、南直隶二者之和的两倍。考试官对衡文标准的把握，有其各自的内在法则，在文风的把握上，必然会体现出一定的派别特征。江西籍考生在会试中，由于文风的契合，较他省士子更容易获得考试官的青睐。

上述几点因素综合在一起，决定了江西科举必定盛极于明初，江西进士在明初八十几年里，能取得前无古人、后无来者的辉煌，也就

① 魏崇新：《明代江西文人与台阁文学》，《中国典籍与文化》2004年第1期，第32—37页。

② （明）朱国祯：《涌幢小品》，文化艺术出版社1998年点校本，第153页。

在情理之中了。同样，江西进士数量在天顺以后的下滑，根源亦在于上述政治和文化优势的丧失。

天顺朝以后至崇祯末（1457—1644）的187年间，共有宰辅136人，其中江西籍的只有13人，还不到总数的十分之一。其中只有夏言、严嵩等少数几人出任首辅，但他们的影响，远远不及明初的杨士奇等；其余数人，无论在政治上还是文学上，都没有产生过什么重大的影响。在江西人淡出政治中心后，以台阁体为代表的江西文学也迅速衰微，淹没在文学复古运动的大潮中。[①] 同样以《贡举考》记载的会试考官为例，自天顺元年至万历十一年的43科，共有会试考试官86人次，其中排在前3位的是：南直隶24人次，浙江14人次，江西13人次。这也从一个侧面反映出，江西文学已经落在了南直隶和浙江之后。

有意思的是，江西双籍进士在天顺朝以后出现了上升趋势，下图为原籍江西而占籍外省中式的进士（总数362人）在各朝的分布：

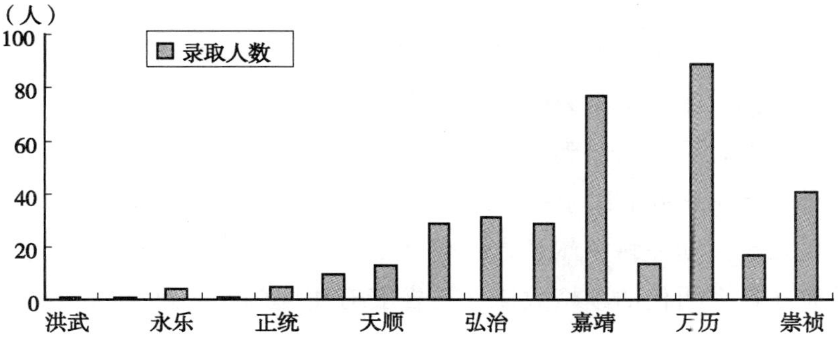

与上面江西进士在全国进士总数中的比重演变相反，原籍江西占籍外省的进士在天顺之后呈整体上升趋势，在万历朝达到顶点（89人）。由此可以间接地看出，江西迁出人口在经营数代之后，原有文化底蕴发挥了不可忽视的作用，使得他们逐渐在占籍地脱颖而出。

具体到各府，它们在江西进士总数中所占比重，在各朝的分布也有变化。吉安、南昌、抚州、饶州和广信等5府进士数量在全省居于

① 廖可斌：《复古派与明代文学思潮》，文津出版社1994年版。

前列，其中又以吉安和南昌2府最为重要，故以下重点描述吉安和南昌在江西进士中所占比重的演变趋势。下面是根据它们在各朝所占比重绘制的一个示意图：

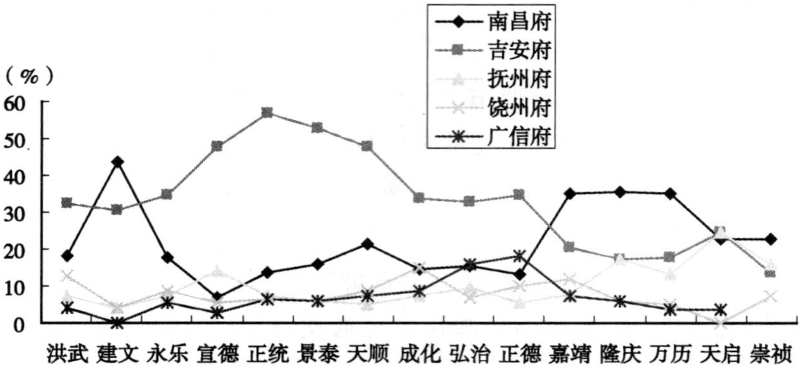

吉安府是明代江西出产进士最多的地区，在总数上占据全省的30%。这一比重也历经了由升到降的过程，其转折点在正德末嘉靖初。正德之前，吉安府进士在全省的比重一直稳定在30%以上，正统前后达到顶点，最多时（正统七年榜）占到全省的56%。然而嘉靖朝以后，其比重一落至20%上下，尽管这一数字不能算低，但已经落到了南昌府之后。崇祯朝达到最低，仅为13%，排位降至第三。

南昌府在总数上次于吉安府，正德之前其比重大体稳定在20%以下，仅在建文朝一科突然发力，蹿升至全省首位，达到40%，这也是南昌府在整个明代的顶峰数值。与吉安府相同的是，其转折点也在正嘉之际，但是转变的结果相反。南昌府自嘉靖以后一跃成为全省进士最多的地区，其鼎盛时期出现在嘉靖、隆庆、万历三朝，当然其成绩与鼎盛时期的吉安府不可同日而语。

从进士人数上比较，吉安府在嘉靖八年以前基本能保持在每科10人以上（除少数几科外），之后则大体降至每科5人以下。吉安府的进士数量变化，与江西进士总数的变化趋势基本一致。从某种意义上讲，吉安府进士决定了江西进士在全国的地位。南昌府进士数量呈鞍形发展趋势，景泰以前是一个高峰，中间经历了一个低潮，至嘉靖、万历时期又出现一个高峰，单科进士数与前一高峰期大体持平（10

人以上）。见下图：

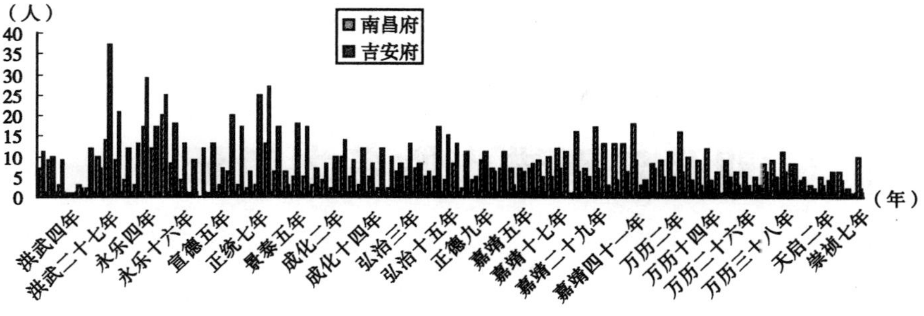

抚州府是全省第三大进士产地，不过其总数远逊于吉安、南昌二府，占全省的比重基本维持在10%左右，但总体呈上升趋势。饶州府的历时分布相对比较稳定，也在10%上下波动。广信府则呈现两头低、中间高的分布，弘治、正德间一度跃居第二，仅次于吉安府，也算是小小的辉煌了。

第一章

明代江西进士姓名之考证

我们在整理明清科举文献的时候，发现各书对不少江西进士的姓名或者字号的记载不尽相同，进士名录作某，人物传记又另作某；即使同一本书内，选举表所记姓名与人物志也偶有出入。这为我们整理和利用文献带来一定的麻烦。例如洪武十八年榜丰城县的杨腊，《索引》据《江西通志》补缺作杨腊，但《登科考》无杨腊，籍贯作丰城的有杨克绍，《御制大诰三编》里也有进士杨克绍。那么《索引》所载的杨腊是否非进士呢？考证的过程颇费周折，最后从《嘉靖丰乘》中找到答案：杨腊字克绍。[①] 由此推知，杨腊以字行，故《登科考》及《御制大诰三编》均载作杨克绍，《江西通志》和《索引》失于考查，径记作杨腊。再如嘉靖二年进士郭弘化，字子弼，号松厓，吉安府安福县人，一名郭弼。[②]《明人传记资料索引》未审其姓名变化，误作两人，分别给郭弘化和郭弼立传。[③] 嘉靖二十九年进士余曰德初名应举，康熙《江西通志》在嘉靖庚戌榜既载余曰德，又载余应

---

① 《嘉靖丰乘》卷2，《天一阁藏明代方志选刊续编》第42册，上海书店1990年版，第84页。

② （明）罗洪先：《郭公弼墓表》，焦竑《献徵录》卷65，上海书店1987年影印本，第2875页。

③ 台湾“中央”图书馆编《明人传记资料索引》，中华书局1987年版，第494、496页。

举，均作“南昌人，官福建副使”[①]，显为重出。这种误一为二的记载，给参考者带来了不必要的麻烦。

其原因比较复杂，一部分是由于编纂者的误载，另一部分则是相关人物的有意更改。针对以上情况，本章拟从两个方面来考证：一是姓名的改变，借此考察当时的一些社会生活状况；二是综合各种相关文献，对其错误之处加以考订。

第一节　明代进士姓名更改概述

姓名是一个人的标志，在个人资料中是十分重要的信息。其中姓氏代表着其血缘关系，尤为人们所重视。“三代以前，因生赐姓，胙土命氏，故姓氏分而为二，男子称氏，妇人称姓”[②]，后姓氏合而为一，人们都以其男性始祖之姓为姓，子孙相沿不改，成为不同血缘关系的家族之间相互区别的标志。在一般情况下，人们是不会轻易更改自己姓氏的，否则就是背祖弃宗。与姓氏相辅而行的是名、字、号，是日常生活所用的称呼，各有分工。姓名连称一般用于正式的官方场合中，如科举考试中的放榜与唱名。日常交流中一般单称名或字、号，当然还有称其籍贯或官称的。取名字需要经过一个比较庄重的仪式，即行冠礼。《礼记·曲礼》：“二十曰弱，冠。”[③] 小孩在出生的时候，大人以小字称呼之，等到成年后举行冠礼，长辈才赐以正式的名和字，并在名字中寄寓一定的美好期望。

进士是科举社会的精英，他们的姓名都要载入官方正式文件，在考试、选官以及领取俸禄等重大事件中被频繁使用，一般都会保持一生不变。但是，在一些特殊的情况下，某些进士的姓名会发生变更。以下列举明代进士更改姓名的几种现象，并对其原因稍作分析。

---

① 康熙《江西通志》卷18《选举·进士·明》，载《中国方志丛书·华中地方》第781号，成文出版社1989年影印清康熙二十二年刊本，第1772页。

② （明）谢肇淛：《五杂俎》卷14，上海古籍出版社2005年点校本，第1803页。

③ 《礼记正义》卷1上，《十三经注疏》本，上海古籍出版社1997年版，第1232页。

一 复姓

正如前文所述，姓氏是人们的血缘关系的一个标志，后代子孙都以男性始祖之姓为姓，世代相传。更改姓氏，等于抛弃了祖宗，封建礼教思想中对此十分忌讳。然而更改姓氏的现象在历史上并不鲜见，王全根总结了古人改姓的七种原因：变氏，赐姓，避讳，避事（包括避仇、避难、避嘲、避耻），适应，音讹，省写。[①] 这些原因还不能完全概括明人改姓的原因，我们结合实际例证再稍作补充。

第一，入赘。男方入赘女方，其子孙或从母姓，或从父姓，会有一个约定。比如洪武二十四年榜状元黄观，“父赘许，从许姓”[②]；永乐十三年榜进士黄振，其祖先本姓周，“祖元善游学德安，赘石桥黄氏家，父文昌因从母姓”[③]，故振亦姓黄。

第二，改嫁。因早孤而随母改嫁，自己及子孙便皆从其姓。如永乐九年榜熊概，祖父熊达去世时，父亲熊直才一岁，即“随母适吉水胡时中，遂冒其姓”[④]，后中举人，世称胡敬方先生。熊概亦从其姓，进士榜称胡概。

第三，过继。因为祖父辈过继给他人，或为他人收养，子孙从他姓。如景泰五年榜周鼐，其先本姓丘，祖父惟政过继给周氏，子孙故姓周。[⑤] 正统四年榜章纶，据谢铎《章公纶墓志铭》载，其先本吴姓，祖上“讳开宗者，仕元为德清典史，后章氏，因以为姓”[⑥]，未复姓。正德三年榜钟芳，父明为黄氏养子，故从黄姓[⑦]；芳子允谦，

---

① 王全根：《古人的改姓》，《文史知识》1986年第8期，第52—54页。

② （清）张廷玉等：《明史》卷143，中华书局1974年标点本，第4051页。

③ 同治《九江府志》卷33，《中国地方志集成·江西府县志辑》第9—10册，江苏古籍出版社1996年版，第490页上。

④ 乾隆《南昌府志》卷50，载《中国方志丛书·华中地方》第811号，成文出版社1989年清乾隆五十四年刊本，第3717—3718页。

⑤ （明）焦竑：《献徵录》卷84，上海书店1987年影印本，第3554页。

⑥ 同上书，卷37，第1512页。

⑦ 嘉靖《赣州府志》志9，《天一阁藏明代方志选刊》38册，上海古籍书店1982年版，第6页。

榜亦作黄姓。正德十二年榜王凤灵，“其先曰王发者依舅氏姓吴，……凤灵偕兄凤仪举于乡，俱从吴姓。明年丁丑，凤灵举进士，授刑部主事，始疏复王姓云”①。如果是本人过继给别人或者被收养，同样需要更名改姓，袁宗道《司公汝济墓志铭》载：“公姓张氏，始从养父司月泉公姓，讳汝霖；后复其本姓，改讳汝济，字泽民，傅野其别号也。”② 张元忭《陕西行太仆寺卿商公廷试行状》云，商廷试“初名珙，舅氏谢无后，以公为后，遂更今名，袭姓谢”③。

第四，避事。包括避仇，如天顺四年榜状元王一夔，本姓谢，“祖承亨避仇，匿于姻丈王氏家，遂冒其姓”④。也有逃仕者，如成化二年榜南直隶的庄昶，据湛若水《庄公昶墓志铭》载，其本姓章，“祖曰智甫者，以儒术名，洪武初不乐仕进，逃名，更姓庄氏”⑤，终未复姓。

第五，讹误。嘉靖八年榜南直隶黄正色，据万士和《南京太仆寺卿黄公正色墓志》载，本姓廖，祖上在元末因乱徙家江阴时，“讹廖为黄，故姓黄”⑥，未复姓。

第六，报恩。如陈瓒《广东按察司佥事施公雨行状》载，施雨本为桑姓，曾祖艾庵公馆于施氏，又从其学医，因命子孙从施姓以为报。⑦

第七，其他。康海《邹公昊墓志铭》云，弘治十二年进士邹昊，其先本邹姓，“曾祖保保，洪武二十三年（1390）解马，长于宁夏不能归，遂从马姓”⑧，如此改姓，近于戏谑，倒也不失为一种忆苦思甜的好方法。

归纳起来看，因入赘、过继和收养而从他姓是比较正常的，资料

---

① （明）焦竑：《献徵录》卷94，上海书店1987年影印本，第4090页。
② 同上书，卷62，第2686页。
③ 同上书，卷104，第4665页。
④ 同上书，卷50，第2090页。
⑤ 同上书，卷27，第1168页。
⑥ 同上书，卷72，第3127页。
⑦ 同上书，卷99，第4440页。
⑧ 同上书，卷60，第2535页。

中多见；而因避仇、逃仕、讹误、留滞难归和报恩等改姓则比较少见，基本属于特殊情况。

在宗法制度的大环境下，“孝”被统治阶级强调为最高的道德标准。其中，归宗认祖是人们对孝道最为基本的认定，而光宗耀祖则是更高的要求。复姓即是孝道的表现之一，对于一般人而言，“所以汲汲于复姓者，求免夫不孝之罪也”①。对于进士而言，则更要考虑显亲——明代官员在考满之后，父母以上可以得到朝廷的封官赠爵，虽然只是一个虚名，但由其所带来的社会声誉却不容低估。因此复姓事关孝道，如果能够，他们（包括其后代）都会改回原姓。

然而复姓并不那么容易，因为这牵涉到人口与田赋登记的黄册、鱼鳞册，还关系到学籍、仕籍等各种文档。像黄册、鱼鳞册，按规定是十年一改，兹事体大，必须得到朝廷的批准。因此，不是所有人都可以申请复姓。《明会典》只对官吏、武臣士卒的复姓作了相关规定，没有涉及平民百姓；在我们所掌握的实例中，除了一部分宦官外，绝大多数都是官员。当然由于历史原因，一般人的事迹（包括士卒）难以流传，这或许是一般人复姓的事情不见载的原因。但是，从一些家族复姓的过程中，我们发现，有些前代想复姓而不能，只有等到子孙考中进士出仕以后，方能“如例疏请复姓”②。

如长乐林廷选，其祖上讳昊生者入赘樊氏，子孙四代从其姓。廷选为府学生时，父“梅隐公病亟，以先世谱图授之，意公必显，属以复姓”③，后来直到廷选以进士官监察御史后，才疏请得复姓。再如申时行的祖父“少育于外兄徐翁所，从其姓”，故申时行又称徐时行，“公及第后，始奏复之”④。成化二年榜陈晟，“少孤贫，同郡钟定者

---

① （明）刘球：《周氏复姓记》，《两溪文集》卷6，台湾商务印书馆1986年影印文渊阁《四库全书》第1243册，第26页。

② （明）陈瓒：《广东按察司佥事施公雨行状》，焦竑《献徵录》卷99，上海书店1987年影印本，第4440页。

③ （明）郑岳：《资政大夫南京工部尚书致仕进阶资德大夫正治上卿竹田林公行状》，《山斋文集》卷15，台湾商务印书馆1986年影印文渊阁《四库全书》第1263册，第1—4页。

④ （明）焦竑：《申公时行神道碑》，焦竑《献徵录》卷17，上海书店1987年影印本，第682页。

育为子，遂冒其姓。……后四年成进士，改庶吉士，将授官，抗疏请复姓归葬，词甚哀恻，报可”[①]。

更多的进士是在做到高官以后提出复姓要求的。比如洪武二十四年榜状元黄观，“父赘许，从许姓，……二十四年会试、廷试皆第一，累官礼部右侍郎，乃奏复姓”[②]。上文所提到的熊概是在官至大理寺卿时复姓，黄芳官至户部侍郎时复姓，另外一些人没有资料具体表明是何时疏请的，但都提到是在入仕或者贵显以后。还有个别在其致仕后提出的，如邹昊官至右都御史致仕，六年后才“以复姓上请，得允”[③]。由此观之，明代对复姓者的身份可能有一定规定，出仕（太监也有官衔）似乎是其必备的条件之一。

申请复姓必须以书面形式向朝廷上疏，在疏中说明从前改姓的原委、目前的家人状况及复姓的理由。以下录明魏校撰《复姓疏》一篇：

> 为复姓事。《礼》曰：万物本乎天，人本乎祖。陛下以孝治天下，臣生斯时，敢忘本始？臣故李姓，高祖恕刲股救母，乡人称为“庄渠李孝子”。娶高祖母金氏，生臣曾祖琳兄弟四人，于行为二。魏士珣之妻与高祖母兄弟也，无子，养琳为子，因改姓魏。高祖李恕系长洲县二十二都十一图，魏士珣系昆山县三保三十二图，两家国初洪武各占民籍至今。曾祖琳宽厚有德长者，实始昌大厥家，魏氏遂为士族。士珣夫妇甚赖之，后庶出有子，曾祖亦不复归宗，子孙居于昆山。易世之后，迷所自出，因与昆山李姓为婚。厥后宗兄李方始大合族为谱，族之人晓然咸知尊祖敬宗。臣父封主事奎雅意复姓，弗果。臣登进士，历官中外；从弟庠由太学入官，皆有籍于朝，不敢轻改。臣敢追述先志，爰具家

① 清《广东通志》卷47《人物志·孝义·陈晟传》，台湾商务印书馆1986年影印文渊阁《四库全书》第564册，第254页下。

② （清）张廷玉等：《明史》卷143，中华书局1974年标点本，第4051页。

③ （明）康海：《邹公昊墓志铭》，焦竑《献徵录》卷60，上海书店1987年影印本，第2535页。

世源流，上达天听，乞敕吏部移文原籍官司，体勘是实，具奏改正贴黄，户部改附册籍。庶几子孙相承，不昧本原。为此具本，差家人魏悦赍捧奏闻，伏候敕旨。①

从中我们可以看出，复姓牵涉面不小，需要皇帝下旨，“敕吏部移文原籍官司，体勘是实，具奏改正贴黄，户部改附册籍”，试想一个普通百姓，恐怕不会有这样的机会，否则魏校之父奎既“雅意复姓”，何以“弗果”？

也有在面见皇帝时提出复姓要求的，这当然只有那些居官显要、日侍皇帝者才能够。明初的宋濂曾记载过这样一件事情：

洪武九年六月日，皇上御东皇阁，翰林学士臣濂、考功监令臣克勤、给事中臣杰、监察御史臣钝等皆侍。时已漏上三刻，臣杰出班跽奏曰：“臣之大父孙福谦，……”上曰：“朕为亿兆生民主，凡有袭人姓氏者，必令归其宗，尔之请诚是也。然非邹氏，尔亦弗克底于今日，慎毋忘之。”杰于是以首叩地而退。②

邹杰所奏即为复姓一事，内容亦不外说，自己当年如何为邹氏所收养，今日“孙氏无他族属，其不绝者，仅寄臣之一身”，希望皇帝恩准。

那么是否提出复姓申请的人都会批准？依据明太祖“朕为亿兆生民主，凡有袭人姓氏者，必令归其宗”一语，答案似乎是肯定的。但事实并非如此，洪武二十一年状元任亨泰，“父杜林，从外家姓。……太祖高皇帝亲擢第一，……宠异之。……寻请复姓。上以恩

① （明）魏校：《庄渠遗书》卷1，台湾商务印书馆1986年影印文渊阁《四库全书》第1267册，第14—15页。

② （明）宋濂：《邹氏复姓孙氏序》，《文宪集》卷7，台湾商务印书馆1986年影印文渊阁《四库全书》第1223册，第452页。

自任出，勿听"①。明太祖似乎忘了自己在洪武九年许下的诺言。前面说魏校官至太常寺卿，上疏复姓，但其文未云是否得旨俞准。据归有光撰《外舅光禄寺典簿魏公墓志铭》，"恭简公（按，魏校卒谥恭简）之世欲复姓，未果"②，应该是没有被批准。施雨官至广东佥事，"欲如例疏请复姓，不果"③。据《明会典》载："又令官吏人等奏告更名复姓，若自幼过房乞养，或入赘与人，因从外姓报入户籍，外姓系军、匠、灶户，而本姓系民者，不许改复。"④ 或与此项规定有关，然具体原因不详。

当然，也有少数的改姓者没有要求复姓，如上文所说的章纶、庄昶和黄正色。这些人都举进士，登仕籍，照例可以疏请复姓，但他们的志传中都没有复姓意愿的表达。我们推测，应该是有隐衷的。比如庄昶，祖先是因为逃避明太祖的征辟入仕而更名改姓，这在明代是很犯忌的事情，如果庄昶上疏复姓如实交代改姓的原委，将有可能给自己和家族带来极大的麻烦。

进士复姓归宗，在明代不为少见，从此现象中，我们可以看到时人思想中的一对很有意思的矛盾：对于本家而言，复姓是孝的体现；但对于外姓而言，复姓却是不义。陈晟中进士之后，"抗疏请复姓归葬，词甚哀恻，报可"，后来其养父钟定"知其复姓，大诟。晟衣冠请杖，至流血终不敢起"⑤，可见，是为不义之举。尽管明代进士们自幼熟习《四书》中孟子"舍生而取义"的教育，但在孝、义不能两全的情形下，似乎义是可以抛之脑后的。看看时人对此作何解释，周是修《郭从陵复姓卷跋》云：

---

① （明）朱国祯：《涌幢小品》卷7，文化艺术出版社1998年点校本，第142页。

② （明）归有光：《震川集》卷18，《四部备要》第521—522册，台湾中华书局1981年版，第3页。

③ （明）陈瓒：《广东按察司佥事施公雨行状》，焦竑《献徵录》卷99，上海书店1987年影印本，第4440页。

④ （明）李东阳等：《明会典》卷13《吏部十二》，台湾商务印书馆1986年影印文渊阁《四库全书》第617册，第136页下。

⑤ 清《广东通志》卷47《人物志·孝义·陈晟传》，台湾商务印书馆1986年影印文渊阁《四库全书》第564册，第254页下—255页上。

> 邑冠朝郭君从陵，既由陈氏而归其宗矣，直史萧君坦行雅重其谊，辄为文以纪之，间以示予。予申之曰：复姓，古礼也，孝德也，士君子之善行也。知古礼之不可违，孝德之不可失，士行之不可薄者，则虽幼鞠于他族，承祀于他族，受业于他族，成名于他族，姓固不可以不复也。姓不可以不复，则从陵之归其宗，非昧恩于陈氏，非背义于陈氏也。政欲使陈氏之族姓纯一而不乱也，欲遵古之礼也，欲全孝之德也，欲不愧于士之行也。然则从陵其贤乎哉，尚勉之，以蕲大振于郭，而犹毋忘于陈哉。书此以为从陵美，亦以驱后世惑。①

这应该是当时士大夫对复姓的普遍看法。明太祖云“凡有袭人姓氏者，必令归其宗”一语，也代表了明代官方对此矛盾的态度。但官方的支持并不意味着矛盾的消失，嘉靖初年大礼议继统与继嗣之争，是孝与义这对不可调和的矛盾激发的最高级形式，后来才演变成了打击异已的政治斗争。

二 更名

科举考试，本来一切以程文为去取，但在明代，举子的名字也能对考试结果产生一定影响。殿试确定鼎甲三人名次时，名字的影响力似乎更为突出。比如永乐二十二年“甲辰赐邢宽等及第，上初取第一孙曰恭也，嫌其名近暴，曰：孙暴不如邢宽。遂擢宽第一”，而孙曰恭抑置第三。② 朱棣凭借武力从侄儿手中夺取天下，为了震慑群臣，登基之初实施了太多的暴力，之后为了收买人心，需要采取宽大政策。“曰恭”二字竖写和“暴”字相似，因此遭到朱棣的嫌弃；“邢宽”与“刑宽”谐音，迎合了朱棣的政治需要，故幸运地成为状元。再如天顺四年科，“殿试读卷，定祁顺卷第一。既而司礼监太监问所

---

① （明）周是修：《刍荛集》卷6，台湾商务印书馆影印《四库全书》第1236册，第39—40页。

② （明）王世贞：《凤洲杂编》卷4“孙暴邢宽”条，载王云五主编《丛书集成初编》2810—2811册，中华书局1985年新1版，第98页。

定卷，阁老以姓名对。太监曰：'此卷固出人一等，但传胪时，北方人音与御名相似。阁老愕然，乃以王一夔卷易之，而祁第二甲中"[①]。传胪时需要传唱一甲三人和二甲、三甲第1名进士的姓名，祁顺和英宗的名字祁镇接近，因此不方便传唱。于是祁顺从状元一落为二甲第2名，既无须传唱，又不失其巍科地位。

上有所好，下必甚之，这使得明代举子改名的现象较改姓更为常见。嘉靖三十八年进士丰城熊秉元，会试时名养锐，后改名秉元[②]，故诸进士名录作熊秉元，而不作熊养锐。崇祯十三年榜的汤来贺，乡试名来肇，中举后改名来贺（见后文考证）。这都是私自更改，至于皇帝钦赐改名的也有不少。

建文二年榜状元胡靖，本名广，建文帝嫌其名，因为北方少数民族鄙称"胡"，时作乱于边境，"胡"岂可广哉！故赐名靖，意谓平定胡人。故此榜一般都称为胡靖榜。后永乐时期胡靖受宠，奏请复名广。有意思的是，景泰五年榜的胡德盛以同样的原因，奉旨更名靖，改字汝宁（见后文考证）。钦赐更名在永乐朝曾闹出过一次笑话，"永乐戊戌廷试，文皇亲阅试策，以李马卷为第一。嫌其名'马'，就卷上改为'骐'。及传胪，凡三唱名，无敢应者。上曰：'即李马也。'乃受诏赐状元及第"[③]。皇帝亲为改名，却不通知其本人，以致殿试唱名犹如儿戏。

举子在入仕以后，如果名字触犯了某种禁忌，则会更改别名。比如触犯皇帝名讳，必须更名，如万历二十九年榜曹珖，初名珍，避仁宗讳改名珖。[④] 宣德五年榜王振，因与太监王振同名，后改名王恂。[⑤]

---

① （明）黄溥：《闲中今古录摘抄》，载王云五主编《丛书集成初编》2895册，中华书局1985年新1版，第26页。

② 《嘉靖丰乘》卷2，《天一阁藏明代方志选刊续编》42册，上海书店1990年版，第114页。

③ （明）徐咸：《西园杂记》卷上，载王云五主编《丛书集成初编》2913—2914册，中华书局1985年新1版，第11页。事亦见王世贞《凤洲杂编》卷4'唱名莫应"条，第98页。

④ （清）张廷玉等：《明史》卷254，中华书局1974年标点本，第6560页。

⑤ （明）焦竑：《献徵录》卷73，上海书店1987年影印本，第3141页。

如果原名影响其前途，也可以更改。成功的例子见徐理，他曾“急于进取，自创南迁议，为内廷讪笑，久不得迁”，一次推举国子监祭酒，景帝看到他的名字就说：“此议南迁徐理邪？为人倾危，将坏诸生心术。”[①] 后来用辅臣陈循言改名有贞，才得以进用，官至兵部尚书、华盖殿大学士，封武功伯。不成功的例子也有，据《弇山堂别集》载：“九月，监试北城御史毛在疏谓：中式举人李鼎踪迹可疑。核之，则国子监生李一鹗，按察副使逊子也。初嚷响南场，考官问斥，改名入试。斥为民。”[②] 李一鹗费尽心思，改名李鼎再入考场，结果弄巧成拙，不但没能继续考试，连功名都被革除。

三　以字行及其他

明代进士的更名还有一种现象比较常见，就是以字行。如永乐二年榜的江西进士有 6 人均以字行：李时勉，本名懋，字时勉；彭汝器，名琏，字汝器；刘子钦名敬，字子钦；罗汝敬名肃，字汝敬；李昌祺，名祯，字昌祺；陈士启，名雷，字士启。永乐九年榜状元萧时中，本名可，字时中。对于这类进士，有些资料中只载其字而不知其名，从这个意义上讲，也可以称之为改名。[③] 有些人以字行后，会改用另一个字，比如邓时俊以字行，改字仲清；陈雷字士启，以字行，后改字震之。更多的例子表明，他们一般不再取新字。

从时间上看，该现象多发生在明代前期。这与明前期人们多喜欢取单名有关。据我们对进士名录的大致统计，此期单名者约占总数的百分之八十，双名者占百分之二十；而到万历、崇祯年间，两者的位置颠倒过来。状元的名字也反映出这一变化，成化以前共 37 榜，状元单名者就有 31 人；隆庆以后 26 榜，只有 3 位状元是单名。名字是个人存在的标志，取名除了寄托长辈对其的希望之外，更重要的作用在于和他人相区别。单名的重复率无疑较双名高出许多，比如明代同

---

① （清）张廷玉等：《明史》卷 171，中华书局 1974 年标点本，第 4561 页。

② （明）王世贞：《弇山堂别集》卷 84《科试考四》，中华书局 1985 年版，第 1602 页。

③ 同上书，卷 19，第 343—344 页。

叫周策的进士有7人，同叫周善者更多至10人，且都在嘉靖朝以前。在这种社会风气中，为了提高区分率，以字行无疑是最为简便的方式。到后期大家多用双名之后，以字行的情况就很少了。

清代文献在记载明进士时，出于避讳，往往改字。或者改用别的同音字，丘姓改为邱，名弘者改宏，胤改为允，玄改元，等等，或者原字缺笔。这是众所周知的，在我们所参考的清代地方志中也普遍存在。于此，我们有必要提一提《类姓登科考》中的避讳问题。该书除“玄”字避讳多作缺笔外，丘、弘、胤等字均不避讳，据此亦可以推断，该书当成于康熙年间。此类改名在附录中以注脚形式说明。

以上对明代进士更名改姓的背景做了一番总体性的描述，下面各节依照科次顺序，对更改过姓名及诸书误载的江西进士逐一加以考证。

第二节　姓名更改之考证

一　复姓考

1. 胡概　复姓熊，字元节，吉安府吉水县人，永乐九年榜二甲6名，官至右都御史卒。

按：《永乐九年进士登科录》作胡概。《贡举考》卷2（第75页）：“胡概，复熊姓，江西吉水县。”《索引》（第1748页）只作“胡概”。

杨荣撰《右都御史熊公概神道碑铭》[①]，未注其胡姓。万历《新修南昌府志》本传载作熊概，“初姓胡，既仕，奏复姓”。[②] 乾隆《南昌府志》有熊直传：“字敬方，丰城人。父达，仕元为福建路录事，卒官，贫甚，不能归。直始一岁，随母杨氏适古田令吉水胡时中，遂冒其姓。为吉水县学生，事胡父母皆年八十余终，累举不第，不克复

① （明）焦竑：《献徵录》卷54，上海书店1987年影印本，第2280页。

② 万历《新修南昌府志》卷19，载《中国方志丛书·华中地方》第810号，台北：成文出版社1989年影印明万历十六年刊本，第1064页。

姓。永乐甲午由贡中应天乡试第三，寻卒。……子概，先成进士，直乡举时概已官御史矣。……学士胡广志墓犹称胡公敬方，及概复姓后，少傅杨士奇撰神道碑，则称西涧熊公云。”① 据《永乐九年进士登科录》载，胡概祖讳时中，元福建省照磨；父名敬方；母郭氏，非府志所云杨氏。②

2. 李曰良　复姓孙，字良斋，南昌府丰城县邑郛人，永乐九年榜三甲 40 名，官至右副都御史、总督。

按：《明宪宗实录》本传、《索引》《贡举考》《登科考》皆作李曰良，未注复姓孙。③《类姓登科考》卷 1（第 420 页上）载：“孙曰良，江西丰城县人，榜姓李，辛卯二甲，右副都御史、镇守临清。”

《嘉靖丰乘》卷 2《科第表·国朝·永乐》载作孙曰良④，万历《新修南昌府志》卷 17《科第·国朝》及其本传也同为孙曰良（第 1286、1550 页），但均未言及复姓事。《永乐九年进士登科录》载作李曰良，父名贞，其弟名曰恭。⑤ 曰恭亦中进士，见《嘉靖丰乘》卷 2《科第表·国朝·永乐》（第 90 页）：“二十二年邢宽榜　孙曰恭，贞之子，殿试第三名。”可知李曰良即孙曰恭之胞兄。另《嘉靖丰乘》卷 2《科第表·国朝·天顺》（第 98 页）载：“八年彭教榜　孙缉，维熙。曰良之子。”或许李曰良在中进士后，即疏请归宗复姓，故弟子皆为孙姓。

3. 彭麟应　复姓刘，字显仁，吉安府安福县人，永乐十三年榜二甲 73 名，选庶吉士，历官修撰。

按：《永乐十三年会试录》《登科考》《贡举考》《碑录》同作彭麟应。

---

① 乾隆《南昌府志》卷 50，载《中国方志丛书·华中地方》第 811 号，台北：成文出版社 1989 年清乾隆五十四年刊本，第 3717—3718 页。

② 《永乐九年进士登科录》，二甲 6 名，上海图书馆藏明永乐刻本。

③ 《明宪宗实录》卷 132，第 2489—2490 页；《索引》第 1305 页；《皇明贡举考》卷 2，第 76 页；《皇明进士登科考》卷 3，第 142 页。

④ 《嘉靖丰乘》，《天一阁藏明代方志选刊续编》42 册，上海书店 1990 年版，第 86 页。

⑤ 《永乐九年进士登科录》，三甲 40 名，上海图书馆藏明永乐刻本。

嘉靖《江西通志》卷26《吉安府·科目·国朝》（第4378页）作“刘龄（龄当作麟）应，翰林修撰”。刘球《与孙参政书》云：“敝邑刘修撰麟应，执事同年，其为人，其问学，皆执事所知。今致仕家居，……”[①] 明徐有贞所撰《送刘修撰麟应归侍亲诗》[②]中，也作刘麟应。然据李时勉《绍兴太守彭公哀辞》：“绍兴太守彭公乐善先生既没之二十四年，其孙今翰林庶吉士麟应始登进士。”[③] 可知刘应麟之祖父即从彭姓，据此推测，应麟中进士后复姓刘。

4. 黄振　复周姓，字道兴，九江府德安县人，永乐十三年榜三甲202名，官至广东佥事。

按：《永乐十三年会试录》《贡举考》《碑录》等书司作黄振。

嘉靖《九江府志》卷11《选举志·进士·国朝·德安》：“永乐十三年乙未陈循榜　周振，官至佥事。”[④] 卷13《人物志·宦业·国朝》（第12页）本传：“周振，德安人。永乐乙未进士，任浙江道监察御史。……后升广东按察司佥事。”据同治《九江府志》传云“祖元善游学德安，赘石桥黄氏家，父文昌因从母姓，后振贵，奏复姓周”[⑤]，知其祖父因入赘而后代改姓，至黄振始复姓周。

5. 熊翰　复姓杨，南昌府丰城县乌冈上人，永乐十六年榜三甲107名，官至云南佥事。

按：《登科考》《贡举考》《碑录》同作熊翰。

《嘉靖丰乘》卷2《科第表·国朝·永乐》（第88页）十六年李骐榜作杨翰。正德《云南志》卷1《宦迹·本朝·副使》：“杨翰，江

---

① （明）刘球：《两溪文集》卷15，台湾商务印书馆1986年影印文渊阁《四库全书》第1243册，第5页。

② （明）徐有贞：《武功集》卷5，台湾商务印书馆1986年影印文渊阁《四库全书》第1245册，第188页下。

③ （明）李时勉：《古廉文集》卷9，上海古籍出版社1991年影印四库明人文集丛刊本，第30页。

④ 嘉靖《九江府志》，《天一阁藏明代方志选刊》36册，上海古籍书店1982年版，第22页。

⑤ 同治《九江府志》卷33，《中国地方志集成·江西府县志辑》第9—10册，江苏古籍出版社1996年版，第490页上。

西丰城人。……俱景泰。”① 熊翰中进士后复姓杨，见康熙《江西通志》卷 18《选举·明》该榜下：“熊翰，丰城人，复姓杨，云南副使。”②

6. 周懋昭　复姓徐，字勉明，南昌府丰城县邑郛火巷人，永乐十六年榜二甲 12 名，选庶吉士卒。

按：《登科考》《贡举考》《碑录》同作周懋昭。

万历《新修南昌府志》卷 17《科第·国朝》（第 1290 页）载周懋昭“复姓徐，庶吉士”。康熙《江西通志》卷 18《选举·进士·明》（第 1687 页）作徐懋昭，“丰城人，榜姓周”。

7. 毛俊　复姓郭，临江府新淦县人，永乐二十二年榜三甲 76 名，历官员外郎。

按：隆庆《临江府志》《登科考》《贡举考》均载作毛俊，然嘉靖《临江府志》卷 5《选举表第六·科第·大明·新淦·永乐》载：“二十一年　郭俊，进士，员外郎。”③

郭氏改姓，在郭俊的高祖喜叔，因入赘而后代改姓毛，其改姓与复姓事由，见王直《郭处士墓志铭》：“吉水同江郭氏，……其后有季镇者生喜叔，为新淦蒋沙毛氏赘婿，生务远，因冒毛姓，处士之曾大父、大父、父也。虽皆不仕，……务远娶高氏，生处士，讳望，……爱其子，择师教之，仲子俊取进士，……后升为兵部员外郎，……甲子八月，俊还朝，处士复申前训，而益以廉慎，且曰：‘吾先人冒毛氏，今三世矣。人各有本，不可以不复，尔往请于朝而复之。’……得请，复姓郭。”④

8. 周鼐　复姓丘，字宗用，广信府贵溪县人，景泰五年榜三甲

① 正德《云南志》，《天一阁藏明代方志选刊续编》70—71 册，上海书店 1990 年版，第 85 页。

② 康熙《江西通志》，载《中国方志丛书·华中地方》第 781 号，台北：成文出版社 1989 年影印清康熙二十二年刊本，第 1687 页。

③ 嘉靖《临江府志》，《天一阁藏明代方志选刊续编》49 册，上海书店 1990 年版，第 356 页。

④ （明）王直：《抑庵文后集》卷 31，上海古籍出版社 1991 年影印四库明人文集丛刊本，第 25—26 页。

195 名，官至右副都御史、巡抚。

按：《贡举考》卷 4（第 39 页）载“周鼐，复姓丘”。《登科考》《碑录》《索引》作周鼐。

《明孝宗实录》有丘鼐传：“弘治十一年（1498）四月甲申，丘鼐卒。……鼐先世冒周姓，至鼐始奏复丘姓云。”[①] 据嘉靖《广信府志》本传记载，丘鼐为周旭鉴之孙[②]，而改姓者乃周旭鉴之父周惟政，详见费宏《周旭鉴传》：“公讳旭鉴，广信贵溪人也，姓本丘，……其先以宦寓干越之丘墩，与贵溪周氏为世姻。公父惟政出为周氏后，因承其姓。”[③]

9. 王一夔　复姓谢，字大韶，南昌府南昌县人，天顺四年榜一甲状元，官至工部尚书。

按：《碑录》作王一夔。《贡举考》卷 4（第 56 页）载：“初王得仁为汀州推官，……子一夔及第，人谓阴德之报，后一夔复谢姓。”

其先世改姓一事，详见何乔新《谢公一夔行状》：“公讳一夔，字大韶，姓谢氏。其先本晋太保文靖公安之裔，世家南昌新建之古源。祖承亨避仇，匿于姻丈王氏家，遂冒其姓。及公贵显，乃请于朝，复先姓云。”[④]

10. 刘琬　复姓高，字德资，袁州府宜春县人，成化十四年榜三甲 19 名，官至副都御史、巡抚郧阳。

按：《贡举考》《碑录》作刘琬。正德《袁州府志》卷 7《科第・大明》：“成化四年戊子（1468）科　刘琬，德资。戊戌曾彦榜进士。……俱宜春人。”[⑤]

严嵩《高公琬墓志铭》作高琬：“公讳琬，字德资。成化戊子占江西乡试，戊戌登进士，……拜右副都御史，抚治郧阳。……年八十

---

① 《明孝宗实录》卷 136，台湾“中研院”史语所 1962 年校印本，第 2379—2380 页。

② 嘉靖《广信府志》卷 17《人物志・宦业・国朝》，《天一阁藏明代方志选刊续编》45 册，上海书店 1990 年版，第 1006 页。

③ （明）焦竑：《献徵录》卷 84，上海书店 1987 年影印本，第 3554 页。

④ 同上书卷 50，第 2090 页。

⑤ 正德《袁州府志》，《天一阁藏明代方志选刊》37 册，上海古籍书店 1982 年版，第 8 页。

有五。”[①]《明人传记资料索引》据《皇明名臣墓铭》坤集 43 云：“自其祖以嗣于刘氏，遂冒姓刘。嘉靖元年始疏请复高姓。”[②] 可知刘琬于登进士三十五年后复姓高。

11. 黄芳 复姓钟，字仲实，赣州府龙南县人，广东崖州所军籍。正德三年榜二甲 3 名，累官户部侍郎。

附黄允谦 字汝益，赣州府龙南县人，广东崖州所籍，嘉靖八年榜三甲 148 名，历官莱州知府。

按：《贡举考》《碑录》《索引》分别作黄芳、黄允谦，广东崖州军籍[③]，未注原籍。《嘉靖己丑科进士同年便览录》载钟允谦，广东厓州人[④]，亦未注原籍。

方志均作钟姓，原籍龙南县。嘉靖《赣州府志》志 9《选举·进士·龙南·国朝》：“钟芳 仲实，始祖柔任广东雷州学正，高祖铠从宦，客游万州，遂家焉，后因兵乱徙居崖州。芳父明育于黄氏。弘治辛酉举于广东，登正德戊辰榜，历翰林庶吉士，累官户部侍郎，陈情复姓归宗。”[⑤] 雍正《广东通志》卷 46《人物志》所载略同：“钟芳字仲实，崖州人，改籍琼山，少育于外亲，冒姓黄，后始复之。”[⑥]

12. 彭本用 复姓刘，字汝玉，吉安府安福县人，正德十二年榜二甲 58 名，官至汉阳知府。

按：《贡举考》《碑录》《索引》同作彭本用。

顺治《吉安府志·选举表三·明进士》载：“彭本用，复姓刘，任汉阳知府。”[⑦] 雍正《湖广通志》卷 43《名宦志·汉阳府》：“刘本

---

① （明）焦竑：《献徵录》卷 61，上海书店 1987 年影印本，第 2593 页。

② 《明人传记资料索引》，中华书局 1987 年版，第 390 页。

③ 见《皇明贡举考》卷 6，第 16、117 页；《碑录》第 529、673 页；《索引》第 1556、1539 页。

④ 《嘉靖己丑科进士同年便览录》，上海图书馆藏明抄本。

⑤ 嘉靖《赣州府志》，《天一阁藏明代方志选刊》38 册，上海古籍书店 1982 年版，第 6 页。

⑥ 雍正《广东通志》，台湾商务印书馆 1986 年影印文渊阁《四库全书》第 564 册，第 237 页下。

⑦ 顺治《吉安府志》，载《中国方志丛书·华中地方》第 272 号，台北：成文出版社 1976 年影印清顺治十七年刊本，第 102 页下。

用，安福，进士，嘉靖间守汉阳。”[1] 可知彭本用是在中进士后复姓刘。

13. 梁尚德　复姓陶，字祖容，南康府星子县人，嘉靖五年榜二甲64名，初授监察御史，历官太子太保、刑部尚书。

按：《贡举考》《碑录》《索引》作梁尚德，《类姓登科考》卷2（第445页下）：“陶尚德，榜姓梁。”

康熙《江西通志》卷18《选举志·进士·明》、康熙《南康府志》卷7《选举·进士·明》均作陶尚德。《明人传记资料索引》（第563页）据《明善斋集》卷2《赠大司寇剑峰陶老先生致政序》云，梁尚德冒姓梁，后复陶姓。

14. 叶照　本姓龚，字以明，南昌府南昌县人，军籍，嘉靖十七年三甲113名，历南京礼部郎中。

附叶修　字克慎，南昌府南昌县人，万历十一年榜三甲20名，官至知府。

龚棻　字建木，南昌府南昌县人，崇祯十六年榜三甲177名。

按：叶照，《嘉靖十七年进士登科录》《贡举考》《碑录》《索引》均载作叶照，《类姓登科考》卷1（第354页上）：“龚照，江西南昌人，戊戌三甲。”

雍正《江西通志》卷54《选举六·明》（第514册，第773页下）嘉靖十七年榜：“叶照，南昌人，本姓龚，南京礼部郎中。”其子叶修亦从叶姓，见万历《新修南昌府志》卷17《科第·国朝》（第1347页）。至其孙洪元，中举时还为叶姓，入仕后复姓龚，雍正《江西通志》卷55《选举七·明》（第514册，第812页下）万历四十六年戊午乡试榜：“龚洪元，南昌人，榜姓叶，沅州知州。”至洪元子棻，则已榜姓龚，《履历》载：“龚棻　曾祖炤（炤同照），嘉靖戊戌进士，……；祖任，府庠生；父洪元，戊午举人，沅州知州。”[2] 由此推测，叶照一家本姓龚，其本人或者前辈从叶姓，至其孙洪元始复姓龚。

---

① 雍正《湖广通志》，台湾商务印书馆1986年影印文渊阁《四库全书》第532册，第625页下。

② 《崇祯十六年癸未科进士三代履历》，南昌府下，上海图书馆藏明崇祯刻本。

15. 罗衣　复姓万，字章甫，九江府德化县人，嘉靖二十年榜二甲41名，官至河南左布政使。

按：《嘉靖二十年会试录》《贡举考》《碑录》《索引》作罗衣，均未注改姓万。《类姓登科考》卷3（第667页上）：“万衣，江西德化县人，二甲，榜姓罗。”

《明诗纪事》载：“万衣　衣，榜姓罗，字章父，德化人。”① 康熙《九江府志》卷9本传也作万衣②。万衣历官至河南左布政使，见雍正《河南通志》卷31《职官二·明·布政使司左布政使》载：“万衣，江西德化人，进士。”③ 可知罗衣中进士后复姓万。

16. 金铣　改姓熊，字子良，南昌府新建县人，嘉靖二十六年榜二甲88名，历宝庆知府。

按：《嘉靖二十六年进士登科录》《贡举考》《碑录》《索引》作金铣，未注改姓熊。

同治《南昌府志》本传作熊铣：“字子良，榜姓金。”④

17. 马象乾　复姓曾，吉安府泰和县人，广东连州籍，万历五年榜二甲55名，选庶吉士，初授监察御史，病归。

按：《贡举考》《碑录》《索引》均作马象乾。

同治《吉安府志》卷29《人物志·庶官三》本传作曾象乾，“泰和人，学士彦之曾孙，幼孤贫，育于广东连州马元东家，冒姓马，……奉旨复姓”⑤。曾彦为成化十四年榜状元。雍正《广东通志》卷46《人物志》：“马象乾，本姓曾，字体良，连州人。”⑥

---

① （清）陈田：《明诗纪事》戊籤卷21，上海古籍出版社1993年版，第1838页。

② 康熙《九江府志》，载《中国方志丛书·华中地方》第736号，台北：成文出版社1989年影印清康熙十二年刊本，第878—879页。

③ 雍正《河南通志》，台湾商务印书馆1986年影印文渊阁《四库全书》第536册，第139页上。

④ 同治《南昌府志》卷41《人物·明仕绩下》，《中国地方志集成·江西府县志辑》第1—3册，江苏古籍出版社1996年版，第461页下。

⑤ 同治《吉安府志》，《中国地方志集成·江西府县志辑》第60—61册，江苏古籍出版社1996年版，第25页。

⑥ 雍正《广东通志》，台湾商务印书馆1986年影印文渊阁《四库全书》第564册，第240页下。

18. 曾濂　复姓邹，字子濬，吉安府永丰县人，嘉靖三十二年榜三甲 246 名，历礼科给事中。

按：《贡举考》《碑录》《索引》均作曾濂。

同治《吉安府志》卷 29《人物志·庶官三》（第 13 页）本传作邹濂。《嘉靖癸丑科进士同年便览录》载作曾濂，又载其“祖翔，卫经历；父梦祺，知州”①。梦祺为嘉靖元年举人，榜姓曾，见雍正《江西通志》卷 54《选举六·明》（第 514 册，第 765 页下）：“曾梦祺，永丰人，复姓邹，知州。”由此推知，“复姓邹”当在曾濂登第若干年之后，若是梦祺已复姓，那么曾镰登科时就应该姓邹。

19. 张斌　本姓姚，字宪卿，抚州府金溪县人，临川籍，天启五年榜三甲 212 名，官至广西苍梧道卒。

按：《碑录》《索引》作张斌。《类姓登科考》卷 2（第 440 页上）：“姚张斌，江西临川县人，乙丑三甲。”

乡试榜和进士榜上均作张斌，雍正《江西通志》卷 55《选举七·明》（第 514 册，第 813 页上）万历四十六年乡试榜：“张斌，临川人，复姓姚，解元。”崇祯《抚州府志》卷 15《辟举表中·皇明进士》戊午科：“张斌，解元，改姓姚，乙丑进士，仕礼部郎中。”②复姓当在其入仕后。雍正《广西通志》卷 68《名宦·明》：“姚张斌，字宪卿，临川人，崇祯八年任苍梧道。”③

张斌既复姓姚，又以旧姓入名，以志不忘。然奇怪的是，其子张有杰于清顺治十二年中进士，未从父作姚姓④，不知何故。

二　更名考

1. 胡靖　本名广，殿试钦赐名靖，字光大，建文二年榜一甲

① 屈万里编：《明代登科录汇编》，《明代史籍汇刊》，台湾学生书局 1969 年版，第 6467 页。

② 崇祯《抚州府志》，载《中国方志丛书·华中地方》第 926 号，台北：成文出版社 1989 年影印明崇祯七年刊本，第 919 页。

③ 雍正《广西通志》，台湾商务印书馆 1986 年影印文渊阁《四库全书》第 567 册，第 146 页下。

④ 毛晓阳：《清代江西进士丛考》，博士学位论文，浙江大学，2005 年，第 240 页。

状元。

按：杨士奇《胡公广神道碑铭》："……初名广，廷试传胪，更名靖。永乐初，复旧名。"①《登科考》云："靖初名广，上易其名曰靖。永乐中得幸，复疏名广也。"②

2. 朱塔　更名纮，字梯云，建昌府南丰县人，建文二年榜二甲2名，官至翰林院编修。

按：《建文二年殿试登科录》《登科考》《贡举考》《碑录》《索引》等均同作"朱塔"，不载"朱纮"。

正德《建昌府志》选举表载作"朱塔"③，而卷16《人物·文学·国朝》（第32页）作"朱纮"，未注改名一事。黄佐《翰林记》卷17《编修》载："朱纮，始名塔，更名，江西人，庚辰进士，给事中，永乐初任。"④

3. 蔡云翰　初名蒲，字九节，后改名云翰，南安府大庾县人，宣德五年榜二甲4名。

按：《贡举考》《碑录》《索引》等同作蔡云翰，未载蔡蒲。

嘉靖《南安府志》卷32《人物传·文学·皇明》："蔡云翰，初名蒲，字九节，后改名云翰。大庾人。宣德中由进士初授工部主事。……后升福建按察司佥事。"⑤凌迪知《万姓统谱》卷97亦载："蔡云翰，初名蒲，字九节，后改名云翰，大庾人。"⑥

4. 胡德盛　字尚愚，奉旨更名靖，字汝宁，饶州府德兴县人，景

---

① （明）焦竑：《献徵录》卷12，上海书店1987年影印本，第394页。

② （明）俞宪：《皇明进士登科考》卷2，《明代史籍汇刊》，台湾学生书局1986年再版，影印明嘉靖增补本，第90页。

③ 正德《建昌府志》卷15《选举·进士·国朝·南丰县学》，《天一阁藏明代方志选刊》34册，上海古籍书店1982年版，第28页。

④ （明）黄佐：《翰林记》卷15，台湾商务印书馆1986年影印文渊阁《四库全书》，第596册，第23页。

⑤ 嘉靖《南安府志》，《天一阁藏明代方志选刊续编》50册，上海书店1990年版，第1283页。

⑥ （明）凌迪知：《万姓统谱》，台湾商务印书馆1986年影印文渊阁《四库全书》第957册，第408页下。

泰五年榜三甲 17 名，官至山东右布政使。

按：《贡举考》《碑录》《索引》均作胡德盛，不载改名。

正德《饶州府志》卷 2《学校·附科贡征辟·德兴县学·进士·本朝》："胡德盛，字尚愚，奉旨更名靖，字汝宁。中景泰甲戌。"①改名的时间与原因，见《菽园杂记》卷 8："近时山东布政使胡德盛奏事，适北边有警，上览疏，见其名，嫌德盛与得胜相近，命改名靖。"②

5. 余曰德　初名应举，字德甫，南昌府南昌县人，嘉靖二十九年榜二甲 70 名，历福建副使。

按：《登科考》《类姓登科考》《碑录》作余应举；《索引》（第 2333 页）有余曰德，注"见余应举"。

万历《新修南昌府志》卷 17《科第·国朝》（第 1332 页）嘉靖二十九年榜下载："余应举，字德甫，改名曰德，副使。"康熙《江西通志》误作两人，在选举表嘉靖庚戌榜下既载余曰德，又载余应举，均作"南昌人，官福建副使"③。

6. 侯有功　原名景初，号思谦，饶州府浮梁县人，嘉靖三十二年三甲 263 名，官至布政使。

按：《贡举考》《类姓登科考》《碑录》《索引》同作侯有功，未注改名。

《嘉靖癸丑科进士同年便览录》凡例中云："易名者四人，苏州徐济卿，名楫，易仲楫；……江西侯思谦，名景初，易有功。"④

7. 黄翰　原名翠，字可宪，南昌府丰城县人，嘉靖三十五年榜二甲 16 名，历官永州知府。

按：《贡举考》《类姓登科考》《碑录》《索引》同作黄翰。《嘉

① 正德《饶州府志》，《天一阁藏明代方志选刊续编》44 册，上海书店 1990 年版，第 301 页。

② （明）陆容：《菽园杂记》，上海古籍出版社 2005 年点校本，第 447 页。

③ 康熙《江西通志》卷 18《选举·进士·明》，载《中国方志丛书·华中地方》第 781 号，台北：成文出版社 1989 年影印清康熙二十二年刊本，第 1772 页。

④ 屈万里编：《明代登科录汇编》，《明代史籍汇刊》，台湾学生书局 1969 年版，第 6332—6333 页。

靖丙辰同年世讲录》亦作黄翰，未注改名[①]。

《嘉靖丰乘》卷2《科第表·国朝》（第113页）嘉靖三十五年榜下："黄翰，原名翠，字可宪。"万历《新修南昌府志》卷17《科第·国朝》（第1335页）嘉靖三十四年乡试榜下作黄翠，进士榜载作黄翰："字可宪，即翠改名。"可知其改名在乡试中举之后，会试之前。

8. 游季勋　原名季炎，字懋甫，南昌府丰城县人，嘉靖四十一年榜二甲67名，历官应天府尹。

按：《贡举考》《类姓登科考》《碑录》《索引》作游季勋，未注改名。

《嘉靖四十一年进士登科录》记作游季勋，然其兄弟辈从"炎"字，"兄孟炎，庆炎，仲炎，叔炎；弟景炎，宗炎，际炎"。而《嘉靖四十一年会试录》载作"游季炎"[②]，由此推知，其改名当在会试之后，殿试之前。《嘉靖丰乘》（第114页）载其改名一事："四十一年徐时行榜　游季勋，懋甫。原名季炎。潜之孙。"

9. 周寀　原名角，字济甫，吉安府安福县人，嘉靖四十一年榜三甲125名，官至吏部右侍郎。

按：《贡举考》《类姓登科考》《碑录》《索引》同作周寀，未注改名。

《嘉靖四十一年会试录》第七十三名载作"周角"，《嘉靖四十一年进士登科录》作周寀。[③]则周寀改名，亦在会试之后，殿试之前。雍正《江西通志》卷54《选举六·明》（第514册，第783页下）嘉靖三十七年乡试榜载："周角，安福人，改名寀。"

10. 张寿朋　乡试名振业，字仲龢，建昌府南城县人，南昌县籍，万历十一年榜二甲33名，终官庐州府通判。

按：《贡举考》《类姓登科考》《碑录》《索引》均作张寿朋，未

① 屈万里编：《明代登科录汇编》，《明代史籍汇刊》，台湾学生书局1969年版，第6897页。

② 同上书，第7748、7997页。

③ 同上书，第7999、7821页。

注改名。

张寿朋是状元张昇的曾孙，其改名一事，见乾隆《建昌府志》万历四年乡试榜下，榜名作张振业，“昇曾孙，南昌籍，改名寿朋，癸未进士”[①]。

11. 徐鸣凤　本名中素，字无染，南康府建昌县人，万历二十三年榜二甲 42 名，历山东佥事。

按：《万历乙未科同年序齿录》作徐中素，《碑录》《索引》作徐鸣凤，未载其改名事。

雍正《江西通志》卷 55《选举七·明》（第 514 册，第 803 页上）万历二十三年榜：“徐鸣凤，建昌人，榜名中素。”万历十九年乡试榜亦作徐鸣凤，当是乡试后、会试前更名中素。

12. 刘是　改名定国，号江余，南昌府南昌县人，万历二十九年榜三甲 180 名，官至南京工部尚书。

按：《类姓登科考》作刘定国，《碑录》《索引》作刘是。

《万历辛丑会试录》作刘是[②]，《万历二十九年辛丑科进士履历便览》（下称《万二十九履历》）前附会试分房统计中，《诗》三房有“刘是”，但正文中作“刘定国”[③]，所据当为《登科录》。其改名一事见雍正《江西通志》（第 515 册，第 418 页上）本传：“刘定国，初名是，字去非，南昌人，浃之次子，万历辛丑会魁，改名定国。”刘是改名定国，当在会试之后、殿试之前。

13. 邓启隆　原名启泰，字允升，号凤韦，吉安府安福县人，天启二年榜三甲 97 名，官至太仆寺卿致仕。

按：《类姓登科考》《碑录》《索引》作邓启隆，未注改名。

邓启隆乡试榜名邓启泰，雍正《江西通志》（第 514 册，第 804 页上）万历二十五年乡试榜下载：“邓启泰，安福人，改名隆。”《天

① 乾隆《建昌府志》卷 29《选举一·明》，载《中国方志丛书·华中地方》第 830 号，台北：成文出版社 1989 年影印清乾隆二十四年刊本，第 1148 页。

② 屈万里编：《明代登科录汇编》，《明代史籍汇刊》，台湾学生书局 1969 年版，第 11613 页。

③ 《万历二十九年辛丑科进士履历便览》，南昌府下，上海图书馆藏明万历刻本。

启壬戌科进士同年序齿录》（下称《天启壬戌同年录》）载："邓启隆，原名启泰。"[①] 改名当在乡试中举后。

14. 胡奇伟　改名琦，字异度，南昌府进贤县人，崇祯十年榜三甲115名，历官湖东副使。

按：《类姓登科考》作胡琦，《碑录》《索引》作胡奇伟。

《崇祯十年丁丑科三百名进士三代履历便览》（下称《崇十履历》）前分房统计《诗》四房下作胡奇伟，正文作胡琦。[②] 然通志及各府志均只载胡奇伟，推测胡琦一名仅用于殿试，之后仍以奇伟行。

15. 汤来贺　乡试名来肇，字佐平，建昌府南丰县人，崇祯十三年榜三甲18名，官至兵部侍郎兼巡抚。

按：《崇十三履历》《类姓登科考》《碑录》《索引》作汤来贺，未注改名。

乾隆《建昌府志》卷29《选举一·明》崇祯三年乡试榜载作汤来肇，"邦翰孙，改名来贺，庚辰进士"（第1158）；十三年进士榜即作汤来贺（第1160页）。

三　以字行考

1. 黄子澄　名湜，字子澄，改字伯渊，袁州府分宜县人，会元，洪武十八年榜探花。官至太常寺卿。

按：《贡举考》《类姓登科考》《碑录》等各书均作黄子澄。

郑晓《太常卿黄公子澄传》："黄公子澄，名湜，以字行，分宜人。"[③] 《明诗纪事》亦载："黄子澄　子澄名湜，以字行，更字伯渊。"[④]

2. 练子宁　名安，字子宁，以字行，临江府新淦县人，洪武十八

---

① 《天启壬戌科进士同年序齿录》，上海图书馆藏明天启刻本，第9页。

② 《崇祯十年丁丑科三百名进士三代履历便览》，南昌府下，上海图书馆藏明崇祯刻本。

③ （明）焦竑：《献徵录》卷70，上海书店1987年影印本，第3028页。

④ （清）陈田：《明诗纪事》乙籤卷1，上海古籍出版社1993年版，第590页。

年榜榜眼，官至御史大夫。

按：《贡举考》《类姓登科考》《碑录》《索引》作练子宁。

郑晓《都御史练公子宁传》："练公子宁名安，以字行，新淦人，洪武十八年进士。"①《明诗纪事》乙籤卷1（第588页）亦载："练子宁　子宁名安，以字行，新淦人。"

3. 邓时俊　以字行，改字仲清，吉安府永丰县人，建文二年榜二甲10名，历官衢州府通判。

按：《贡举考》《类姓登科考》《碑录》《索引》均作邓时俊。

《建文二年殿试登科录》载其榜名为邓时俊，字时俊②，未注原名。嘉靖《江西通志》卷29本传："邓时俊，字仲清，永丰人，建文进士，任刑科给事中。"原名不详。

4. 彭汝器　名琏，字汝器，以字行，吉安府安福县人，永乐二年榜二甲8名。

按：《登科考》《贡举考》《碑录》《索引》均作彭汝器；《类姓登科考》作彭琏。

胡广《翰林院修撰彭公琏墓志铭》："汝器名琏，汝器其字，姓彭氏，世家安成。……永乐元年，……明年会试礼部、对策大廷俱在高等，入翰林为庶吉士。"③

5. 陈士启　名雷，以字行，别字震之，吉安府泰和县人，永乐二年榜二甲11名。

按：《登科考》《类姓登科考》《碑录》《索引》同作陈士启。

杨士奇《山东布政使司右参政陈君士启墓志铭》："士启讳雷，既以字行，遂别字震之。"④

6. 刘子钦　名敬，字子钦，吉安府吉水县人，永乐二年榜二甲12名。

---

① （明）焦竑：《献徵录》卷54，上海书店1987年影印本，第2275页。

② 屈万里编：《明代登科录汇编》，《明代史籍汇刊》，台湾学生书局1969年版，第18页。

③ （明）焦竑：《献徵录》卷21，上海书店1987年影印本，第856页。

④ 同上书卷95，第4140页。

按：《登科考》《贡举考》《类姓登科考》《碑录》《索引》均作刘子钦。

钱习礼《刘公子钦墓表》："公讳敬，以字行。……永乐……廷试登曾棨榜进士第。"[①]

7. 陈孟京　名昌，以字行，吉安府泰和县人，永乐四年二甲15名。

（附）陈孟洁　名廉，以字行，吉安府泰和县人，永乐四年二甲34名。（考证见本章第二节）

8. 罗汝敬　名肃，一作名简，字汝敬，以字行，吉安府吉水县人，永乐二年榜二甲30名。

按：《登科考》《贡举考》《类姓登科考》《碑录》《索引》同作罗汝敬。

罗汝敬之原名，一作"肃"，见《明诗纪事》乙籤卷9（第740页）："罗汝敬　汝敬名肃，以字行，吉水人。"《四库全书总目》卷175《寅庵集》提要："明罗肃撰，肃字汝敬，号寅庵，以字行，庐陵人，永乐甲申进士。"[②] 一作"简"，雍正《江西通志》（第515册，第657—658页）本传："罗汝敬，名简，吉水人，永乐进士。……按《林志》汝敬名肃，与此不同，考《登科录》永乐甲申进士有罗汝敬，盖以字行也。"大概罗汝敬以字行后，其本名不显，以致出现分歧。

9. 李昌祺　名祯，字昌祺，以字行，吉安府庐陵县人，永乐二年榜二甲29名。

按：《登科考》《类姓登科考》《碑录》《索引》作李昌祺。

钱习礼《河南布政使司左布政使李公祯墓碑》："永乐癸未（当作甲申），廷试取士四百七十二人，……公讳祯，字昌祺，别号侨庵。"[③]《明诗纪事》乙籤卷9（第734页）载："李昌祺　昌祺名祯，以字行，伯葵子。永乐甲申进士。"

---

① （明）焦竑：《献徵录》卷87，上海书店1987年影印本，第3771页。

② 《四库全书总目》，中华书局1965年影印本，第1553页。

③ （明）焦竑：《献徵录》卷92，上海书店1987年影印本，第3964页。

10. 李时勉　名懋，字时勉，吉安府安福县人，永乐二年榜三甲34名。

按：《贡举考》《类姓登科考》《碑录》《索引》作李时勉。《祭酒李忠文时勉公传》云："李忠文公时勉，名懋，以字行。"① 杨廉《祭酒文毅李公言行录》："李时勉，名懋，字时勉，以字行，江西安福人，进士。"②

11. 萧时中　名可，以字行，行二，吉安府庐陵县人，永乐九年榜一甲状元。

按：《贡举考》《类姓登科考》《碑录》《索引》作萧时中。《永乐九年进士登科录》作萧时中，字时中③，未注原名。雍正《江西通志》（第515册，第660页上）本传："萧时中名可，以字行，庐陵人，永乐辛卯进士第一。"

12. 钱习礼　名幹，以字行，吉安府吉水县人，解元，永乐九年榜二甲28名。

按：《贡举考》《类姓登科考》《碑录》《索引》均作钱习礼。《永乐九年进士登科录》作钱习礼，字习礼，未注原名；其兄弟作习容、习静、习传等④，可能均以字行。王直《钱公习礼神道碑》："公讳幹，字习礼，以字行。"⑤ 廖道南《殿阁词林记》卷5《部学》："钱习礼名幹，以字行，江西吉水人。"⑥

13. 艾凤翔　名集，以字行，吉安府吉水县人，永乐十九年榜二甲23名，初授工部主事归。

按：《登科考》《贡举考》《类姓登科考》《碑录》《索引》作艾凤翔。

① （明）焦竑：《献徵录》卷73，上海书店1987年影印本，第3140页。

② （明）徐纮：《明名臣琬琰续录》卷2，台湾商务印书馆1986年影印文渊阁《四库全书》第453册，第1页。

③ 《永乐九年进士登科录》，一甲1名，上海图书馆藏明永乐刻本。

④ 《永乐九年进士登科录》，二甲28名，上海图书馆藏明永乐刻本。

⑤ （明）焦竑：《献徵录》卷35，上海书店1987年影印本，第1430页。

⑥ （明）廖道南：《殿阁词林记》，台湾商务印书馆1986年影印文渊阁《四库全书》第452册，第10页。

同治《吉安府志》卷32（第104页上）本传："艾凤翔，名集，以字行，吉水人，永乐进士。"

14. 夏希纯　名宁，以字行，南昌府丰城人，永乐十九年二甲29名。

按：《贡举考》《类姓登科考》《碑录》《索引》作夏希纯。

雍正《江西通志》（第515册，第367页上）本传："夏希纯，名宁，以字行，丰城人，永乐进士。"

15. 聂好谦　名逊，以字行，更字用美，南昌府丰城县楂村人，二甲40名，初授工部主事，历知府。

按：《登科考》《贡举考》均作聂谦，《类姓登科考》《碑录》《索引》作聂好谦。

《嘉靖丰乘》卷2《科第表·国朝·永乐》（第89页）亦作聂好谦，其原名为聂逊，见康熙《江西通志》卷18《选举·进士·明》："聂好谦，丰城人，名逊，官虔州知府。"① 雍正《江西通志》（第515册，第365页下）本传亦载："聂好谦，名逊，以字行，丰城人，永乐进士。"聂好谦后改字用美，见《万姓统谱》卷124载："聂好谦，字用美，丰城人，永乐进士。"②

《登科考》等作聂谦，当是脱字。

16. 聂用乂　名康民，以字行，南昌府丰城县小塘人，二甲47名，初授南京监察御史，历府同知。

按：《登科考》《贡举考》《类姓登科考》作聂用文，《碑录》《索引》作聂用乂。

《嘉靖丰乘》卷2《科第表·国朝·永乐》（第89页）："十九年曾鹤龄榜　聂用乂，……任监察御史。"康熙《江西通志》卷18《选举·进士·明》（第1691页）："聂用乂，丰城人，名康民，官邵武同知。"

---

① 康熙《江西通志》，载《中国方志丛书·华中地方》第781号，台北：成文出版社1989年影印清康熙二十二年刊本，第1691页。

② （明）凌迪知：《万姓统谱》，台湾商务印书馆1986年影印文渊阁《四库全书》第957册，第708页下。

17. 李元凯　名杰，以字行，南昌府丰城县小塘人，三甲 95 名，历官知县归。

按:《登科考》《贡举考》《类姓登科考》《碑录》《索引》作李元凯，未注原名。

康熙《江西通志》卷 18《选举·进士·明》(第 1691 页):"李元凯，丰城人，名杰，官婺源知县。"。雍正《江西通志》(第 515 册，第 361 页下) 本传所载略同:"李元凯，名杰，以字行，丰城人，永乐进士。"

18. 李应庚　名寅，以字行，广信府贵溪县人，宣德二年榜二甲 8 名。

按:《贡举考》《类姓登科考》《碑录》《索引》作李应庚。

嘉靖《广信府志》卷 14《选举志·进士·国朝·贵溪》:"李应庚，名寅，肇庆知府。"①

19. 罗崇本　名谌，吉安府泰和县人，宣德二年榜二甲 24 名，历官广东参政。

按:《登科考》《贡举考》《类姓登科考》《碑录》《索引》均作罗崇本。

王直《参政罗君神道碑》:"……生二子，长曰琏，字崇升，为国子生，未仕而卒；次即君，讳谌，字崇本，马愉榜进士。"②

20. 刘克彦　名儁，吉安府永新县人，宣德二年榜二甲 30 名。

按:《登科考》《贡举考》《类姓登科考》《碑录》《索引》均作刘克彦。

雍正《江西通志》(第 515 册，第 667 页上) 本传:"刘儁，永新人，宣德进士，授御史，升按察佥事，……著有《木庵集》行世。"未注以字行，但选举表中作刘克彦，二者没有做到一致。雍正《山西通志》卷 78《职官六·明》:"刘克彦，进士，正统时任巡按宣

① 嘉靖《广信府志》,《天一阁藏明代方志选刊续编》45 册，上海书店 1990 年版，第 849 页。

② (明) 王直:《抑庵文后集》卷 24，上海古籍出版社 1991 年影印四库明人文集丛刊本，第 35—37 页。

大御史，江西永新人。”①

21. 萧维祯　初名兆，以字行，吉安府庐陵县人，宣德五年榜三甲7名。

按：《登科考》《类姓登科考》《碑录》作萧维祯，《贡举考》《索引》均作萧维桢。嘉靖《江西通志》卷26《吉安府·科目·国朝》（第4393页）作萧维禛。

“桢”“禛”当是同音而误，王直《太淑人周氏墓志铭》载作萧维祯②。《南京兵部尚书萧维祯传》：“萧维祯，江西庐陵县人，初名兆，以字行。宣德庚戌进士，授刑部主事。”③

22. 孙振望　名伻，以字行，南昌府丰城县孙家渡人，正统七年二甲21名。

按：《贡举考》《类姓登科考》《碑录》《索引》作孙振望。

《嘉靖丰乘》卷2《科第表·国朝·正统》（第92页）：“七年刘俨榜　孙振望，即伻，以字行。……任福建佥事。”

23. 刘华甫　名光，以字行，南昌府丰城县艾冈人，正统七年二甲48名，历吏兵两科给事中，官至知府。

按：《贡举考》《类姓登科考》《碑录》《索引》作刘华甫。

雍正《江西通志》（第515册，第370页下）本传：“刘华甫，名光，以字行，丰城人，正统进士。”

24. 曾蒙简　名廉，以字行，吉安府泰和县人，正统十年榜二甲传胪。

按：《贡举考》《类姓登科考》《碑录》《索引》作曾蒙简。

雍正《江西通志》（第515册，第672页上）本传：“曾蒙简，名廉，鹤龄子，正统进士，历官浙江按察使。”曾蒙简兄弟五人，其名见载于杨士奇《故翰林侍讲学士奉训大夫曾君墓碑铡》：“正统辛

---

① 雍正《山西通志》，台湾商务印书馆1986年影印文渊阁《四库全书》第544册，第670页上。

② （明）王直：《抑庵文集》卷10，上海古籍出版社1991年影印四库明人文集丛刊本，第46—47页。

③ （明）焦竑：《献徵录》卷42，上海书店1987年影印本，第1725页。

酉三月二十有一日，翰林侍讲学士曾鹤龄卒于官。……五男：长序，举进士，授行人司行人；次廉，选乡贡；次应，次庶，次庾。”①曾序字蒙启，未以字行。蒙简为宣德十年（1435）举人，辛酉乃正统六年（1441），此时曾蒙简尚未中进士。

25. 王朝远　名汉，以字行，南昌府进贤县人，景泰五年榜二甲11名。

按：《贡举考》《类姓登科考》《碑录》《索引》作王朝远。《明人传记资料索引》误作王朝达②。

《都察院左佥都御史王朝远传》：“王朝远，名汉，以字行，江西进贤县人。景泰甲戌进士，授监察御史。”③

第三节　各书误载姓名之考订

1. 刘奉　原名麟，字仲辉，饶州府乐平县人，洪武十八年榜。

按：《贡举考》《类姓登科考》《碑录》《索引》刘麟、刘奉并载，均作江西乐平县人。同治《饶州府志》注云：“旧志误麟、奉并为一人，今照题名录增入。”④

以上文献均以刘麟、刘奉为二人，误。《登科考》载作刘凤奉，江西乐平县人⑤，“凤”当为衍字，不载刘麟。正德《饶州府志》卷2《学校·附科贡征辟·乐平县学·进士·本朝》：“刘麟，一名奉，字仲辉。……中洪武乙丑，官贵县县丞。”⑥

---

①（明）杨士奇：《东里续集》卷27，台湾商务印书馆1986年影印文渊阁《四库全书》第1238册，第21—23页。

②《明人传记资料索引》，中华书局1987年版，第57页。

③（明）焦竑：《献徵录》卷63，上海书店1987年影印本，第2707页。

④ 同治《饶州府志》卷14，《中国地方志集成·江西府县志辑》第29册，江苏古籍出版社1996年版，第40页。

⑤（明）俞宪：《皇明进士登科考》卷2，《明代史籍汇刊》，台湾学生书局1986年再版，影印明嘉靖增补本，第55页。

⑥ 正德《饶州府志》，《天一阁藏明代方志选刊续编》44册，上海书店1990年版，第249页。

2. 康彦民　字忞窗，吉安府泰和县人，洪武二十七年榜二甲21名，历官天台知县。

按：《贡举考》《碑录》及《索引》同作夏彦民，而《登科考》载作康彦民。

嘉靖《江西通志》卷26《吉安府·科目·国朝》（第4359页）作康彦民。隆庆《仪真县志》卷5《官师考下·皇明·知县》："康彦民，泰和人，进士，洪武末任。"① 其他地方志均作夏彦民，不赘举，"夏"当是"康"形近而误。

3. 帅用昌　字汝阳，南昌府奉新县人，建文二年榜三甲68名，历知县。

按：《索引》（第706页）作师用昌。《贡举考》《类姓登科考》《碑录》均作帅用昌。

《建文二年殿试登科录》载作帅用昌②，《索引》作"师"，当是"帅"字形近而误。

4. 祝文　字应奎，瑞州府上高县人，永乐二年榜三甲361名。

按：《登科考》《贡举考》《索引》均作祝文。雍正《江西通志》卷52（第514册，第696页上）同："祝文，上高人，广东左参政。"

"祝"当为形似而讹。正德《瑞州府志》卷8《选举志·科第·大明》："况文，应奎。上高劳松下团人。曾棨榜进士。"卷9《人物志·方面·大明》："况文，字应奎。上高人。永乐进士，擢监察御史，……寻擢广东左参政。"③ 康熙《江西通志》卷18《选举·进士·明》（第1671页）同载为况文。

5. 刘弹　吉安府永丰县人，永乐四年榜二甲33名，历官佥事。

按：《碑录》《索引》作刘弹。《登科考》《贡举考》《类姓登科

---

① 隆庆《仪真县志》，《天一阁藏明代方志选刊》15册，上海古籍书店1982年版，第21页。

② 屈万里编：《明代登科录汇编》，《明代史籍汇刊》，台湾学生书局1969年版，第67页。

③ 正德《瑞州府志》，《天一阁藏明代方志选刊续编》42册，上海书店1990年版，第941、1021—1022页。

考》均作刘晖。

嘉靖《江西通志》卷26《吉安府·科目·国朝》（第4368页）载作刘晖。《碑录》应该是因两字形近而误，《索引》未审。

6. 陈孟京　名昌，以字行，吉安府泰和县人，永乐四年二甲15名。

（附）陈孟洁　名廉，以字行，吉安府泰和县人，永乐四年二甲34名。

按：《碑录》载陈孟京作“陈位京”；陈孟洁作“陈孟祥”，且籍贯误作新淦县。[①]《索引》同。[②]《登科考》分别作孟京和孟洁。[③]

《碑录》与《索引》误。杨士奇与陈氏兄弟为表兄弟，据其所撰《翰林庶吉士陈孟洁墓志铭》：“余幼失怙，寡兄弟，依学外家。孟洁少余一岁，余两人自五六岁狎居，相得如同产，……始余入翰林之四年，孟洁与其从弟孟京同登第，为翰林庶吉士，余三人者同官，相聚处甚乐也。又四年余与孟洁哭孟京，而余铭其葬。夫孰计踰年，又哭孟洁而铭之。”[④]

又撰《陈孟京墓志铭》：“孟京讳昌，姓陈氏，以字行，登永乐四年进士第，授翰林院庶吉士，七年五月二十三日卒于官。陈故泰和簪缨家，……初族兄士启永乐二年试中第二甲，赐进士出身，授翰林庶吉士。至是，孟京与从兄孟洁皆赐进士出身，皆授此官，陈氏兄弟之盛，人以为荣。”[⑤]

嘉靖《临江府志》、隆庆《临江府志》均不载陈孟洁，亦可证其非新淦人。

7. 帅性　南康府建昌县人，永乐四年榜二甲22名，历官知县。

---

① （清）李周望：《国朝历科题名碑录初集·明洪武至崇祯各科附》，华文书局1958年版，第100、101页。

② 朱保炯等：《明清进士题名碑录索引》，上海古籍出版社1979年版，第2096、2099页。

③ （明）俞宪：《皇明进士登科考》卷3，《明代史籍汇刊》，台湾学生书局1986年再版，影印明嘉靖增补本，第125—126页。

④ （明）焦竑：《献徵录》卷22，上海书店1987年影印本，第929页。

⑤ 同上。

按：《碑录》（第100页）作“师性，江西廷昌县人”，《索引》照抄；《贡举考》《登科考》《类姓登科考》作帅性。

“师”当形近之误。正德《南康府志》卷6《甲科·进士·建昌县·国朝》：“……帅性，俱永乐丙戌进士。”① 嘉靖《德庆州志》卷14《名宦传·泷水县·国朝》：“帅性，江西湖口（当作建昌）人。由进士永乐十八年知泷水县。”②

8. 吴叔润 一作叔闰，字子愉，南昌府丰城县杨源人，永乐四年榜二甲38名，初授监察御史，历官浙江、广西佥事。

按：《碑录》（第101页）、《索引》（第838页）作吴叔间。《贡举考》（卷2，第66页）、《登科考》（卷3，第126页）同作吴叔闰。

当作“叔润”，《嘉靖丰乘》卷2《科第表·国朝·永乐》（第85页）：“四年林环榜 吴叔润，……任浙江、广西佥事。”万历《新修南昌府志》卷17《科第·国朝》（第1285页）作吴叔润。乾隆《浙江通志》卷118《职官八·明二·提刑按察司佥事》：“吴叔润，丰城人。”③

9. 梁泂 字挹之，吉安府泰和县人，永乐十三年榜三甲101名，历官郎中。

按：《登科考》（卷3，第163页）、《贡举考》（卷3，第10页）、《碑录》（第133页）、《索引》（第1110页）均作梁泂。

嘉靖《江西通志》卷26《吉安府·科目·国朝》（第4377页）作“梁洞”，当为形近而误。王直《刑部郎中梁君泂墓志铭》：“君讳泂，字挹之，姓梁氏。梁于泰和为大家。……君永乐乙未进士，擢北京行部户曹主事。”④ 其名、字当出《诗经·大雅·泂酌》“泂酌彼行

① 正德《南康府志》，《天一阁藏明代方志选刊》39册，上海古籍书店1982年版，第26页。

② 嘉靖《德庆州志》，《天一阁藏明代方志选刊续编》65册，上海书店1990年版，第1016页。

③ 乾隆《浙江通志》，台湾商务印书馆1986年影印文渊阁《四库全书》第522册，第186页下。

④ （明）焦竑：《献徵录》卷47，上海书店1987年影印本，第1967页。

潦，挹彼注兹”[①]。

10. 黄闰　字期余，赣州府信丰县人，永乐十六年榜二甲 33 名，选庶吉士，历仪陇知县。

按：《登科考》（卷 3，第 174 页）、《贡举考》（卷 3，第 17 页）、《类姓登科考》（卷 2，第 525 页下）作黄润，《碑录》（第 145 页）、《索引》（第 1567 页）作黄门，均误。

嘉靖《赣州府志》卷 9《选举·进士·信丰·国朝》：“黄闰，期余。……永乐辛卯乡举，登戊戌李骐榜。”[②] 正德《蓬州志》卷 8《名宦·本朝·仪陇县·知县》：“黄闰，字期余。赣人。由进士，监察御史，正统十三年谪任。”[③] 闰为岁之余，名闰字期余，当为可信。

11. 左瑺　字世瑄，建昌府南城县人，永乐十六年榜三甲 106 名，终官至广东左参政。

按：《登科考》（卷 3，第 181 页）、《贡举考》（卷 3，第 21 页）同作左常，《类姓登科考》（卷 3，页 632 上）作左瑺。

当作左瑺。《天顺元年进士登科录》载左赞“贯江西建昌府南城县，……父瑺，山东左参政”[④]。何乔新《广东布政司右布政使左公赞墓表》：“公左氏，讳赞，字时翊，世家盱之南城。……考讳瑺，别号讷庵，以进士累官山东布政司左参政。”[⑤] 倪谦《山东参政左公璒墓志铭》作“左璒”[⑥]，当为形近而误。

12. 洪玙　字宗器，广信府贵溪县人，浙江淳安籍，永乐十九年榜二甲 32 名，官至吏部侍郎。

---

① 《毛诗正义》，《十三经注疏》本，上海古籍出版社 1997 年版，第 544 页。

② 嘉靖《赣州府志》，《天一阁藏明代方志选刊》38 册，上海古籍书店 1982 年版，第 3 页。

③ 正德《蓬州志》，《天一阁藏明代方志选刊续编》67 册，上海书店 1982 年版，第 1016—1017 页。

④ 屈万里编：《明代登科录汇编》，《明代史籍汇刊》，台湾学生书局 1969 年版，第 471 页。

⑤ （明）焦竑：《献徵录》卷 99，上海书店 1987 年影印本，第 4367 页。

⑥ 同上书，卷 95，第 4141 页。

按：《登科考》（卷3，第188页）、《贡举考》（卷3，第27页）、《类姓登科考》（卷1，第350页下）作洪玶，《碑录》（第159页）、《索引》（第1151页）作“洪玙”。

“玶”当是形似而误。嘉靖《淳安县志》卷10《科贡·进士·国朝》：“洪玙，永乐十九年曾鹤龄榜。”卷11《人物·宦迹·国朝》：“洪玙，字宗器。……由进士第授刑部主事，……升吏部右侍郎。……卒于官。”① 嘉靖《广信府志》同作“洪玙”②。

13. 程鐩　饶州府浮梁县人，永乐十九年榜三甲47名，历官知县。

按：《碑录》（第162页）、《索引》（第2172页）作陈鐩。《贡举考》（卷3，第29页）、《登科考》（卷3，第192页）、《类姓登科考》（卷2，第535页上）均作程鐩。

作“陈”当是音近而误。正德《饶州府志》卷2《学校·附科贡征辟·浮梁县学·进士·本朝》（第276页）：“程鐩，……中永乐辛丑，官茶陵知县。”

14. 金昭伯　临江府新淦县人，宣德元年举人，宣德二年榜二甲9名，历官给事中。

按：嘉靖《临江府志》卷5《选举表》第六《科第·大明·新淦·宣德》（第357页）：“元年　余昭伯，进士，给事中。”“余”当是“金”形近而误。

隆庆《临江府志》卷10《选举·国朝》：“宣德元年丙午乡试　金昭伯，……俱峡江人。……宣德二年丁未马愉榜　金昭伯，给事中。”卷12《人物·名贤传·国朝》：“金幼孜，……子昭伯，宣德二年进士。”③《登科考》（卷4，第209页）、《贡举考》（卷3，第41

① 嘉靖《淳安县志》，《天一阁藏明代方志选刊》16册，上海古籍书店1982年版，第7、22—23页。

② 嘉靖《广信府志》卷14，《天一阁藏明代方志选刊续编》45册，上海书店1990年版，第849页。

③ 隆庆《临江府志》，《天一阁藏明代方志选刊》35册，上海古籍书店1982年版，第22—23、70—72页。

页）等书均作金昭伯。

15. 曾翚　字时升，吉安府泰和县人，宣德八年榜三甲25名，终官至刑部左侍郎。

按：同治《吉安府志》卷21《选举志·进士·明》（第694页上）载作“曹翚”，当为形似而误。

《贡举考》（卷3，第55页）等书均作曾翚，并无改姓的记载。何乔新《曾公翚神道碑》：“弘治四年春正月十有五日，刑部左侍郎曾公以疾卒于家。……世居泰和之上模。……宣德壬子……明年会试，……廷对赐同进士出身。”①

16. 阳显嘉　吉安府吉水县人，景泰二年榜三甲36名，初授工部主事，历官铜仁知府。

按：《登科考》作“杨”显嘉（卷6，第281页）。《贡举考》（卷4，第25页）、《碑录》（第237页）等均作阳显嘉。

作“杨”误，雍正《广东通志》卷32《选举志·进士二》景泰二年榜：“阳显嘉，新会人，员外。”②《贵州通志》卷17《秩官·职官·铜仁府·知府》：“阳显嘉，吉水人，进士。”卷20《秩官·名宦分部》：“阳显嘉，吉水人，进士，成化三年以工部员外郎擢知府。”③

又据嘉靖《江西通志》卷26《吉安府·科目·国朝》（第4402、4409页）作欧阳显嘉，吉水人，广东中举，当是本姓“欧阳”，减字作“阳”。今人姓欧阳者，或减作“欧”，同理。

17. 刘钝　吉安府庐陵县人，天顺八年榜三甲92名，历官知府。

按：康熙《江西通志》卷18《选举·进士·明》、同治《吉安府志》卷21（第695页下）作刘纯，“纯”当是“钝”之误。

嘉靖《江西通志》卷26《吉安府·科目·国朝》（第4424页）

① （明）焦竑：《献徵录》卷46，上海书店1987年影印本，第1914页。

② 雍正《广东通志》，台湾商务印书馆1986年影印文渊阁《四库全书》第563册，第365页下。

③ 乾隆《贵州通志》，台湾商务印书馆1986年影印文渊阁《四库全书》第571册，第467页上、550页下。

作刘钝。《登科考》（卷7，第342页）、《贡举考》（卷4，第68页）、《碑录》（第295页）、《索引》（第2046页）作刘钝。

18. 程瑱　广信府上饶县人，成化二十三年榜三甲225名，终官至佥事。

按：《贡举考》（卷5，第63页）、《登科考》（卷8，第484页）、《碑录》（第432页）均作程瑱。《索引》正文误作“程项”（第879页），后附《历科进士题名录》不误（第2480页）。

嘉靖《广信府志》卷14《选举志·进士·国朝·上饶》：“成化二十三年丁未费宏榜　程瑱，字□□。仕终佥事。”①

19. 彭瓒　吉安府龙泉县人，山东胶州千户所籍，成化二十三年榜三甲140名。

按：同治《吉安府志》卷21《选举志·进士·明》（第696页上）作袁瓒，注“袁《通志》《贡举考》作彭”，当误。

《登科考》（卷8，第480页）、《贡举考》（卷5，第61页）等书同作彭瓒。嘉靖《江西通志》卷26《吉安府·科目·国朝》（第4444页）亦作彭瓒，嘉靖《山东通志》卷17《科目·莱州府》：“（成化）丁未科　彭瓒，胶州人。仕至主事。”②

20. 萧柯　字升荣，吉安府万安县人，弘治六年榜二甲14名。

按：《索引》正文误作萧何（第1442页），后附《历科进士题名录》不误（第2483页）。

《登科考》（卷9，第506页）、《贡举考》（卷5，第80页）、《碑录》（第450页）作萧柯。嘉靖《江西通志》卷26《吉安府·科目·国朝》（第4448页）：“萧柯，知府，万安人。”

21. 王萱　字时芳，抚州府金溪县人，弘治十五年榜三甲170名，官至通政司右参议。

按：《碑录》（第510页）、《索引》（第243页）误作王“宣”。

① 嘉靖《广信府志》，《天一阁藏明代方志选刊续编》45册，上海书店1990年版，第856页。

② 嘉靖《山东通志》，《天一阁藏明代方志选刊续编》51册，上海书店1990年版，第1047页。

《弘治十五年会试录》作王萱。[①] 费宏《王君萱墓志铭》："君讳萱，字时芳，姓王氏，别号青崖。……魁弘治辛酉乡试，明年登进士，入翰林为庶吉士。"[②]

22. 郭瓘　字达诚，吉安府庐陵县人，弘治十八年榜二甲 75 名，历官知府。

按：《碑录》（第 517 页）、《索引》（第 136 页）、嘉靖《江西通志》卷 26《吉安府·科目·国朝》（第 4456 页）误作郭"瓘"。

《弘治十八年进士登科录》作郭瓘，其兄淮、瀚，弟泗，名皆从氵非玉。[③] 郭一鹗《潮州府知府郭公瓘传》："潮州太守公讳瓘，字达诚，别号一庵。"[④]

23. 詹晨　字启明，广信府贵溪县人，正德九年榜二甲 86 名，历官长史。

按：《索引》正文误作詹"晨"（第 921 页），后附《历科题名录》作詹"晨"（第 2501 页），不误。

嘉靖《广信府志》卷 14《选举志·进士·国朝·贵溪》（第 862 页）："正德九年甲戌唐皋榜　詹晨，字启明。见任长史。"名"晨"字"启明"，二者意义相关。其弟同榜进士詹昇，名亦从"日"。

24. 杨载鸣　字虚卿，吉安府泰和县人，嘉靖十七年榜三甲 162 名，官至通政使。

按：《碑录》（第 728 页）误作杨"鸣"。《索引》正文亦误为杨"鸣"（第 1703 页），后附《历科进士题名录》作杨"载鸣"（第 2524 页），不误。

---

① 屈万里编：《明代登科录汇编》，《明代史籍汇刊》，台湾学生书局 1969 年版，第 2251 页。

② （明）焦竑：《献徵录》卷 67，上海书店 1987 年影印本，第 2938 页。

③ 屈万里编：《明代登科录汇编》，《明代史籍汇刊》，台湾学生书局 1969 年版，第 2460 页。

④ （明）焦竑：《献徵录》卷 100，上海书店 1987 年影印本，第 4456 页。

《嘉靖十七年进士登科录》作杨载鸣①，胡直《通政武东杨公载鸣行状》："（公）号武东，载鸣名，虚卿字也。"② 嘉靖《惠州府志》卷3《秩官表·国朝·惠州府·推官·嘉靖》："杨载鸣，泰和人，进士。"③

25. 钱鑪 字汝化，南康府星子县，嘉靖二十六年榜三甲85名，初授知县。

按：康熙《江西通志》卷18《选举·进士·明》误作"钱胪"（第1771页）。

《登科考》（卷11，第856页）、《贡举考》（卷7，第58页）等书均作钱鑪，《嘉靖二十六年进士登科录》亦作钱鑪，字汝化，④ 名和字语义相关。

26. 曾梅 字以调，吉安府泰和县人，嘉靖三十二年榜三甲52名，初授知县。

按：《索引》正文误作"會梅"（第2322页），"會"与"曾"形似，后附《历科进士题名录》作曾梅（第2537页），不误。

《嘉靖癸丑科进士同年便览录》亦作"曾梅"。⑤

27. 段孟贤 字汝愚，号蒙冈，九江府湖口县人，嘉靖四十一年榜二甲85名，官至贵州副使。

按：《嘉靖四十一年进士登科录》《会试录》⑥ 和《贡举考》（卷7，第115页）作"段"孟贤。《碑录》（第859页）、《索引》（第2243页）等书径作"叚"，误。

"段"实是"叚"之俗字，雍正《江西通志》卷54《选举六·

① 屈万里编：《明代登科录汇编》，《明代史籍汇刊》，台湾学生书局1969年版，第4574页。

② （明）焦竑：《献徵录》卷67，上海书店1987年影印本，第2927页。

③ 嘉靖《惠州府志》，《天一阁藏明代方志选刊》62册，上海古籍书店1982年版，第10页。

④ 《嘉靖二十六年进士登科录》，三甲85名，上海图书馆藏明嘉靖刻本。

⑤ 屈万里编：《明代登科录汇编》，《明代史籍汇刊》，台湾学生书局1969年版，第6468页。

⑥ 同上书，第7757、7992页。

明》作段孟贤（第514册，第785页下），乾隆《贵州通志》卷17《秩官·职官·副使》亦载："段孟贤，湖口人，进士。"①《贡举考》万历十一年榜有段克允（卷9，第20页），不作"叚"。《类姓登科考》（卷3，第668页上）载叚孟贤、叚克允，入翰韵，可证是以"叚"为"段"了。

《康熙字典》"段"下云："与叚别，叚乃假借之义，古马切，俗通用，非是。"②《中华大字典》有"段"，"同叚，《说文》谭长说叚如此"。③ 可见，"叚"之别字形体与"段"相近，故二者相混，以致"俗通用"。

《索引》后科还有叚顺孜、叚炳文等（第2243页），"叚"均当改"段"。

28. 刘曰梧　字阳生，南昌府南昌县人，万历十四年榜三甲136名，官至兵部侍郎。

按：《索引》正文误作刘"日"梧（第2032页），后附《历科进士题名录》作刘"曰"梧（第2568页），不误。

《万历十四年会试录》和《万历丙戌科进士同年总录》均载作刘曰梧。④

29. 程再伊　字连叔，饶州府鄱阳县人，万历二十六年榜三甲130名，历福建右参政。

按：《索引》正文作"程伊"（第882页），后附《历科进士题名录》作程再伊（第1579页）。

《类姓登科考》（卷2，第536页下）、《碑录》（第1082页）等书均作程再伊。

30. 涂世叶　南昌府南昌县人，万历四十四年榜三甲187名，历

① 乾隆《贵州通志》，台湾商务印书馆1986年影印文渊阁《四库全书》第571册，第444页上。

② 《康熙字典》第2册《辰集·殳部》，成都古籍书店1980年影印本，第12页。

③ 《中华大字典》，中华书局1978年影印本，第200页。

④ 屈万里编：《明代登科录汇编》，《明代史籍汇刊》，台湾学生书局1969年版，第11142、10944页。

监察御史。

按：《索引》正文误作“徐”世叶（第977页），后附《历科进士题名录》作涂世叶（第2595页），不误。

《类姓登科考》（卷1，第375页下）、《碑录》（第1184页）均作涂世叶。康熙《江西通志》卷18《选举·进士·明》：“涂世叶，南昌人，官山东道御史。”（第1810页）

31. 王一鹗　字荐卿，瑞州府高安县人，天启二年榜三甲85名，历官监察御史。

按：《索引》正文误作“王鹗”（第311页），后附《历科进士题名录》作王一鹗（第2600页），不误。

《类姓登科考》（卷2，第500页上）、《碑录》（第1215页）作王一鹗，崇祯《瑞州府志》卷16《选举志一·进士·国朝》亦作王一鹗①。

32. 蓝絅　号岵瞻，吉安府安福县人，湖广江陵籍，崇祯十年榜三甲139名，初授知县，庚辰卒。

按：康熙《江西通志》卷18《选举·进士·明》崇祯十年榜误作蓝“纲”（第1823页）。

《崇十履历》《类姓登科考》（卷2，第585页上）、《碑录》（第1309页）均作蓝絅。

① 崇祯《瑞州府志》，载《中国方志丛书·华中地方》第897号，成文出版社1989年影印明崇祯元年刊本，第965页。

第二章

明代江西进士籍贯之考证

第一节　概述

自宋代以来，随着科举竞争的日渐激烈，籍贯成了国家对科举控制的一个重要手段。① 明代继承并完善了宋代以来的科举户籍管理制度，从生员到举人的各个层次的考试，无不对考生的籍贯提出了要求。“科举设计的核心理念就是保持区域的平衡”，乡试录取名额按直省分配，会试录取区分南北中三卷，② 乃至庶吉士、吏部司官的选拔，都有过分省定额的规定，③ 均为这一理念的充分体现。此外，明代对官员的铨选，存在地域回避的原则。因此，籍贯对于举子的重要意义，在明代被强调到了无以复加的地步。

在课题研究的过程中，我们发现，各种文献对进士籍贯的记载都存在一定的问题，或者不够准确，或者完全错误。主要有以下几种情况。

第一，因人口迁出原籍地，致使文献对某些进士籍贯表述不当。明代对人口的控制相当严格，但这并不表示人口就“不准在地域间迁徙”④，否则就不会出现如此之多的双籍进士。人口迁移的原因十

---

① 程民生：《论宋代科举户籍制》，《文史哲》2002 年第 6 期，第 108—113 页。

② 钱茂伟：《国家·科举与社会》，北京图书馆出版社 2004 年版，第 151—209 页。

③ 潘星辉：《明代文官铨选制度研究》，北京大学出版社 2005 年版，第 24—29 页。

④ 钱茂伟：《国家·科举与社会》，北京图书馆出版社 2004 年版，第 172 页。

分复杂，既有官方组织的，也有个人自发的。官方组织的人口迁移主要有两种，一是明初两次移富民实京师，二是外出服役。个人自发的迁徙，比如长年在外地经商者，或者逃户、流民，经官方批准，可以占籍或附籍他乡，[①] 其他诸如在外地为官、入赘、收养等，亦可在当地占籍或附籍（详见考证）。这些迁徙的发生，必然导致籍贯记载中会出现双籍现象。例如《成化五年进士登科录》中载，舒春，“贯浙江绍兴府余姚县人，武功中卫军籍”；吴瑆，“贯直隶苏州府吴江县人，顺天府大兴县匠籍”[②]。但一些文献的记载不够准确，或者漏载其乡贯（原籍），或者漏载其户籍（服役地）。以下稍举几例以说明之。

正德九年进士陈九川，《明人传记资料索引》（第572页）和崇祯《抚州府志》卷15《人道志·辟举表·皇明进士》（第897页）均作临川人。但实际上，陈九川原籍为南直隶宁国府宣城县，因在江西抚州千户所服军役，故家于临川。据罗洪先撰《陈公九川墓志铭》：“……先生名九川，字惟濬，初号竹亭，改明水。陈本直之宁国人，……留抚州守御所，老返宣城。……子孙遂为临川人。”[③]

《登科录》记载的籍贯信息一般比较全，但也有例外。熊绣，《成化二年进士登科录》载作贯湖广宁远卫军籍，道州学生[④]；《碑录》（第308页）、《索引》（第697页）载作“湖广永州府道州宁远县民籍”。其实熊绣原籍江西丰城县，据刘瑞《南京都察院右都御史谥庄简熊公绣传》：“熊绣，字汝明。其先江西丰城人，四世祖以下始占籍湖广宁远卫。”[⑤]《明武宗实录》卷124亦载：“正德十年闰四月庚辰，南京都察院右副都御史致仕熊绣卒。绣字汝明，江西丰城县人。其先

---

① 许敏：《明代商人户籍制度初探》，载《中国史研究》1998年第3期，第116—127页。

② 屈万里编：《明代登科录汇编》，《明代史籍汇刊》，台湾学生书局1969年版，第830、840页。

③ （明）焦竑：《献徵录》卷35，上海书店1987年影印本，第1454页。

④ 《成化二年进士登科录》，三甲37名，国家图书馆藏明成化刻本。

⑤ （明）焦竑：《献徵录》卷64，上海书店1987年影印本，第2782页。

以尺籍隶湖广宁远卫，遂为道州人。”[①]《登科录》漏载其乡贯，而《碑录》和《索引》更误“军籍”作“民籍”。

《碑录》《索引》这种遗漏则更为多见。嘉靖三十八年进士吴椿，《碑录》（第839页）载作“江西南昌府新建县民籍”，《索引》（第858页）只作新建人。然据乾隆《南昌府志》卷53（第3914页）本传：“五世祖润，武进人，官江西右布政使，转左布政使，……有一孙为宁藩仪宾，遂占籍新建。嘉靖间椿复以进士起家，官至广西左布政使。”则其原籍本南直隶武进县，娶了宁藩王府之女，故占籍新建。

第二，地名相近或相同，编辑者未加详审而致误此为彼、误彼为此。我们在前言中分析《索引》的错误类型时，特举了编者误以江西作山西，又误以山西作江西的例子，这还是属于编者的粗心。明代有些府县名称的设置不够科学，导致同名者不少。与江西相关的见下表：

地名	属地一	属地二	属地三	属地四
乐平	江西饶州府	山西太原府		
安仁	江西饶州府	湖广衡州府		
新昌	江西瑞州府	浙江绍兴府		
宁州	江西南昌府	陕西庆阳府		
龙泉	江西吉安府	浙江处州府		
永丰	江西吉安府	江西广信府		
乐安	江西抚州府	山东青州府		
新城	江西建昌府	山东济南府	北直隶保定府	浙江杭州府

注：本表据《明史》卷43《地理志》。

除此外，还存在府名与县名相同者，如南昌府与南昌县，建昌府与建昌县，南康府与南康县，南安府与南安县，德安县与德安府，等等。其中值得特别注意的是，除南昌外，其他各府县虽然同名但并无

① 《明武宗实录》，台湾“中研院”史语所1962年校印本，第2493—2494页。

统属关系。比如建昌县属南康府辖，南康县属南安府辖；南安县为福建泉州府辖县，与江西南安府无关；德安县为九江府辖县，与湖广德安府无涉。还有州名与县名相同者，如赣州府有兴国县，湖广武昌府则有兴国州。

这些地名都十分容易引起混淆，导致记载发生错误。例如，吴思学，本建昌府广昌县人，《隆庆五年履历》误作建昌县[①]，就变成南康府人；万历二十三年进士甘来，本建昌府南丰县人，同治《南康府志》卷14《选举·进士·明》也误收入建昌县[②]。一些文献虽然记载不错，但由于记载得十分简单，容易给参考者造成一定的迷惑。比如《索引》对江西永丰县籍进士的记载，一律记作“江西永丰”，没有区别是吉安府还是广信府，这给做进士分区统计的研究者增添了不少麻烦。《明儒学案》卷38《侍郎何吉阳先生迁》：“何迁字益之，号吉阳，德安人。嘉靖辛丑进士，除户部主事，历官至南刑部侍郎。”[③]未注是何省的府（县），《明人传记资料索引》（第277页）没有详考，亦只作德安人。据《贡举考》（卷7，第37页）载，何迁实为湖广德安千户所人。

还有不少地名相近的，稍不注意也会引起相混，特别是在转相传抄的过程中，比较容易产生讹误。比如万历八年进士莫扬，本浙江安吉州人，历官江夏知县。雍正《湖广通志》卷43《名宦志·武昌府》载：“莫扬，字子克，吉安，进士，嘉靖末知江夏。”[④]是误以“安吉”作“吉安”，浙江人就变成江西人了。有意思的是，同治《吉安府志》卷29（第14页下）据此把莫扬收入本府人物传：“庐陵人，嘉靖进士，知江夏。”不但把籍贯讹传为庐陵，且将其任江夏知县的时间误为中进士的时间，其谬可知。

---

① 《隆庆五年辛未科进士履历便览》，建昌府下，上海图书馆藏明隆庆刻本。

② 同治《南康府志》，《中国地方志集成·江西府县志辑》第17册，江苏古籍出版社1996年版，第343页。

③ （清）黄宗羲：《明儒学案》，台湾商务印书馆1986年影印文渊阁《四库全书》第457册，第17页。

④ 雍正《湖广通志》，台湾商务印书馆1986年影印文渊阁《四库全书》第532册，第619页上。

第三，割旧县地置新县，导致对同一进士的籍贯记载出现不同。江西在明代新增了9个县，其设置时间及统属关系见下表：

地名	设置时间	属府	割地来源
万年县	正德七年（1512）	饶州府	以余干县之万春乡置县，析鄱阳、乐平及贵溪三县邻近之地为补充（页1058）
东乡县	正德七年八月	抚州府	以临川县孝冈置县，割金溪、进贤、余干、安仁四县地为补充（页1061）
安义县	正德十三年（1518）二月	南康府	析建昌县之安义、南昌、卜邻、控鹤、依仁五乡置（页1057）
崇义县	正德十四年（1519）三月	南安府	以上犹县崇义乡置县，割大庾、南康二县地为补充（页1067）
峡江县	嘉靖五年	临江府	以新淦县之峡江巡检司置县，析新淦六乡地为补充（页1064）
兴安县	嘉靖三十九年（1560）八月	广信府	以弋阳之横峰寨置县，割上饶、贵溪二县地为补充（页1059）
定南县	隆庆三年（1569）三月	赣州府	以龙南之莲塘镇置县，割安远、信丰二县地为补充（页1066）
长宁县	万历四年（1576）三月	赣州府	以安远之马蹄冈置，割会昌县地为补充（页1066）
泸溪县	万历六年（1578）十二月	建昌府	改南城县泸溪巡检司为县（页1060）

注：本表据《明史》卷43《地理志》。

此外，南昌府的宁州自弘治十六年（1503）改称宁县。州县更名和新置，使得地方志对某些进士籍贯的记载出现不一致，需要区别对待。一般选举表会记入其登第时的县名下，而人物传中则记作变更后的县名。

第二节　增置新县引起的进士籍贯变化考

1. 叶孝友　名爱同，以字行，广信府贵溪县人（后入饶州府万年县），洪武辛亥榜三甲3名。

按：《明洪武四年进士登科录》①《碑录》（第22页）等均作广信

① 《明洪武四年进士登科录》，载王云五主编《丛书集成初编》第3410册，中华书局1991年影印《艺海珠尘》本，第19页。

府贵溪县人。

正德七年，万年县建置，康熙《饶州府志》卷20《选举志四·进士》载："叶孝友，贵溪归桂乡人，今割入万年。"[①] 归桂乡由贵溪割入万年，故叶孝友变成饶州府进士。

然嘉靖《广信府志》依然将其收入本府贵溪县下，卷14（第844页）洪武四年榜下："叶孝友，名爱同，萍乡丞。"康熙《广信府志》进士表亦收作贵溪人。[②]

洪武十八年榜王良弼与之相同，本为贵溪县归桂乡人，后入万年，故亦见于两地府志。

2. 徐子权　临江府新淦县人（后入峡江县），洪武十八年榜，终官至主事，死靖难。

按：《登科考》（卷2，第58页）、《索引》（第956页）等均作江西新淦县人。

嘉靖《临江府志》卷5《选举表第六·科第·大明·新淦·洪武》（第349页）："十七年　徐子权，进士，主事。"

隆庆《临江府志》将徐子权改为峡江人，见卷10《选举·国朝》（第12页）："洪武十七年甲子乡试　徐子权，峡江人。"卷12《人物·忠节传·国朝》（第59页）："徐子权，峡江人。"推测其家乡由新淦划入峡江。

3. 金幼孜　临江府新淦县人（后入峡江县），建文二年榜二甲4名，终官武英殿大学士。

按：《建文二年殿试登科录》[③]《碑录》（第69页）等均作江西新淦县人。

嘉靖《临江府志》卷7《人物志》（第499页）载金幼孜为"新

① 康熙《饶州府志》，载《中国方志丛书·华中地方》第959号，台北：成文出版社1989年影印清康熙二十二年刊本，第1441页。

② 康熙《广信府志》，载《中国方志丛书·华中地方》第918号，台北：成文出版社1989年影印清康熙二十二年刊本，第1400页。

③ 屈万里编：《明代登科录汇编》，《明代史籍汇刊》，台湾学生书局1969年版，第15页。

淦人，今分峡江”。雍正《江西通志》卷110《丘墓·明》（第516册，第632页上）：“大学士金幼孜墓在新淦县南八十里，宣德间敕葬，今属峡江。”

弘治九年何正、弘治十二年涂祯、弘治十五年张芹与此同，不一一考证。

4. 胡忠　南康府建昌县（后入安义县）人，永乐二年榜三甲20名，历官四川佥事。

按：《登科考》（卷3，第105页）、《碑录》（第81页）等均作建昌县人。

正德《南康府志》将其收入安义县下，卷6《甲科·进士·安义县·国朝》（第27页）：“胡忠，四川佥事。”安义县乃正德十三年析建昌县等地增置，则胡忠所在之乡后析为安义县。

永乐十三年熊鉴，永乐十九胡新、彭鉴、张鉴，景泰二年黄晖，正德三年杨凤，籍贯变化与此同。

5. 吴会同　抚州府金溪县人（后入东乡县），永乐十六年榜三甲66名。

按：《登科考》（卷3，第179页）、《碑录》（第150页）等均作江西金溪县人。

方志一作东乡县人，嘉靖《东乡县志》卷下《仕进》第二十二《进士·皇明》：“吴会同，伯宗侄。永乐戊戌李祺榜。”① 一作临川县人，弘治《抚州府志》卷19《科第二·进士·皇明》：“（永乐）十五年丁酉乡试　吴会同，临。”②

考东乡县建置于正德七年，析临川、金溪、余干、安仁、进贤地为之。其中原属金溪的有两都即四十都和四十一都③，据弘治《抚州

① 嘉靖《东乡县志》，《天一阁藏明代方志选刊》40册，上海古籍书店1982年版，第9页。

② 弘治《抚州府志》，《天一阁藏明代方志选刊续编》47—48册，上海书店1990年版，第325页。

③ 嘉靖《东乡县志》卷上，《天一阁藏明代方志选刊》40册，上海古籍书店1982年版，第8页。

府志》卷2（第153页）载，金溪县有凌云坊，“在四十都，为进士吴会同立”，则吴会同当为四十都人，后四十都并入东乡县，故《东乡县志》收录亦无不可。弘治《抚州府志》载作临川县人则误，临川县与金溪县并无土地割换关系。

嘉靖《东乡县志》（卷下第8页）收吴伯宗，与此同理。

6. 艾度昭 抚州府临川县人（后入东乡县），永乐二十二年榜三甲87名，官至知府。

按：《贡举考》（卷3，第38页）、《碑录》（第176页）等均作临川县人。

弘治《抚州府志》卷19《科第二·进士·皇明》（第328—329页）：“（永乐）二十一年癸卯乡试 艾度昭，临。”

正德七年，东乡县建置，嘉靖《东乡县志》卷下《仕进第二十二·进士·皇明》（第9页）载：“艾度昭，……永乐甲辰邢宽榜。监察御史。”

正统十三年王常、成化二十三年黄济、弘治三年王统、弘治十八年吴华籍贯变化与此同。

7. 汪渊 字景颜，广信府上饶县人（后入兴安县），正德六年榜三甲153名，官至大理寺右丞。

按：《贡举考》（卷6，第37页）、《碑录》（第561页）等作上饶县人。

嘉靖《广信府志》卷14《选举志·进士·国朝·上饶》（第859页）：“正德六年辛未杨慎榜 汪渊，字景颜。见任寺丞。”康熙《广信府志》（第1416页）同作上饶县人。

同治《广信府志》卷9《人物·宦业·明》本传：“汪渊，字景颜，兴安人，……渊登正德辛未进士。”①

同类情况还有嘉靖四十一年周以敬。

① 同治《广信府志》，《中国地方志集成·江西府县志辑》第20—21册，江苏古籍出版社1996年版，第37页下。

第三节　单籍进士籍贯记载之错误考

一　省内府县之误

1. 郭士道　吉安府万安县人，洪武三十年榜三甲 29 名，官至顺天府尹，卒于官。

按：康熙《江西通志》卷 18《科第·明进士》（第 1668 页）洪武丁丑榜载："郭士道，永丰人，官顺天府尹。"雍正《江西通志》卷 52《选举四·明》（第 514 册，第 692 页下）洪武三十年榜所载同。

《登科考》（卷 2，第 84 页）及嘉靖《江西通志》卷 26《吉安府·科目·国朝》（第 4360 页）均作江西万安县人。杨士奇《工部屯田主事郭君墓表》："万安之贤而材，如张衡之清峻，彭与明之廉慎，郭士道之刚介。"① 又《送郭知府序》："万安郭士道，以仁厚之心、明达之才、刚毅之气，起科第，扬历中外，人皆知其直道而行也。"②

永丰与万安之间并未进行属地割置，清志载郭为永丰人，当误。

2. 彭汝器　名琏，吉安府安福县人，永乐二年榜二甲 8 名，历官翰林学士。

按：嘉靖《江西通志》卷 26《吉安府·科目·国朝》（第 4363 页）载作永丰人，误。

《登科考》（卷 3，第 99 页）、《贡举考》（卷 2，第 50 页）均作安福县人。胡广《翰林院修撰彭公琏墓志铭》："汝器名琏，汝器其字，姓彭氏，世家安成。"③ 安成即安福之古称。又胡俨《安福县儒学贡举题名记》云："永乐初元，俨备员禁侍，与读进士卷，若彭汝

① （明）杨士奇：《东里文集》卷 15，台湾商务印书馆 1986 年影印文渊阁《四库全书》第 1238 册，第 4 页。

② （明）杨士奇：《东里续集》卷 8，台湾商务印书馆 1986 年影印文渊阁《四库全书》第 1238 册，第 19 页。

③ （明）焦竑：《献徵录》卷 21，上海书店 1987 年影印本，第 856 页。

器者，文行清古，余甚重之。今询知乃汝舟之弟。”① 彭汝舟是洪武二十七年进士，嘉靖《江西通志》卷26《吉安府·科目·国朝》（第4359页）载作安福人，而不作永丰人。亦可证明，彭汝器作永丰人是误载。

3. 涂顺　字惟真，建昌府新城县人，永乐二年榜二甲77名，历官礼部主事。

按：《登科考》（卷3，第103页）、《贡举考》（卷2，第52页）、《类姓登科考》（卷1，第375页上）、《碑录》（第79页）、《索引》（第1184页）均作新建县人，万历《新修南昌府志》卷17《科第·国朝》（第1284页）亦作新建人。

然正德《建昌府志》载其为新城人，见卷15《选举·进士·国朝·新城县学》：“永乐癸未曾棨榜　涂顺，仕至礼部主事。”② 正德《新城县志》卷7《选举·科第·国朝》亦载：“永乐元年癸未乡试　涂顺，字惟真。钦之子。二年甲申曾棨榜进士　涂顺，崇德县知县，升礼部主事。”③ 则涂顺当作建昌府新城县人。

又涂顺之父涂钦、弟涂敬俱先后登进士，《登科考》（卷2，第47页）、《索引》（第1186页）皆载其为新城县人。正德《建昌府志》卷15《选举·进士·国朝·府学》：“洪武乙丑丁显榜　涂钦，新城人。”④ 正德《新城县志》卷8《人物·儒林·国朝》：“涂钦，字文将。……登洪武十八年进士，……弟敬，字文舆。登永乐甲午进士，选翰林庶吉士。……子顺，亦登甲午进士。”⑤ 为此，新城县特立

---

① （清）黄宗羲：《明文海》卷375，台湾商务印书馆1986年影印文渊阁《四库全书》第1457册，第342页上。

② 正德《建昌府志》，《天一阁藏明代方志选刊》34册，上海古籍书店1982年版，第29页。

③ 正德《新城县志》，《天一阁藏明代方志选刊续编》46册，上海书店1990年版，第532页。

④ 正德《建昌府志》，《天一阁藏明代方志选刊》34册，上海古籍书店1982年版，第28页。

⑤ 正德《新城县志》，《天一阁藏明代方志选刊续编》46册，上海书店1990年版，第573—574页。永乐“甲午”当作永乐“甲申”。

"三进士坊"，加以显耀。①

由此看来，涂顺并非新建县人，而是新城县人。

4. 邓友　字伯朋，瑞州府新昌县二十都人，永乐二年榜三甲 235 名，历官交河知县。

按：万历《新修南昌府志》卷 17《科第·国朝》（第 1284 页）、康熙《江西通志》卷 18 进士表（第 1670 页）载作新建人。

"新建"实为"新昌"之误。《贡举考》（卷 2，第 58 页）、《碑录》（第 92 页）均作江西新昌县人。正德《瑞州府志》卷 8《选举志·科第·大明》："邓友，新昌二十都人。曾棨榜进士。交河知县。"②

5. 黄所载　吉安府庐陵县人，永乐四年榜二甲 14 名，历官主事。

按：《碑录》（第 100 页）、《索引》（第 1566 页）误作"江西鏖俊"，明代并无此地名。

《登科考》（卷 3，第 125 页）等书均作江西庐陵县人。当是题名碑字迹漫灭，"廬陵"之残形略似"鏖俊"，抄录者据形描绘而误。

6. 解朝夫　吉安府永新县人，永乐四年榜二甲 18 名，历官御史。

按：《碑录》（第 100 页）、《索引》（第 916 页）误作江西永新人。

《登科考》（卷 3，第 125 页）、《贡举考》（卷 2，第 66 页）、嘉靖《江西通志》卷 26《吉安府·科目·国朝》（第 4366 页）均载解朝夫为吉水县人。又王直《教谕解君墓表》载："君解氏，讳绘，字朝夫，吉水人。……前翰林学士兼右春坊大学士缙绅公君之从兄。"③对于解缙，《碑录》（第 48 页）、《索引》（第 916 页）载作吉水县人，亦可证其记解朝夫作永新为误载。

---

① 万历《建昌府志》，载《中国方志丛书·华中地方》第 829 号，台湾成文出版社 1989 年影印明万历四十一年刊本，第 429 页。

② 正德《瑞州府志》，《天一阁藏明代方志选刊续编》42 册，上海书店 1990 年版，第 941 页。

③ （明）王直：《抑庵文后集》卷 25，上海古籍出版社 1991 年影印四库明人文集丛刊本，第 6—7 页。

7. 帅性　南康府建昌县人，永乐四年榜二甲22名，历官知县。

按：《碑录》（第100页）、《索引》（第706页）误作江西廷昌人，“廷昌”非地名。

《登科考》（卷3，第126页）、《贡举考》（卷2，第66页）等均作江西建昌县人。

8. 邓成　抚州府金溪县人，永乐四年榜二甲28名，历官兵部员外郎。

按：《碑录》（第100页）、《索引》（第593页）载邓成作泰和县人，二甲28名。《碑录》（第101页）、《索引》（第593页）还载该科有邓麈，江西吉水人，二甲32名。《登科考》（卷3，第126页）、《贡举考》（卷2，第66页）本科二甲28名亦为邓成，但籍贯作江西金溪县人；不载邓麈，二甲32名为江西新淦县蒋庆。

《碑录》和《索引》误，而《贡举考》《登科考》所载正确。

邓成当为金溪县人，见弘治《抚州府志》卷19《科第二·进士·皇明》：“永乐三年乙酉乡试　邓成，金。……四年丙戌林环榜　邓成，兵部员外郎。”①

《碑录》《索引》缺载蒋庆，二甲32名之邓麈当即蒋庆之误。嘉靖《临江府志》卷5《选举表》第六《科第·大明·新淦·永乐》（第352页）收录蒋庆，隆庆《临江府志》卷10《选举·国朝》载作峡江县人，“永乐三年乙酉乡试　蒋庆，俱峡江人。……永乐四年丙戌林环榜　蒋庆。”② 杨士奇撰《南归纪行录上》：“……过新淦金川驿，……时傍近有两人从余升，一姓郭，墓地主也；一进士蒋庆之弟。”③

同治《吉安府志》卷21《选举志·进士·明》（第693页上）沿

---

① 弘治《抚州府志》，《天一阁藏明代方志选刊续编》47—48册，上海书店1990年版，第321页。

② 隆庆《临江府志》，《天一阁藏明代方志选刊》35册，上海古籍书店1982年版，第19页。

③ （明）杨士奇：《东里续集》卷49，台湾商务印书馆1986年影印文渊阁《四库全书》第1238册，第18—19页。

袭了《碑录》的错误，又将邓塵误为邓麃，则是形近而误，以讹传讹。

9. 张式　字民则，饶州府德兴县二十九都人，永乐九年榜二甲26名，历官训导。

按：嘉靖《广信府志》收入上饶进士，见卷14《选举志·进士·国朝·上饶》："永乐七年己丑萧时中榜　张式。"①

《永乐九年进士登科录》作江西饶州府德兴县人。② 正德《饶州府志》卷2《学校·附科贡征辟·德兴县学·进士·本朝》："张式，字民则，二十九都人，中永乐辛卯。官上饶训导。"③《广信府志》当是以其任上饶县训导而误收入进士榜。

10. 黄裳　南昌府新建县人，永乐十六年榜二甲27名，历官同知。

按：《碑录》（第144页）、《索引》（第1573页）作江西新喻人。嘉靖《临江府志》卷5《选举表第六·科第·大明·新喻·永乐》："十五年　黄裳，进士，同知。"④

"新喻"当是"新建"之误。《登科考》（卷3，第174页）、《贡举考》（卷2，第18页）、万历《新修南昌府志》卷17《科第·国朝》（第1290页）均作江西新建县人。据雍正《江西通志》卷52《选举四·明》载，永乐十五年举人榜有两黄裳，一为新建县人（第514册，第706页下），一为新淦县人（第514册，第708页上），中进士者当为新建黄裳。此或为《临江府志》等犯错的源头。

11. 赖瑛　字世杰，建昌府广昌县人，永乐十六年榜三甲81名，官至云南参政。

按：万历《新修南昌府志》卷17《科第·国朝》（第1290页）

---

① 嘉靖《广信府志》，《天一阁藏明代方志选刊续编》45册，上海书店1990年版，第847页。

② 《永乐九年进士登科录》，二甲26名，上海图书馆藏明永乐刻本。

③ 正德《饶州府志》，《天一阁藏明代方志选刊续编》44册，上海书店1990年版，第301页。

④ 嘉靖《临江府志》，《天一阁藏明代方志选刊续编》49册，上海书店1990年版，第355页。

载作南昌县人。

赖瑛实为广昌县人，《贡举考》（卷3，第21页）即载作广昌县人。正德《建昌府志》卷15《选举·进士·国朝·广昌县学》：“永乐戊戌李骐榜　赖瑛，仕至参政。”卷16《人物·宦业·国朝》：“赖瑛，字世杰，广昌人，举进士，官至参政。”① 又，据《万历建昌府志·坊镇》载，当时广昌县有省魁坊，“为举人赖瑛立”；八御史坊，亦为赖瑛等人立。②

12. 陈素　吉安府泰和县，永乐十六年榜三甲98名，历官长史。

按：《碑录》（第152页）、《索引》（第2153页）作江西吉水人，顺治《吉安府志·选举表三·明进士》亦载入吉水县。③

陈素当为泰和县人。《登科考》（卷5，第181页）、《贡举考》（卷3，第22页）均载作江西泰和县人。嘉靖《江西通志》卷26《吉安府·科目·国朝》（第4379—4380页）亦收入泰和县。

同治《吉安府志》卷21《选举志·进士·明》则重新改作泰和县人，但又注云泰州籍④，不知何据。

13. 郑原　广信府上饶县人，永乐十九年榜二甲37名，历官刑部郎中。

按：《碑录》（第159页）、《索引》（第2385页）作江西丰城人，误。

《嘉靖丰乘》及万历《新修南昌府志》卷17《科第·国朝》皆未收入。《登科考》（卷3，第188页）、《贡举考》（卷3，第27页）均载其为江西上饶县人。嘉靖《广信府志》卷14《选举志·进士·国

---

① 正德《建昌府志》，《天一阁藏明代方志选刊》34册，上海古籍书店1982年版，第29、24页。

② 万历《建昌府志》，载《中国方志丛书·华中地方》第829号，台北：成文出版社1989年影印明万历四十一年刊本，第432、433页。

③ 顺治《吉安府志》，载《中国方志丛书·华中地方》第272号，台北：成文出版社1976年影印清顺治十七年刊本，第90页上。

④ 同治《吉安府志》，《中国地方志集成·江西府县志辑》第60—61册，江苏古籍出版社1996年版，第693页下。

朝·上饶》："永乐十九年辛丑曾鹤龄榜　郑原，字□□。刑部郎中。"①

14. 江志昂　吉安府永新县人，永乐十九年榜三甲 50 名，初授刑部主事。

按：《碑录》（第 162 页）、《索引》（第 1032 页）作江西永宁人，误。

《登科考》（卷 3，第 192 页）、《贡举考》（卷 3，第 29 页）均作江西永新县人。又，嘉靖《江西通志》卷 26《吉安府·科目·国朝》永乐十五年乡试榜载："江志昂　刘玠，永宁人。"② 江志昂下空白，依照该书体例，如果江志昂也是永宁人，则刘玠下当云"俱永宁人"。由此推断江非永宁人，空白处当脱"永新人"三字。

15. 鲍时　吉安府安福县人，永乐二十二年榜二甲 3 名，历官参议。

按：《碑录》（第 169 页）、《索引》（第 924 页）作江西"福安"人，江西无福安县，显为"安福"之倒文。《登科考》（卷 3，第 199 页）、《贡举考》（卷 3，第 45 页）均作江西安福县人。

16. 陈鉴　字贞明，瑞州府高安大城人，宣德二年榜三甲 29 名，官至河南参议。

按：嘉靖《临江府志》卷 5《选举表第六·科第·明·新喻》："永乐二十一年……陈鉴，进士，布政司参议。"③ 同治《临江府志》卷 12《进士·明》永乐二十二年榜下亦收陈鉴，作新喻人。④

上述材料存在两处错误：其一，新喻陈鉴乡试中举在永乐十二年，见雍正《江西通志》卷 52《选举四·明·永乐十二年甲午乡试》

---

① 嘉靖《广信府志》，《天一阁藏明代方志选刊续编》45 册，上海书店 1990 年版，第 849 页。

② 嘉靖《江西通志》，载《中国方志丛书·华中地方》第 780 号，台北：成文出版社 1989 年影印明嘉靖四年刊本，第 4380 页。

③ 嘉靖《临江府志》，《天一阁藏明代方志选刊续编》49 册，上海书店 1990 年版，第 356 页。

④ 同治《临江府志》，《中国地方志集成·江西府县志辑》第 41 册，江苏古籍出版社 1996 年版，第 143 页上。

（第514册，第705页下）；其二，新喻陈鉴并未中进士，永乐二十二年榜无陈鉴，宣德二年有高安陈鉴，见《登科考》（卷4，第212页）、《碑录》（第180页）。

可知《临江府志》是误以高安陈鉴为新喻陈鉴。又正德《瑞州府志》卷9《人物志·方面·大明》本传载："陈鉴，字贞明。高安人。……永乐进士，授行人，选监察御史。……升河南布政司参议。"[①] 则是将陈鉴中进士时间与中举人时间相混。

17. 左辅　吉安府安福县人，正统七年榜三甲50名，历官监察御史。

按：顺治《吉安府志·选举表三·明进士》（第98页下）误作永新人。

嘉靖《江西通志》卷26《吉安府·科目·国朝》有两左辅，一为永新人，正统三年（1438）举人（第4398页）；一作安福人，正统六年陕西中式（第4400页）。《贡举考》（卷3，第76页）载左辅作"江西安福县人，陕西金州学"，可知正统七年登第者为安福县之左辅。

《登科考》（卷5，第249页）载作"江西安福县籍，陕西金州人"，表述不当。左辅本安福人，其在陕西金州获得学籍的原因待考。

18. 杨涣　字德济，吉安府泰和县人，正统十年榜三甲16名，终官至广东佥事。

按：雍正《江西通志》卷53《选举·明五》正统九年甲子乡试榜："杨涣，泰和人，顺天中式。"（第514册，第722页下）正统十年榜又作："杨涣，吉水人，参议。"（第514册，第723页上）

作"吉水"误，杨涣当是泰和县人。《登科考》（卷5，第257页）、《贡举考》（卷4，第7页）均作江西泰和县人。《正统十年会试录》作"江西泰和县人，监生"。[②]

---

① 正德《瑞州府志》，《天一阁藏明代方志选刊续编》42册，上海书店1990年版，第1019—1020页。

② 屈万里编：《明代登科录汇编》，《明代史籍汇刊》，台湾学生书局1969年版，第365页。

又雍正《江西通志》载其官至参议当误，雍正《广东通志》卷41《名宦志》载："杨涣，字德济，江西泰和人，由进士正统间知四会，……荐升广东按察司佥事，卒于官。"①

19. 张瑄　江西瑞州府高安县人，景泰二年榜三甲69名。

按：《登科考》（卷6，第283页）、《贡举考》（卷4，第25页）、《类姓登科考》（卷2，第505页下）均作"四川高安县"。

高安为江西瑞州府属县，显然四川当作江西。正德《瑞州府志》卷8《选举志·科第·大明》："张瑄，廷珪。高安在城人。柯潜榜进士。历庶吉士，监察御史，永州知府，进阶亚中大夫。"②

20. 彭烈　字肇烈，吉安府庐陵县人，景泰二年榜三甲3名，终官至广东左布政使。

按：《明人传记资料索引》（第644页）据《明史》作江西峡江县人，误。

《登科考》（卷6，第279页）、《贡举考》（卷4，第24页）、《碑录》（第235页）均作庐陵县人。万历《江浦县志》卷11《宦迹列传》："彭烈，字肇烈。江西庐陵县人。景泰辛未进士，授监察御史。……累官广东左布政使，卒于官。"③

21. 龙霖　赣州府信丰县人，景泰五年榜三甲140名。

按：嘉靖《江西通志》卷26《吉安府·科目·国朝》（第4407、4415页）载其作吉水人，当误。

《登科考》（卷6，第301页）、《贡举考》（卷4，第38页）均作江西信丰县人。嘉靖《赣州府志》志9《选举·进士·信丰·国朝》："龙霖，景泰庚午乡举，登甲戌孙贤榜。"④

---

① 雍正《广东通志》，台湾商务印书馆1986年影印文渊阁《四库全书》第563册，第804上页。

② 正德《瑞州府志》，《天一阁藏明代方志选刊续编》42册，上海书店1990年版，第944页。

③ 万历《江浦县志》，《天一阁藏明代方志丛刊续编》7册，上海书店1990年版，第658—659页。

④ 嘉靖《赣州府志》，《天一阁藏明代方志选刊》38册，上海古籍书店1982年版，第3页。

22. 萧柯　字升荣，吉安府万安县人，弘治六年榜二甲14名，官至浙江参议。

按：康熙《江西通志》卷18《选举·进士·明》（第1737页）、雍正《江西通志》卷53《选举五·明》（第514册，第749页下）作吉水人，误。

《登科考》（卷9，第506页）、《贡举考》（卷5，第80页）、嘉靖《江西通志》卷26《吉安府·科目·国朝》（第4448页）均作江西万安县人。

23. 刘节　字介夫，南安府大庾县人，军籍。弘治十八年榜二甲42名，官至刑部右侍郎。

按：《碑录》（第515页）、《索引》（第2048页）作江西南昌县民籍，误。万历《新修南昌府志》卷17《科第·国朝》（第1315页）弘治十八年榜下未收。

据《弘治十八年进士登科录》，刘节"贯江西南安府大庾县军籍"①，嘉靖《南安府志》卷6《选举表二·皇明·甲科》："（弘治）十八年顾鼎臣榜　刘节，任兵部武选主事，……升刑部右侍郎，致仕。"②

24. 金达　字德孚，饶州府浮梁县人，嘉靖三十五年榜一甲探花，历南京国子监司业。

按：康熙《江西通志》卷18《选举·进士·明》（第1776页）作鄱阳人，当误。

《嘉靖丙辰同年世讲录》载金达作江西饶州府浮梁县人③，《贡举考》（卷7，第91页）、《碑录》（第823页）均同。

25. 王育仁　字延化，吉安府泰和县人，嘉靖三十八年榜三甲43

① 屈万里编：《明代登科录汇编》，《明代史籍汇刊》，台湾学生书局1969年版，第2444页。

② 嘉靖《南安府志》，《天一阁藏明代方志选刊续编》50册，上海书店1990年版，第273页。

③ 屈万里编：《明代登科录汇编》，《明代史籍汇刊》，台湾学生书局1969年版，第6598页。

名，官至知州。

按：同治《吉安府志》卷29《人物志·庶官三》本传载："王育仁，字延化，庐陵人，嘉靖进士。"[①]"庐陵"误。

《贡举考》（卷7，第105页）、《碑录》（第846页）均作泰和县人。据雍正《江西通志》卷99《列女·吉安府》（第516册，第294页下）载："王育仁祖母梁氏，庐陵人，终年二十而寡，抚二孤国成、国游，寿八十三。孙育仁登进士。"梁氏丧夫守志，可能抚养二子于庐陵娘家，但育仁似未改姓，则当是重返泰和本家。同治《吉安府志》可能是因为梁氏为庐陵人，而判定王育仁亦为庐陵人。

26. 蒋机　字若衡，南昌府丰城县流江人，嘉靖四十一年榜三甲38名，历官监察御史卒。

按：《碑录》（第861页）载作"山西南昌府丰城县民籍"，山西显为江西之误；《索引》（第1460页）未审，照抄作山西丰城。

《嘉靖四十一年进士登科录》作江西南昌府丰城县民籍。[②]

27. 董裕　字惟益，抚州府乐安县人，隆庆五年榜三甲121名，官至刑部尚书。

按：同治《饶州府志》卷14《选举志一·进士·明》载入隆庆二年榜，作乐平县人，注云"据广东通志补"[③]。其所据见雍正《广东通志》卷40《名宦志·省总》："董裕字惟益，江西乐平人，隆庆六年以进士知东莞。"然卷28《职官志·明》却云："董裕，山东乐安人，进士，六年任。"[④] 前后矛盾。

其实董裕为江西乐安人，《广东通志》所载前条误乐安为乐平，后者又误江西乐安为山东乐安。《隆庆五年履历》作江西抚州府乐安

---

① 同治《吉安府志》，《中国地方志集成·江西府县志辑》第60—61册，江苏古籍出版社1996年版，第14页下。

② 屈万里编：《明代登科录汇编》，《明代史籍汇刊》，台湾学生书局1969年版，第7778页。

③ 同治《饶州府志》，《中国地方志集成·江西府县志辑》第29册，江苏古籍出版社1996年版，第392页上。

④ 雍正《广东通志》，台湾商务印书馆1986年影印文渊阁《四库全书》第563册，第759页下、160页上。

县民籍①，又雍正《江西通志》卷110《丘墓·抚州府·明》（第516册，第640页上）：“尚书董裕墓，在乐安五十一都。”

28. 祝世禄　字延之，饶州府德兴县人，万历十七年榜三甲43名，官至南京尚宝寺卿。

按：《明人传记资料索引》（第402页）据《明儒学案》作鄱阳人，不当。

《类姓登科考》（卷3，第690页上）、《碑录》（第1029页）均作饶州府德兴县人。

《明儒学案》卷35《给事祝无功先生世禄》：“祝世禄字延之，号无功，鄱阳人。由进士万历乙未考选，为南科给事中。”②《明儒学案》中喜欢使用地名的古称，比如卷14第13页称张元冲“越之山阴人”，“越”指绍兴府；第14页称程文德“婺之永康人”，“婺”指金华府，等等。此云祝世禄为“鄱阳”人，也当是用饶州府之古称。今人作索引不可采古称，否则令人误解为鄱阳县。

29. 熊镆　字中宇，临江府清江县人，万历二十年榜二甲52名，初授刑部主事，官至员外郎。

按：《万历二十年壬辰科进士履历便览》作江西庐陵人③，误。

《类姓登科考》卷1第350页上载：“熊镆，江西清江人，二甲。”《碑录》（第1044页）亦作江西清江县人，康熙《临江府志》卷10《选举·明》（第565页）、康熙《江西通志》卷18《选举·进士·明》（第1800页）均收入清江县下。而各期《吉安府志》均未收，可知其不是庐陵人。

30. 甘来　字叔进，建昌府南丰县人，万历二十三年榜二甲43名，历广东副使。

按：同治《南康府志》卷14《选举·进士·明》载：“甘来，建

① 《隆庆五年辛未科进士履历便览》，抚州府下，上海图书馆藏明隆庆刻本。

② （清）黄宗羲：《明儒学案》，台湾商务印书馆1986年影印文渊阁《四库全书》第457册，第49页。

③ 屈万里编：《明代登科录汇编》，《明代史籍汇刊》，台湾学生书局1969年版，第11568页。

昌人。"① 误。

康熙《南康府志》不收，《碑录》（第1059页）等均载为建昌府南丰县。同治《南康府志》当是误建昌府为建昌县，故此误收。

31. 赵师尹　九江府德安县人，万历四十一年榜一甲探花，初授编修。

按：《类姓登科考》（卷3，第631页上）、《索引》（第1769页）作江西德化人，误。

《碑录》（第1153页）载作江西九江府德安县民籍。康熙《江西通志》卷18《选举·进士·明》（第1809页）、康熙《九江府志》卷6《选举·进士·明》（第554页）亦作德安县。

32. 刘铎　字我以，吉安府庐陵县人，万历四十四年榜二甲13名，历官扬州知府。

按：《类姓登科考》（卷2，第557页上）、《碑录》（第1172页）、《索引》（第2047页）等均作江西庐陵人。

而方志系统则均载作安福人，见顺治《吉安府志·辟举表三·明进士》（第105页上）、康熙《江西通志》卷18《选举·进士·明》（第1811页）。未知孰是，待考。

33. 曹钦程　九江府彭泽县人，万历四十七年榜三甲76名，官至太仆寺少卿。

按：《明人传记资料索引》（第509页）据《明史》本传作江西德化人②，误。

《类姓登科考》（卷2，第448页下）、《碑录》（第1196页）均载为九江府彭泽县人。康熙《九江府志》卷6《选举·进士·明》（第555页）万历四十七年榜载："曹钦程，彭泽人，官至太仆寺少卿。"

34. 徐际旦　号存白，广信府永丰县人，天启五年榜三甲31名，

---

① 同治《南康府志》，《中国地方志集成·江西府县志辑》第17册，江苏古籍出版社1996年版，第343页下。

② 见《明史》卷306《阉党·曹钦程传》，中华书局1974年标点本，第7856—7857页。

升知州卒。

按：《类姓登科考》（卷1，第365页上）：“徐际旦，江西吉永丰县人，三甲。”《索引》（第984页）只云永丰人，未注何府。

《碑录》（第1234页）载作江西广信府永丰县人，康熙《广信府志》（第1432页）选举表收入广丰①。《类姓登科考》误以为吉安府之永丰县。

附，崇祯四年榜詹兆恒也是广信府永丰县人，《类姓登科考》（卷2，第587页上）、《索引》（第920页）均作江西永丰人，未详何府。

35. 喻以恕　字心如，九江府彭泽县人，崇祯七年榜三甲239名，历官工部郎中。

按：康熙《临江府志》卷10《选举·明》（第572页）崇祯七年榜载，但未注何县人；同治《临江府志》（卷12，第146页上）进士表则将其归入新喻县。同治《南昌府志》卷29《选举·历朝进士·明》亦收：“喻以恕，南昌人。据县志增。”②

以上各府志当是误收，据《崇七履历》载，喻以恕为九江府彭泽县人③。《类姓登科考》（卷3，第655页上）、《碑录》（第1298页）同作彭泽县。

36. 姜荃林　号兰滋，饶州府鄱阳县人，崇祯十年榜三甲155名，选试监察御史。

按：康熙《广信府志·选举·进士·明》（第1433—1434页）载作兴安人，误。

《崇十履历》载姜荃林作鄱阳人④，《碑录》（第1310页）同。广信府兴安县始建于嘉靖三十九年八月，以弋阳县之横峰寨置，割上饶、贵溪二县地作为补充，与鄱阳县属地无涉。康熙《广信府志》

---

① 广信府永丰县入清后改作广丰县。

② 同治《南昌府志》，《中国地方志集成·江西府县志辑》第1—3册，江苏古籍出版社1996年版，第187页下。

③ 《崇祯七年甲戌科进士履历便览》，九江府下，上海图书馆藏明崇祯刻本。

④ 《崇祯十年丁丑科三百名进士三代履历便览》，饶州府下，上海图书馆藏明崇祯刻本。

误收。

二　误收外省进士作江西进士者

俞集　浙江绍兴府新昌县人，正德六年榜三甲188名。

按：《登科考》（卷10，第628页）、《贡举考》（卷6，第38页）均作江西新昌县人，同治《瑞州府志》卷9《选举·进士·明》（第179页下）亦载作瑞州府新昌县。

其实俞集为浙江新昌县人。嘉靖《浙江通志》卷51《选举志》第七之二："（弘治）十七年　绍兴府三十二人：……俞集，……瓒、集，正德六年进士。"① 万历（浙江）《新昌县志》卷10《选举志·皇明科甲·国朝进士》亦载："俞集，正德六年。"② 而正德《瑞州府志》不载。

《碑录》（第562页）、《索引》（第2297页）作浙江新昌县人，不误。

第四节　双籍进士籍贯记载之错误考

一　原籍江西占籍外省者

1. 王仲寿　字寿夫，饶州府乐平县三都人，南直隶江宁县籍，永乐二年榜三甲174名，官至参政。

按：《登科考》（卷3，第112页）、《贡举考》（卷2，第57页）、《碑录》（第88页）、《索引》（第234页）均作应天府江宁县人，未注原籍。

正德《饶州府志》卷2《学校·附科贡征辟·乐平县学·进士·本朝》（第249页）载："王仲寿，字寿夫。……中永乐甲申，官参

---

① 嘉靖《浙江通志》卷51《选举志》第七之二，《天一阁藏明代方志选刊续编》24—26册，上海书店1990年版，第392页。

② 万历《新昌县志》，《天一阁藏明代方志选刊》19册，上海古籍书店1982年版，第14页。

政。”其户籍变迁见康熙《饶州府志》本传云：“乐平人，以父徙籍南京，补庠生，……竟以老引年还。……常有部使者过乐平，需贿无所忌，辄面斥之，其人惭而谢去。”① 可证其原籍为乐平县，至于其父因何徙籍南京，待考。

2. 刘江　吉安府泰和县人，应天江宁县籍。永乐十六年榜一甲榜眼。初授编修。

按：《登科考》（卷3，第172页）、《贡举考》（卷3，第17页）、《碑录》（第143页）、《索引》（第1999页）均作应天府江宁县人，未注原籍。

嘉靖《江西通志》卷26《吉安府·科目·国朝》（第4380页）作泰和县人，应天中式。嘉靖《九江府志》卷5《职官志·秩官·国朝·九江府·教授·成化》亦载：“刘江，泰和人。由进士。翰林编修左迁。”②

3. 洪玙　字宗器，广信府贵溪县籍，浙江淳安人，永乐十九年榜二甲32名，官至吏部侍郎。

按：《碑录》（第159页）载洪玙，浙江严州府遂安县人；《索引》（第1151页）简作浙江遂安。《登科考》（卷3，第188页）、《贡举考》（卷3，第27页）均作洪琠，浙江淳安县人。以上各书皆未注原籍。

“遂安”当是“淳安”之误，“琠”当作“玙”。嘉靖《淳安县志》卷10《科贡·进士·国朝》载：“洪玙，永乐十九年曾鹤龄榜。”卷11《人物·宦迹·国朝》：“洪玙，字宗器。……由进士第授刑部主事，……升吏部右侍郎。”③ 嘉靖《浙江通志》卷46《人物志》（第119页）亦载其为淳安县人。

---

① 康熙《饶州府志》卷22《人物志·乡贤·明》，载《中国方志丛书·华中地方》第959号，台北：成文出版社1989年影印清康熙二十二年刊本，第1823—1824页。

② 嘉靖《九江府志》，《天一阁藏明代方志选刊》36册，上海古籍书店1982年版，第14页。

③ 嘉靖《淳安县志》，《天一阁藏明代方志选刊》16册，上海古籍书店1982年版，第7、22—23页。

嘉靖《广信府志》卷14《选举志·进士·国朝·贵溪》（第849页）："永乐十九年辛丑曾鹤龄榜 洪玙，字宗器。仕至吏部侍郎。淳安县籍。"又卷3（第175页）载，贵溪县有少宰坊，"在三十一都，为侍郎洪玙立"。可证洪玙又是贵溪县人。

至于淳安和贵溪哪个是乡贯，哪个是现籍，王直《太安人许氏墓志铭》中有详细的描述：

> 许氏于广信贵溪为大家，世以多赀雄乡里。太安人之祖源清、父德诚皆循循谨礼法，……父母爱之，为择婿。时淳安洪君子泉为安仁教谕，未有室，闻其贤，以礼求之。德诚亦慕教谕君之贤，遂以归君。……晚年，教谕君官福州，太安人率诸子家贵溪，及教谕君卒，遂于贵溪葬焉，贵溪之有洪氏，自此始。太安人五子：玙、珦、项、珷、琦。玙今为吏部侍郎，珷亦读书为士，珦项琦早卒。侍郎初为士，为进士，为都水主事，以荐入史馆，预经筵，由翰林侍讲升侍郎。①

洪玙之父本为浙江淳安人，在任官安仁县教谕时，娶贵溪许氏，卒后即葬于贵溪，故其子孙为贵溪人。由此，洪玙乡贯为浙江淳安，户籍在江西贵溪。

4. 罗铨 吉安府吉水县人，南直隶山阳县籍。永乐十九年榜三甲14名，历官按察使。

按：《登科考》（卷3，第190页）、《贡举考》（卷3，第28页）、《碑录》（第160页）、《索引》（第1908页）概作南直隶山阳县人，未注原籍。

嘉靖《江西通志》卷26《吉安府·科目·国朝》（第4379页）作吉水县人，应天中式。杨士奇《通议大夫湖广按察使罗君铨墓志铭》："正统四年五月，湖广按司罗铨文衡卒于官。罗之先家抚之宜

---

①（明）王直：《抑庵文集》卷10，上海古籍出版社1991年影印四库明人文集丛刊本，第26—27页。

黄，元初有仕为吉水州学录者，遂家州之东坊。学录孙再可，再可孙继道。继道子景泰，少游江淮，遂居山阳。娶范氏，生二子，文振、文衡也。……永乐辛丑登进士第，……会湖广缺按察使，……遂以命文衡公。"① 文衡即罗铨，罗铨以上六代皆居家吉水，其父讳景泰者方占籍南直隶山阳县。

5. 解璇　吉安府吉水县人，五台县籍。永乐十九年榜三甲66名。

按：《登科考》（卷3，第192页）、《贡举考》（卷3，第29页）、《索引》（第915页）均作解璿，山西五台县人，未注原籍。

康熙《江西通志》卷18《选举·进士·明》（第1693页）载："解璇，吉水人，五台籍。"顺治《吉安府志·选举表三·明进士》（第90页上）同。

6. 刘清　字儆殷，吉安府吉水县人，顺天宛平县富户籍。宣德五年榜三甲62名，官至四川副使。

按：《登科考》（卷4，第220页）、《贡举考》（卷3，第50页）作顺天府宛平县人，《碑录》（第188页）载作顺天府宛平县富户籍，未注原籍。

嘉靖《江西通志》卷26《吉安府·科目·国朝》（第4389页）、顺治《吉安府志·选举表三·明进士》（第90页下）均载作吉水县人，推测其家为富户，明初被迁往京师，落户宛平县。

7. 孟玘　广信府铅山县人，福建闽县军籍，正统四年二甲13名。

按：《登科考》（卷5，第238页）、《贡举考》（卷3，第68页）作闽县人，《碑录》（第202页）、《索引》（第589页）作福建闽县军籍，未注原籍。

据林俊撰《孟公玘墓志铭》："……孟出临淮，徙铅山，祖德，浙东金牌元帅，归附我太祖，立战功，既守闽城，之太平坊家焉。"② 可知孟玘祖父本铅山人，入明以军功占籍闽县，故孟玘为军籍。

8. 黄裳　字元吉，赣州府兴国县人，广东韶州军籍，正统七年榜

---

① （明）焦竑：《献徵录》卷88，上海书店1987年影印本，第3810页。

② 同上书，第3491页。

二甲17名，历官监察御史。

按：《碑录》（第208页）、《索引》（第1573页）作江西兴国县军籍，未注原籍。《登科考》（卷5，第244页）作“江西兴国县籍，广东韶州人”，表述不当。

实际上，黄裳祖籍为江西兴国，韶州是其现户籍所在地。《贡举考》（卷3，第74页）载作“江西兴国县人，广东韶州千户所军生”。天启《赣州府志》卷15作兴国人，韶州所籍。①

雍正《广东通志》本传载其籍贯变化：“黄裳，字符吉，其先兴国人，洪武中祖仲礼以事戍曲江，因家焉。裳读书过目成诵，登正统壬戌进士，授监察御史。”② 曲江为韶州府属县。

9. 刘锴　字用甫，吉安府泰和县人，云南临安府籍，正统七年榜二甲27名，历官佥事。

按：《碑录》（第208页）、《索引》（第2045页）作江西泰和县民籍，《登科考》（卷5，第245页）作“江西泰和县籍，云南临安府人”，表述不当。

嘉靖《江西通志》卷26《吉安府·科目·国朝》（第4399页）作泰和人，云南中。《贡举考》（卷3，第75页）：“刘锴，江西泰和县人，云南临安府学。”则刘锴籍贯当作泰和县人，云南临安府籍。

10. 叶冕　字拱辰，饶州府鄱阳县人，浙江上虞县官籍。正统十年榜二甲16名，官至左副都御史。

按：《碑录》（第216页）、《索引》（第1602页）均作浙江上虞人，未注原籍。《登科考》（卷5，第254页）作“浙江上虞县籍，顺天府人”；《贡举考》（卷4，第5页）作“浙江上虞县人，顺天府学”；《正统十年会试录》作顺天府学军生③。

---

① 天启《赣州府志》，《四库全书存目丛书》史部202本，齐鲁书社1996年影印顺治十七年汤斌刻本，第512页下。

② 雍正《广东通志》卷46《人物志三·明》，台湾商务印书馆1986年影印文渊阁《四库全书》第564册，第177页下。

③ 屈万里编：《明代登科录汇编》，《明代史籍汇刊》，台湾学生书局1969年版，第356页。

康熙《饶州府志》本传云："鄱阳人，生浙之上虞，……景泰辛未擢知松江府，……初，冕在松江，乐其土风，既致仕，买第秀野桥之西居之，殁葬北钱里。一子早亡，遂无后。弘治中，鄱阳族人启柩归葬。"① 据此，叶冕祖籍鄱阳人，因其为官籍军生，推知其上辈或为军官，戍守上虞；叶冕在上虞出生后，又移戍顺天，故得以顺天府学军生中举。叶冕官于松江，致仕后寓居松江府，则又变成松江人。其族人能迁其墓归鄱阳，可以看出叶冕一家与鄱阳族人之间的联系还是很紧密的，至少说明其上辈迁出鄱阳的时间并不长。

正德《松江府志》卷24《宦迹下·国朝》："叶冕，字拱辰。其先江西浮梁人，冕生于浙之上虞。正统乙丑擢进士。"② 是误鄱阳为浮梁。

11. 刘珷　吉安府安福县人，顺天府顺义县籍，正统十年榜二甲31名，初授兵科给事中，官至广西佥事。

按：《碑录》（第217页）、《索引》（第1973页）作刘珷，江西安福官籍。《贡举考》（卷4，第6页）："刘斌，江西安福县人，顺天府顺义县学。"《登科考》（卷5，第255页）载作："刘斌，江西安福县籍，顺天府顺义县人。"

《正统十年会试录》载作刘珷，顺天府顺义县学增广生③，说明刘珷当时的户籍在顺义县，那么其原籍为安福县。

12. 王宣　吉安府吉水县人，四川长寿民籍。正统十年榜三甲51名，历官佥事。

按：《正统十年会试录》④《碑录》（第220页）等均作四川长寿县人，未注原籍。

顺治《吉安府志·选举表三·明进士》（第91页上）作吉水人，

---

① 康熙《饶州府志》卷22《人物志·乡贤·明》，载《中国方志丛书·华中地方》第959号，台北：成文出版社1989年影印清康熙二十二年刊本，第1837—1838页。

② 正德《松江府志》，《天一阁藏明代方志选刊续编》5—6册，上海书店1990年版，第423页。

③ 屈万里编：《明代登科录汇编》，《明代史籍汇刊》，台湾学生书局1969年版，第366页。

④ 同上书，第859页。

雍正《江西通志》（第514册，第723页上）载作“吉水人，四川籍，佥事”。

13. 刘春　字缉昭，吉安府庐陵县人，锦衣卫镇抚司籍，景泰二年榜二甲20名，历官工部郎中。

按：《贡举考》（卷4，第22页）作锦衣卫镇抚司，未注原籍。

《登科考》（卷6，第276页）：“刘春，江西庐陵县籍，锦衣卫镇抚司人。”表述不当，当从《碑录》（第232页）作“江西吉安府庐陵县人，锦衣卫镇抚司军籍”。嘉靖《江西通志》卷26《吉安府·科目·国朝》（第4409页）景泰二年榜下收刘春。

14. 易贵　吉安府吉水县人，贵州贵竹长官司民籍。景泰五年榜二甲2名，历官知府。

按：《登科考》（卷6，第288页）作贵州宣慰司人，《贡举考》（卷4，第31页）作贵竹长官司人；《碑录》（第243页）载作“贵州宣慰使司贵竹长官司民籍”，《索引》（第1866页）误“竹”为“筑”。以上各书均未注原籍。

易贵原籍当为吉水县。嘉靖《江西通志》卷26《吉安府·科目·国朝》（第4411页）作吉水人，贵州中式。《千顷堂书目》亦载：“易贵《诗经直指》十五卷　贵州宣慰司籍，吉水人，景泰甲戌进士，辰州府知府。”①

15. 李常　吉安府吉水县人，广西桂平民籍。景泰五年榜三甲67名，历官知府。

按：《登科考》（卷6，第297页）、《索引》（第1333页）等作广西桂平县人，未注原籍。

嘉靖《江西通志》卷26《吉安府·科目·国朝》（第4411页）作吉水人，广西中式。顺治《吉安府志·选举表三·明进士》（第91页下）亦收作吉水人。

16. 谢芳　字景昌，赣州府赣县人，武功中卫籍，天顺元年榜二

① （清）黄虞稷：《千顷堂书目》卷1，台湾商务印书馆1986年影印文渊阁《四库全书》第676册，第49页。

甲 39 名，历官知府。

附谢少南　字应午，赣州府赣县人，应天府上元籍，嘉靖十一年榜二甲 16 名，官至副使。

按：《天顺元年进士登科录》载谢芳籍贯作“武功中卫籍，军余”[①]；《碑录》（第 263 页）等均作武功中卫人，均未注原籍。

谢芳原籍当为江西赣县。嘉靖《赣州府志》载：“谢芳，景昌。应天上元籍。天顺丙子举于应天，登丁丑黎淳榜。兵部主事，寻升知府。”[②]

又，谢芳之孙谢少南，《登科考》（卷 11，第 758 页）作应天府籍，江西赣县人。嘉靖《赣州府志》：“谢少南，应午。芳之孙。嘉靖戊子举于应天，登壬辰林大钦榜。”[③]《碑录》（第 680 页）、《索引》（第 128 页）载作应天府上元县民籍，未注原籍。

17. 彭果　吉安府庐陵县人，四川永宁宣抚司籍。天顺元年榜二甲 80 名，历官郎中。

按：《天顺元年进士登科录》作永宁宣抚司民籍[④]，《碑录》（第 265 页）、《索引》（第 1371 页）作四川永宁宣抚司人，但户籍类型为军籍，与《登科录》不同。均未注原籍。

嘉靖《江西通志》卷 26《吉安府·科目·国朝》（第 4418 页）作庐陵人，康熙《江西通志》卷 18《选举·进士·明》（第 1714 页）作庐陵人，四川籍。

18. 蔡哲　吉安府泰和县人，光州籍。天顺元年榜三甲 6 名，历官知府。

按：《天顺元年进士登科录》载蔡哲“贯河南汝宁府光州民籍”[⑤]，

① 屈万里编：《明代登科录汇编》，《明代史籍汇刊》，台湾学生书局 1969 年版，第 486 页。

② 嘉靖《赣州府志》卷 9《选举·进士·赣县·国朝》，《天一阁藏明代方志选刊》38 册，上海古籍书店 1982 年版，第 2 页。

③ 同上。

④ 屈万里编：《明代登科录汇编》，《明代史籍汇刊》，台湾学生书局 1969 年版，第 507 页。

⑤ 同上书，第 520 页。

《碑录》（第266页）、《索引》（第1585页）同作河南光州人，未注原籍。

嘉靖《江西通志》卷26《吉安府·科目·国朝》（第4418页）作泰和人。嘉靖《思南府志》载："蔡哲，江西泰和县人。由进士任。"① 雍正《广东通志》卷27《职官志二·明·省总》（第563册，第121页上）亦载："蔡哲，江西泰和人，进士。……以上廉州知府。"

19. 周正　吉安府吉水县人，辽东都司东宁卫军籍。天顺元年榜三甲63名，历官云南布政使。

按：《天顺元年进士登科录》载周正"贯辽东都司东宁卫军籍"②，《碑录》（第269页）、《索引》（第2192页）同，未注原籍。《贡举考》（卷4，第49页）、《类姓登科考》（卷2，第565页上）载作"辽东东宁县"，据《明史·地理志》（第953页），辽东无东宁县，实为东宁卫之误。

嘉靖《江西通志》卷26《吉安府·科目·国朝》（第4418页）作吉水人。弘治《徽州府志》卷4《职制·国朝·郡邑官属·徽州府·知府》："周正，字子建。东宁卫军籍，吉水县人。由进士历任刑部署员外，升任。"③ 可知，周正当作吉水县人，东宁卫军籍。

20. 左贤　字时彦，建昌府南城县人，顺天府宛平县富户籍。天顺元年榜三甲101名，官至参议。

按：《登科考》（卷7，第318页）、《贡举考》（卷4，第50页）均作顺天府宛平县人，《碑录》（第271页）、《索引》（第1192页）作顺天府宛平县富户籍，未注原籍。正德《建昌府志》卷15（第30页）作南城县人。

---

① 嘉靖《思南府志》卷5《官师志·正官·知府·国朝》，《天一阁藏明代方志选刊》67册，上海古籍书店1982年版，第2页。

② 屈万里编：《明代登科录汇编》，《明代史籍汇刊》，台湾学生书局1969年版，第548页。

③ 弘治《徽州府志》，《天一阁藏明代方志选刊》21—22册，上海古籍书店1982年版，第33页。

《天顺元年进士登科录》亦未注原籍，通过对左贤和左赞的祖上三代对比，可以发现二人为堂兄弟，其祖父同为左谦。左贤“曾祖彬卿，元学正；祖谦，赠广东右参议；父德顺”①，同科二甲9名南城左赞的三代则为“曾祖彬卿，元学正；祖谦，赠广东右参议；父瑺，山东左参政”②。

左瑺，永乐十六年榜进士，倪谦《山东参政左公璒墓志铭》：“公讳璒，字世瑄，姓左氏，世为江右南城宦族，……曾祖讳明叔，元三公府从事；祖讳彬卿，平乐州学正；父讳彦彰，赠监察御史、广东参议；母周氏，累赠恭人。”③ 何乔新《广东布政司右布政使左公赞墓表》：“公左氏，讳赞，字时翊，世家盱之南城。……考讳瑺，别号讷庵，以进士累官山东布政司左参政。”④ 可见，左氏一家本都是江西南城县人。

又据万历《建昌府志》载，建昌府城有“世登进士坊”，“为左瑺、左赞、左贤、左悠、左宗郢立”，并单独为左贤立有“进士坊”⑤，可证左贤为建昌府人。

左贤为何成为顺天府人？据韩雍撰《故左母孺人曾氏墓志铭》：“南城左贤举进士之明年，其母曾孺人以疾终于家。……孺人讳玉真，姓曾氏，……得南城左君世瑶，遂以归之。……永乐初，朝廷选富民集京师，世瑶在列，……既至京，占籍顺天之宛平。”⑥ 左氏在永乐朝被定为富户，征入顺天府宛平县服役，左贤之父世瑶（即《登科录》中的“德顺”），承担了这个差使，故其子孙家于宛平县；而左

① 屈万里编：《明代登科录汇编》，《明代史籍汇刊》，台湾学生书局1969年版，第567页。

② 同上书，第471页。

③ （明）焦竑：《献徵录》卷95，上海书店1987年影印本，第4141—4142页。按：“左璒”即“左瑺”，见前姓名之考证。

④ 同上书卷99，第4367页。

⑤ 万历《建昌府志》，载《中国方志丛书·华中地方》第829号，台湾成文出版社1989年影印明万历四十一年刊本，第418、419页。

⑥ （明）韩雍：《襄毅文集》卷14，台湾商务印书馆影印《四库全书》，第1245册，第792页下—793页下。

瑺（世瑄）随祖父等仍居南城，故其祖孙籍贯均作南城。

21. 王范　吉安府永新县人，直隶开州民籍。天顺四年榜三甲45名。

按：《登科考》（卷7，第329页）作江西永新县人，《贡举考》（卷4，第59页）、《碑录》（第282页）、《索引》（第331页）作直隶开州人。

顺治《吉安府志·选举表三·明进士》（第99页下）、康熙《江西通志》卷18《选举·进士·明》（第1716页）均收录，作永新人。则王范籍贯当为永新县人，开州籍。

22. 徐演　吉安府泰和县人，湖广荆州右卫军籍。天顺四年榜三甲67名，历官副使。

按：《登科考》（卷7，第331页）、《碑录》（第283页）等作湖广荆州右卫人，未注原籍。《贡举考》（卷4，第59页）作湖广荆州县，湖广无荆州县，当为荆州卫之误。

顺治《吉安府志·选举表三·明进士》（第91页下）作泰和人。康熙《江西通志》卷18《选举·进士·明》（第1715页）天顺四年榜载："徐演，泰和人，荆州籍，官副使。"则徐演籍贯当作泰和县人，荆州右卫军籍。

23. 李锐　临江府新淦县人，陕西凉州卫籍，天顺四年榜三甲96名，历官主事。

按：《碑录》（第284页）、《索引》（第1329页）作陕西凉州卫人，失载原籍。

其原籍为江西新淦，见《登科考》（卷7，第332页）："李锐，陕西凉州卫籍，江西新淦县人。"康熙《江西通志》卷18《选举·进士·明》（第1716页）天顺四年榜亦载李锐作新淦人，凉州籍。

附，嘉靖《临江府志》卷5《选举表第六·科第·大明·新淦·成化》（第364页）载："元年　李锐，进士，主事。"李锐不可能于天顺四年中进士后，又于成化元年再考乡试，显误。康熙《临江府志》卷10《选举表·明》（第544页）则误载其为成化五年榜进士。

24. 袁镐　南康府安义县人，福建建安县籍，天顺八年榜三甲8

名，初授大理寺评事，历官佥事。

按：《碑录》（第291页）、《索引》（第1353页）作福建建安县人，《登科考》（卷7，第338页）、《贡举考》（卷4，第66页）作江西建昌县人。

正德《南康府志》卷6《甲科·进士·安义县·国朝》（第27页）载："袁镐，大理评事，升佥事。天顺甲申进士。"则袁镐当作建昌县（其地后入安义县）人，福建建安籍。

25. 张文昭　袁州府萍乡县人，山东平山卫籍，天顺八年榜三甲146名，初授刑部主事，历官左佥都御史。

按：《登科考》（卷7，第345页）、《碑录》（第298页）等均作山东平山卫人，未注原籍。

其原籍为江西萍乡，见正德《袁州府志》卷7《科第·大明》（第7页）："天顺二年己卯科　张文昭，中顺天府乡试，甲申彭教榜进士。刑部主事，历官左佥都御史。萍乡人，平山卫籍。"

26. 邹袭　字继芳，吉安府永新县人，山东济南卫军籍。成化二年榜二甲60名，历官郎中。

按：《贡举考》（卷4，第76页）作山东济南卫人，《碑录》（第304页）、《索引》（第926页）作江西永新县民籍。

《成化二年进士登科录》载作江西吉安府永新县人，山东济南卫军籍[①]；《登科考》（卷8，第351页）同。嘉靖《江西通志》卷26《吉安府·科目·国朝》（第4427页）载邹袭作吉水人，当误。顺治《吉安府志·选举表三·明进士》（第100页上）作永新人。

27. 熊绣　字汝明，南昌府丰城县莲花桥人，湖广宁远卫军籍。成化二年榜三甲37名，官至南京右都御史。

按：《成化二年进士登科录》作湖广宁远卫军籍，道州学生。[②]《登科考》（卷8，第355页）作湖广道州人，《贡举考》（卷4，第78页）作湖广宁远卫人。《碑录》（第308页）作"湖广永州府道州

① 《成化二年进士登科录》，二甲60名，国家图书馆藏明成化刻本。

② 同上书，三甲37名。

宁远县民籍”，《索引》（第697页）简作“湖广宁远”民籍。

《碑录》《索引》作“宁远县民籍”当误，而《成化二年进士登科录》失载其原籍。

其原籍为江西丰城，见刘瑞《南京都察院右都御史谥庄简熊公绣传》：“熊绣，字汝明。其先江西丰城人，四世祖以下始占籍湖广宁远卫。”[①]《明武宗实录》亦载：“正德十年闰四月庚辰，南京都察院右副都御史致仕熊绣卒。绣字汝明，江西丰城县人，其先以尺籍隶湖广宁远卫，遂为道州人。”[②] 所谓“尺籍”即军籍。《嘉靖丰乘》（第98页）载：“熊绣，莲花桥人，以道州中湖广榜，历官刑部尚书，谥简肃。”

28. 吴哲　字克明，抚州府临川县人，辽东广宁卫军籍。成化八年榜三甲47名，官至保定知府。

按：《贡举考》（卷4，第102页）作辽东广宁卫，未注原籍，《成化八年进士登科录》[③]《碑录》（第341页）作“江西临川县人，辽东广宁卫军籍”。《索引》（第862页）云据《江西通志》补原籍江西临川，而不据《碑录》，不知何故。

弘治《抚州府志》卷23《人物三·乡贤·皇明》（第568页）：“吴哲，字克明，临川人。其家三世以戎籍隶广宁卫，父没，哲当补伍，都御史某见其仪状秀异，奇之，录为卫学生。登成化八年第，授嘉定县知县。”

29. 黎复登　吉安府吉水县人，四川长寿军籍。成化十四年榜二甲9名，历官郎中。

按：《登科考》（卷8，第414页）、《贡举考》（卷5，第18页）作四川长寿县人。《碑录》（第365页）、《索引》（第894页）作四川长寿军籍。

康熙《江西通志》卷18《选举·进士·明》（第1727页）作吉水人，四川籍；雍正《江西通志》（卷53，第514册，第742页

① （明）焦竑：《献徵录》卷64，上海书店1987年影印本，第2782页。

② 《明武宗实录》卷124，台湾“中研院”史语所1962年校印本，第2493—2494页。

③ 屈万里编：《明代登科录汇编》，《明代史籍汇刊》，台湾学生书局1969年版，第1212页。

上）同。

30. 尹陵　吉安府泰和县人，湖广京山军籍。成化十四年榜三甲180名，历官知府。

按：《登科考》（卷8，第428页）、《贡举考》（卷5，第25页）作京山县人，《碑录》（第380页）、《索引》（第618页）作湖广京山县军籍，均未注原籍。

嘉靖《江西通志》卷26《吉安府·科目·国朝》（第4436页）载尹陵为泰和县人，湖广中；康熙《江西通志》卷18《选举·进士·明》（第1727页）作泰和人，京山籍。

31. 胡玉　字方德，临江府清江县人，直隶泰州千户所军籍，成化十七年榜二甲传胪，官至陕西参议。

按：《碑录》（第383页）："胡玉，直隶扬州卫泰州守御千户所官籍。"《索引》（第1723页）误作军籍。《登科考》（卷8，第433页）、《贡举考》（卷5，第31页）作南直隶泰州千户所人，均未注原籍。

胡玉原籍当作江西清江县，见嘉靖《临江府志》卷5《选举表第六·科第·大明·清江·成化》（第363页）："元年　胡玉，进士，知府。"康熙《江西通志》卷18《选举·进士·明》（第1729页）载作清江人，泰州籍。

32. 张寅　字敬之，吉安府安福县人，直隶冀州民籍。成化十七年榜三甲24名，官至太仆寺丞卒。

按：《登科考》（卷8，第439页）、《碑录》（第389页）等均作直隶冀州人，未注原籍。

张寅原籍江西安福县，见万历《吉安府志》张寅传："安福人，初冠时尝从学仲父振烈大学中，去之冀，冀人有怜其才者，馆谷之，补州庠弟子。成化甲子领应天乡荐，冀人欲妻之，寅曰：'寅尝聘邑人康氏女，今南北不相闻者十年矣，未可以薄行负之。'既上春官不第，乃南归，康氏亦守节以待，始就婚，人两贤之。"① 雍正《江西

① 万历《吉安府志》卷19，载《中国方志丛书·华中地方》第768号，台北：成文出版社1989年影印明万历十三年刻本，第1117页。

通志》卷99《列女·吉安府》（第516册，第291页上）亦载："张寅妻康氏，安福人，既聘而寅远游不归，父母欲令改适，氏死誓不二。及寅归完娶，康年已三十余。寅登进士，官至太仆寺丞，康俭约如未贵时。"

33. 胡金　字汝砺，饶州府乐平县南隅人，湖广汉阳官籍，成化二十年榜二甲87名，历官给事中。

按：《登科考》（卷8，第454页）、《碑录》（第403页）等均作湖广汉阳人，未注原籍。

胡金原籍江西乐平县，见正德《饶州府志》卷2《学校·附科贡征辟·乐平县学·进士·本朝》（第250页）："胡金，字汝砺，二十二都人。中成化甲辰，官给事中。"康熙《江西通志》卷18《选举·进士·明》（第1730页）作"乐平人，湖广籍"。

34. 李赞　吉安府吉水县人，南直隶芜湖民籍。成化二十年榜二甲38名，历官布政使。

附李贡　吉安府吉水县人，南直隶芜湖民籍。成化二十年榜二甲43名，历官兵部右侍郎。

按：李赞，《登科考》（卷8，第452页）、《碑录》（第401页）均作直隶芜湖人，未注原籍。

据杨一清《浙江布政使司左布政使李君赞墓表》："君讳赞，惟诚其字，别号平轩。……南唐时再徙吉水，其传至于子敏，国初始徙芜湖，家焉，君之曾大父也。……君为仲子，……与惟正并有声江东。成化……甲辰会试，入奉廷对，赐二甲进士，兄弟齐名，人以为美谈。"① 则李赞之曾祖以上曾为吉水人，入明后始占籍芜湖。

"惟正"即李贡，《登科考》（卷8，第452页）等亦载作直隶芜湖人，未注原籍。嘉靖《江西通志》卷26《吉安府·科目·国朝》（第4441页）载："李赞，浙江布政使，吉水人。李贡，兵部侍郎，赞、贡俱占籍芜湖。"万历《吉安府志》卷19（第1118—1119页）李贡传作吉水县人，"归卒于芜湖"。

---

① （明）焦竑：《献徵录》卷84，上海书店1987年影印本，第3546页。

35. 胡伦　字天叙，瑞州府高安县龙口人，四川安岳籍，成化二十三年榜二甲71名，历官郧阳知府。

按：《登科考》（卷8，第471页）作四川安岳县人，《贡举考》（卷5，第56页）作四川汉州人。《碑录》（第419页）、《索引》（第1731页）作四川汉州军籍，四川安岳县人。

正德《瑞州府志》卷8《选举志·科第·大明》（第946—947页）："胡伦，天叙。高安龙口人，四川安岳籍。费宏榜进士。历主事、员外，郧阳知府。"康熙《江西通志》卷18《选举·进士·明》（第1732页）作高安人，四川籍。

36. 彭瓒　吉安府龙泉县人，山东胶州千户所籍，成化二十三年榜三甲140名。

按：《贡举考》作山东胶州千户所人，未注原籍（卷5，第61页）。《碑录》（第428页）、《索引》（第1363页）作山东胶州千户所军籍，江西龙泉县人。

《登科考》作山东藤州千户所籍，江西龙泉县人（卷8，第480页），"滕州"是"胶州"之误，"滕州"不见载于《明史·地理志》。嘉靖《山东通志》卷17《科目·莱州府》："（成化）丁未科　彭瓒，胶州人。仕至主事。"① 嘉靖《江西通志》卷26《吉安府·科目·国朝》（第4444页）作龙泉人。

37. 刘贤　吉安府吉水县人，四川射洪县民籍。弘治六年榜三甲92名。

按：《登科考》（卷9，第515页）、《碑录》（第458页）均作四川射洪县人，未注原籍。

顺治《吉安府志·选举表三·明进士》（第93页上）载作吉水县人，康熙《江西通志》卷18《选举·进士·明》（第1736页）亦载刘贤"吉水人，四川籍"。

38. 刘泽　吉安府庐陵县人，山东济宁州民籍。弘治十二年榜三

① 嘉靖《山东通志》，《天一阁藏明代方志选刊续编》51册，上海书店1990年版，第1047页。

甲 92 名，历官都御史。

按：《登科考》（卷 9，第 549 页）、《碑录》（第 490 页）等均作山东济宁州人，未注原籍。

顺治《吉安府志·选举表三·明进士》（第 93 页上）载刘泽于庐陵下，“都御史，济宁籍”。康熙《江西通志》卷 18《选举·进士·明》（第 1740 页）作“庐陵人，济宁籍，官至都御史”。

39. 李学曾　吉安府吉水县人，广东茂名民籍。弘治十五年榜三甲 33 名，历官员外郎。

附李一迪　吉安府吉水县人，广东茂名民籍。嘉靖四十四年榜二甲 12 名，历官副使。

按：李学曾，《登科考》（卷 9，第 563 页）、《碑录》（第 504 页）均作广东茂名县人，未注原籍。李一迪，《贡举考》（卷 8，第 5 页）、《碑录》（第 872 页）亦作茂名县人。

据雍正《广东通志》卷 46《人物志三》（第 564 册，第 214 页下）：“李一迪，字君哲，学曾从子，登嘉靖乙丑上第。”顺治《吉安府志·选举表三·明进士》（第 95 页下）收李一迪为吉水县人，康熙《江西通志》卷 18《选举·进士·明》（第 1783 页）载其为吉水人，高州籍。则李学曾和李一迪原籍均为吉水县，其前代占籍广东高州府茂名县。

40. 熊纪　南昌府靖安县人，河南南阳民籍。弘治十五年榜三甲 75 名，历按察副使。

按：《登科考》（卷 9，第 565 页）、《碑录》（第 506 页）等均作河南南阳人，未注原籍。

康熙《江西通志》卷 18《选举·进士·明》（第 1742 页）作靖安人，南阳籍；雍正《江西通志》卷 53《选举五·明》（第 514 册，第 754 页上）同。

41. 刘瓒　字朝重，吉安府安福县人，四川行都司会川卫军籍。弘治十八年榜三甲 66 名，历官副使。

按：《碑录》（第 521 页）、《索引》（第 1973 页）作“四川行都司合州卫军籍，江西安福县人”。

“合州”误，据《明史·地理志》（卷43，第1052页），四川行都司无合州卫，有会川卫。《弘治十八年进士登科录》[①] 等均作四川会川卫籍。

42. 戴冠　字仲鹖，吉安府吉水县人，河南信阳州民籍。正德三年榜二甲105名，官至提学副使。

按：《登科考》（卷10，第598页）、《碑录》（第534页）均作河南信阳州人，未注原籍。

戴冠原籍江西吉水县。嘉靖《江西通志》卷26《吉安府·科目·国朝》（第4459页）正德三年榜载：“戴冠，历知府，升提学副使。”顺治《吉安府志·选举表三·明进士》（第93页下）作吉水人。雍正《江西通志》卷54《选举六·明》（第514册，第759页上）载：“戴冠，吉水人，河南籍，提学副使。”

43. 喻茂坚　字汝砺，南昌府丰城县人，四川荣昌县籍，正德六年榜三甲32名，官至刑部尚书。

按：《登科考》（卷10，第620页）、《碑录》（第554页）作四川荣昌人，未注原籍。

喻茂坚原籍江西丰城，见《嘉靖丰乘》卷2《科第表·国朝·正德》（第105页）：“六年杨慎榜　喻茂坚，汝砺。中四川乡试，累官刑部尚书。”《明一统志》卷49《江西布政司·南昌府·人物》：“喻茂坚，丰城人，领四川乡荐，登进士第，……晋尚书。……子姓秩秩，约可百人，科第接武，遂为荣昌宦族云。”[②]

44. 田秋　吉安府吉水县人，贵州籍。正德九年榜三甲78名，历官布政使。

按：《碑录》（第576页）、《索引》（第1872页）载田秋“贵州思南府水德江长官司民籍，德江司人”。“德江”不见载于《明史·地理志》，实为“水德江”之误，《登科考》（卷10，第644页）等

---

① 屈万里编：《明代登科录汇编》，《明代史籍汇刊》，台湾学生书局1969年版，第2504页。

② 《明一统志》，台湾商务印书馆1986年影印文渊阁《四库全书》第473册，第30页上。

均作贵州水德江长官司人，未注原籍。

顺治《吉安府志·选举表三·明进士》（第93页下）载作庐陵县人，康熙《江西通志》卷18《选举·进士·明》（第1752页）作庐陵人，贵州籍。

45. 祝文冕　字宗周，饶州府德兴县人，直隶密云后卫军籍。嘉靖五年榜三甲58名，历左长史。

按：《贡举考》（卷6，第103页）、《碑录》（第652页）、《索引》（第1169页）作直隶密云后卫人，未注原籍。

《登科考》（卷11，第729页）作直隶密云卫籍，江西德兴县人。嘉靖《章丘县志》卷3《县令题名八》："知县祝文冕，字宗周。贯江西德兴县人，由进士，嘉靖五年十二月到任。"①《明诗纪事》（戊籤卷16，第1710页）亦载："祝文冕　文冕字□□，德兴人。嘉靖丙戌进士。"

46. 高翀　字允升，临江府峡江县人，湖广安陆卫籍，嘉靖五年榜三甲61名，官至工部尚书。

按：《贡举考》（卷6，第103页）、《碑录》（第653页）、《索引》（第33页）作湖广安陆县人，未注原籍。

《登科考》（卷11，第729页）作湖广安陆卫籍，江西新淦县人。大概其地后割入峡江县，故亦称峡江人。隆庆《临江府志》卷10《选举·国朝》（第32页）："嘉靖元年壬午乡试　高翀，峡江人。"

47. 戴梧　吉安府永新县人，湖广襄阳民籍。嘉靖五年榜三甲104名，历官知府。

按：《贡举考》（卷6，第104页）、《碑录》（第655页）、《索引》（第1399页）均作湖广襄阳人，未注原籍。

《登科考》（卷11，第731页）作湖广襄阳县籍，江西永新县人。顺治《吉安府志·选举表三·明进士》（第103页上）载入永新县。

48. 郭宗皋　字居弼，吉安府万安县人，山东福山所军籍。嘉靖

---

① 嘉靖《章丘县志》，《天一阁藏明代方志选刊续编》57册，上海书店1990年版，第137页。

八年榜二甲 20 名，历官兵部尚书。

按：《贡举考》（卷 6，第 111 页）、《索引》（第 143 页）作山东福山所人，未注原籍。

《登科考》（卷 11，第 740 页）、《碑录》（第 662 页）作山东福山所籍，江西万安县人。其户籍变动之故，见于慎行《郭康介公宗皋墓志铭》："故大司马似庵先生郭公，以万历戊子十一月二日卒于福山之里第。……公讳宗皋，字君弼，其先江西万安人，国初编田赋兵备倭海上，高祖福辉籍登州之福山所，因止家焉。……明年己丑成进士，改庶吉士。"①

49. 黄允谦　复姓钟，字汝益，赣州府龙南县人，广东崖州所籍，嘉靖八年榜三甲 148 名。

按：《登科考》（卷 11，第 751 页）、《碑录》（第 673 页）等均作广东崖州人，实为江西龙南人，广东崖州所籍，考证见前（复姓考钟芳条）。

50. 唐曜　南昌府南昌县人，四川富顺县民籍。嘉靖十一年榜三甲 63 名。

按：《贡举考》（卷 6，第 127 页）、《碑录》（第 686 页）、《索引》（第 70 页）作四川富顺民籍，未注原籍。

《登科考》（卷 11，第 765 页）作四川富顺县籍，江西南昌县人。万历《新修南昌府志》卷 17《科第·国朝》（第 1324 页）亦载作南昌县人，四川籍。

51. 胡守中　吉安府吉水县人，河南宁陵军籍。嘉靖十一年榜三甲 163 名，历官侍郎。

按：《贡举考》（卷 6，第 130 页）、《碑录》（第 691 页）、《索引》（第 1733 页）作河南宁陵人，未注原籍。

《登科考》（卷 11，第 770 页）作河南宁陵县籍，江西吉水县人。顺治《吉安府志·选举表三·明进士》（第 94 页下）载入吉水县；康熙《江西通志》卷 18《选举·进士·明》（第 1763 页）作吉水

① （明）焦竑：《献徵录》卷 42，上海书店 1987 年影印本，第 1764 页。

人，河南籍。

52. 毕烜　吉安府吉水县人，广东番禺军籍。嘉靖十一年榜三甲212名，历官参政。

按：《贡举考》（卷6，第131页）、《碑录》（第694页）、《索引》（第1881页）作广东番禺人，未注原籍。

《登科考》作广东番禺县籍，江西吉水县人（卷11，第772页）；康熙《江西通志》卷18《选举·进士·明》（第1763页）亦作吉水人，广东籍。

53. 萧体元　字善复，吉安府泰和县人，河南新野县民籍。嘉靖十四年榜二甲79名。

按：《贡举考》（卷7，第7页）作河南新野县人，《碑录》（第701页）、《索引》（第1448页）作江西泰和人。

《嘉靖十四年进士登科录》作江西吉安府泰和县人，河南南阳府新野县民籍[①]（第4142页）。

54. 徐守道　南昌府进贤人，北直隶长垣民籍。嘉靖十四年榜三甲192名。

按：《贡举考》（卷7，第12页）、《索引》（第966页）均作直隶长垣人，未注原籍。

《嘉靖十四年进士登科录》载作直隶大名府开州长垣县民籍，江西进贤县人。[②]

55. 喻时　南昌府丰城县人，河南光州民籍。嘉靖十七年榜三甲56名。

按：《嘉靖十七年进士登科录》作河南汝宁府光州民籍[③]，《登科考》（卷11，第802页）、《碑录》（第722页）、《索引》（第1928页）同，均未注原籍。

《嘉靖丰乘》卷2《科第表·国朝·嘉靖》（第110页）："十七

---

① 屈万里编：《明代登科录汇编》，《明代史籍汇刊》，台湾学生书局1969年版，第4142页。

② 同上书，第4235页。

③ 同上书，第4521页。

年茅瓒榜　喻时，中甫。由知县选御史，升……总督三边都御史。”据王世贞《喻司徒时传》：“喻公之成进士也，则首拜吴江令。……公字中甫，别号吴皋。其先世豫章人，徙于光，遂为光人。”[①] 可知喻时祖上为丰城人，后迁居光州。

56. 蒋凌汉　吉安府泰和县人，四川金堂民籍。嘉靖三十八年榜三甲166名，历官知府。

按：《贡举考》（卷7，第108页）、《碑录》（第852页）、《索引》（第1458页）作四川金堂县人，未注原籍。

顺治《吉安府志·选举表三·明进士》（第95页下）载入泰和县下，雍正《江西通志》卷54《选举六·明》（第514册，第784页上）嘉靖三十八年榜亦载作泰和人。则其当作江西泰和人，四川金堂县籍。

57. 邓楚望　临江府新淦县人，湖广麻城县军籍。嘉靖三十八年榜三甲110名，历行人。

按：《贡举考》（卷7，第107页）、《碑录》（第849页）、《索引》（第599页）作湖广麻城人，未注原籍。

康熙《临江府志》卷10《选举·明》（第561页）嘉靖三十八年榜收录，雍正《江西通志》卷54《选举六·明》（第514册，第784页上）作新淦人。则其籍贯当作新淦县人，麻城县籍。

58. 曾璠　字子玉，九江府彭泽县人，湖广承天卫官籍。嘉靖四十一年榜二甲34名，历陕西参议。

按：《贡举考》（卷7，第114页）、《碑录》（第857页）、《索引》（第2313页）作湖广承天卫人，未注原籍。

《嘉靖四十一年进士登科录》载作“贯湖广承天卫官籍，江西九江府彭泽县人”[②]。《嘉靖丙辰同年世讲录》载曾省吾“父璠，刑部员外”，籍贯亦作承天卫官籍，江西彭泽县人。[③]

---

① （明）焦竑：《献徵录》卷32，上海书店1987年影印本，第1350页。

② 屈万里编：《明代登科录汇编》，《明代史籍汇刊》，台湾学生书局1969年版，第7732页。

③ 同上书，第6883页。

59. 蔡叔逵　字于渐，临江府新淦县人，河南卫辉守御千户所军籍。嘉靖四十一年榜三甲 1 名，历官员外郎。

按：《贡举考》（卷 7，第 116 页）、《碑录》（第 859 页）、《索引》（第 1579 页）作河南卫辉军籍，未注原籍。

《嘉靖四十一年进士登科录》作“河南卫辉守御千户所军籍，江西临江府新淦县人”①。父蔡扬金，见《嘉靖二十三年进士登科录》，亦作河南卫辉府千户所军籍，江西新淦县人。②

60. 刘泮　字汝化，吉安府泰和县人，南直隶江都县民籍。嘉靖四十一年榜三甲 64 名。

按：《贡举考》（卷 7，第 117 页）、《碑录》（第 863 页）、《索引》（第 2010 页）作直隶江都人，未注原籍。

《嘉靖四十一年进士登科录》作“贯直隶扬州府江都县民籍，江西吉安府泰和县人”③。顺治《吉安府志·选举三·明进士》（第 95 页下）载刘泮作泰和人。

61. 赵可镕　字汝从，南昌府丰城县人，四川泸州民籍。嘉靖四十一年榜三甲 124 名，历工部郎中。

按：《贡举考》（卷 7，第 119 页）、《碑录》（第 866 页）、《索引》（第 1764 页）作四川泸州人，未注原籍。

《嘉靖四十一年进士登科录》作“贯四川泸州民籍，江西南昌府丰城县人”④。《嘉靖丰乘》卷 2《科第表·国朝·嘉靖》（第 114 页）：“四十一年徐时行榜　赵可镕，汝从。以泸州籍中四川乡试。”

62. 萧大亨　字夏卿，吉安府吉水县人，山东泰安州民籍。嘉靖四十一年榜三甲 136 名。

按：《贡举考》（卷 7，第 119 页）、《碑录》（第 866 页）、《索引》（第 1446 页）作山东泰安州人，未注原籍。

---

① 屈万里编：《明代登科录汇编》，《明代史籍汇刊》，台湾学生书局 1969 年版，第 7759 页。

② 同上书，第 5383 页。

③ 同上书，第 7791 页。

④ 同上书，第 7821 页。

《嘉靖四十一年进士登科录》作“贯山东济南府泰安州民籍，江西吉安府吉水县人”[①]。顺治《吉安府志·选举三·明进士》（第95页下）载作吉水县人。

63. 何文维　字卫正，饶州府余干县人，辽东定辽后卫官籍。嘉靖四十一年榜三甲211名，历员外郎。

按：《贡举考》（卷7，第110页）、《碑录》（第870页）、《索引》（第665页）作辽东定辽后卫人，未注原籍。

《嘉靖四十一年进士登科录》作“贯辽东定辽后卫官籍，江西饶州府余干县人”[②]。康熙《饶州府志》卷20《选举四·进士·明》（第1474页）载作余干人，顺天中。

64. 丘云章　抚州府乐安县人，山东诸城籍，嘉靖四十四年榜二甲38名。

按：《贡举考》（卷8，第6页）、《碑录》（第873页）、《索引》（第2054页）作山东诸城县人，未注原籍。

崇祯《抚州府志》卷15《辟举表中·皇明进士》（第906页）甲子科乡试榜下载：“丘云章，乙丑进士，山东乡试，俱乐安人。”康熙《江西通志》卷18《选举·进士·明》（第1782页）亦载作乐安人，诸城籍。

附，《类姓登科考》（卷2，第562页上）载：“丘云章，山东诸城县人，乙丑二甲，橓子。”则丘橓亦当作乐安人。

65. 李采菲　临江府新喻县人，直隶沈阳中屯卫军籍，嘉靖四十四年榜三甲202名，历官监察御史。

按：《贡举考》（卷8，第12页）、《碑录》（第885页）、《索引》（第1230页）作直隶沈阳中屯卫人，未注原籍。

其原籍为江西新喻县，见余继登《李公采菲墓志铭》：“……公讳采菲，字君采，别号临江。其先江西新喻人，永乐中有戍沈阳中屯卫

---

① 屈万里编：《明代登科录汇编》，《明代史籍汇刊》，台湾学生书局1969年版，第7827页。

② 同上书，第7864页。

者，遂家于河间。……嘉靖……乙丑成进士，授行人。”① 隆庆《临江府志》卷10《选举·国朝》（第36—47页）：“嘉靖三十四年乙卯乡试　李采菲，俱新喻人。……嘉靖四十四年乙丑范应期榜　李采菲，见任御史。”雍正《陕西通志》：“李采菲，江西新喻人，分巡河西道。”②

66. 李维桢　字本宁，吉安府吉水县人，湖广京山县民籍。隆庆二年榜二甲24名，历官陕西右布政使。

按：《隆庆二年进士登科录》③《碑录》（第894页）作贯湖广承天府京山县民籍，未注原籍。《明史》本传：“李维桢，字本宁，京山人，父裕，福建布政使。维桢举隆庆二年进士，由庶吉士授编修。”④

顺治《吉安府志·选举表三·明进士》（第95页下）载作吉水人，京山籍；康熙《江西通志》卷18《选举·进士·玥》（第1785页）所载同。故《索引》（第1231页）载作湖广京山籍，江西吉水人。

附，《明史》本传云“父裕”误，据《隆庆二年进士登科录》载，其父名淑⑤，李裕当是李维桢从父。

67. 朱东光　字元曦，抚州府临川县人，福建浦城县民籍。隆庆二年榜三甲183名，官至广东右参政。

按：《碑录》（第906页）作“福建建德府浦城县民籍，江西临川县人”，“建德府”不见于《明史·地理志》，当是建宁府之误。

《隆庆二年进士登科录》作“福建建宁府浦城县民籍，江西临川

① （明）焦竑：《献徵录》卷62，上海书店1987年影印本，第2683页。

② 雍正《陕西通志》卷22《职官三·明·副使》，台湾商务印书馆1986年影印文渊阁《四库全书》第552册，第209页上。

③ 屈万里编：《明代登科录汇编》，《明代史籍汇刊》，台湾学生书局1969年版，第8863页。

④ （清）张廷玉等：《明史》卷288《文苑四·李维桢传》，中华书局1974年标点本，第7385—7386页。

⑤ 屈万里编：《明代登科录汇编》，《明代史籍汇刊》，台湾学生书局1969年版，第8863页。

县人”①。

同治《抚州府志》卷51《人物·宦业三·明》（第203页上）传云“瓯宁籍，临川人”。乾隆《福建通志》卷36《选举四·明进士》隆庆二年榜载：“建安县，朱东光。”卷47《人物五·建宁府》载：“朱东光，字符羲，建安人，隆庆戊辰进士。”② 均误。

68. 欧阳柏　吉安府安福县人，湖广潜山民籍。隆庆二年榜三甲197名，历官副使。

按：《隆庆二年进士登科录》作湖广承天府潜江县民籍③，《索引》（第2270页）同，均未注原籍。

乾隆《云南通志》卷18上《秩官·副使》载：“欧阳柏，安福人，进士。”④ 同治《吉安府志》卷21《选举志·进士·明》（第699页上）亦作安福县人。则欧阳柏籍贯当作安福县人，湖广潜山籍。

69. 杨材　号章华，吉安府泰和县人，湖广房县民籍。隆庆五年榜二甲6名，历官副使。

按：《贡举考》（卷8，第33页）、《碑录》（第915页）、《索引》（第1693页）作湖广房县，未注原籍。

顺治《吉安府志·选举表三·明进士》（第95页）作泰和县人，康熙《江西通志》卷18《选举·进士·明》（第1788页）亦载：“杨材，泰和人，郧阳籍。”

70. 刘垓　号肖华，吉安府安福县人，湖广潜江民籍。隆庆五年榜三甲163名，历官云南佥事。

按：《贡举考》（卷8，第38页）、《碑录》（第927页）、《索引》（第2013页）作湖广潜江人，未注原籍。

---

① 屈万里编：《明代登科录汇编》，《明代史籍汇刊》，台湾学生书局1969年版，第8982页。

② 乾隆《福建通志》，台湾商务印书馆1986年影印文渊阁《四库全书》第529册，第155页上、618页下。

③ 屈万里编：《明代登科录汇编》，《明代史籍汇刊》，台湾学生书局1969年版，第8989页。

④ 乾隆《云南通志》，台湾商务印书馆1986年影印文渊阁《四库全书》第569册，第567页上。

《隆庆五年辛未科进士履历便览》作潜江县籍，安福县人。[①] 顺治《吉安府志·选举表三·明进士》（第103页下）载作安福县人，康熙《江西通志》卷18《选举·进士·明》（第1788页）："刘垓，安福人，潜江籍，官提学。"

71. 姜奇方　号守冲，临江府人，湖广监利籍，隆庆五年榜三甲220名，历官运使。

按：《碑录》（第930页）、《索引》（第2307页）载作湖广监利人，未注原籍。

隆庆《临江府志》卷10《选举·国朝》（第37页）："隆庆五年辛未张元忭榜　姜奇方。"康熙《江西通志》（第1788页）亦载姜为临江府人，然属县不详。

72. 尹应元　吉安府庐陵县人，湖广汉川民籍。万历二年榜三甲32名，历官浙江巡抚。

按：《贡举考》（卷8，第49页）、《碑录》（第942页）、《索引》（第613页）作湖广汉川人，未注原籍。

其原籍当为江西庐陵县，见乾隆《浙江通志》卷117《职官七·明·督抚大臣》："尹应元，庐陵人，进士。"[②] 乾隆《山东通志》卷25之1《职官志·明·巡抚都御史》："尹应元，江西庐陵人。"[③] 雍正《畿辅通志》卷59《职官·大名知府·万历》："尹应元，江西人，进士。"[④]

江西方志均不收，殊为可怪。

73. 周梦暘　吉安府吉水县人，湖广南漳民籍。万历二年榜三甲89名。

按：《贡举考》（卷8，第50页）、《碑录》（第945页）、《索引》

① 《隆庆五年辛未科进士履历便览》，湖广承天府下，上海图书馆藏明隆庆刻本。

② 乾隆《浙江通志》，台湾商务印书馆1986年影印文渊阁《四库全书》第522册，第153页下。

③ 乾隆《山东通志》，台湾商务印书馆1986年影印文渊阁《四库全书》第540册，第523页上。

④ 雍正《畿辅通志》，台湾商务印书馆1986年影印文渊阁《四库全书》第505册，第396页上。

（第 2218 页）作湖广南漳人，未注原籍。

顺治《吉安府志·选举表三·明进士》（第 95 页下）载入吉水县，康熙《江西通志》卷 18《选举·进士·明》（第 1789 页）载："周梦暘，吉水人，襄阳籍。"

74. 萧良有　字汉冲，吉安府庐陵县人，湖广汉阳民籍。万历八年榜一甲榜眼，历官祭酒。

附萧良誉　字汉颖，吉安府庐陵县人，湖广汉阳民籍。万历八年榜二甲 56 名，历官河南参政。

萧丁泰　字六茹，吉安府庐陵县人，湖广汉阳民籍。万历二十九年榜三甲 219 名，历官陕西布政使。

按：良有、良誉，《贡举考》（卷 9，第 5、6 页）、《碑录》（第 969、972 页）均载作湖广汉阳县人，未注原籍。《万历二十九年辛丑科进士履历便览》载萧丁泰，为良有子①，其籍贯《碑录》（第 1103 页）、《索引》（第 1440 页）作湖广汉阳县人，也未注原籍。

顺治《吉安府志·选举表三·明进士》（第 96 页）载丁泰于庐陵县下，湖广中；康熙《江西通志》卷 18《选举·进士·明》（第 1804 页）亦载："萧丁泰，庐陵人，湖广籍。"推知萧良有、良誉原籍江西庐陵。

75. 胡懋忠　字心庭，吉安府安福县人，湖广景陵民籍。万历八年榜三甲 113 名，历官知县，乙酉致仕卒。

按：《贡举考》（卷 9，第 9 页）、《索引》（第 1714 页）同作湖广景陵，均未注原籍。

顺治《吉安府志·选举表三·明进士》（第 103 页下）载作胡文同，万历八年榜安福县人；康熙《江西通志》卷 18《选举·进士·明》（第 1792 页）亦作胡文同，安福县人。则胡懋忠一名胡文同，见同治《吉安府志》卷 21《选举志·进士·明》（第 699 页上）载："胡懋忠，景陵籍，知县。卢志云：'懋忠'省府县旧志作'文同'。以上安福。"

---

① 《万历二十九年辛丑科进士履历便览》，湖广汉阳府下，上海图书馆藏明万历刻本。

76. 涂用宾　南昌府南昌县人，湖广湘阴籍，万历八年榜三甲189名，历知县。

按：《贡举考》（卷9，第11页）、《碑录》（第981页）、《索引》（第1186页）作湖广湘阴民籍，未注原籍。

万历《新修南昌府志》卷17《科第·国朝》（第1335页）嘉靖三十七年乡试榜："涂用宾，湖广中；……俱南昌人。"同卷（第1346页）万历八年进士榜："涂用宾，知县。俱南昌人。"康熙《江西通志》卷18《选举·进士·明》（第1792页）载作南昌人，湘阴籍。

77. 陈所学　抚州府乐安县人，湖广景陵籍。万历十一年榜二甲38名。

按：《贡举考》（卷9，第18页）、《碑录》（第987页）、《索引》（第2163页）作湖广景陵民籍，未注原籍。

崇祯《抚州府志》卷16《辟举表中·皇明进士》（第912页）万历壬午科："陈所学，乐安人，癸未进士。"康熙《江西通志》卷18《选举·进士·明》（第1794页）："陈所学，乐安人，景陵籍。"

78. 刘应同　吉安府安福县人，湖广潜江民籍。万历十一年榜二甲67名，历官知府。

按：《贡举考》（卷9，第18页）、《碑录》（第988页）、《索引》（第1958页）作湖广潜江人，未注原籍。

顺治《吉安府志·选举表三·明进士》（第104页下）收刘应同于安福县下，康熙《江西通志》卷18《选举·进士·明》（第1794页）载："安福人，潜江籍。"雍正《四川通志》卷30《职官·保宁府·明》："刘应同，安福，进士。"①

79. 曾凤仪　吉安府安福县人，湖广耒阳民籍。万历十一年榜三甲94名。

按：《贡举考》（卷9，第21页）、《碑录》（第993页）、《索引》

① 雍正《四川通志》，台湾商务印书馆1986年影印文渊阁《四库全书》第560册，第639页上。

（第 2319 页）作湖广耒阳人，未注原籍。

《千顷堂书目》卷 26 著录：“曾凤仪《金简集》四卷　本姓彭，字舜征，安福人，南京礼部郎中。”① 同治《吉安府志》卷 21《选举志·进士·明》（第 699 页下）载：“曾凤仪，郎中。《通志》无，《贡举考》载耒阳籍，祖居泰亨，流寓衡州。以上安福。”则曾凤仪籍贯当作安福县人，耒阳县籍。

80. 彭健吾　吉安府庐陵县人，河南夏邑民籍。万历十一年榜三甲 200 名。

按：《贡举考》（卷 9，第 23 页）、《碑录》（第 998 页）、《索引》（第 1364 页）作河南夏邑人，未注原籍。

雍正《江西通志》卷 55《选举七·明》（第 514 册，第 797 页上）载：“彭健吾，庐陵人，夏邑籍。”据《类姓登科考》（卷 2，第 533 页下）：“彭端吾，河南夏邑县人，三甲，健吾弟。”彭端吾籍贯见《万历二十九年辛丑科进士履历便览》②，为河南归德府夏邑县籍，庐陵人。则健吾亦当为夏邑籍，庐陵人。

81. 李维标　字本立，吉安府吉水县人，湖广景陵民籍。万历十四年榜二甲 55 名，历官典簿。

按：《类姓登科考》（卷 3，第 608 页上）、《碑录》（第 1006 页）、《索引》（第 1231 页）均作湖广景陵人，未注原籍。

顺治《吉安府志·选举表三·明进士》（第 96 页上）载入吉水县下，“李维标，湖广中”；康熙《江西通志》卷 18《选举·进士·明》（第 1796 页）载：“李维标，吉水人，景陵籍。”

据《万历丙戌科进士同年总录》载，李维标父淑，广西右布政使；兄维桢，河南右参政③。维标籍贯当与维桢同，见前李维桢之考证。

---

① （清）黄虞稷：《千顷堂书目》，台湾商务印书馆 1986 年影印文渊阁《四库全书》第 676 册，第 5 页。

② 《万历二十九年辛丑科进士履历便览》，河南归德府下，上海图书馆藏明万历刻本。

③ 屈万里编：《明代登科录汇编》，《明代史籍汇刊》，台湾学生书局 1969 年版，第 10967 页。

82. 萧云举 吉安府泰和县人，广西宣化民籍。万历十四年榜三甲18名，历官詹事。

按：《类姓登科考》（卷2，第436页上）、《碑录》（第1007页）、《索引》（第1441页）同作广西宣化人，均未注原籍。

顺治《吉安府志·选举表三·明进士》（第96页上）载入泰和县，康熙《江西通志》卷18《选举·进士·明》（第1796页）载："萧云举，泰和人，宣化籍，官詹事府正詹。"

83. 刘道隆 字麟原，吉安府安福县人，湖广潜江民籍。万历十四年榜三甲59名，历官佥都御史。

按：《碑录》（第1009页）、《索引》（第2009页）均作湖广潜江人，未注原籍。

顺治《吉安府志·选举表三·明进士》（第104页下）载于安福县下："刘道隆，佥都，湖广中。"康熙《江西通志》卷18《选举·进士·明》（第1796页）载："刘道隆，安福人，潜江籍，官至佥都御史。"

84. 常道立 字孟庸，瑞州府新昌县人，湖广汉阳民籍。万历十四年榜三甲144名。

按：《碑录》（第1014页）、《索引》（第2405页）均作湖广汉阳人，未注原籍。

崇祯《瑞州府志》卷16《选举志一·进士·国朝》（第961页）万历十四年榜："常道立，高安人，湖广籍，官至浙江副使。"康熙《江西通志》卷18《选举·进士·明》（第1795页）同。

85. 陈大道 临江府新喻县人，湖广光化县民籍。万历十四年榜三甲269名，历都御史。

按：《碑录》（第1020页）、《索引》（第2134页）作湖广光化人，未注原籍。

康熙《临江府志》卷10《选举·明》（第564页）万历十四年榜载作新喻人，康熙《江西通志》卷18《选举·进士·明》（第1797页）载："陈大道，新喻人，襄阳籍，官至都御史。"

86. 康元积 字函三，吉安府安福县人，湖广衡山民籍。万历二十九年榜三甲 2 名，选吏科给事中。

按：《碑录》（第 1092 页）、《索引》（第 56 页）作湖广衡山人，未注原籍。

顺治《吉安府志·选举表三·明进士》（第 104 页下）载作安福人："康元积，博士，湖广中。"同治《吉安府志》卷 29《人物志·庶官三》（第 25 页上）："康元积，字函三，安福人。与兄元和、弟元穗同举万历乡试，积与穗先后成进士。"康元穗籍贯，《碑录》（第 1204 页）作"江西吉安府安福县民籍"。可证康氏本安福县人，元积占籍衡山的原因不详。

87. 蔡毅中　饶州府万年县人，河南光州民籍。万历二十九年榜三甲 153 名。

按：《碑录》（第 1100 页）、《索引》（第 1575 页）作河南光州人，未注原籍。《类姓登科考》（卷 3，第 663 页上）："蔡毅中，河南光山县人，三甲，礼部右侍郎兼侍读学士。"

康熙《饶州府志》卷 20《选举志四·进士·明》（第 1478 页）载于万年县下："蔡毅中，宏甫。初授翰林院庶吉士，官至礼部左侍郎兼侍读学士。"《万历二十九年辛丑科进士履历便览》载作河南汝宁府光山籍，万年县人。①

88. 秦聚奎　字卢墟，南昌府南昌县人，湖广汉阳民籍。万历二十九年榜三甲 227 名，历官太常寺卿。

按：《万历二十九年辛丑科进士履历便览》作湖广汉阳县人，《索引》（第 1819 页）同，未注原籍。

康熙《江西通志》卷 18《选举·进士·明》（第 1803 页）载："秦聚奎，南昌人，汉阳籍。"同治《南昌府志》卷 29《选举·历朝进士·明》（第 186 页下）收作南昌县人。

89. 萧鸣甲　字尔先，吉安府庐陵县人，湖广汉阳民籍。万历三十二年榜三甲 126 名，历官布政使。

---

① 《万历二十九年辛丑科进士履历便览》，河南汝宁府下，上海图书馆藏明万历刻本。

按：《万历三十二年进士登科录》[①]《索引》（第1448页）等作湖广汉阳人，未注原籍。

《类姓登科考》（卷2，第436页上）载萧鸣甲为萧良誉子，误，据《万历三十二年甲辰科进士履历便览》载，其父名良学，鸣甲当是良誉从子[②]。萧良誉、良有考证见前。同治《吉安府志》卷21《选举志·进士·明》（第700页上）："萧鸣甲，汉阳籍，布政。《通志》无，《贡举考》有。以上庐陵。"

90. 彭凌霄 字用沉，临江府新喻县人，河南淅川县民籍。万历三十二年榜三甲200名，官至礼部右侍郎。

按：《碑录》（第1118页）、《索引》（第1366页）同，均未注原籍。

康熙《临江府志》卷10《选举·明》（第567页）万历三十一年乡试榜："彭凌霄，河南籍中。……俱新喻人。"但（第568页）进士榜误入万历三十五年。雍正《江西通志》卷55《选举七·明》（第514册，第806页下、808页上）载其为河南籍，新喻人。

91. 谢陞 字伊普，赣州府赣县人，山东德州卫军籍。万历三十五年榜三甲35名，官至太子少保、南京吏部尚书。

按：《碑录》（第1126页）、《索引》（第126页）作山东济南府德州卫人，未注原籍。

天启《赣州府志》卷15："谢陞，字伊晋，廷策子，吏部文选司员外郎。"[③] 谢廷策见同页万历十七年榜下："字献明，赣县人，德州籍，浙江道监察御史。"《碑录》（第1029页）亦载谢廷策作："直隶德州卫军籍，江西赣州府赣县人。"

92. 罗文英 字质先，南昌府丰城县人，河南杞县民籍。万历三十五年三甲114名，历官监察御史。

按：《碑录》（第1130页）、《索引》（第1895页）作开封府杞县

① 《万历三十二年进士登科录》，三甲126名，上海图书馆藏明万历刻本。

② 《万历三十二年甲辰科进士履历便览》，湖广汉阳府下，上海图书馆藏明万历刻本。

③ 天启《赣州府志》，《四库全书存目丛书》史部202本，齐鲁书社1996年影印顺治十七年汤斌刻本，第514页上。

人，未注原籍。

康熙《江西通志》卷18《选举·进士·明》（第1805页）：“罗文英，丰城人，开化籍，官中书舍人。”“开化”当是“开封”之误。同治《南昌府志》卷29《选举·历朝进士·明》（第187页上）：“罗文英，丰城人，中书。县志作御史。”

93. 王纳谏　号观涛，吉安府泰和县人，南直隶江都民籍。万历三十五年榜三甲179名，历官行人。

按：《碑录》（第1133页）、《索引》（第233页）同，均未注原籍。

顺治《吉安府志·选举表三·明进士》（第96页下）载于泰和县下：“王纳谏，行人，应天中。”康熙《江西通志》卷18《选举·进士·明》（第1807页）：“王纳谏，泰和人，扬州籍，官行人。”

94. 欧阳照　字文白，吉安府泰和县人，湖广竹溪县民籍。万历三十八年榜三甲141名，历官副使。

按：《碑录》（第1147页）、《索引》（第2271页）作湖广竹溪县人，未注原籍。

顺治《吉安府志·选举表三·明进士》（第96页下）载于泰和县：“欧阳照，副使，湖广中。”《万历三十八年庚戌科序齿录》载欧阳照作“湖广郧阳府竹溪县民籍，江西泰和县人”。①

95. 彭参　吉安府安福县人，四川南溪民籍。万历四十七年榜三甲153名，历官参政。

按：《碑录》（第1200页）、《索引》（第1364页）作四川南溪县人，未注原籍。

顺治《吉安府志·选举表三·明进士》（第105页上）万历四十七年榜载入安福县下：“彭参，四川中。”康熙《江西通志》卷18《选举·进士·明》（第1813页）：“彭参，安福人，四川籍，官刑部主事。”

---

① 屈万里编：《明代登科录汇编》，《明代史籍汇刊》，台湾学生书局1969年版，第11780页。

附，同治《吉安府志》卷21《选举志·进士·明》（第697页下）于嘉靖五年进士榜重出："彭参，四川籍，参政。《通志》《贡举考》无。以上安福。"其实此彭参为举人，见雍正《广东通志》卷27《职官志二·明》载："彭参，江西安福县，举人，嘉靖三十七年任。"①

96. 刘安行 吉安府安福县人，湖广襄阳民籍。万历四十七年榜三甲159名。

按：《碑录》（第1200页）、《索引》（第1996页）均作湖广襄阳县人，万历四十七年榜，未注原籍。

顺治《吉安府志·选举表三·明进士》（第105页下）载入天启五年榜，安福县下："刘安行，湖广中。"雍正《江西通志》卷55《选举七·明》（第514册，第816页下）同作天启五年榜："刘安行，安福人，湖广籍。"均误其榜次。

97. 文士昂 字抑之，吉安府永新县人，湖广攸县军籍。天启二年榜三甲285名，初授华阳知县。

按：《碑录》（第1225页）、《索引》（第76页）载作湖广攸县军籍。

顺治《吉安府志·选举表三·明进士》（第105页上）载入永新县下："文士昂，布政。湖广中。"康熙《江西通志》卷18《选举·进士·明》（第1815页）："文士昂，永新人，湖广籍，官参政。"

98. 谢肇玄 吉安府安福县人，湖广湘潭民籍。天启五年榜二甲15名，历官布政使。

按：《碑录》（第1230页）、《索引》（第121页）作湖广湘潭县人，未注原籍。

顺治《吉安府志·选举表三·明进士》（第105页下）载入安福县："谢肇玄，湖广中。"康熙《江西通志》卷18《选举·进士·明》（第1816页）："谢肇元（玄避讳），安福人，湖广籍。官河南左

① 雍正《广东通志》，台湾商务印书馆1986年影印文渊阁《四库全书》第563册，第119页上。

参政。”

99. 武起潜　南昌府进贤县人，山东曹州民籍，天启五年榜三甲161名，历遵化知县。

按：《碑录》（第1240页）、《索引》（第586页）作山东曹州人，未注原籍。

武起潜原籍江西进贤县，见《大清一统志》卷29《遵化州·名宦》：“武起潜，进贤人。崇祯初为武清知县，有声，调繁遵化。坐事被劾，解官候代，城破死之。”卷239《南昌府二·人物·明》：“武起潜，字用潜，进贤人，天启进士。”①《胜朝殉节诸臣录》卷6《通谥节愍诸臣上》：“遵化知县武起潜，进贤人，治县有声。崇祯二年，方解官候代，守城死节。”②

100. 曹景参　九江府瑞昌县人，湖广兴国州民籍。崇祯四年榜二甲1名，历兵科给事中。

附曹志遇　九江府瑞昌县人，湖广兴国州军籍。万历二十六年榜二甲57名。

按：《碑录》（第1265页）、《索引》（第1852页）作湖广兴国州民籍，未注原籍。

康熙《江西通志》卷18《选举·进士·明》（第1818页）：“曹景参，瑞昌人，兴国籍。官庐州知府。”康熙《九江府志》卷6《选举·进士·明》（第555页）：“曹景参，瑞昌人，兴国州籍，官兵科给事。”

据《类姓登科考》（卷2，第449页上）：“曹景参，湖广兴国州人，辛未二甲传胪，志遇子。”对于曹志遇籍贯的记载，《碑录》（第1076页）作湖广武昌府兴国州军籍，与景参作民籍矛盾，未知孰是，待考。

101. 刘柱国　吉安府安福县人，湖广潜江民籍。崇祯四年榜二甲

---

① 《大清一统志》，台湾商务印书馆1986年影印文渊阁《四库全书》第474册，第570页下；第479册，第495页上。

② 清《胜朝殉节诸臣录》，台湾商务印书馆1986年影印文渊阁《四库全书》，第456册，第3页。

44 名，历官福建参议。

按：《类姓登科考》（卷 2，第 558 页上）、《索引》（第 2016 页）作湖广潜江县人，均未注原籍。《碑录》（第 1267 页）载作“湖广安乐府潜江县民籍”，潜江县属承天府，“安乐府”误。

顺治《吉安府志·选举表三·明进士》（第 105 页下）载于安福县下：“刘柱国，湖广中。”康熙《江西通志》卷 18《选举·进士·明》（第 1819 页）：“刘柱国，安福人，湖广籍。官福建参议。”

102. 宗敦一　南昌府南昌县人，四川宜宾民籍。崇祯四年榜三甲 159 名。

按：《碑录》（第 1276 页）、《索引》（第 1009 页）作四川宜宾县人，未注原籍。

康熙《江西通志》卷 18《选举·进士·明》（第 1818 页）：“宗敦一，南昌人，四川籍。顺天学政御史。”同治《南昌府志》卷 29《选举·历朝进士·明》（第 187 页下）：“宗敦一，南昌人，宜宾籍。御史。”

103. 龙大维　吉安府永新县人，广东石城籍，崇祯四年榜三甲 227 名，历官吏部员外郎。

按：康熙《江西通志》卷 18《选举·进士·明》（第 1819 页）：“龙大维，永新人，湖广籍。官吏部员外。”同治《吉安府志》卷 21《选举志·进士·明》（第 700 页下）亦载作永新人，湖广籍。

“湖广籍”当是“广东籍”之误，《碑录》（第 1280 页）载龙大维籍贯：“广东石城县籍，江西吉安府永新县人。”雍正《广东通志》卷 33《选举志三·举人》（第 563 册，第 444 页下）万历四十年乡试榜：“龙大维，石城人，登进士。”但卷 32《选举志·进士二》（第 563 册，第 375 页下）崇祯四年榜载作：“龙大经，石城，吏部侍郎。”“大经”或是其改名。

104. 萧谱元　吉安府庐陵县人，河南永城民籍。崇祯七年榜三甲 55 名。

按：《碑录》（第 1289 页）、《索引》（第 1440 页）作河南永城民籍，未注原籍。

《崇祯七年甲戌科进士履历便览》作河南永城籍，庐陵人[①]。

105. 扶纲　字允常，南安府大庾县人，贵州都匀籍，崇祯七年榜三甲151名，历官吏部员外郎。

按：《碑录》（第1294页）、《索引》（第1838页）作贵州都匀卫军籍，未注原籍。

《崇祯七年甲戌科进士履历便览》作贵州都匀籍，大庾人。《类姓登科考》（卷1，第374页下）亦载："扶纲，贵州都匀籍，大庾人，崇祯甲戌三甲。"

106. 龚完敬　号潜石，抚州府临川县人，四川彭县籍。崇祯十年榜三甲134名，初授推官，明末降张献忠为兵部尚书。

按：《索引》（第105页）作四川彭县人，未注原籍。

《碑录》（第1309页）："龚完敬，四川成都府彭县籍，江西抚州府临川县人。"《索引》当是漏抄。《崇祯十年丁丑科三百名进士三代履历便览》于四川省列"夔州府四人，抚州府一人"，内载龚完敬作"彭县籍，江西临川人"。[②]

107. 欧阳烝　号鬈庵，吉安府安福县人，湖广潜江县民籍。崇祯十年榜三甲204名，历官吏部员外郎。

按：《碑录》（第1312页）、《索引》（第2268页）作湖广潜江民籍，未注原籍。

《崇祯十年丁丑科三百名进士三代履历便览》（第23页）载欧阳烝作承天府潜江籍，江西安福人。顺治《吉安府志·选举表三·明进士》（第105页下）安福县下："欧阳烝，湖广中。"

108. 谢良瑾　吉安府安福县人，广西全州民籍。崇祯十三年榜三甲197名。

按：《碑录》（第1328页）、《索引》（第119页）作广西全州民籍，未注原籍。

---

① 《崇祯七年甲戌科进士履历便览》，河南归德府下，上海图书馆藏明崇祯刻本。

② 《崇祯十年丁丑科三百名进士三代履历便览》，上海图书馆藏明崇祯刻本，第35页。

《崇十三履历》载入广西桂林府下，作“江西安福籍，全州人”①。依该书体例，为某处籍者，载入某处，若是江西安福籍，当入江西吉安府下，此在广西，则当作广西全州籍、安福人之误。同治《吉安府志》卷21《选举志·进士·明》（第701页上）误载入崇祯十三年赐特用出身榜，安福人，广西中。

109. 熊纬　字文江，临江府新喻县人，河南光山籍，崇祯十六年榜三甲159名，官至给事中，于汀州殉国。

按：《碑录》作河南汝宁府光山县民籍（第1357页），未注原籍；《索引》（第697页）载作河南光山民籍，又注云：“《江西通志》作：江西南昌〇，（江西新喻）。”

《崇祯十六年癸未科进士三代履历》载熊纬河南汝宁府光山籍，江西南昌人。② 康熙《江西通志》不载，雍正《江西通志》卷55《选举七·明》（第514册，第825页上）：“熊纬，南昌人，河南籍。兵科给事中。”《索引》所引《江西通志》不知是何版本。

二　原籍外省占籍江西者

1. 丰庆　九江府瑞昌县籍，浙江鄞县人，正统四年榜二甲32名，官至河南左布政使。

按：《登科考》（卷5，第239页）、《碑录》（第203页）等均作江西瑞昌县人，未注原籍。

其实丰庆本为浙江宁波府鄞县人，嘉靖《浙江通志》卷50《选举志》第七之一：“（宣德）四年　宁波府五人：丰庆、……竺渊。……庆，正统四年进士。”③ 因父丰寅官于九江，遂附籍应考。据黄佐《丰公熙墓碑》载：“先生讳熙，字原学，鄞人。系出宋名臣清敏公稷之后，曾祖考寅，洪武中授训导，升九江德化教谕；祖考

---

① 《崇祯十三年庚辰科进士履历便览》，广西桂林府下，上海图书馆藏明崇祯刻本，第36页。

② 《崇祯十六年癸未科进士三代履历》，河南汝宁府下，上海图书馆藏明崇祯刻本。

③ 嘉靖《浙江通志》，《天一阁藏明代方志选刊续编》24—26册，上海书店1990年版，第343页。

庆，正统己未进士，累官至布政使。”① 凌迪知《万姓统谱》云：丰寅于洪武十七年被征为国子监司业，“后上书谏观灯，谪德化县学教谕”。② 综合二者推测，丰寅先谪为瑞昌县学训导，居家瑞昌县，然后升德化县教谕。故丰庆以瑞昌县籍登第。

丰寅官德化之前，其家就屡经迁移，据叶盛《水东日记》卷7：“丰布政文庆，世居鄞，宋清敏公稷之后也。高祖庚六徙居奉化，曾祖茂四徙定海。”庆父寅正统间卒，“庆扶柩还鄞，将合葬祖茔，……今家焉。”③ 说明丰庆最后回归鄞县故里，其子孙并不占籍江西瑞昌。

隆庆《瑞昌县志》卷6《人物志·乡贤·国朝》（第2页）云：“丰庆，……后占籍浙江。子熙翰林学士，孙坊登甲科，代有文名云。”其实丰熙乃丰庆之孙，坊为其曾孙。丰熙为弘治十二年榜眼，丰坊于嘉靖二年中进士，各书均作浙江鄞县人，嘉靖《九江府志》和隆庆《瑞昌县志》亦不收录。

2. 王士昌　字永叔，南昌府新建县民籍，浙江临海县人。万历十四年榜三甲199名，历福建巡抚。

按：《碑录》（第1016页）、《索引》（第273页）作“江西新建”，未注原籍。《类姓登科考》（卷2，第496页下）：“王士昌，浙江临海人，三甲。宗沐子，同胞三进士，右佥都御史、巡抚福建。”

《万历丙戌科进士同年总录》载王士昌“贯江西南昌府新建县民籍，浙江台州府临海县人”④，又载其父宗沐，刑部左侍郎；兄士崧，进士，光州知州；士琦，进士，南京工部主事。宗沐等人籍贯各书均只作浙江临海县人，未云占籍新建。明朱谋垔撰《画史会要》卷4：“王士昌，字永叔，号斗溟，浙临海人，入江西新建籍，万历时官至

① （明）焦竑：《献徵录》卷20，上海书店1987年影印本，第817页。

② （明）凌迪知：《万姓统谱》卷1，台湾商务印书馆1986年影印文渊阁《四库全书》第956册，第97页下。

③ （明）叶盛：《水东日记》，中华书局1980年点校本，第81页。

④ 屈万里编：《明代登科录汇编》，《明代史籍汇刊》，台湾学生书局1969年版，第11038页。

都御史，抚闽中。”[1] 看来王士昌是只身入籍江西。

3. 彭元祚　字公锡，南直隶溧阳县人，临江府清江县民籍。崇祯七年榜三甲201名，初授知县。

附彭而珩　南直隶溧阳县人，临江府清江县军籍。万历八年榜三甲，历官监察御史。

按：《碑录》（第1296页）、《索引》（第1362页）作江西清江县民籍，未注原籍。

《崇祯七年甲戌科进士履历便览》载彭元祚为临江府清江籍，溧阳人，又载其“父而珩，庚辰进士，御史”。彭而珩的籍贯，《万历八年庚辰科进士履历便览》《碑录》（第981页）载作江西清江军籍，亦未注溧阳县人。

三　江西省内占籍外府县者

1. 魏卓　字与立，广昌县籍，建昌府南城县人，洪武十八年榜。

按：《登科考》作江西广昌县人（卷2，第59页），《贡举考》（卷2，第15页）、《碑录》（第37页）作江西新城县人。《索引》（第808页）综合二者分歧，作江西新城籍，广昌人。

正德《建昌府志》卷15《选举·进士·国朝·广昌县学》（第28页）：“洪武乙丑丁显榜　魏卓，仕至监察御史。”嘉靖《江西通志》卷16《建昌府·人物·国朝》（第2903—2904页）亦载其为广昌县人，未云新城县人。

据雍正《江西通志》卷110《丘墓·建昌府·明》（第516册，第642页上）载，魏卓墓在南城县六台山后，则其祖籍当为南城县人。由此推断，新城当为南城之误。

2. 李昌祺　名祯，吉安府庐陵县人，永乐二年榜二甲29名，历官广西、河南左布政使。

按：《登科考》（卷3，第100页）、《碑录》（第76页）等均作

---

① （明）朱谋垔：《画史会要》，台湾商务印书馆1986年影印文渊阁《四库全书》第816册，第66页。

庐陵人。王直《赠布政使李公复任诗序》载："李公字昌祺，庐陵人，始受知于太宗皇帝，自礼部郎中超拜广西布政使。"①

但嘉靖《江西通志》卷26《吉安府·科目·国朝》（第4362—4363页）作吉水人，又钱习礼《河南布政使司左布政使李公祯墓碑》载："公讳祯，字昌祺，别号侨庵。世家金陵，……留居吉水之乌江。"② 钱氏同为吉水县人，又与李同朝为官，所记当不误。一个比较合理的推测是，吉水是其原籍，后迁入庐陵县。

3. 龙文　字士郁，吉安府泰和县人，赣州府兴国县籍，正统元年榜三甲1名，官至南京工部右侍郎。

按：《登科考》（卷5，第232页）、《碑录》（第197页）等均作泰和县人。

嘉靖《赣州府志》收入兴国县，见卷9（第4页）《选举·进士·兴国·国朝》："龙文，简夫。正统丙辰周旋榜。累官南京工部侍郎。"天启《赣州府志》卷15（第512页下）亦载："龙文，字简夫，兴国籍，累官南京兵部侍郎。"

则泰和与兴国，一为其原籍，另一为其现籍。康熙《江西通志》卷18《选举·进士·明》（第1701页）正统丙辰榜误分作二人："龙文，泰和人，官至侍郎。……龙文，兴国人，官至南京工部侍郎。"其实就是一个龙文，官至南京工部侍郎，编者未审，以致重出。

4. 欧阳正　字正楷，吉安府吉水县人，新昌县籍。正统七年榜三甲57名，历官主事。

按：《碑录》（第212页）、《索引》（第2268页）作江西吉水县民籍，嘉靖《江西通志》卷26《吉安府·科目·国朝》（第4397页）作吉水人。

然正德《瑞州府志》卷8（第944页）载作新昌人。当从《贡举考》（卷3，第77页）作新昌县学籍，吉水县人。

5. 罗篪　字叔和，南昌府南昌县人，祖籍吉安府，正统十年榜三

---

① （明）王直：《抑庵文后集》卷11，上海古籍出版社1991年影印四库明人文集丛刊本，第8页。

② （明）焦竑：《献徵录》卷92，上海书店1987年影印本，第3965页。

甲 10 名，官至右副都御史、巡抚。

按：《登科考》（卷 5，第 256 页）、《碑录》（第 218 页）等均作江西南昌县人。

然据彭华《罗公箎神道碑》："成化十年五月二十四日，南京都察院右副都御史南昌罗公卒于家。……公讳箎，字应韶，一字叔和。其先泗州人，有仕杨吴为吉州录事者，留家于吉。十五世至蘧庵仕元，为江浙儒学提举，子后可葬之南昌西山，因徙居焉。……是为公曾大父。"① 则罗箎之原籍当为吉安府，后因曾祖葬于南昌，故占籍南昌。

6. 夏英　字育才，吉安府吉水县人，九江府德化县籍，成化十七年榜二甲 68 名，终官至邵武知府。

按：《登科考》（卷 8，第 436 页）、《碑录》（第 386 页）等均作江西德化县人，未注原籍。

嘉靖《江西通志》卷 26《吉安府·科目·国朝》（第 4439 页）作吉水人，卷 14《九江府·流寓·国朝》（第 2487—2488 页）："夏英，字育才，其先吉水人，占籍德化，由进士历南京工部郎中。"

7. 彭夔　字师舜，吉安府安福县人，袁州府宜春县民籍。弘治九年榜二甲 88 名，历官福建右参议。

按：雍正《江西通志》卷 53《选举五·明》（第 514 册，第 750 页下）弘治八年乙卯乡试榜有两彭夔，一为安福人，一为袁州人；而弘治九年丙辰朱希周榜亦两彭夔，皆为安福人，一作福建籍中式。

其实该榜只有一个彭夔，据《弘治九年进士登科录》载，彭夔籍贯为"江西吉安府安福县人，袁州府宜春县民籍"②。正德《袁州府志》卷 7《科第·大明》（第 9 页）："弘治八年乙卯科　彭夔，师舜。丙辰朱希周榜进士。……福建右参议。安福人，宜春籍。"

明代任官回避户籍地，若为福建籍，则不应官福建右参议，由此亦可见雍正志的谬误。

8. 李云　字自石，建昌府南城县人，广信府贵溪县籍，弘治十二

① （明）焦竑：《献徵录》卷 64，上海书店 1987 年影印本，第 2804 页。

② 屈万里编：《明代登科录汇编》，《明代史籍汇刊》，台湾学生书局 1969 年版，第 1915 页。

年榜三甲 98 名，历官监察御史。

按：《登科考》（卷 9，第 550 页）、《碑录》（第 491 页）等均作贵溪县人，未注原籍。

正德《建昌府志》卷 15《选举·进士·国朝·南城县学》（第 31—32 页）："李云，贵溪籍，仕至御史。"嘉靖《广信府志》卷 17《人物志·宦业·国朝》（第 1033—1034 页）："李云，字自石。其先自建昌石氏徙家贵溪，因字之以见志。弘治己未举进士，……谪推泉州，卒于邸。"

9. 郭仕　字正学，吉安府泰和县人，赣州府赣县民籍。正德三年榜三甲 208 名，历官副使。

按：《登科考》（卷 9，第 609 页）、《碑录》（第 545 页）等均作江西泰和县人，漏载其户籍。

《正德三年进士登科录》载郭仕贯江西赣州府赣县民籍，吉安府泰和县人。[①] 嘉靖《赣州府志》卷 9《选举·进士·赣县·国朝》（第 2 页）作赣县人。

10. 熊彦臣　字元直，南昌府南昌县人，新建县民籍。嘉靖二十年榜三甲 151 名，历检讨。

按：《贡举考》（卷 7，第 35 页）、《碑录》（第 745 页）作江西南昌府新建县人，未注原籍。万历《新修南昌府志》卷 17《科第·国朝》（第 1327 页）作南昌县人。

《嘉靖二十年进士登科录》载："熊彦臣，贯江西南昌府新建县民籍，南昌县人。……祖达，布政司左参政，……父键，知县。"[②] 熊达的籍贯，《贡举考》（卷 5，第 23 页）、《碑录》（第 377 页）载作南昌县人。

则熊达尚未徙居新建，或其父熊键时迁居，故熊彦臣于新建县学生中举，《嘉靖二十年会试录》载其作新建县学生[③]。

---

① 《正德三年进士登科录》，三甲 208 名，国家图书馆藏明正德刻本。

② 《嘉靖二十年进士登科录》，三甲 151 名，上海图书馆藏明嘉靖刻本。

③ 屈万里编：《明代登科录汇编》，《明代史籍汇刊》，台湾学生书局 1969 年版，第 5096 页。

11. 刘佃　字仲有，吉安府安福县人，庐陵县民籍。嘉靖二十三年榜二甲62名，历官布政使。

按：《贡举考》（卷7，第43页）、《碑录》（第652页）、《索引》（第1988页）作江西庐陵人，未注原籍。

《嘉靖二十三年进士登科录》作“贯江西吉安府庐陵县民籍，安福县人”①。顺治《吉安府志·选举表三·进士明》（第104页上）收作安福人。

12. 郑栋　广信府贵溪县人，饶州府万年县籍，嘉靖三十八年榜三甲136名，历监察御史。

按：《贡举考》（卷7，第107页）、《碑录》（第850页）、《索引》（第2382页）均作江西万年县人，未注原籍。

雍正《江西通志》卷54《选举六·明》（第514册，第784页上）载：“郑栋，万年籍，贵溪人，御史。”康熙《广信府志》《选举·进士·明》（第1426页）载入贵溪县下，“万年籍”。

13. 刘经纬　字道甫，南昌府南昌县人，进贤县民籍。嘉靖四十一年榜二甲29名，历广西布政使。

按：《贡举考》（卷7，第114页）、《碑录》（第656页）、《索引》（第1981页）作江西进贤人，未注原籍。

《嘉靖四十一年进士登科录》作“贯江西南昌府进贤县民籍，南昌县人”②。万历《新修南昌府志》卷17《科第·国朝》（第1337—1338页）嘉靖四十一年榜：“刘经纬，字道甫，右布政。……俱南昌人。”

14. 程文　字载道，饶州府安仁县人，抚州府东乡县军籍，嘉靖四十四年榜三甲260名，官至工科都给事中。

按：《碑录》（第888页）、《索引》（第877页）或作江西东乡县军籍。崇祯《抚州府志》卷15《辟举表中·皇明进士》（第903页）嘉靖己酉科载：“程文，东乡人，乙丑进士，通政司参政。”

---

① 屈万里编：《明代登科录汇编》，《明代史籍汇刊》，台湾学生书局1969年版，第5290页。

② 同上书，第7729页。

康熙《饶州府志》卷20《选举志四·进士·明》（第1475页）作安仁县人，“载道，礼科给事中，工科都给事”。

雍正《江西通志》误作两人，卷54《选举六·明》（第514册，第778页下—779页上）嘉靖二十八年己酉乡试榜有两程文，一为安仁人，一为东乡人；嘉靖四十四年进士榜（第514册，第787页上）亦有两程文，安仁人，工科都给事；东乡人，通政司参政。

据此推测，程文籍贯当作安仁县人，东乡县军籍。

15. 涂杰　字汝高，南昌府新建县籍，进贤县人，隆庆五年榜三甲222名，历官光禄寺少卿。

按：《贡举考》（卷8，第40页）作新建县人，未注原籍。《碑录》（第930页）、《索引》（第1185页）作江西新建军籍，南昌县人。

“南昌县人”误，当作进贤县人。康熙《江西通志》卷18《选举·进士·明》（第1786页）载：“涂杰，进贤人，官光禄少卿。”同治《南昌府志》卷41《人物·明仕绩下》亦作进贤人，传附考证：“按：涂杰，进贤人。南昌志作南昌人，则沿《浙江通志·名宦传》之误。究之外省志称南昌人者，指府言也。《明史·王学曾传》载杰新建人，明其由新建通籍也。其祖居进贤九都中结渡里，居尚存。旧志作新建人，似是而非，今更正之。”

16. 陈道亨　字孟起，饶州府安仁县人，南昌府新建县民籍。万历十四年榜二甲40名，官至南京兵部尚书。

按：《万历丙戌科进士同年总录》作江西南昌府新建县民籍，父瑞，仪宾。[①]《碑录》（第1005页）亦作新建人，未注原籍。

陈氏本安仁县人，见同治《饶州府志》卷14《选举志一·进士·明》（第392页下）载陈道亨于安仁县下，“新建籍，字孟起，历官南京兵部尚书”。其籍贯迁移见该书卷21（第565页）《人物志四·宦业下》：“陈道亨，字孟起，安仁人。父瑞就婚藩府，寓省垣，

---

① 屈万里编：《明代登科录汇编》，《明代史籍汇刊》，台湾学生书局1969年版，第10958页。

因以新建籍成进士。”

17. 曾汝召　号棠棐，吉安府泰和县人，赣州府龙南县籍，万历二十九年榜三甲152名，官至太常卿。

按：《碑录》（第1100页）、《索引》（第2316页）。《明人传记资料索引》（第632页）据《文直行书》卷14《曾公行状》作江西泰和人。

顺治《吉安府志·选举表三·明进士》（第96页上）载入泰和县："曾汝召，太常卿，龙南中。"则其籍贯当作泰和县人，龙南县籍。

18. 吴之甲　字元秉，南昌府进贤县人，抚州府临川县民籍，万历三十八年榜三甲14名，历工部主事。

附吴之仁　南昌府进贤县人，抚州府临川县民籍，万历四十一年榜三甲182名。

按：《碑录》（第1141页）、《索引》（第841页）载吴之甲作江西临川县人，未注原籍。

崇祯《抚州府志》卷15《辟举表中·皇明进士》（第914页）万历甲午科："吴之甲，庚戌进士，福建参政，浙江提学。……俱临川人。"《万历三十八年庚戌科序齿录》作江西抚州府临川县民籍，祖籍进贤人，"弟之仁，癸丑进士，见任中书"。①

《碑录》（第1166页）、《索引》（第841页）载吴之仁作临川县民籍，据此则亦当作临川籍，进贤人。

19. 徐大仪　字象卿，抚州府金溪县人，广信府贵溪县民籍。天启二年榜三甲295名，官至太仆寺卿。

按：《碑录》（第1226页）、《索引》（第973页）作江西广信府贵溪县民籍，未注原籍。

《天启二年履历》作贵溪籍，金溪人②。康熙《广信府志》卷14《选举志·进士》（第1431页）列于万历四十七年榜下，误。

① 屈万里编：《明代登科录汇编》，《明代史籍汇刊》，台湾学生书局1969年版，第11826页。

② 《天启二年壬戌科进士履历》，广信府下，国家图书馆藏明天启刻本。

20. 张叔镗　字振卿，临江府清江县人，新淦县儒籍，天启五年榜三甲203名，终官国子助教。

按：《类姓登科考》（卷2，第521页下）："张叔镗，江西新淦人，三甲，尧文子，父子同榜。"未注原籍。《碑录》（第1242页）载张叔镗："江西临江府新淦县儒籍，清江县人。"

附，《类姓登科考》（卷2，第517页下）："（万历癸未）张尧文，江西新淦人，三甲。克文弟。"康熙《临江府志》卷10《选举·明》（第564页）亦载："张尧文，克文弟，太守。"张克文、尧文的籍贯，《碑录》（第899、995页）均载作新淦县儒籍，未注原籍。

又，康熙《临江府志》卷10《选举·明》（第561页）嘉靖四十年乡试榜载："张尧文，美和七世孙。"而据《明史》卷137（第3954页）《宋讷传》附："张美和，名九韶，以字行，清江人。能词赋，元末累举不仕。洪武三年，以荐为县学教谕，后迁国子助教，改翰林院编修，致仕归。"可证其先为清江县人，后迁居新淦县。

四　误收外省进士为原籍江西者

1. 黄舆　字希载，南直隶武进县民籍。正统元年榜三甲6名，官至福建左布政使。

按：嘉靖《临江府志》卷5（第359页）《选举表第六·科第·大明·清江》："宣德十年　黄舆，进士。"

《登科考》（卷5，第233页）、《碑录》（第197页）等均作南直隶武进县人。成化《重修毗陵志》本传："黄舆，字希载。武进人。……正统丙辰登进士第，历官兵部郎中，升福建左布政使，终年七十三卒于家。"①

据康熙《临江府志》卷10《选举·明》及雍正《江西通志》卷52《选举四·明》（第514册，第718页下）载，宣德十年乡试榜有清江黄舆，但进士榜均不载，推测嘉靖府志误以举人为进士。

---

① 成化《重修毗陵志》卷20《人物一·名宦·国朝》，《天一阁藏明代方志选刊续编》22册，上海书店1990年版，第266—267页。

2. 刘瀚　南直隶长洲官籍。天顺元年榜二甲 10 名，历官少詹事。

按：《登科考》（卷 7，第 309 页）作江西庐陵县人，顺治《吉安府志·选举表三·明进士》（第 91 页下）亦收作庐陵人。同治《吉安府志》卷 21《选举志·进士·明》（第 695 页上）则作庐陵人，长州（当作洲）籍。

刘瀚非庐陵人，实为河南开封（古称“汴”）人，《贡举考》（卷 4，第 45 页）、《碑录》（第 261 页）作南直隶长洲人，未注原籍。李东阳《陕西按察司副使刘公瀚墓志铭》：“公讳瀚，约之其字，别号樗庵。先世本汴人，……徙建康，后有讳顺者榷茶平江路，遂居长洲。……考讳铉。”① 其父刘铉，永乐间举人，其籍贯见钱穀《刘文恭墓志铭》：“公讳铉，字宗器，姓刘氏，号假庵，其先汴人，高祖顺之元为平江路榷茶提领，家于苏，因占籍长洲焉。”② 均载其自汴而徙，世家南直隶长洲县，未见家于江西庐陵的记载。《登科考》和府志当是误载。

3. 解宾　直隶高阳民籍。成化五年榜二甲 47 名。

按：康熙《江西通志》卷 18（第 1721 页）《选举·进士·明》成化五年榜载解宾作“吉水人，高阳籍”；雍正《江西通志》卷 53《选举五·明》（第 514 册，第 737 页上）同收。

作吉水人，恐证据不足。嘉靖《江西通志》及顺治《吉安府志》均不载。《成化五年进士登科录》载解宾“贯直隶保定府安州高阳县民籍”③，《碑录》（第 323 页）同，均不注江西吉水人。吉水虽有解氏望族，但未必姓解者皆吉水人。同榜还有解宾，山东德州籍，清省志也收作吉水人，亦为不当。

4. 张广　字弘仁，北直隶顺天府通州民籍。成化十一年榜三甲 72 名。

---

① （明）焦竑：《献徵录》卷 94，上海书店 1987 年影印本，第 4088 页。

② （明）钱穀：《吴都文粹续集》卷 39，台湾商务印书馆 1986 年影印文渊阁《四库全书》第 1386 册，第 274 页下。

③ 屈万里编：《明代登科录汇编》，《明代史籍汇刊》，台湾学生书局 1969 年版，第 850 页。

按：《碑录》（第357页）、《索引》（第400页）作江西泰和民籍，万安县人。

江西各地方志均不收，《成化十一年进士登科录》载张广贯顺天府通州民籍，州学生①。正德《汝州志》卷5《名宦·国朝·仕宦·郏县·知县》："张广，顺天府通州人，由进士成化十一年到任。"②说明张广就是北直隶通州人。

《碑录》误载的原因，可能是抄写者承上而误，张广前一名为郭秩，江西吉安府万安县人，泰和县民籍。

5. 刘信　西川南溪县民籍。成化十一年榜三甲66名，历官佥事。

附刘忠　西川南溪县民籍。成化十一年榜二甲9名，历官主事。

按：嘉靖《江西通志》卷26（第4434页）《吉安府·科目·国朝》收入，刘信作庐陵人，刘忠作永丰人。

据《成化十一年进士登科录》载，刘忠"贯四川叙州府南溪县民籍，县学生。……弟信，同科进士"；刘信"贯四川叙州府南溪县民籍，县学增广生。……兄：……忠，同科进士"。③《碑录》（第349、357页）等均作四川南溪人。

嘉靖省志误收，可能是受到成化二年榜刘忠的影响，该刘忠为吉安永丰人，抄录者未审混淆了其籍贯信息。

6. 刘洪　湖广安陆卫军籍。成化十四年榜三甲127名，官至南京右副都御史。

附刘概　湖广安陆卫军籍。正德六年榜三甲210名，历官行人。

刘渠　湖广安陆卫军籍。正德十六年榜二甲56名，历官御史。

刘臬　湖广安陆卫军籍。正德十六年榜二甲16名，历官都御史。

按：刘洪，康熙《江西通志》卷18（第1726页）《选举·进士·明》作彭泽人，安陆籍。雍正《江西通志》卷53（第514册，第742页上）《选举五·明》亦收录，但同卷（第514册，第736页

---

① 《成化十一年进士登科录》，三甲72名，国家图书馆藏明成化刻本。

② 正德《汝州志》，《天一阁藏明代方志选刊》46册，上海古籍书店1982年版，第12页。

③ 《成化十一年进士登科录》，二甲9名，三甲66名，国家图书馆藏明成化刻本。

上）载彭泽刘洪为成化四年乡试榜举人，而据雍正《湖广通志》载，安陆刘洪为成化十三年举人①。则彭泽刘洪与安陆刘洪并非一人，《江西通志》当是误收。

他书均载作湖广人，嘉靖《九江府志》进士表不见载。又雍正《湖广通志》卷81《陵墓志》："都御史刘洪墓，在荆门州南四十里石门山。刘渠墓，与洪同地。"②

刘概、刘渠、刘臬均为刘洪之子，见《正德十六年进士登科录》刘臬："贯湖广安陆卫军籍。……曾祖让，……祖琮，……父洪，资政大夫、南京都察院右都御史。……兄：采；概，行人，赠监察御史；槊，贡士；渠，同科进士。"③ 各书均不作江西彭泽人，唯雍正《江西通志》（第514册，第764页上）和同治《九江府志》（第349页）载其原籍作彭泽县，同样是误收。

7. 孔贞时　南直隶建德县人，应天府句容县籍，万历四十一年榜三甲67名。

按：《索引》（第546页）作应天府句容籍，江西建德人，误。

江西无建德县，其实《碑录》（第1160页）原文作"应天府句容县儒籍，佥充江西抚州所屯田，建德县人"，《索引》是将"佥充江西抚州所屯田，建德县人"掐头去尾，拼成"江西建德"。

《索引》同页有孔贞运，作应天府句容籍，直隶建德人。据《类姓登科考》（卷3，第591页上）载，孔贞时为孔贞运弟，亦可证孔贞时是直隶建德人。

第五节　户籍记载其他疏误之考订

1. 童轩　字士昂，饶州府鄱阳县文北乡五十九都人，景泰二年榜

① 雍正《湖广通志》，台湾商务印书馆1986年影印文渊阁《四库全书》第532册，第323页下。

② 同上书，第143页下。

③ 屈万里编：《明代登科录汇编》，《明代史籍汇刊》，台湾学生书局1969年版，第3013页。

二甲71名，官至南京礼部尚书。

按：《登科考》（卷6，第279页）、《索引》（第3页）等均作江西鄱阳县人，未注户籍。

其实童轩自其父辈即以役寓家南京，倪岳《童公轩墓志铭》："公讳轩，字士昂，姓童氏，世为鄱阳文北乡樟潭里人。……考碧瑄，号玉壶，……童本儒族，至玉壶以精天官学，永乐初召充钦天监天文生，寻命入文渊阁纂修天文诸书，皆留于鄱。后家南京秦淮之西。……玉壶乃召其仲子惠来继役，而一意教公，俾攻进士业，……选充应天学生，……登景泰辛未进士，拜南京吏科给事中。"[①]《明诗纪事》（乙籤卷19第866页）载作"鄱阳人，侨寓南京"，此说为当。

2. 毕竟夔　字叔元，广信府贵溪县人，军籍。嘉靖二十年榜二甲39名，历河南知府。

按：《碑录》作贵溪县民籍（第735页），《索引》（第1879页）据之亦作民籍，另注"《登科录》作军籍"。

《嘉靖二十年进士登科录》载作贵溪县军籍，弟竟容[②]；《嘉靖十七年进士登科录》毕竟容亦作贵溪县军籍[③]，当从。

3. 朱统鐼　号弼成，南昌府新建县民籍，崇祯十年榜三甲60名，初授知县。

按：《崇祯十年丁丑科三百名进士三代履历便览》（下简作《履历》）作江西新建宗籍，凤阳府盱眙人。[④]《索引》（第769页）所载同，但《碑录》（1305页）载："朱统鐼，江西南昌府新建县民籍。"

据《履历》载，统鐼父为谋圭，《明诗综》卷83《宁藩》："朱

---

① （明）焦竑：《献徵录》卷36，上海书店1987年影印本，第1478页。

② 《嘉靖二十年进士登科录》，二甲39名，上海图书馆藏明嘉靖刻本。

③ 屈万里编：《明代登科录汇编》，《明代史籍汇刊》，台湾学生书局1969年版，第4463页。

④ 《崇祯十年丁丑科三百名进士三代履历便览》，南直隶凤阳府下，上海图书馆藏明崇祯刻本，第12页。

谋圭，谋圭字禹锡，石城王孙。”① 则朱统鑽为宁王之后，其祖籍当为江西新建，并非自盱眙迁来。乾隆《南昌府志》卷 60（第 4359 页）《朱统鑽传》云：“瑞昌郡王孙某为镇国将军，当宸濠反时，将军不从，及濠伏诛，而将军封世不绝。五传至统鑽父谋圭，统鑽始弃爵为南昌诸生。”既已弃爵，可知统鑽并非以宗籍登第，《碑录》所载为确。

4. 吴孳昌　号横溪，南昌府南昌县人，河南固始县籍，崇祯十三年榜三甲 16 名，历吏部主事。

按：《碑录》（第 1319 页）载作“河南彰德府商城县籍，江西南昌府南昌县人”，《索引》（第 870 页）同。

然《崇祯十三年庚辰科进士履历便览》作河南汝宁府固始籍，江西南昌人。②《类姓登科考》（卷 1，第 392 页上）亦作河南固始县人。雍正《河南通志》卷 45《选举二·进士·明》魏藻德榜载：“吴孳昌，固始人，侍郎。”③

该科题名碑字迹不甚清楚，“固”与“商”又形体相近，《碑录》可能因此误以为商城县。

5. 曾高桓　一作曾高捷，号云驭，吉安府安福县人，云南宾川州籍，崇祯十三年榜三甲 202 名。

按：《碑录》（第 1328 页）载作曾高桓，“云南丽江府宝山州籍，江西吉安府志安福县人”，《索引》（第 2312 页）简作云南宝山州籍，江西安福人。

“宝山州”误。《崇祯十三年庚辰科进士履历便览》载作曾高捷，入云南大理府，作“宾川州籍，江西安福人”。《类姓登科考》（卷 2，第 542 页下）亦作云南宾川州人。《云南通志》卷 20 上

---

①（清）朱彝尊：《明诗综》，台湾商务印书馆 1986 年影印文渊阁《四库全书》第 1460 册，第 765 页下。

②《崇祯十三年庚辰科进士履历便览》，河南汝宁府下，上海图书馆藏明崇祯刻本，第 26 页。

③ 雍正《河南通志》，台湾商务印书馆 1986 年影印文渊阁《四库全书》第 536 册，第 597 页上。

《选举·进士·明·庚辰科魏藻德榜》："曾高捷，宾川人，员外。"①

"宝山"与"宾川"字形相近，《碑录》可能因此而误。

① 乾隆《云南通志》，台湾商务印书馆1986年影印文渊阁《四库全书》第570册，第11页上。

第三章

明代江西进士榜甲之考证

本章主要考证各书对江西进士的朝榜、甲次记载有误者。

朝榜之误多见于方志。地方志对进士朝榜的误载有多个方面：一是误将进士的乡试、会试年份与殿试年份相混，二是误将此科进士窜入彼科，三是科年与状元对应错误，四是年号与干支对应错误。这些错误既存在于选举表，又屡见于人物传中；有时是二者不相一致，有时二者同样错误。方志而外，一些传记文献对进士榜次的记载也存在类似问题，今人编的《明人传记资料索引》对某些人物的考证也没能例外（为节约篇幅，相关例证见下文考证）。

《碑录》和《索引》对进士榜次的误载也有几处，主要表现为重出，见下表：

姓名	见载榜次	正确榜次	断定依据
吴　谦	洪武十八、洪武二十一	洪武二十一	《登科考》
夏铭善	洪武十八、洪武二十一	洪武二十一	《登科考》
朱　懋	洪武十八、洪武二十一	洪武二十一	《登科考》
齐　德	洪武十八、洪武二十一	洪武二十一	《登科考》《献徵录》
戴　安	洪武十八、洪武三十	洪武三十	《登科考》、正德《饶州府志》
俞　本	洪武十八、建文二	建文二	《登科考》《登科录》
黄　炜	万历二十、万历二十六	万历二十	《万二十六履历》
李作舟	万历二十、万历二十六	万历二十	《万二十六履历》
穆　深	万历二十、万历二十六	万历二十	《万二十六履历》
杨逢时	万历二十、万历二十六	万历二十	《万二十六履历》

错此为彼的现象在《碑录》《索引》中也有，比如洪武二十一年的卓敬，误入洪武十八年榜；洪武三十年榜的相振，误入洪武二十一年榜，等等。

甲次之误则主要见于各种试录（《登科录》《进士履历》《同年序齿录》等）和《索引》等。《登科录》是依照甲次顺序刊录的，原本应该不误，但在流传过程中，如果页次出现错乱，名次也就不可信了。比如《明代登科录汇编》收的《嘉靖二十三年进士登科录》，二甲第7名章士元后即接三甲①，显是错简。比照《登科考》《贡举考》，章士元下当接李懿、周士佐（第5265页），刘松、王之臣（第5266页），陈天祐、许应亨（第5263页），谢彬、许用中（第5268页），阮鹗至李逊（第5269—5271页），查懋昌、罗一鸑（第5264页），余一鹏、刘光济（第5267页），冯有年至陆炜（第5272—5279页），于锦、王宗沐（第5262页），徐文通至陈淮（第5281—5305页），以上93人，与题记“第二甲九十三名”合。曹三暘（第5261页）当移至姜良翰（第5308页）前，至靳学曾（第5415页）共216人，与所题“第三甲二百一十六名”相合，则三甲亦不误。若按以上顺序重新排版，《登科录》名单顺序与《明进士登科考》《贡举考》完全相同。《进士履历》《同年序齿录》是据《登科录》重新编排，偶有笔误。《索引》的甲次错误不少，多为校勘不精所致，见前第一章第二节。

第一节　各书记载榜次之误

1. 许恒　字用常，赣州府赣县人，洪武十八年榜，历官行人。

按：嘉靖《赣州府志》卷9（第2页）《选举·进士·赣县·国朝》：“许恒，用常。洪武丁卯乡举，登甲戌张信榜。行人司行人。”是误作洪武二十七年榜。

---

① 屈万里编：《明代登科录汇编》，《明代史籍汇刊》，台湾学生书局1969年版，第5261页。

《登科考》（卷2，第54页）等均作洪武十八年榜。

2. 喻世英　临江府新喻县人，洪武二十一年榜三甲28名，历官员外郎。

按：隆庆《临江府志》卷10（第17页）《选举·国朝》："洪武十七年甲子乡试　喻世英，……俱新喻人。洪武十八年乙丑程以善榜　喻世英，员外郎。"实际当为洪武二十一年进士。

《登科考》（卷2，第70页）等书均载作洪武二十一年榜。

3. 陈善方　吉安府泰和县人，洪武三十年榜三甲15名，历官主事。

按：嘉靖《江西通志》卷26（第4358页）《吉安府·科目·国朝》误作洪武二十四年榜。

《双槐岁钞》卷2所收洪武二十四年会试名单不载其名①，《贡举考》（卷2，第37页）、《碑录》（第63页）等均作洪武三十年榜。

4. 宋子环　吉安府庐陵县人，永乐二年二甲2名。

按：《明人传记资料索引》（第180页）误载作永乐三年进士，永乐三年非科举年，显误。

该错误源自《献徵录》，杨士奇《越府右长史宋君子环墓志铭》载："子环字文莹。……中永乐三年第二甲进士，为翰林庶吉士，……宣德八年六月八日以疾卒，享年五十有二。"② 《贡举考》（卷2，第50页）、《碑录》（第75页）均载宋子环为永乐二年甲申科进士。

5. 刘灏　临江府清江县人，永乐二年榜二甲34名，历官知县。

按：《索引》（第1999页）载"（刘）灏　江西清江　明永乐20/2/34"，后附《历科进士题名录》（第2426页）作永乐二年榜。是为校勘不精所致。

《登科考》（卷3，第101页）作刘浩，不过其甲次与《贡举考》（卷2，第51页）、《碑录》（第77页）同，永乐二年榜二甲34名。

---

① （明）黄瑜：《双槐岁钞》，上海古籍出版社2005年点校本，第121页。

② （明）焦竑：《献徵录》卷105，上海书店1987年影印本，第4709页。

6. 赖生启　南安府上犹县人，《诗》，永乐二年榜三甲 165 名，历官章丘知县。

按：嘉靖《南安府志》卷 6（第 232 页）《选举表二·皇明》："（永乐）六年　赖生启，《诗》，上犹人，登进士。……（永乐）七年萧时中榜　赖生启，任山东章丘知县。"榜次有误。

《登科考》（卷 3，第 112 页）、《碑录》（第 88 页）等均作永乐二年榜三甲 165 名，永乐二年的进士，不可能是永乐六年的举人，故其乡试榜亦误。

7. 刘鸣　榜名鸣，字汝和，抚州府金溪县人，永乐九年榜三甲 47 名，历官监察御史归。

按：弘治《抚州府志》卷 19（第 322 页）《科第二·进士·皇明》："永乐六年戊子乡试　刘鸣，金。……七年己丑萧时中榜　刘鸣，监察御史。"其下邓昌亦作"永乐七年萧时中榜"。是误以会试科年作殿试科年，不当。

该科会试于永乐七年己丑举行，会元为陈璲，适太宗北征，诸中式举人在国子监进学，后于永乐九年辛卯廷试，状元萧时中，本科登科录作《永乐九年进士登科录》。

8. 张志文　字孟简，广信府上饶县人，永乐九年榜三甲 15 名，历官布政使。

按：嘉靖《广信府志》卷 14（第 847 页）《选举志·进士·国朝·上饶》："永乐七年己丑萧时中榜　张志文，累官布政使。"

是误以会试科年作殿试科年，考证见上。

9. 曾令得　吉安府吉水县人，永乐十三年榜二甲 56 名，历官监察御史。

附李学　吉安府庐陵县人，永乐十三年榜二甲 61 名，主事。

按：雍正《江西通志》卷 52《选举四·明》（第 514 册，第 699 页）误载曾令得、李学入永乐四年丙戌林环榜。

《登科考》（卷 3，第 156 页）等均作永乐十三年榜。

10. 艾凤翔　吉安府吉水县人，永乐十九年辛丑榜二甲 23 名。

按：嘉靖《江西通志》卷 29（第 4711 页）《吉安府·人物·国

朝》艾凤翔传作“永乐辛未进士”，辛未当为辛丑之误。同书卷26（第4384页）《吉安府·科目·国朝》：“永乐十九年辛丑曾鹤龄榜：……艾凤翔。”

11. 揭稽　字孟哲，建昌府广昌县人，永乐二十二年二甲43名，官至兵部左侍郎。

按：正德《建昌府志》卷15（第29页）《选举·进士·国朝·广昌县学》：“永乐辛丑邢宽榜　揭稽，仕至兵部侍郎。”

揭稽为邢宽榜进士不误，但邢宽榜为永乐二十二年甲辰，非辛丑；永乐辛丑乃永乐十九年，曾鹤龄榜。《登科考》（卷3，第201页）等均载揭稽作永乐二十二年邢宽榜。

12. 何自学　字思学，抚州府金溪县人，宣德二年榜二甲23名，官至陕西按察使。

按：弘治《抚州府志》卷19（第327—329页）《科第二·进士·皇明》：“（永乐）十八年庚子乡试　何自学，金。……宣德元年丁未马愉榜　何自学。”卷23（第555页）《人物三·乡贤·皇明》：“何自学，字思学。金溪人。宣德元年进士，授刑部主事。”

“宣德元年”误。宣德元年丙午（1426）乃乡试年，二年丁未才是会、殿试年。

13. 陈鉴　字贞明，一作真明，瑞州府高安大城人，宣德二年榜三甲29名，官至河南参议。

按：正德《瑞州府志》卷9《人物志·方面·大明》（第1019页）本传：“陈鉴，字贞明。高安人。……永乐进士，授行人，选监察御史。……升河南布政司参议。”

“永乐进士”误。《登科考》（卷4，第212页）等均作宣德二年进士。

14. 吴文　抚州府崇仁县人，宣德五年榜二甲18名，历官吏部主事。

按：弘治《抚州府志》卷19《科第二·进士·皇明》（第330页）：“（永乐）十二年甲午乡试　吴文，崇。……（宣德）四年庚戌林震榜　吴文，稽勋主事。”

四年当为五年之误，宣德四年为己酉（1429），乃乡试年；五年是庚戌（1430），会、殿试年。

15. 姜洪　字启洪，抚州府乐安县人，宣德八年榜三甲 15 名，官至修撰。

按：弘治《抚州府志》卷 19《科第二·进士·皇明》（第 331 页）："（宣德）六年壬子乡试　姜洪，乐。……七年癸丑曹鼐榜　姜洪，修撰。"

此处干支纪年有误，宣德壬子（1432）为七年，癸丑（1433）为八年。

16. 张固　字公正，临江府新喻县人，宣德八年三甲 44 名，官至大理寺少卿。

按：嘉靖《临江府志》卷 8《人物志七·大明》（第 508 页）本传："张固，字公正。新喻人。宣德四年进士，刑科给事中，迁大理少卿，出镇四川。"隆庆《临江府志》卷 12《人物列传·国朝》（第 35 页）本传同。

本传其实是将其乡试年份误为进士年份，选举表不误，见隆庆《临江府志》卷 10《选举·国朝》（第 23 页）："宣德四年己酉乡试　张固，新喻人。……宣德八年癸丑曹鼐榜　张固，大理寺少卿。"《登科考》（卷 4，第 226 页）等载作宣德八年进士。

17. 谢辅　字廷辅，抚州府乐安县人，正统元年三甲 11 名，终官至浙江右布政使。

（附）李毅　字士弘，抚州府临川县人，正统元年三甲 12 名，历官刑部主事。

按：弘治《抚州府志》卷 19《科第二·进士·皇明》（第 332 页）："（正统）四年己未周旋榜　谢辅。"正统四年己未当为施槃榜，周旋榜在正统元年丙辰，是错配状元与纪年。

《登科考》（卷 5，第 233 页）等载谢辅均作正统元年丙辰科。

弘治《抚州府志》卷 19《科第二·进士·皇明》（第 332 页）："（正统）四年己未周旋榜　李毅，临。"错误同上，亦当为正统元年丙辰科进士。

18. 王常　字大经，抚州府临川县人，正统十三年二甲17名，历官监察御史。

按：嘉靖《东乡县志》卷下《仕进二十二·进士·皇明》（第9页）："王常，……宣德戊辰彭时榜。"

"宣德"当为"正统"之误，《登科考》（卷5，第264页）等均载王常为正统十三年进士。

19. 吕铎　字文振，九江府德化县人，正统十三年榜三甲75名，官至浙江左参政。

按：嘉靖《九江府志》卷11《选举志·进士·国朝·德化》（第23页）："正统十二年戊辰彭时榜　吕铎，官至参议。"

戊辰彭时榜为正统十三年。

20. 刘泰　吉安府安福县人，正统十三年榜三甲46名，历官行人。

按：雍正《江西通志》卷53《选举五·明》（第514册，第726页下）景泰二年辛未柯潜榜："刘泰，安福人，行人。"误。

《登科考》（卷5，第268页）、《碑录》（第228页）等均作正统十三年榜进士。

21. 刘彝　字敦伦，吉安府安福县人，景泰二年榜三甲33名，官至广平知府。

按：雍正《江西通志》卷53《选举五·明》（第514册，第724页上）载入正统十三年戊辰彭时榜："刘彝，安福人，知府。"与刘泰正好相反，当是"彝"和"泰"字形相近而误。

《登科考》（卷6，第281页）等均作景泰二年榜进士。

22. 黄会　字吉劭，抚州府临川县人，景泰五年榜二甲59名，官辽东苑马寺少卿卒。

按：弘治《抚州府志》卷23《人物三·乡贤·皇明》（第562页）："黄会，字吉劭。临川人。……景泰四年登第，授行人司左司副。"

景泰四年是乡试年，该书卷19《科第二·进士·皇明》（第335—336页）载："（景泰）四年癸酉乡试　黄会，临。……（景泰）五年甲戌孙贤榜　黄会，苑马寺少卿。”可知人物传误乡试年份为登科年份。《登科考》（卷6，第290页）等均作景泰五年榜进士。

23. 陈政　字以正，瑞州府新昌县在城人，天顺八年榜二甲27名。

按：崇祯《瑞州府志》卷20《人物志·才臣》（第1240页）本传作成化进士，误。

《贡举考》（卷4，第65页）、《碑录》（第288页）均载作天顺八年进士。

24. 彭纲　临江府清江县人，成化十一年榜二甲46名。

按：《明人传记资料索引》载彭纲作“成化十七年进士”（第646页），误。书中云其所据《明史》，然《明史》实作“成化十一年进士”，见《彭纲传》：“彭纲，清江人。与苏章、周轸、秦昇、童柷皆成化十一年进士。”①《明人传记资料索引》编者当是笔误。

《贡举考》（卷5，第7页）、《碑录》（第351页）等均载为成化十一年进士。

25. 谢富阳　字仕春，吉安府吉水县人，赣州府瑞金县民籍。成化十一年榜三甲69名，历官知县。

按：嘉靖《赣州府志》卷9《选举·进士·瑞金·国朝》（第6页）：“谢富阳，安俭。成化丁未谢迁榜。”嘉靖《瑞金县志》亦作“成化丁未谢迁榜”②。

“丁未”当是“乙未”之误，谢迁榜在成化十一年，为乙未。

26. 傅潮　字曰会，临江府新喻县人，成化十七年榜三甲76名，官至郎中。

按：隆庆《临江府志》卷12《人物列传·国朝》（第37—38页）：“傅瀚，……弟潮，字曰会。弘治十二年进士，历官郎中。”

《登科考》（卷8，第442页）、《碑录》（第392页）等均载作成化十七年进士。

---

①（清）张廷玉等：《明史》卷180，中华书局1974年标点本，第4784页。

② 嘉靖《瑞金县志》卷4《人物类·进士·国朝》，《天一阁藏明代方志选刊》40册，上海古籍书店1982年版，第1页。

27. 祝俓　字直夫，饶州府德兴县南隅人，成化二十年榜二甲60名，累官至河南参政。

按：《明人传记资料索引》（第402页）据《掖垣人鉴》作成化二十三年进士，误。

《贡举考》（卷5，第44页）、《碑录》（第402页）均载为成化二十年进士。

28. 王中立　更名懋中，字与时，吉安府安福县人，成化二十年榜三甲96名，终官至南京右都御史。

按：万历《吉安府志》卷19（第1110页）《王中立传》作“成化丁未进士”，丁未为成化二十三年。

《贡举考》（卷5，第47页）、《碑录》（第409页）均作成化二十年甲辰科进士。

29. 龙夔　字舜卿，袁州府宜春县人，弘治三年榜二甲26名，历官太平知府。

按：《明人传记资料索引》（第863页）作弘治四年进士，误。弘治四年非科举年份。

《贡举考》（卷5，第68页）、《碑录》（第434页）均载为弘治三年进士。

30. 李云　字自石，建昌府南城县人，广信府贵溪县军籍。弘治十二年榜三甲98名。

按：正德《建昌府志》卷15《选举·进士·国朝·南城县学》（第31—32页）：“弘治壬戌康海榜　李云，贵溪籍，仕至御史。”康海榜在弘治十五年（1502）。

《登科考》（卷9，第550页）、《碑录》（第491页）等均载作弘治十二年进士。

31. 黄纪　字子陈，抚州府临川县人，嘉靖三十二年榜三甲209名，官至河南佥事。

按：崇祯《抚州府志》卷17（第1308页）《黄纪传》作“嘉靖己丑进士”，己丑为嘉靖八年。

《贡举考》（卷7，第85页）、《碑录》（第817页）均载为嘉靖三十二年癸丑科进士，府志“己丑”是“癸丑”之误。

32. 刘朝聘　字三予，南康府安义县人，万历三十二年榜三甲132名，历工部主事。

按：雍正《江西通志》卷55《选举七·明》（第514册，第808页上）万历三十五年丁未黄士俊榜载：“刘朝聘，安义人，工部主事，安志误入上科，今改正。”其实前志不误，而雍正志误改。

《碑录》（第1115页）等均载刘朝聘为万历三十二年甲辰科进士。

33. 夏应台　号我命，南康府星子县人，万历三十五年榜三甲13名，历官云南按察使。

按：康熙《江西通志》卷18《选举·进士·明》（第1803页）：“万历辛丑科张以诚榜：……夏应台，星子人，官贵州参政。”

《碑录》（第1125页）等均载夏应台作万历三十五年丁未科进士。

34. 易应昌　字瑞芝，抚州府临川县人，万历三十五年榜三甲155名，官至左副都御史。

按：《明人传记资料索引》（第303页）载易应昌传作万历四十一年进士，其依据为《明史》卷254本传。《明史》（第6555页）原文作：“易应昌，字瑞芝，临川人。万历四十一年进士。”误。

《碑录》（第1132页）等均载其为万历三十五年进士。

35. 聂文麟　字孟仁，抚州府金溪县人，万历四十七年会试347名，天启二年榜三甲195名，官至广西左参政。

按：崇祯《抚州府志》卷15《辟举表中·皇明进士》（第918页）：“聂文麟，良杞子，己未进士，任漳州府知府。”己未即万历四十七年，雍正《江西通志》卷55《选举七·明》（第514册，第813页下）亦载入万历四十七年己未庄际昌榜：“聂文麟，金溪人，苍梧参政。安志误入下科，今改正。”

安志实不误。据《万历己未会试录》载，聂文麟为该科会试347名①。

① 屈万里编：《明代登科录汇编》，《明代史籍汇刊》，台湾学生书局1969年版，第11990页。

但聂没有参加当年即万历四十七年廷试，天启二年始补殿试，见《天启二年壬戌科进士履历》① 和《天启壬戌同年录》②。故聂文麟当作天启二年榜进士。

36. 徐大仪　字象卿，抚州府金溪县人，广信府贵溪县民籍。天启二年榜三甲 295 名，官至太仆寺卿。

按：雍正《江西通志》卷 55《选举七·明》（第 514 册，第 814 页上）万历四十七年己未庄际昌榜："徐大仪，贵溪人，参政。"后又在天启二年壬戌文震孟榜（第 514 册，第 815 页上）载作："徐大仪，贵溪人，云南副使。"

《碑录》（第 1226 页）等均载作天启二年进士。

第二节　各书记载甲次之误

1. 吴伯宗　庚戌乡试解元，洪武辛亥榜状元。

按：弘治《抚州府志》卷 23《人物三·乡贤·皇明》（第 544 页）："吴伯宗，名祐。……洪武三年乡试，明年礼部、廷对皆第一。"又，嘉靖《东乡县志》卷下《仕进第二十二·进士·皇明》（第 8 页）："吴伯宗，……洪武四年辛亥状元。三元。"同卷（第 24 页）《人物第二十三·卓异·皇明》："吴伯宗，名祐。……洪武三年乡试，明年礼部及廷试皆第一。"府、县志均作会元、三元，其实吴伯宗非会元。

《明洪武四年进士登科录》载吴伯宗会试第 24 名③，本科会元为俞友仁。

2. 黄子澄　名湜，字子澄，袁州府分宜县人，以监生应天府乡试第 2 名，会元，一甲探花，初授翰林院修撰，累官至太常寺卿，死靖难。

---

① 《天启二年壬戌科进士履历》，抚州府下，国家图书馆藏明天启刻本。

② 《天启壬戌科进士同年序齿录》，上海图书馆藏明天启刻本，第 18 页。

③ 《明洪武四年进士登科录》，载王云五主编《丛书集成初编》第 3410 册，中华书局 1991 年影印《艺海珠尘》本，第 8 页。

按：正德《袁州府志》卷8《人物·大明》（第14页）："黄子澄，名湜，以字行。分宜人。……明年京闱乡试第二，会试第一，进士及第。授翰林编修，升修撰，累官太常卿。……太宗靖难之师入，子澄死焉。"《登科考》（卷2，第42页）作一甲第3名，《碑录》《索引》同。但《贡举考》（卷2，第14页）作三甲第5名。

该科一甲探花究竟是谁，历来争议较大。有说是黄子澄，黄佐《翰林记》卷3《进士铨注》："十八年三月丙子，以第一甲及第丁显、练安、黄子澄为修撰。"① 廖道南《殿阁词林记》亦载："（黄子澄）中京闱乡试第二，乙丑会试第一，廷对及第三人，俱授翰林修撰。"②

但也有说是花纶的，王世贞《弇山堂别集》载："十八年乙丑会试，命待诏朱善、前典籍聂铉为考试官，取黄子澄第一，练子宁次之，花纶又次之。纶，浙江解元也。及廷试，纶第一，子宁次之，子澄又次之。既启封，上自以梦故，用丁显为状元，子宁如故，纶第三，抑子澄三甲，为庶吉士。然三人俱授修撰，亡何，亦擢子澄为修撰云。"③ 黄瑜《双槐岁钞》所载大体同《弇山堂别集》。④

嘉靖以后的方志在记载黄子澄和花纶时，也出现了分歧，江西的方志说黄子澄是探花，浙江的方志则说花纶是探花，其地方主义倾向明显。

为何会出现这种情况？《登科考》（卷2，第42页）说："革除间，子宁、子澄皆柄用，侵削藩王。靖难师起，以奸党戮之。仆碑削籍，故部本不传。"该科题名碑和《登科录》都被销毁，而当时士人又讳言之，故其相关的原始资料而今已经难以觅见了，流传下来的，多是后人的朦胧推定。

我们认为，黄子澄是探花的理由更为充分，试分析如下：

---

① （明）黄佐：《翰林记》，台湾商务印书馆1986年影印文渊阁《四库全书》，第596本，第4页。

② （明）廖道南：《殿阁词林记》卷6，台湾商务印书馆1986年影印文渊阁《四库全书》第452册，第48页。

③ （明）王世贞：《弇山堂别集》卷81《科试考一》，中华书局1985年版，第1544页。

④ （明）黄瑜：《双槐岁钞》卷2，上海古籍出版社2005年点校本，第119—120页。

《登科考》刊录该科进士名录时，参考了湖本和闽本《登科录》，又参考了章檗《补遗录》，认为该科“廷试名第漫不可考矣，惟一甲传其可信”（卷2，第42页），其一甲三人为：状元丁显，榜眼练子宁，探花黄子澄。可见当时《登科录》传本都以黄子澄为探花。

从历官情况看，黄子澄曾官修撰，各书记载一致，符合《明太祖实录》所云该科“以第一甲赐进士及第丁显等为翰林修撰”[①]。花纶的宦迹不显，《明太祖实录》载，洪武二十一年四月，“谕按治江西监察御史花纶等，自今惟官吏贪墨饕法及事重者，如律逮问，其细事毋得苛求”[②]，则花纶所任乃御史一职。

二人的年纪也可资旁证，明太祖比较轻视年少进士，这是他在洪武六年罢科举的一个重要原因。花纶登科时年方18岁，值此开禁之首科，就来一少年状元，这显然是太祖不能接受的，以故“初读卷官奏花纶第一，上以其年少，抑之”[③]。黄子澄死于建文四年（1402），时年51岁[④]，距乙丑（1385）时相距17年，则其中进士时为34岁，正值年富力强之际。从正常的逻辑出发，黄子澄是没有理由被降到三甲去的。

3. 吴观玄　吉安府永丰县人，洪武二十一年榜二甲2名，历官监察御史。

按：《贡举考》（卷2，第22页）、《碑录》（第47页）、《索引》（第859页）载吴观玄作二甲1名，误。当从《登科考》（卷2，第67页）作二甲2名。

该榜二甲第1名实为卓敬，但《贡举考》（卷2，第16页）和《碑录》（第38页）等载卓敬作洪武十八年三甲进士，亦误。袁袠《户部右侍郎瑞安卓公敬传》：“卓敬，浙江瑞安人也。……洪武戊辰

---

① 《明太祖实录》卷172，台湾“中研院”史语所1962年校印本，第2626—2627页。

② 同上书，卷190，第2869页。

③ （明）张朝瑞：《皇明贡举考》卷2，《四库全书存目丛书》史部，第269册，齐鲁书社1997年版，第11页。

④ 雍正《江西通志》卷72，台湾商务印书馆1986年影印文渊阁《四库全书》第515册，第505页下。

中进士，拜给事中。”① 弘治《温州府志》亦载其传：“卓敬，字惟恭。瑞安人。……登洪武戊辰进士，除给事中。”②

和洪武十八年榜一样，本科部分进士因靖难处死，其个人资料被故意删除。《登科考》（卷2，第67页）云：“时廷对之士……一甲卢原质、二甲卓敬及三甲沈玄、卢仪、李范以下各一人，永乐中皆坐事磨去其名。”故产生如此纠纷。

4. 刘复　字性初，南昌府南昌县人，建文二年榜三甲8名，历知县。

按：《建文二年殿试登科录》载刘复作三甲6名。③

《建文二年殿试登科录》对名次的记载存在问题，二甲题云37名，但实际载41人；三甲题作70名，实际有66人，可知三甲有4人窜入二甲。对照《碑录》，《建文二年殿试登科录》（第33—34页）二甲末4人（秦凤、顾详、应履华、潘文奎）当在三甲4—7名；何颖、潘义、刘复3人，《建文二年殿试登科录》（第37—38页）作三甲4、5、6名，而《碑录》（第71页）分别作三甲10、9、8名。

故本科进士名次，当依《碑录》，则刘复应作三甲8名。

5. 黄闰　字期余，赣州府信丰县人，永乐十六年榜二甲33名，选庶吉士，历官知县。

按：《贡举考》（卷3，第17页）作二甲2名。《登科考》（卷3，第174页）和《碑录》（第145页）均作二甲33名。

本科进士名次，《登科考》与《碑录》一致，《贡举考》则存在一定的问题。二甲排名，《登科考》与《贡举考》除二甲1名周叙、最后两名王琎、徐智外，其他均不相同，但亦有规律可寻，《贡举考》若依17页上、18页上至19页上之陈蓁，再回到17页下黄润始、18页下，到19页下之郑宪，19页上之金诚、刘性、李子恢、夏时、郑

① （明）焦竑：《献徵录》卷30，上海书店1987年影印本，第1238页。

② 弘治《温州府志》卷11《人物二·忠义·皇朝》，《天一阁藏明代方志选刊续编》32册，上海书店1990年版，第472页。

③ 屈万里编：《明代登科录汇编》，《明代史籍汇刊》，台湾学生书局1969年版，第38页。

源，19页下之李居正、王靖，如此顺序，则与他书一致了。三甲同样出现类似的规律，据此推测，《贡举考》应当是在排版时出现了错简的情况。本科题名碑为当年所立，当为可信。

故黄闰当依《登科考》《碑录》作二甲33名。

6. 彭谦　吉安府庐陵县人，永乐二十二年榜二甲22名，历官知县。

按：《登科考》（卷3，第200页）、《碑录》（第170页）作二甲22名，《索引》（第1361页）同，但注云“碑作明永乐22/2/26”。

该科题名碑补立于宣德九年（1434）十月[①]，距登科时已10年，抄录时或有倒简，《碑录》在抄录时应该做过考证，《索引》此条注释可删。

同榜还有二甲23名胡器，《索引》（第1747页）注云“碑作明永乐22/2/22”，情况与此同，当删。

7. 欧阳汤　吉安府泰和县人，宣德二年榜三甲8名，历官员外郎。

按：《碑录》（第179页）载欧阳汤作三甲6名；《索引》（第2270页）作三甲6名，注“碑作明宣德2/3/8”。《登科考》（卷4，第211页）作三甲8名。

本科题名碑为当年立，当不误，《碑录》《索引》不知何据。从《索引》（第2442页）后附《历科进士题名录》看，欧阳汤、章瑛作三甲6、7名，侯琎、陈城作8、9名，与《登科考》（卷4，第211页）正好相反。《碑录》《索引》所据资料当有倒简，当从题名碑和《登科考》。

8. 陈城　吉安府永丰县人，宣德二年榜三甲7名，历官郎中。

按：《碑录》（第179页）作三甲9名，《索引》（第2140页）同，但注“碑作明宣德2/3/7”。《登科考》作三甲7名（卷4，第211页），考证同上。

---

① 徐自强编：《北京图书馆藏中国历代石刻拓本汇编》第51册，中州古籍出版社1989年版，第69页。

9. 方嵩　字景高，建昌府南城县人，天顺元年榜三甲68名，官至郎中。

按：《索引》（第18页）作三甲67名，误。《碑录》（第269页）、《天顺元年进士登科录》均作三甲68名①。

本科三甲乔凤当为第55名，《索引》（第636页）误作54名，与张元济同，导致以下名次均误，至榜末李和作193名，实当为194名，其后附《历科进士题名录》不误。

《索引》所载本科江西进士名次错误者还有：周正（63名）、车振（84名）、潘珪（94名）、左贤（101名）、丁璐（105名）、周同伯（112名）、马体乾（122名）、夏环（134名）、罗修（136名）、熊怀（137名）、易居仁（158名）、高安（174名）、徐贵（180名）。因考证相同，故不一一单列，括号内为其正确名次。

10. 周季邦　字公达，南昌府宁县人，弘治九年榜三甲126名，历官知县。

按：嘉靖《宁州志》卷4《仕进·皇明·甲科·弘治》："丙辰朱希周榜　周季邦，字公达，高市人，季麟族弟。三甲一百三十六名。任建安知县，调松阳。"②

《登科考》（卷9，第534页）、《碑录》（第476页）等均作三甲126名，州志当是误"二"作"三"。

11. 江冕　字端甫，建昌府南丰县人，嘉靖二十三年榜二甲39名。

按：《嘉靖二十三年进士登科录》作三甲35名③，《登科考》（卷11，第831页）、《碑录》（第751页）均作二甲39名。

《明代登科录汇编》所收《嘉靖二十三年进士登科录》版本有问

---

① 屈万里编：《明代登科录汇编》，《明代史籍汇刊》，台湾学生书局1969年版，第551页。

② 嘉靖《宁州志》，《天一阁藏明代方志选刊续编》43册，上海书店1990年版，第133页。

③ 屈万里编：《明代登科录汇编》，《明代史籍汇刊》，台湾学生书局1969年版，第5278页。

题，见本章前言。本科进士名次当从《登科考》《贡举考》和《碑录》。

12. 万寀　字一和，南昌府丰城县学前人，嘉靖二十三年榜三甲68名，终官至大理寺卿。

按：《碑录》缺，《索引》（第1480页）据《江西通志》补缺，不详其名次。

《登科考》（卷11，第837页）、《贡举考》（卷7，第45页）同作三甲68名。《碑录》该科有漏载和重出的问题，详见第二章第一节的考证。

13. 张镗　字汝扬，吉安府永丰县人，隆庆二年榜三甲91名，官至贵州参议归。

按：《碑录》不载张镗，《索引》（第534页）据《江西通志》补缺，未详其甲次。《隆庆二年进士登科录》作三甲91名①，《贡举考》（卷8，第23页）同。

《碑录》对本科进士的记载有误，《索引》考证不确，致使人数和甲次出现一些错乱（参见第二章第一节）。二甲40至43名当依《隆庆二年进士登科录》作郝汝松、屠谦、王继祖、黄焯②，三甲88至91名依《隆庆二年进士登科录》作黄一龙、穆炜、陈文衡、张镗③，三甲160—163名依《隆庆二年进士登科录》作郭维藩、郭堵、孙从龙、张仲懽④。

《贡举考》作者张朝瑞即本科进士，其所载名录次序与《隆庆二年进士登科录》完全一致，当为可信。

14. 穆炜　字德辉，南昌府新建县人，隆庆二年榜三甲89名，历湖广参政。

按：《碑录》不载穆炜，《索引》（第892页）据《江西通志》补

---

① 屈万里编：《明代登科录汇编》，《明代史籍汇刊》，台湾学生书局1969年版，第8936页。

② 同上书，第8871—8872页。

③ 同上书，第8935—8936页。

④ 同上书，第8971—8972页。

缺，未注其甲次。当作三甲 89 名，考证见上。

15. 陈文衡 字惟平，饶州府鄱阳县人，隆庆二年榜三甲 90 名，官至广西右布政使。

按：《碑录》不载陈文衡，《索引》（第 2078 页）据《江西通志》补缺，甲次不详。当作三甲 90 名，考证见上。

16. 李陈玉 号兼庵，吉安府吉水县人，崇祯七年榜三甲 79 名，历官监察御史。

按：《崇祯七年甲戌科进士履历便览》（下简称《履历》）载李陈玉作三甲 76 名，而张星作二甲 76 名①。其实二甲只 57 人，张星 76 名显误，《索引》载李陈玉作三甲 79 名（第 1317 页），张星作三甲 76 名（第 506 页）。

《履历》三甲 79 名缺，《碑录》（第 1290 页）三甲 79 名作“李暻□，江西吉安府吉水县民籍”，“李暻□”当即“李陈玉”之讹脱。

《履历》所载进士名次与《碑录》《索引》基本一致，少数名次出现重复，或者空缺，或者其他明显笔误。例如：程峋和牟贤均载作二甲 38 名，却不载三甲 38 名；王永积和南永台均作三甲 50 名，但却不载二甲 50 名；二甲本只 57 人，但张星作二甲 76 名，孙必达作二甲 87 名，向玉轩作二甲 193 名，等等，“二”当是“三”之笔误。应当参照《碑录》《索引》确定名次。

本科题名碑三甲名次有个别混乱，主要表现在碑刻第九行，自 49 名以下至 99 名共 6 人位置出现错乱：

名次	《索引》	《崇七履历》	题名碑刻
三甲 49	王　理	王　理	张晋徵
三甲 59	张晋徵	张晋徵	吴钟峦
三甲 69	吴钟峦	吴钟峦	李陈玉
三甲 79	李陈玉	缺	左懋泰
三甲 89	左懋泰	左懋泰，张文辉（重）	胡之彬
三甲 99	胡之彬	胡之彬	王　理

① 《崇祯七年甲戌科进士履历便览》，上海图书馆藏明崇祯刻本。

考该科题名碑未载立碑时间，碑左题“工部营缮清吏司署郎中事主事臣王灏监镌”，徐自强据《进士题名录》定立碑时间为当年①，可能有误。崇祯十三年赐特用出身榜题名碑上，同样署有“工部营缮清吏司署郎中事主事臣王灏监镌”字样②，据碑上周延儒《题名记》，此碑刻于崇祯十五年七月二十六日。因此，崇祯七年题名碑亦当为崇祯十五年立，较登科时已晚8年，故有所错误。

17. 徐鹏起　号淡时，一作澹池，抚州府金溪县人，崇祯十三年榜三甲130名，初授知县，终年84岁卒。

按：《碑录》（第1325页）、《索引》（第984页）作三甲132名，题名碑作130名③。《崇祯十三年庚辰科进士履历便览》（下简称《履历》）该行下脱字④。

崇祯十三年进士题名碑拓片大体可辨，除去少数字迹不清者外，其进士名次与《履历》（除了个别脱字外）所载进士殿试名次完全一致，因此我们认为，该科题名碑无误。

对照题名碑、《履历》，《碑录》三甲名录有两处错误：第一，将三甲143名刘大启和144名沈以曦窜入三甲109和110名（第1323页），导致梁应奇（本109名）以下至宋东璧（本142名）全部后退2名（第1324—1325页）；第二，229名郭贞一和230名刘延禧互乙（第1329页）。这应该是抄录时发生的笔误，《索引》没有利用题名碑和《崇十三履历》加以纠正。

徐鹏起名次当从碑作三甲130名。

18. 周亮工　号元亮，抚州府金溪县人，河南祥符籍，崇祯十三年榜三甲126名，初授知县，入清官粮道。

按：《碑录》（第1324页）、《索引》（第2187页）作三甲128

① 徐自强编：《北京图书馆藏中国历代石刻拓本汇编》第60册，中州古籍出版社1989年版，第65页。

② 同上书，第119页。

③ 同上书，第111页。

④ 《崇祯十三年庚辰科进士履历便览》，建昌府下，上海图书馆藏明崇祯刻本，第17页。

名，误。当从题名碑和《履历》作三甲126名，考证见上。

19. 卢兆熊　号介石，饶州府余干县人，崇祯十三年榜三甲135名，初授知县。

按：《碑录》（第1325页）、《索引》（第658页）作三甲137名，误。当从题名碑和《履历》作三甲135名，考证见上。

20. 刘霖懋　原名的，广信府玉山县人，河南光州籍，崇祯十六年榜三甲103名，初授知县。

按：《碑录》（第1354页）、《索引》（第1969页）载刘霖懋作三甲107名，《崇祯十六年癸未科进士三代履历》（下简称《履历》）作三甲103名[①]。

《碑录》本科重出3人（李安世、顾咸建、李震成），又漏载6人，故其名次不可尽据，《索引》尽管榜末补缺5人，但其名次大体沿袭《碑录》，亦不可尽信。《履历》由于版本的原因，脱字较多，偶亦有重名次者。崇祯十六科没有立题名碑，而《崇祯十六年进士登科录》今亦不存，因此本科进士名次暂不作考证，仅列举互异者。

《履历》刘霖懋作三甲103名，三甲107名为汤芬。

21. 刘肇国　号阮仙，吉安府安福县人，湖广潜江籍，崇祯十六年榜三甲114名，选庶吉士，历官翰林院学士。

按：《碑录》（第1355页）、《索引》（第2010页）作三甲123名，《履历》（第29页）作三甲114名。

22. 程兆科　号□长，吉安府永丰县人，崇祯十六年榜三甲92名，初授中书舍人。

按：《碑录》（第1354页）、《索引》（第883页）名次作三甲98名，《履历》（第24页）作三甲92名。

23. 熊纬　字文江，临江府新喻县人，河南光山籍，三甲159名，官至给事中。

按：《碑录》（第1357页）、《索引》（第697页）作三甲159名，

---

① 《崇祯十六年癸未科进士三代履历》，河南汝宁府下，上海图书馆藏明崇祯刻本，第33页。

《履历》（第 34 页）作三甲 147 名。

24. 彭遇飖　号云巢，吉安府吉水县人，山东沂州卫籍，崇祯十六年榜三甲 169 名，初授兵部主事，选监察御史。

按：《碑录》（第 1357 页）、《索引》（第 1367 页）作三甲 169 名，《履历》（第 36 页）作三甲 158 名。

25. 陈经文　字徵白，建昌府广昌县人，崇祯十六年榜三甲 203 名，初授推官。

按：《碑录》（第 1359 页）、《索引》（第 2103 页）作三甲 203，《履历》（第 24 页）作三甲 194 名。

26. 汤绍中　号恪素，建昌府南丰县人，崇祯十六年榜三甲 256 名，礼部观政，候选。

按：《碑录》（第 1362 页）、《索引》（第 1166 页）作三甲 256 名，《履历》（第 24 页）作三甲 250 名。

27. 叶富春　号□谷，九江府湖口县人，崇祯十六年榜三甲 197 名，隐居不仕。

按：《碑录》（第 1359 页）、《索引》（第 1595 页）名次作三甲 197，《履历》（第 24 页）作三甲 188 名。

28. 万发祥　名养正，以字行，临江府新喻县人，崇祯十六年榜二甲 20 名，选庶吉士。

按：《碑录》（第 1346 页）、《索引》（第 1478 页）作二甲 20 名，《履历》（第 24 页）作二甲 11 名。

29. 史垂誉　号龙门，南昌府丰城县人，崇祯十六年榜三甲 112 名，选庶吉士。

按：《碑录》（第 1354 页）、《索引》（第 1802 页）名次作三甲 112，《履历》（第 23 页）作三甲 101 名。

30. 孙之昊　号两峰，南昌府丰城县人，崇祯一六年榜三甲 182 名。

按：《碑录》（第 1358 页）、《索引》（第 564 页）作三甲 182 名，《履历》（第 23 页）作二甲 170 名。

31. 罗宪文　号□庵，南昌府南昌县人，崇祯十六年榜三甲 101

名，选庶吉士，官至詹事。

附万适　号应豫，南昌府南昌县人，崇祯十六年榜三甲 104 名，初授推官。

按：《履历》（第 23 页）二人均作三甲 98 名，但三甲 98 名不见载。《碑录》（第 1354 页）、《索引》（第 1901、1480 页）罗宪文作三甲 101 名，万适名次作三甲 104 名。

32. 朱统镝　号芝园，南昌府南昌县人，崇祯十六年榜三甲 122 名，初授知县。

按：《碑录》（第 1355 页）、《索引》（第 769 页）作三甲 122，《履历》（第 23 页）作三甲 113 名。

33. 龚棻　字建木，南昌府南昌县人，崇祯十六年榜三甲 177 名，历吏部郎中，丙戌十月朔殉国。

按：《碑录》（第 1358 页）、《索引》（第 107 页）作三甲 177 名；《履历》（第 23 页）作三甲 166 名，与胡全才名次重复，而三甲 266 名缺。

34. 朱议汴　号惠再，南昌府南昌县人，崇祯十六年榜三甲 83 名，初授行人。

按：《碑录》（第 1353 页）、《索引》（第 763 页）作三甲 83 名，《履历》（第 23 页）作三甲 77 名。

35. 万翱　字九皋，南昌府新建县人，崇祯十六年榜三甲 205 名，入清官至温处兵备道。

按：《碑录》（第 1359 页）、《索引》（第 1480 页）名次作三甲 205 名，《履历》（第 23 页）作 196 名。

36. 李思谟　字承伯，饶州府浮梁县人，崇祯十六年榜三甲 167 名，初授知县归。

按：《碑录》（第 1357 页）、《索引》（第 1307 页）作三甲 167 名，《履历》（第 24 页）作三甲 156 名。

第四章

明代江西进士年龄之考证

文献对江西进士年龄的记载，大体上详见于两处，一是《登科录》资料，另一是人物传记资料。

举子入试前，须经印卷，卷头详载其三代、籍贯、生辰、所治本经等。《登科录》刊载的进士的个人信息，即依据印卷时所填内容。在刊载年龄时，《登科录》和《同年录》《履历便览》等有别。《登科录》载出生月日，不载出生年份，但记载登科时的年纪大小。例如《嘉靖十七年进士登科录》载榜眼："罗珵，贯江西吉安府泰和县军籍。……字邦珍，行一。年四十六，十一月十五日生。"① 《同年录》和《履历便览》则不载登科时年纪大小，直接载何年何月何日甚至何时生，有些进士还载有去世时的纪年。《嘉靖丙辰同年世讲录》："金达：字德孚，号星桥。治《书》经。丙寅年七月十一日生。江西饶州府浮梁县人。"② 在第一章第二节讨论官年现象时，我们说过，《登科录》对进士登科年纪的记载，有不少和《同年录》或《履历便览》等资料所载不一致，《登科录》记载的多为官年，而《同年录》《履历便览》所载则多为实年。当然，《同年录》《履历便览》所载，也有一些是官年。

人物传记资料中一般会记录其生卒时间、时年岁数等。由于各种

---

① 屈万里编：《明代登科录汇编》，《明代史籍汇刊》，台湾学生书局 1969 年版，第 4444 页。

② 同上书，第 6598 页。

各样的原因，传记对人物年龄的记载有时也会失误。其中，二手资料错误较多，比如《明史》和一些非同时代人所撰写的人物传，必须利用墓志等原始文献加以考证。以下我们对《登科录》中的官年和传记中的记载失误进行实例考证。

第一节 《登科录》资料中的官年考证

1. 金幼孜　名善，字幼孜，临江府新淦县人，建文二年榜二甲4名，五月初十日生。宣德六年（1431）卒，终年64岁。

按：《建文二年殿试登科录》载："金幼孜，……年三十岁，五月初十日生。"①

《礼部尚书武英殿大学士金幼孜传》："太子少保、礼部尚书兼武英殿大学士金幼孜，江西新淦人，由进士擢给事中。……宣德六年十二月得疾，……竟不起。……年六十有四。"② 宣德六年（1431）距建文二年（1400）30年，则金幼孜登科时当为34岁。《登科录》减年4岁。

2. 钱习礼　名幹，以字行，吉安府吉水县人，永乐九年榜二甲28名，十月初四日生。天顺五年（1461）五月二十二日卒，终年89岁。

按：《永乐九年进士登科录》作43岁。③《明英宗实录》载其卒于天顺五年，享年89岁。④

《献徵录》录王直《钱公习礼神道碑》："公讳幹，字习礼，以字行。……天顺四年九月婴疾卒，春秋八十有九。"⑤

实际王直原文作"天顺四年九月婴疾，五年四月益甚，五月二十

---

① 屈万里编：《明代登科录汇编》，《明代史籍汇刊》，台湾学生书局1969年版，第15页。

② （明）焦竑：《献徵录》卷12，上海书店1987年影印本，第406页。

③ 《永乐九年进士登科录》，二甲28名，上海图书馆藏明永乐刻本。

④ 《明英宗实录》卷327，台湾"中研院"史语所1962年校印本，第6746—9747页。

⑤ （明）焦竑：《献徵录》卷35，上海书店1987年影印本，第1430页。

二日终于正寝，春秋八十有九”（《抑庵文后集》卷24《礼部右侍郎谥文肃钱公神道碑》），与《实录》吻合。焦竑在抄录时脱文，误。天顺五年（1461）至永乐九年（1411）49年，则登科时当为41岁，《永乐九年进士登科录》增年2岁。

3. 刘忠　字显仁，吉安府永丰县人，成化二年榜三甲167名，正月初九日生。初授南京兵部主事，57岁卒于官。

按：同治《吉安府志》卷31《人物志·儒林·明》（第67页下）：“刘忠，字显仁，……早失怙，年二十七始就学，……年五十二成进士，……五十七卒于官。”而《成化二年进士登科录》载其登科时年42岁①，可能是减年10岁入试。

4. 宋应奎　字尔章，吉安府吉水县人，成化二年榜二甲72名，四月十一日生。

按：《成化二年进士登科录》作33岁登第，据刘定之《宋编修应奎墓表》：“宋编修尔章，以成化己丑（1469）正月十日卒于长安右门外寓舍，距其生宣德壬子（1432）四月十一日，得年三十有八。”②则成化二年（1466）登第时当为35岁，《成化二年进士登科录》减年2岁。

5. 郭灌　字达诚，吉安府庐陵县人，弘治十八年榜二甲75名，历官知府。

按：《弘治十八年进士登科录》载其登科时“年三十二，三月初三日生”③。

但郭一鹗撰《潮州府知府郭公灌传》云：“潮州太守公讳灌，字达诚，别号一庵。……年二十五中式乡试，十年成进士，……致仕之年，才及强仕。”④则登进士时实际年龄为35岁，《弘治十八年进士登科录》减年3岁。

---

① 《成化二年进士登科录》，三甲167名，国家图书馆藏明成化刻本。

② （明）焦竑：《献徵录》卷21，上海书店1987年影印本，第893页。

③ 屈万里编：《明代登科录汇编》，《明代史籍汇刊》，台湾学生书局1969年版，第2460页。

④ （明）焦竑：《献徵录》卷100，上海书店1987年影印本，第4456页。

6. 吴衍　字子蕃，建昌府南城县人，嘉靖二十六年榜二甲42名，己未年正月十七日生。历刑部郎中致仕。

按：《嘉靖二十六年进士登科录》廷试年龄为47岁，正月十七日生[①]。

《嘉靖丁未科进士序齿录》记其生年为己未年（1499）[②]，至嘉靖二十六年丁未（1547）则当为49岁。吴衍减年2岁入试。

7. 胡杰　字子文，南昌府丰城县旗塘人，嘉靖二十六年榜二甲10名，十一月初九日生。官至太常寺卿，隆庆五年卒，时年52岁。

按：《嘉靖二十六年进士登科录》廷试年龄为26岁，《嘉靖丁未科进士序齿录》（第49页）记其生年为壬午（1522），二者相合。

据《明人传记资料索引》（第346页），胡卒于隆庆五年（1571），年52岁，则当生于1520年。胡杰或为减年2岁入试。

8. 刘廷梅　字与和，南昌府南昌县人，嘉靖二十六年榜三甲60名，47岁，五月十七日生。历广东副使。

按：《嘉靖二十六年进士登科录》载刘廷梅作47岁，《嘉靖丁未科进士序齿录》（第3页）记其生年为辛酉年（1501），二者相合。

但《明人传记资料索引》（第832页）载其生卒年为（1497—1574），刘廷梅登科时可能为51岁，减年4岁。

9. 张科　字惟进，九江府湖口县人，嘉靖三十五年榜三甲125名，四月初一日生。初授中书舍人，选监察御史，丙寅致仕。

按：《嘉靖丙辰同年世讲录》载张科“丁亥（1527）年四月初一日生，……己未（1559）选御史，丙寅（1566）致仕”[③]，则嘉靖丙辰年（1556）登第时为30岁，己未年选御史时33岁，至丙寅年致仕时则当为40岁，在仕途10年。

然同治《九江府志》卷32《人物·名臣·湖口》（第481页上）载：“张科，……嘉靖丙辰进士，授中书舍人，……遂告归，年二十

① 《嘉靖二十六年进士登科录》，二甲42名，上海图书馆藏明嘉靖刻本。

② 《嘉靖丁未科进士序齿录》，上海图书馆藏明张春写本，第2页。

③ 屈万里编：《明代登科录汇编》，《明代史籍汇刊》，台湾学生书局1969年版，第6801页。

八岁耳。……居乡五十余年。”据此推测，可能张科增年12岁入试。张科登第时实年仅18岁，为了能兼顾选取科道，故虚报为30岁。

10. 邵伯悌 字本敬，广信府贵溪县人，万历八年榜二甲57名，十一月二十六日生。历浙江、湖广参政。

按：《万历八年进士登科录》（以下简称《万八登科录》）载邵伯悌廷试时“年三十一，十一月二十六日生”①。

然《万八履历》载其为己酉十一月二十一日生，己酉乃嘉靖二十八年（1549），至万历八年庚辰（1580）当为32岁。《万八登科录》或为缺笔，抑或减年1岁。

11. 王梦旸 字旭东，广信府上饶县人，万历八年榜三甲207名，30岁，己酉年十月初五日生。辛巳初授推官，卒。

按：《万八登科录》载王梦旸廷试“年三十，十月初五日生”②（第10372页）。

然据《万八履历》载其为己酉十月初五日生，则当为32岁。王梦旸减年2岁入试。

12. 王德新 字应明，吉安府安福县人，万历八年榜二甲6名，26岁，庚戌年五月三十日生。历光禄寺丞。

按：《万八登科录》载王德新廷试“年二十六，五月三十日生”③。

然《万八履历》载其为庚戌三月二十四日生，自嘉靖二十九年庚戌（1550）至万历庚辰，当为31岁。王德新减年5岁入试。

13. 李廷谟 字明皋，南昌府丰城县人，万历八年榜三甲151名，30岁，丁未年四月十六日生。历湖广副使。

按：《万八登科录》载李廷谟廷试时“年三十，四月十六日生”④。

---

① 屈万里编：《明代登科录汇编》，《明代史籍汇刊》，台湾学生书局1969年版，第10267页。

② 同上书，第10372页。

③ 同上书，第10242页。

④ 同上书，第10344页。

然《万八履历》载其为丁未四月十六日生，自嘉靖二十六年丁未至万历庚辰，实际当为34岁。李廷谟减年4岁入试。

14. 袁奎　字文卿，南昌府丰城县人，万历八年榜三甲92名，29岁，壬午年九月初八日生。历顺天府尹。

按：《万八登科录》载袁奎廷试时“年二十九，九月初八日生”①。

然《万八履历》载其为“壬午九月初七日生”，自嘉靖元年壬午（1522）至万历庚辰，实际当为59岁。袁奎减年30岁入试。

15. 刘曰桂　字汝芳，南昌府南昌县人，万历八年榜二甲40名，30岁，庚戌年八月初三日生。甲申初授刑部主事卒。

按：《万八登科录》载刘曰桂廷试时“年三十，八月初三日生”②。

然《万八履历》载其为庚戌八月初三日生，则实际当为31岁。刘曰桂减年1岁入试。

16. 但贵元　字仁甫，南康府星子县人，万历八年榜三甲142名，28岁，乙酉年九月二十九日生。历通判。

按：《万八登科录》载但贵元廷试时“年二十八，九月二十九日生”③。

然《万八履历》载其为乙酉九月二十九日生，自嘉靖四年乙酉（1525）至万历庚辰，实际当为56岁。但贵元减年28岁入试。

17. 李大钦　字惟敬，饶州府浮梁县人，万历八年榜三甲184名，31岁，丁未年十二月十九日生。历兴化知府。

按：《万八登科录》载李大钦“年三十一，十二月十九日生”④。

然《万八履历》载其为丁未十二月十九日生，自嘉靖丁未（1547）至万历庚辰，实际当为34岁。李大钦减年3岁入试。

---

① 屈万里编：《明代登科录汇编》，《明代史籍汇刊》，台湾学生书局1969年版，第10315页。

② 同上书，第10259页。

③ 同上书，第10340页。

④ 同上书，第10361页。

18. 熊廷弼　字非伯，南昌府南昌县人，湖广江夏民籍。万历二十六年榜三甲115名，己巳年二月初九日生。终官至兵部尚书兼右副都御史、经略辽东，乙丑卒。

按：《万历二十六年进士登科录》（以下简称《万二十六登科录》）载熊廷弼年二十六，二月初九日生[1]。然《万历二十六年戊戌科进士履历便览》（以下简称《履历》）载作己巳二月初九日生，自隆庆三年己巳（1569）至万历戊戌（1598），实际当为30岁。熊当是减年4岁入试。

《明人传记资料索引》（第770页）载熊廷弼生卒年为（1573—1625），“按历代人物年里通谱作生隆庆三年，终年五十七。然据皇明三元考，年二十五举万历二十五年湖广乡试第一，推之生万历元年则卒年五十三，兹从之”。其实，《历代人物年里通谱》所载正确，《皇明三元考》所据当是《万二十六登科录》，未审其为官年。

故熊廷弼生年当作隆庆三年（1569），卒年为天启五年（1625），得年57岁。

19. 张凤翔　字辉止，抚州府临川县人，建昌府南城民籍。万历二十六年三甲164名，八月二十日生。终官至吏科右给事中，壬寅（1602）卒。

按：《万二十六登科录》载张凤翔年三十一，八月二十八日生；《履历》载作“戊辰（1568）八月二十八日生。……壬寅升吏科右，本年卒”，二者吻合。

然《明人传记资料索引》（第548页）载其生卒年作1558—1602，则当生于嘉靖戊午，登第时实年41岁。张凤翔可能减年10岁入试，待考。

20. 陈邦瞻　字德远，瑞州府高安县人，万历二十六年榜三甲91名，丁卯年十二月二十五日生。官至兵部左侍郎，天启癸亥卒。

按：《万二十六登科录》载陈邦瞻年三十四，十二月二十五日生。然《履历》载其为丁卯十二月二十五日生。自隆庆元年丁卯

[1] 《万历二十六年进士登科录》，三甲115名，上海图书馆藏明万历刻本。

（1567）至万历戊戌（1598），实际当为32岁，陈增年2岁入试。据《履历》，陈邦瞻生于隆庆元年丁卯（1567），卒于天启三年癸亥（1623），得年57岁。

21. 黄建中　字艮辅，瑞州府新昌县人，南直隶兴化军籍。万历二十六年榜三甲175名，30岁，乙酉年七月十五日生。终南礼部主事，辛酉（1621）卒。

按：《万二十六登科录》载黄建中年三十，七月十五日生。

然《履历》载其为乙酉七月十五日生，辛酉卒。自万历十三年乙酉（1585）至万历戊戌（1598），实际为14岁，那么黄建中就增年16岁入试了。另一种更为合理的推测是，乙酉是乙亥（1575）或癸酉（1573）、辛酉（1561）等之误，待考。

22. 李邦华　字孟闇，吉安府吉水县人，万历三十二年榜三甲35名，25岁，甲戌九月初九日生。终官至左都御史。

按：《万历三十二年进士登科录》（下称《万三二登科录》）载李邦华"年二十五，九月初九日生"①。

然《万历三十二年甲辰科进士履历便览》（下称《履历》载其为甲戌九月初九日生）②。自万历二年甲戌（1574）至万历甲辰（1604），实际当为31岁。李减年6岁入试。

23. 璩光嶽　字山仲，建昌府新城县人，万历三十二年榜二甲40名，19岁，丙戌年十一月十一日生。历兵部员外郎，乙卯卒。

按：《万三二登科录》载璩光嶽年十九，十一月十一日生；《履历》载其为丙戌（1586）十一月十一日生，乙卯（1615）卒。自万历十四年丙戌至甲辰为19岁，至万历四十三年乙卯则为30岁。

同治《建昌府志》卷8《人物·宦业上》（第452页下）载："璩光嶽，……万历甲辰进士，……寻推铨部，会疾卒，年三十有二。"卒年32岁，而《履历》作30岁，璩光嶽可能减年2岁入试。

24. 郭一轮　字环海，九江府德安县人，万历三十二年榜三甲

① 《万历三十二年进士登科录》，三甲35名，上海图书馆藏明万历刻本。

② 《万历三十二年甲辰科进士履历便览》，吉安府下，上海图书馆藏明万历刻本。

224名，己巳年六月十五日生。历工部主事，己未卒于官。

按：《万三十二登科录》载郭一轮年三十五，五月十六日生。《履历》载其为己巳（1569）六月十五日生，己未（1619）卒。自隆庆三年己巳至万历甲辰（1604），实际当作36岁。郭减年1岁入试。

25. 丘士毅　字远程，南昌府丰城县人，万历三十二年榜三甲33名，30岁，己巳年八月初十日生。官至礼部右侍郎，辛未三月卒。

按：《万三十二登科录》载丘士毅年三十，八月初十日生。《履历》载其为己巳八月初十日生，辛未三月卒。则登科时实际当为36岁，丘士毅减年6岁入试。

26. 李继周　字汝辅，南昌府南昌县人，万历三十二年榜三甲168名，丁亥年七月十七日生。官至四川副使卒。

按：《万三十二登科录》载李继周年二十六。《履历》载其为丁亥（1587）七月十七日生，辛酉（1621）卒。自万历十五年丁亥至万历甲辰（1604），实际当为18岁，如果《履历》所载"丁亥"无误的话，《登科录》增年8岁。

27. 刘朝聘　字三予，南康府安义县人，万历三十二年榜三甲132名，甲戌年八月初四日生。历工部主事，辛亥卒。

按：《万三十二登科录》载刘朝聘年二十八，八月初四日生。《履历》载其生于甲戌（1574）八月初四日，辛亥（1611）卒。万历二年甲戌至万历甲辰（1604），实际当为31岁，刘朝聘是减年3岁入试。

28. 祝徽　字文柔，抚州府临川县人，天启二年榜三甲186名，三月二十五日生。历监察御史。

按：同治《抚州府志》卷51《人物·宦业·明》（第218页下）："祝徽，……十困棘闱，志愈厉。辛酉（1621）隽，年既五十四矣。壬戌登南宫第三人。"（当抄自康熙《抚州府志》卷19《人物考·仕绩下·明》）54岁中天启辛酉乡试，则其生年为隆庆戊辰（1568）。《明人传记资料索引》（第403页）据《己吾集》卷7《祝公墓志铭》载其生卒年（1568—1634），与府志合。

但《天启壬戌科进士同年序齿录》《天启二年壬戌科进士履历》均载祝徽生于戊子（1588）三月二十五日，二者相差20年。若以戊子年出生，至天启壬戌（1622）为34岁，是不可能“十困棘闱”的，除非他从1岁就开始考科举。因此可以断定，《履历》等所载为官年，祝徽是减年20岁入试。

29. 陈际泰　字大士，抚州府临川县人，崇祯七年榜三甲105名，六月十一日生。

按：《崇祯七年甲戌科进士履历便览》载其癸巳（1593）年生，即万历二十一年，则登科时40岁。据《明史》卷288（第7403页）本传：“陈际泰，……崇祯三年举于乡，又四年成进士，年六十有八矣。”可知《崇七履历》减年28岁。

30. 张世溶　字水心，抚州府临川县人，崇祯十年榜三甲145名，九月十二日生。官至兵科给事中，殉国。

按：同治《抚州府志》卷61《人物·忠义·明》（第385页上）：“张世溶，……崇祯丁丑成进士，年六十矣。……都城破，陷贼，不屈死。”（抄自康熙《抚州府志》卷19第1893页本传。）

《崇祯十年丁丑科三百名进士三代履历便览》（下称《崇十履历》）载其生年作甲寅（1614），则至丁丑（1637）为24岁。张世溶当是减年36岁入试。

31. 刘同升　字晋卿，吉安府吉水县人，崇祯十年榜一甲状元，丁酉年四月初五日生。初授修撰，唐王时官至詹事兼兵部左侍郎，崇祯十七年十二月卒于赣州。

按：同治《吉安府志》卷26《人物志·大臣·明》（第879页上）载：“刘同升，……崇祯十年殿试第一。庄烈帝问：‘年几何？’对曰：‘五十有一。’帝曰：‘若尚如少年，勉之。’……京师陷，……明年五月，南都不守。……十二月卒于赣州。”

《崇十履历》载其生于丁酉四月初五日，自万历二十五年丁酉（1597）至崇祯十年丁丑（1637），为41岁。刘同升当是减年10岁入试。卒于崇祯十七年（1645）十二月，时年59岁。

32. 邹逢吉　字五从，九江府湖口县人，崇祯十年榜三甲38名，正月十四日生。初授知县，官至兵科给事中，甲申自尽。

按：同治《九江府志》卷32《人物·名臣·明》（第481页下）："邹逢吉，字五从，……未逾旬，京城陷，怀宗殉社稷。……从容仰砒而卒，终年四十二。"又《明史》卷294《忠义六·徐学颜传》（第7534—7535页）载："……（崇祯）十五年冬，……明年五月晦，新军内叛，城陷。……武昌知县邹逢吉被害。"则邹逢吉卒于崇祯十六年癸未五月，时年42岁。

然《崇十履历》载，邹逢吉生于癸丑（1613）正月十四日，丁丑（1637）登第时25岁，至癸未当为33岁。《崇十履历》可能减年9岁。

第二节　传记资料记载失误考证

1. 解缙　字大绅，吉安府吉水县人，洪武二十一年榜。

按：《学士解公缙传》："解学士缙，字大绅。吉水人。年十四登洪武二十一年进士，授中书庶吉士。……卒年四十七。"① 万历《吉安府志》卷21《名臣传·国朝》同（第1222—1226页）。《国朝列卿记》解缙传则云"十八举江西乡试第一"②。

然曾棨撰《内阁学士春雨解先生行状》载："公生洪武己酉十一月初七日，……洪武丁卯年十九，与兄纶暨金华试江西，皆中选，公以年少魁江右士，由是声名籍籍。明年春试礼部，三人皆登进士第。……乙未正月卒于北京，时年四十有七。"③ 杨士奇《朝列大夫交趾布政司参议春雨解先生墓碣铭》："……十九举江西乡试中第一，洪武二十一年会试礼部中第七，……其卒以永乐十三年（1415）正月十三日，春秋四十有七。"④ 可知，解缙生于洪武己酉（1369）十

---

① （明）焦竑：《献徵录》卷12，上海书店1987年影印本，第391页。

② （明）雷礼：《国朝列卿记》卷9，载沈文龙主编《元明史料丛编》第1辑第8种，文海出版社1988年版，第405页。

③ （明）解缙：《文毅集·附录》，台湾商务印书馆1986年影印文渊阁《四库全书》第1236册，第1—3页。

④ 同上书，第4—10页。

一月初七日，至洪武丁卯（1387）乡试时实为19虚岁，戊辰（1388）登科时则20岁，永乐十三年卒时47岁。曾棨、杨士奇与解缙不但同郡，而且一为师生、一为同僚，所记应当可信。

故《献徵录》和万历府志所谓“年十四”登进士实属谬传，而雷礼云其十八岁中乡试，是据其实岁。

2. 刘子钦　名敬，以字行，吉安府吉水县人，永乐元年解元，永乐二年二甲12名，生于洪武戊申十月四日，卒于景泰甲戌十月十八日，终年88岁。

按：《献徵录》有钱习礼《刘公子钦墓表》：“景泰甲午十有八日，予友刘公子钦以疾卒于家。……甲申礼部会试第一，……生以洪武戊申十月四日，寿八十有八。”① 此文亦见明程敏政编《明文衡》，摘录如下：“景泰甲戌十月十有八日，予友刘公子钦以疾卒于家。……甲申礼部会试第二，……生以洪武戊申十月四日，寿八十有八。”②

经对校，二者有三处异文：一是《献徵录》脱去世月份“十月”；二为卒年，《献徵录》作“甲午”，《明文衡》作“甲戌”；三是会试名次，《献徵录》作“第一”，《明文衡》作“第二”。

景泰无甲午纪年，甲午是甲戌之误，甲戌即景泰五年（1454）；永乐甲申会试第一乃杨相，杨士奇《从子之宜墓志铭》：“之宜名相，余从兄思贻甫冢子也。……永乐二年会试……以相为首，廷对第二甲一名。”③ 说明《献徵录》在抄录原文时，校对不精，致有此笔误。

又，洪武戊申（1368）至景泰甲戌应为87虚岁，传作88岁误，《明人传记资料索引》（第821页）作87岁。

3. 李昌祺　名祯，以字行，吉安府庐陵县人，永乐二年二甲29名，庶吉士，官至河南左布政使。景泰三年（壬申）卒，终年75岁。

按：《明史》卷161（第4375—4376页）本传：“李昌祺，名祯，

---

① （明）焦竑：《献徵录》卷87，上海书店1987年影印本，第3771页。

② （明）程敏政：《明文衡》卷94，台湾商务印书馆1986年影印文渊阁《四库全书》第1374册，第736页下—737页下。

③ （明）焦竑：《献徵录》卷47，上海书店1987年影印本，第1980页。

以字行，庐陵人，……景泰二年卒。”

钱习礼《河南布政使司左布政使李公祯墓碑》：“永乐癸未（当作甲申），廷试取士四百七十二人，……河南布政使司左布政使李公昌祺其一焉。……坚乞致仕。……而逝，盖景泰壬申岁也，距生洪武丙辰年七十有五。公讳祯，字昌祺，别号侨庵。”①景泰壬申即景泰三年（1452）。钱习礼，永乐九年庶吉士，与李昌祺为同乡，二人交游甚密，其言当可信。又明俞汝楫编《礼部志稿》卷57《列传》：“李昌祺名贞，江西庐陵县人。……景泰三年卒。”②

李昌祺生于洪武九年丙辰（1376），卒于景泰三年壬申（1452），得年77虚岁，墓碑志文作75岁，亦误。《明人传记资料索引》（第202页）记其生卒年作1376—1452，卒年77岁。

4. 张宗琏　字重器，吉安府吉水县人，永乐二年二甲55名，终官至常州府同知，宣德二年十月戊寅卒于任。

按：《明宣宗实录》本传云宣德四年（1429）十月戊寅卒③。

杨士奇《常州府同知张重器墓碣铭》云：“上嗣大位，升大理丞。又明年，有常州之命。在常州之明年卒，宣德丁未某月某日也，时年五十有四。”④宣德丁未即宣德二年（1427）。《明人传记资料索引》（第524页）载其卒年作宣德二年。

5. 李裕　字资德，号古澹，南昌府丰城县邑郛人，景泰五年榜三甲123名，官至吏部尚书，正德六年八月癸未卒于家，终年88岁。

按：嘉靖《江西通志》（第1142页）和万历《吉安府志》（第1573页）本传均云其“卒年八十”，“尚书张瀿、杨廉志其墓”。

但张瀿《李公裕墓志铭》载：“公姓李氏，讳裕，字资德，别号古澹。……世为江西丰城人。……景泰癸酉，……甲戌登进士，选擢

---

①（明）焦竑：《献徵录》卷92，上海书店1987年影印本，第3965页。

②（明）俞汝楫：《礼部志稿》，台湾商务印书馆1986年影印文渊阁《四库全书》第597册，第1027页上。

③《明宣宗实录》卷58，台湾“中研院”史语所1962年校印本，第1398—1400页。

④（明）杨士奇：《东里文集》卷17，台湾商务印书馆1986年影印文渊阁《四库全书》第1238册，第15页。

河南道监察御史。……年八十八卒。”[①]《明武宗实录》载李裕卒于正德六年（1511）八月癸未，年88岁。[②] 方志应该是脱字。

6. 彭教　字敷五，吉安府吉水县人，天顺八年榜一甲状元。官至翰林院侍讲，成化十六年秋七月丁亥卒于官，终年42岁。

按：同治《吉安府志》卷33《人物志·文苑下·明》（第107页上）：“彭教，……年四十卒于官。”《明宪宗实录》载彭教卒于成化十七年秋七月丁亥，卒年42岁。[③]

彭华《翰林侍讲彭公教墓志铭》：“……若彭敷五者，……乃仅四十有三而没。……卒之日，始不能出，予退少间，遂不起，成化庚子七月。”[④] 可知彭教卒时，彭华一直在其身旁，所记卒时当为可信。则彭教生于正统三年戊午（1438），卒于成化十六年庚子（1480），时年43岁。府志可能脱字，而《明宪宗实录》所记卒年有误。

7. 张达　字时达，吉安府泰和县人，三甲1名，终官至工部右侍郎，弘治十八年六月甲子卒于官。

按：《明人传记资料索引》（第544页）云张达弘治八年卒于官，注其所据为《献徵录》51/38。

但《献徵录》卷51《工部右侍郎张达传》载：“张达，字时达，江西泰和人。天顺八年进士，……弘治十三年九月擢今官，至十八年六月卒。”[⑤]《明人传记资料索引》误“十八年”作“八年”。

8. 艾璞　字德润，南昌府南昌县人，成化十七年二甲39名，终官至右副都御史、巡抚苏松等处，正德七年秋七月乙酉卒于家。

按：《明武宗实录》载艾璞卒于正德九年（1514）秋七月乙酉[⑥]，《明人传记资料索引》（第121页）作正德八年（1513），年六十三。

杨一清《右副都御史艾公璞传》：“……未及用而卒，正德七年

① （明）焦竑：《献徵录》卷24，上海书店1987年影印本，第1000页。

② 《明武宗实录》卷78，台湾“中研院”史语所1962年校印本，第1708—1709页。

③ 《明宪宗实录》卷205，台湾“中研院”史语所1962年校印本，第3580—3581页。

④ （明）焦竑：《献徵录》卷20，上海书店1987年影印本，第838页。

⑤ 同上书卷51，第2145页。

⑥ 《明武宗实录》，台湾“中研院”史语所1962年校印本，第2319页。

(1512）壬申岁也，公生于景泰庚午（1450），至是寿六十有三矣。”[①]《明武宗实录》和《明人传记资料索引》均误。

9. 王萱　字时芳，抚州府金溪县临坊人，弘治十五年榜三甲170名，官至通政司右参议，正德十三年五月卒于官，终年37岁。

按：《明人传记资料索引》（第64页）记生卒年为（1482—1518)，但小传却云正德十五年（1520）卒官。

据费宏《王君萱墓志铭》：“君讳萱，字时芳，姓王氏，别号青崖。……魁弘治辛酉乡试，明年登进士，入翰林为庶吉士。……戊寅五月十一日，以疾卒京师，春秋三十有七。”[②]戊寅为正德十三年(1518)，知“十五”乃“十三”之笔误。

10. 张芹　字文林，号歉庵，临江府新淦县人，弘治十五年榜三甲146名，官至浙江布政使，卒年76岁。

按：《明人传记资料索引》（第527页）记其生卒年作1566—1541，生年居然后于卒年，显误。

据罗洪先《张公芹墓志铭》：“公生正统丙戌某月某日，没嘉靖辛丑七月某日，年七十有六。”[③]正统丙戌即公元1466年，《明人传记资料索引》当是笔误。

---

① （明）焦竑：《献徵录》卷61，上海书店1987年影印本，第2581页。

② 同上书卷67，第2938—2939页。

③ 同上书卷84，第3548—3549页。

第五章

各书漏载、补缺和滥增江西进士考

本章所指的漏载与补缺，主要针对《碑录》和《索引》。两书虽然存在众多的不足，但其搜集进士之全，目前无出其右者。通过与各朝《登科录》资料、题名碑等原始文献对照，我们发现，如果忽略其校勘方面的疏漏，《碑录》《索引》基本反映了原始文献的记录；对于洪武十八年等少数几科缺乏《登科录》和题名碑，或者题名碑亦不可靠的科次，《碑录》和《索引》都进行了考订、补缺。但这些考补并不完善，有些进士依然被遗漏，而有些补缺却是错误的，都需要重新加以考证。

相对于漏收而言，滥增的情况在地方志中显得更为严重（在此只考虑非进士误作进士者，外省进士误作江西进士者见前籍贯之考证）。一种表现是误将举人收入进士榜，特别是洪武初期的举人，由于科举制度的变动，往往被后人误为进士。另一种就是纯粹的滥收，不知其所自来。以下依照榜次，对各书漏载、补缺和滥增的江西进士稍作辨别。如果前面诸项考证已经涉及者，此处不再列出。

第一节　《碑录》《索引》漏载进士

1. 黄德安　抚州府东乡县斗门桥人，洪武十八年榜，历官监察御史。

按：《碑录》《索引》均不载。嘉靖《东乡县志》卷下《仕进》

第二十二《进士·皇明》（第9页）载："黄德安，……洪武乙丑丁显榜。御史。"《登科考》（卷2，第55页）本科亦收，但籍贯作江西金溪县人，当是由金溪割入东乡者。

据《御制大诰三编》第二条"进士监生不悛"："一犯　……徒流罪　进士：……黄德安　任监察御史，为受赃五十贯故出人罪，戴流罪还职。"[①] 可以认定黄德安为洪武十八年榜进士。

2. 陈孟芳　南昌府新建县人，洪武十八年榜。

按：《贡举考》及《碑录》《索引》均不载，《登科考》（卷2，第49页）洪武十八年榜载："陈孟芳，江西新建县人。"

3. 胥泰　南昌府南昌县人，洪武十八年榜。

按：《贡举考》及《碑录》《索引》不载。

《登科考》（卷2，第43页）洪武十八年榜载："胥泰，江西南昌县人。"万历《新修南昌府志》卷17《科第·国朝》（第1279页）同。

4. 徐真　南昌府南昌县人，洪武十八年榜。

按：《贡举考》及《碑录》《索引》不载。

《登科考》（卷2，第46页）洪武十八年榜载："徐真，江西南昌县人。"万历《新修南昌府志》卷17《科第·国朝》（第1279页）同。

5. 聂以大　字克俊，南昌府武宁县人，洪武十八年榜，初授户科给事中，历监察御史，官至浙江佥事。

按：《贡举考》及《碑录》《索引》漏收，同治《南昌府志》卷29《选举·历朝进士·明》（第180页下）载作洪武二十四年进士，误。

万历《新修南昌府志》卷17《科第·国朝》（第1279页）、《登科考》（卷2，第52页）载入洪武十八年榜，《御制大诰三编》第二条"进士监生不悛"："一犯　……徒流罪　进士：……聂以大　任

---

① 《御制大诰三编》，《续修四库全书》第862册，上海古籍出版社2002年版，第319页上。

监察御史，为水灾受钞五十五贯，戴流罪还职。”①

6. 余子恭　字晋斋，抚州府金溪县人，洪武十八年榜，初授知县，永乐年间谪死。

按：《贡举考》及《碑录》《索引》不载。

《登科考》（卷2，第45页）洪武十八年榜载：“余子恭，江西金溪县人。”嘉靖《建宁府志》卷6《名宦·国朝》：“余子恭，江西金溪县人，由进士洪武十八年任建安县知县。”②

7. 吴渊　南康府建昌县人，洪武十八年榜，历庶吉士处死。

按：《贡举考》及《碑录》《索引》不载。

《登科考》（卷2，第55页）洪武十八年榜载：“吴渊，江西建昌县人。”《御制大诰三编》第二条“进士监生不悛”：“一犯　死罪进士：……吴渊　任庶吉士，为诈传旨意作弊，处决。”③

8. 胡肃　临江府新淦县人，洪武十八年榜。

按：《贡举考》及《碑录》《索引》不载。

《登科考》（卷2，第52页）洪武十八年榜载：“胡肃，江西新淦县人。”

9. 蒋庆　临江府新淦县人，永乐四年榜二甲32名。

按：《碑录》《索引》不载，二甲32名作“邓麈”，其实为“邓成”之重出，脱漏蒋庆，详见第二章第三节之一第8条。

第二节　《碑录》《索引》补缺进士

一　补缺不误，但所据不当

1. 李原埜　名畊，字原埜，广信府贵溪县人，洪武十八年榜，初

① 《御制大诰三编》，《续修四库全书》第862册，上海古籍出版社2002年版，第319页上。

② 嘉靖《建宁府志》，《天一阁藏明代方志选刊》27册，上海古籍书店1982年版，第18页。

③ 《御制大诰三编》，《续修四库全书》第862册，上海古籍出版社2002年版，第317页上。

授仁和知县，官八月而卒。

按：《贡举考》《碑录》不载，《索引》（第1314页）据《江西通志》补缺。《索引》的补缺大多只依据各省通志，有欠考虑，通志的记载存在较多的错误，还须参考其他更为可靠的资料。

嘉靖《广信府志》卷14《选举志·进士·国朝·贵溪》（第844—845页）："洪武十八年乙丑丁显榜　李原野，名畊。仁和知县。"同书卷17《人物志·文苑·国朝》（第1054页）："李原野，名畊。贵溪人。以《三礼》举进士，授仁和令。官八月而卒。"而在其卷3《地舆志·坊乡》（第176页）中载，贵溪县有双进士坊，"一在北乡，为李原深、李原埜立；一在南乡，为詹晨、詹昇立"。以此断定，李原埜作洪武乙丑进士可信。

2. 郭昌　吉安府永丰县人，洪武十八年榜，历官主事。

按：《贡举考》《碑录》不载，《索引》（第151页）据《江西通志》补缺。

《登科考》（卷2，第52页）载作江西永丰县人。

3. 李伯冲　吉安府永丰县人，洪武十八年榜，历官监察御史。

按：《贡举考》《碑录》不载，《索引》（第1185页）据《江西通志》补缺。

《登科考》（卷2，第60页）载作李仲冲，江西永丰县人。《御制大诰三编》第二条"进士监生不悛"："二犯　……流罪　进士：……李伯冲　任旌德县主簿。一次为水灾受钞三十贯，戴徒罪还职；一次为监支月粮受钞四十八贯，戴流罪还职。"①

4. 陈宗礼　南昌府奉新县人，洪武十八年榜，历官监察御史。

按：《贡举考》《碑录》不载，《索引》（第2121页）据《江西通志》补缺。

《登科考》（卷2，第55页）载作洪武十八年榜进士："陈宗礼，江西奉新县人。"《御制大诰三编》第二条"进士监生不悛"："二犯

① 《御制大诰三编》，《续修四库全书》第862册，上海古籍出版社2002年版，第316页上。

死罪 进士：陈宗礼 任监察御史，一次为紊乱朝政戴绞罪还职，一次为朦胧奏旧监生做新监生疏故戴斩罪还职。”①

5. 罗士应 南昌府南昌县人，应天府中式，洪武十八年进士，历官宛平、鄞县知县。

按：《贡举考》《碑录》不载，《索引》据《江西通志》补缺（第1903页）。

万历《新修南昌府志》卷17《科第·国朝》（第1279页）载作武宁人，《登科考》（卷2，第50页）载罗士应作江西南昌县人。《登科考》所据为本科《会试录》，当为可信，考证见前。

二 补缺错误

1. 涂郁 福建瓯宁县人，洪武十八年榜，历官知县。

按：《贡举考》《碑录》不载，《索引》（第1185页）据《江西通志》补缺。

《登科考》（卷2，第52页）载涂郁作福建瓯宁县人，非江西人。

2. 张睢 字思鲁，吉安府永丰县人，河南兰阳官籍，河南解元，非进士。

按：《贡举考》《碑录》不载，《索引》（第505页）据《江西通志》补缺作张睢，洪武十八年。

张唯为举人，未登进士第，详见绪论第一节之四。

3. 蔡询 南安府南康县人，非进士，历官广东左参政。

按：《索引》（第1575页）据《江西通志》补缺作洪武十八年进士。

《登科考》《贡举考》《碑录》均不载，当非进士。

4. 夏原震 南昌府丰城县小崀人，乡试经魁，历知县。

按：《索引》（第362页）据《江西通志》补缺，作洪武十八年进士。万历《新修南昌府志》卷17《科第·国朝》（第1279页）亦

---

① 《御制大诰三编》，《续修四库全书》第862册，上海古籍出版社2002年版，第315页下。

收入洪武十八年榜。

《登科考》《贡举考》《碑录》不载，当非进士。

5. 游维善　南昌府丰城县安沙人，历官知县。

按：《索引》（第1181页）据《江西通志》补缺，作洪武十八年进士。万历《新修南昌府志》卷17《科第·国朝》（第1279页）亦载作洪武十八年榜进士。

《登科考》《贡举考》《碑录》不载，当非进士。

6. 樊用良、樊用允　南昌府进贤县人。

按：樊用良，《索引》（第1487页）据《江西通志》补缺，作洪武十八年进士；同治《南昌府志》卷29《选举·历朝进士·明》（第180页下）洪武四年榜载樊用允，进贤人；洪武十八年榜载樊用良。

《洪武四年进士登科录》不载樊用允，府志当误。《登科考》《贡举考》《碑录》皆不载，当非进士。

7. 唐贤　南昌府南昌县人，历知县。

按：《索引》（第71页）据《江西通志》补缺，作洪武十八年进士，万历《新修南昌府志》卷17《科第·国朝》（第1279页）同，

《登科考》《贡举考》《碑录》不载，当非进士。

8. 汪彦思　饶州府德兴县人。

按：《索引》（第1035页）据《江西通志》补缺入洪武十八年榜。正德《饶州府志》载作洪武四年进士，见卷2《学校·附科贡征辟·德兴县学·进士·本朝》（第301页）："汪彦思，……中洪武辛亥。"

《明洪武四年进士登科录》《登科考》及《贡举考》均不载，非进士。

9. 查仲源　饶州府浮梁县人，历官海州知州。

按：《索引》（第1194页）据《江西通志》补缺入洪武十八年榜。正德《饶州府志》作洪武四年进士，卷2《学校·浮梁县学·进士·本朝》（第275页）："查仲源，字……中洪武辛亥，官海州知州。"

《登科考》及《贡举考》均不载，当是洪武四年举人，非进士。

10. 俞敬德　饶州府浮梁县人，历官肇庆通判。

按：《索引》（第 2301 页）据《江西通志》补缺入洪武十八年榜。正德《饶州府志》作洪武四年进士，见卷 2《学校·浮梁县学·进士·本朝》（第 275 页）："俞敬得，……中洪武辛亥。"

《登科考》《贡举考》《碑录》均不载，非进士。

11. 许仲猷　字子渊，饶州府乐平县金山乡人，历官慈溪县教谕。

按：《索引》（第 167 页）据《江西通志》补缺入洪武十八年榜。正德《饶州府志》卷 2《学校·浮梁县学·进士·本朝》（第 248 页）："许仲猷，……中洪武辛亥。"

《登科考》《贡举考》《碑录》均不载，非进士。

12. 欧阳贞　袁州府分宜县人，乡试第 3 名。

按：《索引》（第 2269 页）据《江西通志》补缺。

《登科考》《贡举考》《碑录》均不载。嘉靖《江西通志》卷 32《袁州府·科目·国朝》（第 5350 页）洪武四年榜下载欧阳贞，但在（第 5388—5389 页）本传中却说："欧阳贞，字元春，……国初科举法行，始以《易》魁乡试，任考城、扶沟县簿。"当是洪武四年举人。

洪武四年会殿试结束后，又于当年秋举行乡试，中式举人没有进行会试即授官，以上诸人大概都是洪武四年举人，方志误以为进士，见下文。

13. 朱秉恭　袁州府万载县人，历官金堂、远安县学教谕。

按：《索引》（第 768 页）据《江西通志》补缺，作洪武十八年进士。

《登科考》《贡举考》《碑录》均不载，当非进士。

第三节　其他各书误收作进士者

一　洪武辛亥榜

洪武四年辛亥榜因为前后都连续举行乡试，特别是洪武四年、五年乡试，后人误以这两科举人为进士。据《贡举考》（卷1，第2页）载："四年辛亥二月，诏各行省连试三年。上谓中书省臣曰：今天下已定，致治之道在于任贤，既设科取士，令各行省连试三年，庶贤才众多而官足任使也。自后则三年一举，著为定例。"于是，辛亥、壬子八月，又开乡试，因国家草创，"官多缺员，举人俱免会试"①，直接授予官职。但此举操之过急，明初经由多年战乱，人民食不果腹、居无定所，如何有环境培养人才？从参加洪武庚戌乡试和辛亥会试的人数来看，当时人才的不足就可见一斑。再从《明洪武四年进士登科录》所载进士的年龄来看，大都在40岁左右，这些人在元末明初农民战争到来之前，已经完成了基本的教育，故能在洪武首科脱颖而出。人才本来积累不够，此时又连年开科，大规模录用士人，犹如汲泉，汲之甚则见泥沙，所举者皆年少轻狂，不堪任用，以故到"六年癸丑二月甲午，罢科举，举贤良"②，"连试三年"的措施实际只实行两年就停止了。

因为这些人是经乡试而免会试，直接授官，故一些地方志就把他们也视为进士，而载入进士表。同治《吉安府志》比较典型，进士表在洪武四年榜下，较明万历府志多出7人：邹孟高、徐尚文、刘习之、陈孟隆、徐用巽、黄文茂和康以宁③，这7人均不见载于《洪武四年登科录》。对此，同治府志（卷21，第692页上）有如下按语："永丰六人，《历科进士题名录》《通志》俱无，《吉安贡举考》惟有刘光先。而邹孟高、刘习之、陈孟隆及康以宁，《贡举考》则载列四年乡榜，注云：'辛亥、壬子二科，俱敕免会试。'盖即以乡科作甲科。据此则解公《西游集序》称'康以宁甲子举进士'纪年有误矣。"可见，编者明知其为举人，而是有意将他们列入进士表的。

① （清）张廷玉：《明史》卷70，中华书局1974年版，第1696页。

② （明）张朝瑞：《皇明贡举考》卷1，《四库全书存目丛书》史部第269册，齐鲁书社1997年版，第3页。

③ 其中邹孟高、刘习之、陈孟隆为洪武四年乡试举人，徐尚文为洪武五年举人，见嘉靖《江西通志》卷26《吉安府·科目·国朝》（第4353—4354页）；徐用巽、黄文茂和康以宁3人不详。

但是，前面我们说过，经过殿试传胪者方为进士，连会试中式者都可能不是进士，更何况是举人？因此，我们不能把洪武四年、五年乡试举人视为进士。“康以宁甲子举进士”这句话并无问题，“举进士”是一个袭古说法，意为参加进士科考试，或中或不中，都可以称“举进士”。编者以为“举进士”就是进士登第，则谬矣。

1. 邹孟高、徐尚文、刘习之、陈孟隆、徐用巽、黄文茂6人，皆永丰县人；康以宁，永新县人。见载同治《吉安府志》卷21《选举志·进士·明》洪武四年榜（第692页上）。

2. 叶蕙，鄱阳县人，见载同治《饶州府志》卷14洪武四年榜（第385页下）。

按：以上诸人皆不载于《明洪武四年进士登科录》，其实都是洪武四年、五年两科乡试举人，见载于雍正《江西通志》举人表中。

二　洪武十八年榜

李渊，上高县人，正德《瑞州府志》卷8《选举志·科第·大明》（第940页）：“李渊，上高全安团人。丁显榜进士，吏科给事中。”《贡举考》及《索引》亦载。

按：《登科考》不载，当非进士。

三　洪武二十一年榜

1. 连昺，宁都县人，嘉靖《赣州府志》卷9《选举·进士·宁都·国朝》（第6页）：“连昺，自勖。洪武丁卯乡举，登戊辰任亨泰榜。湖广岳州教授。”天启《赣州府志》卷15（第512页下）进士表、康熙《江西通志》卷18（第1666页）亦载入洪武二十一年榜。

按：《登科考》《贡举考》等书不载，非进士。

2. 李伯瑀，吉安府永丰县人，同治《吉安府志》卷21《选举志·进士·明》（第692页下）作洪武二十一年榜，“案：二李及解纶《历科进士题名录》俱无，《贡举考》《通志》惟无李伯瑀”。

按：各书不载，可能是洪武十八年李伯冲之误。

3. 罗焕，新建县人，同治《南昌府志》卷29《选举·历朝进士·明》（第180页下）洪武二十一年榜。

按：《登科考》《贡举考》和《索引》等均不载。雍正《江西通志》（第514册，第689页下）作洪武二十年乡试榜举人，进士榜不载。

四　洪武三十年榜

殷一默，南昌县人，雍正《江西通志》载入洪武三十年榜（第514册，第693页上），同治《南昌府志》卷29《选举·历朝进士·明》（第180页下）载作洪武二十七年进士。

按：《登科考》《贡举考》等均不载。

五　建文二年榜

1. 胡庆善，临川县人，同治《抚州府志》卷42《选举·进士·明》（第32页下）建文二年榜。

按：《建文二年殿试登科录》《登科考》等均不载。

2. 刘端，字季庄，南昌府南昌县人，历官至大理寺丞，死靖难，追谥文忠。

万历《新修南昌府志》卷17《科第·国朝》（第1283页）载入建文二年榜。《明一统志》卷49《南昌府·人物·本朝》："刘端，南昌人，由进士官大理寺丞，廉明执法。靖难后，因治方孝孺狱，暑月纵息树阴，劓鼻而卒。"①

按：《建文二年殿试登科录》《登科考》等均不载，当非进士，可能是因与其他进士一并受难，忠义可嘉，故误为进士。

3. 邓均受，奉新县人，万历《新修南昌府志》卷17《科第·国朝》（第1283页）入建文二年榜。

按：《建文二年殿试登科录》《登科考》等不载。

4. 熊瓒，南昌县人，历湖广副使。雍正《江西通志》卷52《选

① （明）李贤等：《明一统志》，台湾商务印书馆1986年影印文渊阁《四库全书》第473册，第24页上。按：天顺五年原刻本《大明一统志》不载，据（西安）三秦出版社1990年影印原刻本。

举四·明》（第514册，第694页上）入建文二年榜："熊瓒，南昌人，副使。《登科录》缺。"同治《南昌府志》卷29《选举·历朝进士·明》（第181页上）同。

按：《建文二年殿试登科录》《登科考》等书均不载，非进士。

六　永乐二年榜

1. 黄省吾，泰和县人。《明人传记资料索引》（第655页）据《明史列传》38/7下载作"永乐二年进士，官河南布政使"。

2. 余大田、汪康、邹郁，皆星子县人，见载同治《南康府志》卷14《选举·进士》（第342页上）永乐二年榜。

3. 赵德、胡原卿、胡濬，皆高安县人，见载同治《瑞州府志》卷9《选举·进士·明》（第178页上）永乐二年榜。

4. 吕份，乐安县人，见载同治《抚州府志》卷42《选举·进士·明》（第32页下）永乐二年榜。

5. 万几，南昌县人，见载万历《新修南昌府志》卷17《科第·国朝》（第1284页）永乐二年榜。

按：《建文二年进士登科录》《碑录》等各书均不载，非进士。

七　永乐四年榜

杨讃，见载同治《抚州府志》卷42《选举·进士·明》（第32页下）永乐四年榜，官翰林院修撰。

按：《登科考》《碑录》等各书均不载。

八　永乐九年榜

曾用常，泰和县人，见载顺治《吉安府志·选举表三·明进士》（第89页上）永乐九年榜。

按：《登科考》《碑录》等进士名录不载。嘉靖《江西通志》卷26《吉安府·科目·国朝》（第4370—4371页）作永乐六年举人，进士榜不载。

杨士奇《罗仲深墓志铭》："余友曾与贤登永乐甲申进士第，……

仲深女兄之子曾用常亦举进士，来京师，居止依舅氏。未几，用常又卒。……后丙戌而升者，用常及王铉、梁钠、陈赏、王嗣先五人，未廷对，用常又卒。”① 曾用常于永乐六年乡试，永乐七年会试中式，因永乐帝北巡，中式举人皆于国子监读书以俟廷试，曾用常即病死于此时。则曾用常仍是会试中式举人，并非真正意义上的进士。

又《颜乐堂记》载：“庐陵胡则颜名其所居堂曰颜乐，……进士曾用常两足肿，则颜曰：当急扶元气，肿不足治也。他医曰：当急治肿。曾信他医，则颜争不得，数日卒。”② 推测曾用常可能死于肾病，这里称之为进士，是一种习惯说法。

九　永乐十年榜

1. 刘时省，新建人，清同治《南昌府志》卷 29《选举·历朝进士·明》（第 181 页上）载作永乐十年进士，“新建人，福建御史”。

按：《登科考》《碑录》等各书均不载。万历《新修南昌府志》卷 17《科第·国朝》（第 1287 页）永乐九年乡试榜载，进士榜不载。

2. 彭举，正德《南康府志》卷 6《甲科·进士·建昌县·国朝》（第 26 页）：“彭举，大名府通判。永乐壬辰进士。”

按：《登科考》《碑录》等各书均不载。

3. 李奎，弋阳县人，《明人传记资料索引》（第 204 页）云其为“永乐十年进士”。

按：《登科考》《碑录》等各书均不载。据黄佐《大理寺右少卿李奎传》：“李奎，……永乐辛卯荐于乡，为广昌县学教谕，以考最迁国子监学录，……正统戊午，被荐试都堂，擢监察御史。……升大理寺寺丞，巡抚河南，……迁右少卿，巡抚畿内诸郡，……子玘，登进士第，亦继武为监察御史，终陕西按察副使。”③ 可知李奎只是永乐

① （明）杨士奇：《东里续集》卷 38，台湾商务印书馆 1986 年影印文渊阁《四库全书》第 1238 册，第 8—9 页。

② （明）杨士奇：《东里集》卷 2，台湾商务印书馆 1986 年影印文渊阁《四库全书》第 1238 册，第 17—19 页。

③ （明）焦竑：《献徵录》卷 68，上海书店 1987 年影印本，第 2986 页。

九年举人，并未中过进士，其子李玘于正统十三年登第。

十　永乐十九年榜

胡添麟，高安县人，同治《瑞州府志》卷9《选举·进士·明》（第178页下）永乐十九年榜：“胡添麟，高安人，进贤籍，广平府知府。”

按：据《登科考》等各书，当是广信府弋阳县胡添麟（永乐十三年进士）之误。

十一　永乐二十二年榜

涂一奎，丰城县人，福建籍，同治《南昌府志》卷29《选举·历朝进士·明》（第182页上）永乐二十二年榜：“涂一奎，丰城人，福建籍，新增。”

按：嘉靖《江西通志》及万历《新修南昌府志》《登科考》等各书均不载。

十二　宣德二年榜

1. 胡汉、胡伯振，皆高安县人，见载同治《瑞州府志》卷9《选举·进士·明》（第178页下）宣德二年榜：“高安人，进贤籍。”

按：《登科考》《碑录》等各书均不载。

2. 张魁，新淦县人，嘉靖《临江府志》卷5《选举表第六·科第·大明·新淦·宣德元年》（第357页）：“张魁，进士，有传。”

按：《登科考》《碑录》等各书均不载。嘉靖《临江府志》卷8《人物志》第七之三（第501页）：“魁字万选，永乐乡贡士，绩溪知县，召为云南道监察御史，卒于官。”乡贡士即举人，非进士。

十三　正统七年榜

陈典庸，峡江县人，隆庆《临江府志》卷10《选举·国朝》（第24页）：“正统六年辛酉乡试　陈典庸，……俱峡江人。……正统七年壬戌刘俨榜　陈典庸，御史。”雍正《江西通志》卷53《选举四·

明》（第514册，第722页上）正统七年榜亦载。

按：《登科考》《碑录》等各书均不载。

十四　正统十三年榜

1. 吴孟冠，都昌人，同治《南康府志》卷14《选举·进士·明》（第342页下）正统十三年榜："吴孟冠，都昌人，教授。省志无，从都志补。"

按：《登科考》《碑录》等各书均不载。

2. 张怀第、黄珠公，星子人，见载同治《南康府志》卷14《选举·进士·明》（第342页下）正统十三年榜。

按：《登科考》《碑录》等各书均不载。

3. 张敩，新淦县人，嘉靖《临江府志》卷5《选举表》第六《科第·大明·新淦·正统十二年》（第360页）："张敩，进士，有传。"

按：《登科考》《碑录》等各书均不载。嘉靖《临江府志》卷8《人物志》第七之三（第501页）："敩字廷学，正统乡贡士，监察御史。"乡贡士即举人，选举表误作进士。

十五　成化十一年榜

郭洪，吉水县人，见载同治《吉安府志》卷21《选举志·进士·明》（第696页上）成化十一年榜。

按：《登科考》《碑录》、嘉靖《江西通志》等各书均不载。

十六　弘治九年榜

孙荣，进贤人，同治《南昌府志》卷29《选举·历朝进士·明》（第183页上）载弘治九年榜："孙荣，进贤人，处州同知。"

按：《登科考》《碑录》等各书均不载。

十七　正德三年榜

1. 黄朴、钱用，星子人，见载清同治《南康府志》卷14《选举·进士·明》（第343页上）正德三年榜。

按：《登科考》《碑录》等各书均不载。

2. 干凤，新淦县人，见载同治《临江府志》卷12《进士·明》（第144页下）正德三年榜。

按：《登科考》《碑录》等各书均不载。

十八　嘉靖二年榜

阮微，安福县人，清同治《吉安府志》卷21《选举志·进士·明》（第697页下）嘉靖二年榜："阮微，卢志作钦赐进士，官御史，《贡举考》《通志》无。"

按：《登科考》《碑录》等各书均不载。

十九　嘉靖八年榜

桂大祥，临川人，《明人传记资料索引》（第421页）据《逍遥园集选》17/22《祭桂巽川太守》载作嘉靖八年进士。

按：《登科考》《碑录》等各书均不载。

二十　嘉靖二十三年榜

1. 萧必，泰和县人，见载同治《吉安府志》卷21《选举志·进士·明》（第698页上）嘉靖二十三年榜。

按：《登科考》《碑录》等各书均不载。

2. 刘文光，高安人，见载同治《瑞州府志》卷9《选举·进士·明》（第180页上）嘉靖二十三年榜："刘文光，字云鹤，高安人，四川籍，陕西按察使。"

按：《登科录》《登科考》《碑录》等各书均不载。

二十一　嘉靖三十二年榜

胡汉六，星子人，清同治《南康府志》卷14《选举·进士·明》（第343页下）嘉靖三十二年榜："胡汉六，星子人，寻授翰林，省志无，从星志补。"

按：《贡举考》《碑录》等各书均不载。

二十二　嘉靖四十一年榜

曾夔，泰和县人，见载同治《吉安府志》卷21《选举志·进士·明》（第698页下）嘉靖四十一年榜。

按：《贡举考》《碑录》等各书均不载。

二十三　嘉靖四十四年榜

廖加爵，星子人，同治《南康府志》卷14《选举·进士·明》（第343页下）入嘉靖四十四年榜："廖加爵，星子人，省志无，从星志补。"

按：《贡举考》《碑录》等各书均不载。

二十四　万历五年榜

李采蘩，新喻县人，同治《临江府志》卷12《进士·明》（第145页）载万历五年榜："李采蘩，御史，新喻人。"

按：《贡举考》《碑录》等各书均不载。

二十五　万历某科

彭燧，南昌人，同治《南昌府志》卷44《人物·明文苑》（第589页上）："彭燧，字子木，南昌人，懋之子，万历进士。"

按：《碑录》等均不载。彭燧为万历十四年进士彭烊之弟，见《万历丙戌科进士同年总录》："彭烊，贯江西南昌府南昌县民籍，国子生，字治金，号肯亭……父懋，……兄煃，……弟：燧，庠生；烇，庠生。"① 据雍正《江西通志》卷55《选举七·明》（第514册，第803页上），彭燧于万历二十五年乡试中式，但未曾中进士，府志误将兄弟二人混同。

---

① 屈万里编：《明代登科录汇编》，《明代史籍汇刊》，台湾学生书局1969年版，第10903页。

二十六　万历三十五年榜

祝廷贶，星子人，同治《南康府志》卷14《选举·进士·明》（第344页上）入万历三十五年榜："祝廷贶，星子人，知华亭县，省志无，从星志补。"

按：《碑录》等均不载。

二十七　天启二年榜

黄纲，庐陵县人，见载同治《吉安府志》卷21《选举志·进士·明》（第700页下）天启二年榜。

按：《碑录》等均不载。

二十八　崇祯丁丑榜

张翼堂、徐继昌、尹子汶、尹子源、赵清、刘宏、黄汝亨、黄季三、张道胜，皆星子县人，见载同治《南康府志》卷14《选举·进士·明》（第344页上）崇祯丁丑榜。

按：《碑录》等均不载。

二十九　崇祯十三年榜

宋一贞，奉新县人；饶元珙，进贤县人。皆见载同治《南昌府志》卷29《选举·历朝进士·明》（第187页下）崇祯十三年魏德藻榜。

按：《崇祯十三年庚辰科进士履历便览》不载，当从雍正《江西通志》卷55《选举七·明》（第514册，第823页下）作崇祯十三年赐特用出身榜。《碑录》《索引》将该榜误作崇祯十五年赐特用出身榜，考证见前。

三十　崇祯十六年榜

赖士奇，会昌县人，同治《赣州府志》卷46《进士表·明·会昌》（第90页上）崇祯十六年榜："赖士奇，新喻教谕，从县志增入。”

按：《崇祯十六年癸未科进士三代履历》《碑录》等均不载。

三十一　记载榜次不详

1. 阳仲声，正德《袁州府志》卷7《科第·大明》（第10页）：“按旧志，阳仲声，辛未进士。”

按：《碑录》等均不载。

2. 罗梦昱，乐安人，同治《抚州府志》卷52《人物·宦业·明》（第228页下）：“罗梦昱，字子立，乐安人，由进士初筮邵武县尉。”

按：《碑录》等均不载，且明代进士任县尉的记载，在史书中罕见。

3. 张贵德，乐安人，同治《抚州府志》卷52《人物·宦业·明》（第228页下）：“张贵德，字子建，乐安人，由进士为荔浦尉，……调福州佥幕。”

按：《碑录》等均不载。

4. 董参，乐安人，同治《抚州府志》卷52《人物·宦业·明》（第228页下）：“董参，字伯懿，乐安人，由进士任穰怀县、彭泽、北海等县令。”

按：《碑录》等均不载。

附录1

正文参考表格

附表1　　嘉靖三十五年进士观政选拔列表

姓名	甲次	观政单位	专经
诸大绶	1001	（修　撰）	易
陶大临	1002	（编　修）	春秋
金　达	1003	（编　修）	书
陈　锡	2001	吏　部	春秋
孙　鑨	2002	吏　部	易
戴　科	2003	户　部	礼记
张凤来	2004	礼　部	诗
崔　吉	2005	户　部	易
伍　典	2006	礼　部	书
曹子朝	2007	兵　部	易
张大猷	2008	兵　部	易
陆梦韩	2009	刑　部	书
田　稔	2010	刑　部	书
冯　谦	2011	工　部	诗
查志立	2012	（脱字）	诗
袁　随	2013	都察院	礼记
李　键	2014	都察院	易
谢宗明	2015	都察院	春秋
黄　翰	2016	大理寺	易
余良翰	2017	吏　部	书

续表

姓名	甲次	观政单位	专经
杨　锦	2018	（脱字）	易
严文梁	2019	礼　部	书
阮自嵩	2020	户　部	易
黄文豪	2021	户　部	易
陈南金	2022	礼　部	易
阴武卿	2023	兵　部	书
吴一介	2024	兵　部	易
杨　成	2025	刑　部	书
胡　孝	2026	刑　部	书
赵　贤	2027	工　部	易
方来崇	2028	工　部	诗
唐景禹	2029	都察院	书
杨宗震	2030	都察院	易
邹光祚	2031	通政司	易
张正谟	2032	大理寺	易
杜　思	2033	吏　部	易
叶宗春	2034	吏　部	春秋
徐绍卿	2035	礼　部	礼记
边维垣	2036	户　部	书
王　凝	2037	礼　部	书
胡　直	2038	兵　部	诗
蔡国珍	2039	兵　部	诗
邹　善	2040	刑　部	春秋
黎　桂	2041	刑　部	易
周　逊	2042	户　部	易
张　相	2043	工　部	诗
葛邦典	2044	工　部	礼记
曹　梅	2045	都察院	书
祝继志	2046	都察院	诗
屠义英	2047	通政司	易
张人纪	2048	大理寺	书

续表

姓名	甲次	观政单位	专经
陆一鹏	2049	吏　部	礼记
吴文华	2050	吏　部	易
陈　汲	2051	户　部	春秋
胡　帛	2052	吏　部	易
朱　卿	2053	礼　部	诗
李廷观	2054	礼　部	诗
张　谐	2055	兵　部	书
郑　卿	2056	兵　部	诗
张梦鲤	2057	刑　部	诗
柴　涞	2058	刑　部	易
史朝宾	2059	工　部	易
何显淑	2060	工　部	诗
毛自道	2061	都察院	诗
郑云鎣	2062	都察院	易
姜廷琉	2063	通政司	易
项治元	2064	大理寺	春秋
叶应春	2065	（脱字）	易
凌迪知	2066	吏　部	诗
姚体言	2067	礼　部	诗
薛一鹗	2068	户　部	礼记
黄可大	2069	户　部	易
应存性	2070	礼　部	诗
薛守经	2071	兵　部	书
高　启	2072	兵　部	易
熊　俸	2073	刑　部	诗
葛　纶	2074	刑　部	易
俞汝器	2075	工　部	诗
杨承闵	2076	工　部	易
劳　堪	2077	都察院	诗
张文渊	2078	都察院	易
施笃臣	2079	通政司	诗

续表

姓名	甲次	观政单位	专经
杨　兆	2080	大理寺	书
萧维翰	2081	吏　部	书
程大宾	2082	吏　部	诗
杨　修	2083	户　部	诗
刘　稳	2084	户　部	易
郑　旻	2085	礼　部	易
介一清	2086	礼　部	诗
解明瑞	2087	兵　部	诗
龚大器	2088	兵　部	书
陈　选	2089	刑　部	礼记
李承芳	2090	刑　部	易
沈　寅	3001	工　部	诗
鲍承荫	3002	工　部	诗
刘行素	3003	都察院	春秋
柴　祥	3004	都察院	易
李际春	3005	通政司	诗
马文健	3006	大理寺	书
赵　灼	3007	吏　部	诗
杨　铨	3008	吏　部	诗
胡　文	3009	户　部	诗
董　学	3010	礼　部	易
刘志伊	3011	礼　部	易
王　楷	3012	兵　部	书
陈联芳	3013	户　部	诗
陈复升	3014	兵　部	诗
刘思问	3015	刑　部	易
瓮　蕙	3016	大理寺	易
方　岳	3017	工　部	诗
查光述	3018	工　部	诗
黄廷聘	3019	都察院	易
陈　桂	3020	都察院	书

续表

姓名	甲次	观政单位	专经
罗尚德	3021	通政司	易
孙大霖	3022	大理寺	易
刘山见	3023	吏　部	易
马出图	3024	吏　部	春秋
常三省	3025	户　部	春秋
王三聘	3026	大理寺	诗
刘应峰	3027	礼　部	易
杨汝辅	3028	礼　部	诗
李汝宽	3029	兵　部	春秋
陆凤仪	3030	兵　部	易
程汝盛	3031	刑　部	易
张学古	3032	刑　部	诗
张天驭	3033	工　部	诗
潘清亶	3034	工　部	易
童承契	3035	都察院	礼记
卢仲佃	3036	都察院	易
贺　贲	3037	通政司	春秋
张鸣瑞	3038	大理寺	礼记
杜　谦	3039	吏　部	书
黎复性	3040	吏　部	易
曹大川	3041	户　部	诗
史永寿	3042	户　部	易
王尚直	3043	礼　部	易
包柽芳	3044	不　详	书
胡应嘉	3045	兵　部	礼记
曹一麟	3046	兵　部	书
蔡　完	3047	刑　部	易
林　德	3048	刑　部	诗
杨进道	3049	工　部	诗
唐九德	3050	工　部	易
戴廷忞	3051	都察院	易

续表

姓名	甲次	观政单位	专经
冯　符	3052	都察院	春秋
陈一谦	3053	通政司	诗
龚　芝	3054	大理寺	书
梁　栋	3055	吏　部	诗
章汝槐	3056	吏　部	易
李用荧	3057	户　部	易
侯廷柱	3058	户　部	易
何廷锦	3059	礼　部	诗
尚德恒	3060	礼　部	诗
林　润	3061	兵　部	书
辛自修	3062	兵　部	诗
王用中	3063	刑　部	书
姚汝循	3064	刑　部	易
江　潮	3065	工　部	诗
蒋弘德	3066	工　部	书
杨衍庆	3067	都察院	礼记
黄　扆	3068	都察院	书
曾省吾	3069	通政司	易
胡　定	3070	大理寺	诗
韩　忠	3071	吏　部	书
陈所学	3072	吏　部	书
杨道亨	3073	礼　部	诗
黎民表	3074	户　部	诗
张　胆	3075	户　部	书
杨　标	3076	礼　部	诗
周心易	3077	兵　部	诗
张一霁	3078	兵　部	易
乔　伊	3079	刑　部	易
袁　淳	3080	刑　部	书
王得春	3081	兵　部	诗
李启昭	3082	工　部	书

续表

姓名	甲次	观政单位	专经
徐必达	3083	都察院	书
张火阜	3084	都察院	春秋
王　淓	3085	通政司	春秋
李子延	3086	大理寺	诗
傅希挚	3087	吏　部	春秋
张问仁	3088	吏　部	书
董　懋	3089	户　部	诗
黄　镆	3090	户　部	诗
汪廷鈇	3091	礼　部	易
屠　镳	3092	礼　部	书
黎　元	3093	不详	诗
沈　桂	3094	兵　部	礼记
陈　纪	3095	刑　部	易
何维复	3096	刑　部	易
周舜岳	3097	工　部	诗
蔡明复	3098	工　部	诗
赵孟豪	3099	都察院	春秋
夏　时	3100	都察院	春秋
胡汝桂	3101	通政司	诗
赵时齐	3102	大理寺	易
耿定向	3103	吏　部	春秋
范以祚	3104	吏　部	易
温如璋	3105	户　部	易
夏可范	3106	礼　部	礼记
黄　鍶	3107	礼　部	书
吴宗周	3108	户　部	易
郜大经	3109	兵　部	诗
申　佐	3110	兵　部	诗
王道充	3111	刑　部	春秋
袁大诚	3112	刑　部	易
刘世昌	3113	工　部	易

续表

姓名	甲次	观政单位	专经
毛汝贤	3114	工　部	诗
陈应诏	3115	都察院	诗
周　诗	3116	都察院	易
王嘉言	3117	通政司	诗
谢　封	3118	大理寺	诗
祝尔介	3119	吏　部	诗
胡顺华	3120	吏　部	书
金　瓯	3121	户　部	书
杜　华	3122	户　部	书
张　铭	3123	礼　部	诗
汤　彬	3124	礼　部	书
张　科	3125	兵　部	书
邹应龙	3126	兵　部	易
郑　洛	3127	刑　部	书
黄九成	3128	刑　部	书
韩　宰	3129	工　部	诗
武建邦	3130	工　部	书
刘永宁	3131	都察院	书
李　潍	3132	都察院	春秋
倪光荐	3133	通政司	诗
商　诰	3134	大理寺	易
王同伦	3135	吏　部	礼记
张大业	3136	吏　部	书
卞　锡	3137	礼　部	书
薛　曾	3138	户　部	诗
孙丕扬	3139	户　部	礼记
杨　栢	3140	礼　部	易
陈万言	3141	兵　部	礼记
吴朝仪	3142	兵　部	诗
徐养相	3143	刑　部	礼记
李邦义	3144	刑　部	易

续表

姓名	甲次	观政单位	专经
高　察	3145	工　部	诗
陈子佐	3146	工　部	诗
李世藩	3147	都察院	诗
孙梦豸	3148	都察院	诗
晋应槐	3149	通政司	诗
何邦礼	3150	大理寺	诗
许自新	3151	吏　部	易
漆汝翼	3152	吏　部	书
牛　镜	3153	户　部	诗
钱于邻	3154	礼　部	易
左　钧	3155	户　部	书
李　维	3156	礼　部	诗
李思悦	3157	兵　部	诗
赵大河	3158	兵　部	诗
罗崇谦	3159	刑　部	易
操时贤	3160	刑　部	易
李齐芳	3161	工　部	诗
林丛槐	3162	工　部	易
林应雷	3163	都察院	诗
傅思明	3164	都察院	诗
郑舜臣	3165	通政司	诗
郭志选	3166	大理寺	诗
吴　守	3167	吏　部	书
伍　令	3168	吏　部	春秋
唐汝迪	3169	户　部	书
陈善道	3170	户　部	诗
范宗吴	3171	礼　部	书
苏朝宗	3172	礼　部	诗
李承式	3173	兵　部	诗
郭　东	3174	兵　部	诗
陈　瓒	3175	刑　部	诗

续表

姓名	甲次	观政单位	专经
黄　诰	3176	刑　部	诗
黄　鹗	3177	工　部	诗
刘　孝	3178	工　部	书
汤应科	3179	都察院	诗
颜　鲸	3180	都察院	诗
孟　洙	3181	通政司	易
韩君恩	3182	大理寺	春秋
郝　杰	3183	不详	礼记
程　纯	3184	吏　部	易
张士佩	3185	吏　部	书
陈忠翰	3186	吏　部	书
杨　霆	3187	吏　部	诗
杨　旂	3188	吏　部	礼记
丁尧相	3189	吏　部	诗
张守贞	3190	吏　部	易
蔚　钟	3191	吏　部	诗
卢　煌	3192	吏　部	易
郑大经	3193	吏　部	易
史　官	3194	吏　部	易
尹　校	3195	吏　部	书
邢守庭	3196	吏　部	诗
刘有诚	3197	吏　部	易
胡　钥	3198	吏　部	诗
廖逢节	3199	吏　部	春秋
任福民	3200	吏　部	诗
方　新	3201	吏　部	诗
李世达	3202	吏　部	书
李时渐	3203	吏　部	易

说明：

1. 本表据《嘉靖丙辰同年世讲录》（《明代登科录汇编》第6597—6899页）制成。

2. 本表甲次采用4位数字表示，第1位表示一、二、三甲，后3位表示名次。

3. 个别进士因原书脱字，甲次据《碑录》补，观政单位从缺。

4. 《同年录》所载孙诏、皮豹、宋纁、郑惟侨和姜国华5人俱下科殿试；苏松、张缙亦下科殿试，《同年录》未注明。以上7人本表不收。

5. 袁随《同年录》作二甲12名，当作13名；瓮蕙《同年录》作二甲16名，当作三甲16；孙大霦《同年录》作三甲12名，当作三甲22名。

附表 2　　《登科考》与《贡举考》可信度对比表

序号	《大诰》《实录》《献》	《登科考》	《贡举考》	籍贯
1	汪　麟	不载	不载	浙江仁和
2	刘志仁	不载	不载	
3	潘志远	不载	不载	
4	陈　基	载	不载	福建福清
5	陈　益	载	不载	福建侯官
6	应孟吕	载	不载	浙江昌国卫
7	徐　诚	载	不载	浙江永嘉
8	张子恭	载	不载	福建长汀
9	顾　諟	载	不载	南直松江
10	严　震	载	不载	浙江上虞
11	程士箴	载	不载	湖广武陵
12	邵思恭	载	不载	浙江会稽
13	姚文琪	载	不载	浙江建德
14	姚　傅	载	不载	浙江仁和
15	句　端	载	不载	北直迁安
16	张敏德	载	不载	南直蒙城
17	田　忠	载	不载	北直满城
18	刘　辐	载	不载	北直河间
19	金惟一	载	不载	浙江临海
20	秦　昇	载	不载	山西忻县
21	钱仕宗	载	不载	南直华亭
22	齐　肃	载	不载	山西汾西
23	陈　顺	载	不载	浙江永嘉
24	魏惟古	载	不载	河南新乡
25	李　忠	载	不载	北直怀柔
26	高　起	载	不载	北直永年
27	胡　本	载	不载	山西和顺
28	王　牧	载	不载	山西太谷
29	聂以大	载	不载	江西武宁
30	李　哲	载	不载	河南新安
31	庞守文	载	不载	山西榆次

续表

序号	《大诰》《实录》《献》	《登科考》	《贡举考》	籍贯
32	鲁　瞻	载	不载	浙江淳安
33	厉宗义	载	不载	浙江东阳
34	王　恪	载	不载	陕西伏羌
35	鲁　望	载	不载	浙江仁和
36	黄德安	载	不载	江西东乡
37	吴　渊	载	不载	江西建昌
38	罗师贡	载	不载	福建长乐
39	陈宗礼	载	不载	江西奉新
40	张　敏	载	不载	北直晋州
41	樊士信	载	不载	湖广应城
42	周月华	载	不载	浙江松阳
43	张　莹	载	不载	浙江临海
44	王顺德	载	不载	浙江新城
45	谢思义	载	不载	湖广衡山
46	马　通	载	不载	河南祥符
47	许　灵	载	不载	南直无锡
48	张善同	载	不载	浙江永嘉
49	何　鲁	载	不载	湖广安陆
50	万　质	载	不载	湖广沔阳
51	王　恒	载	不载	山西绛州
52	杨　新	载	不载	南直合肥
53	韩　毅	载	不载	山西曲沃
54	孙　翥	载	不载	山东齐河
55	张　翚	载	不载	浙江钱塘
56	张　翀	载	不载	山西榆社
57	庞　清	载	不载	山西武乡
58	宋　点	载	不载	山东鱼台
59	李　义	载	不载	湖广沔阳
60	赵　泰	载	不载	河南胙城
61	易　聪	载	不载	湖广安陆
62	王　进	载	不载	山西襄陵

续表

序号	《大诰》《实录》《献》	《登科考》	《贡举考》	籍贯
63	赵　刚	载	不载	山西解州
64	杨克绍	载	不载	江西丰城
65	王复善	载	不载	北直北平府
66	张　軏	载	不载	陕西宝鸡
67	陈　迪	载	不载	南直宜兴
68	海永清	载	不载	陕西陇州
69	郝知微	载	不载	陕西鄜州
70	黄　健	载	不载	福建龙溪
71	程　禹	载	不载	山西潞州
72	高　翀	载	不载	山西翼城
73	李伯冲	载	不载	江西吉永丰
74	李　选	载	不载	河南舞阳
75	任　清	载	不载	福建建阳
76	宋仁贵	载	不载	湖广桂阳
77	卫俊民	载	不载	山西榆次
78	熊正隆	载	不载	湖广湘潭
79	徐　谅	载	不载	南直华亭
80	李鸣岗	载	不载	北直藁城
81	胡昌龄	载	不载	南直歙县
82	李　烜	载	不载	河南祥符
83	姚　复	载	不载	河南息县
84	黄　畊	载	不载	山东济阳
85	王　宪	载	不载	河南祥符
86	聂　震	不载	载	山东长山
87	邓伟奇	载	载	湖广安仁
88	缪　均	载	载	浙江平阳
89	胡　宁	载	载	浙江永嘉
90	林　同	载	载	浙江平阳
91	陈至善	载	载	浙江仁和
92	程以善	载	载	江西南昌
93	徐彦和	载	载	江西临川

续表

序号	《大诰》《实录》《献》	《登科考》	《贡举考》	籍贯
94	邓　祐	载	载	南直江都
95	袁宗弼	载	载	山西陵川
96	王本道	载	载	江西兴国
97	陈　绥	载	载	广东南海
98	陈　迪	载	载	南直丹徒
99	石　岳	载	载	广西阳朔
100	陈顺成	载	载	湖广攸县
101	任　励	载	载	陕西长安
102	陈　迪	载	载	广东四会
103	张　和	载	载	福建瓯宁
104	阎　察	载	载	山西平定州
105	陈　权	载	载	江西南城
106	余　玱	载	载	福建罗源
107	徐宗武	载	载	浙江乌程
108	张　端	载	载	山东历城
109	项　复	载	载	浙江余姚
110	林龟年	载	载	福建连江
111	陈　郁	载	载	浙江平阳
112	周从善	载	载	江西吉水
113	刘文贵	载	载	湖广孝感
114	周　弼	载	载	福建莆田
115	王　瓛	载	载	湖广蕲州
116	王　蒙	载	载	浙江黄岩
117	朱　瞻	载	载	山东沂水
118	谭子英	载	载	湖广攸县
119	凌　辂	载	载	南直句容
120	孙　仁	载	载	南直寿州
121	董　薛	载	载	浙江新昌
122	杨居正	载	载	浙江归安
123	李　濬	载	载	福建松溪
124	李子清	载	载	福建连城

续表

序号	《大诰》《实录》《献》	《登科考》	《贡举考》	籍贯
125	张公宣	载	载	江西德兴
126	沈志远	载	载	浙江余姚
127	甘友信	载	载	广东保昌
128	陈洵仁	载	载	福建长乐
129	叶　耀	载	载	福建建安
130	陈善生	载	载	浙江丽水
131	张　义	载	载	湖广孝感
132	周　成	载	载	陕西韩城
133	徐　敏	载	载	浙江临安
134	卫善初	载	载	广东四会
135	徐　复	载	载	江西鄱阳
136	王　肃	载	载	浙江会稽
137	蔡　玄	载	载	浙江钱塘
138	杨志铭	载	载	浙江鄞县
139	仇　益	载	载	山西汾西
140	张　山	载	载	陕西三原
141	王　逊	载	载	南直昆山
142	蔡　英	载	载	山东禹城
143	丁　麟	载	载	浙江海盐
144	高成给	载	载	福建莆田
145	黄敬中	载	载	广东曲江
146	黄惟清	载	载	福建晋江
147	刘宗海	载	载	湖广浏阳
148	彭子俊	载	载	江西万安
149	钱　逊	载	载	江西新昌
150	王　朴	载	载	陕西同州
151	谢　谦	载	载	陕西长安
152	杨　言	载	载	南直寿州
153	应宗义	载	载	浙江象山
154	卓　润	载	载	福建怀安
155	陈仲述	载	载	江西泰和

续表

序号	《大诰》《实录》《献》	《登科考》	《贡举考》	籍贯
156	张　著	载	载	河南原武
157	危　瓛	载	载	江西金溪
158	高　铎	载	载	山西绛州
159	邹仲实	载	载	江西乐平
160	邵永善	载	载	浙江仁和
161	梁德远	载	载	湖广邵阳
162	魏安仁	载	载	河南祥符
163	彭　庆	载	载	江西乐平
164	曾　玉	载	载	湖广零陵
165	方　昇	载	载	南直怀宁
166	秦　逵	载	载	南直宣城
167	杨　靖	载	载	南直山阳
168	黄子澄	载	载	江西分宜
169	练子宁	载	载	江西新淦
170	刘　儁	载	载	湖广江陵
171	郑　赐	载	载	福建瓯宁
172	陈用行	载	载	江西临川
173	郭　资	载	载	河南武安
174	周　原	载	载	南直繁昌
175	刘　观	载	载	北直雄县
176	赵　勉	载	载	湖广夷陵
177	侯　庸	载	载	山东平度州
178	沈　溍	载	载	浙江钱塘
179	张　衡	载	载	江西万安
180	向　宝	载	载	江西进贤

说明：《御制大诰三编》简称为《大诰》，《明实录》简称为《实录》，《献徵录》简称为《献》，《皇明进士登科考》简称为《登科考》，《皇明贡举考》简称为《贡举考》。

附表3　　明代全国进士分朝统计表

次序	榜名	进士人数	次序	榜名	进士人数
1	洪武四年辛亥吴伯宗榜	120	2	十八年乙丑丁显榜	472
3	二十一年戊辰任亨泰榜	97	4	二十四年辛未许观榜	31
5	二十七年甲戌张信榜	100	6	三十年丁丑春陈䢿榜	51
7	三十年丁丑夏韩克忠榜	61			
洪武朝总计		932			

续表

次序	榜名	进士人数	次序	榜名	进士人数
8	建文二年庚辰胡靖榜	110			
9	永乐二年甲申曾棨榜	470	10	四年丙戌林环榜	219
11	九年辛卯萧时中榜	84	12	十年壬辰马铎榜	106
13	十三年乙未陈循榜	351	14	十六年戊戌李骐榜	250
15	十九年辛丑曾鹤龄榜	201	16	二十二年甲辰邢宽榜	148
	永乐朝总计	1829			
17	宣德二年丁未马愉榜	101	18	五年庚戌林震榜	100
19	八年癸丑曹鼐榜	99			
	宣德朝总计	300			
20	正统元年丙辰周旋榜	100	21	四年己未施槃榜	99
22	七年壬戌刘俨榜	149	23	十年乙丑商辂榜	150
24	十三年戊辰彭时榜	150			
	正统朝总计	648			
25	景泰二年辛未柯潜榜	201	26	五年甲戌孙贤榜	349
	景泰朝总计	550			
27	天顺元年丁丑黎淳榜	294	28	四年庚辰王一夔榜	156
29	八年甲申彭教榜	247			
	天顺朝总计	697			
30	成化二年丙戌罗伦榜	353	31	五年己丑张昇榜	247
32	八年壬辰吴宽榜	250	33	十一年乙未谢迁榜	300
34	十四年戊戌曾彦榜	350	35	十七年辛丑王华榜	298
36	二十年甲辰李旻榜	300	37	二十三年丁未费宏榜	351
	成化朝总计	2449			
38	弘治三年庚戌钱福榜	298	39	六年癸丑毛澄榜	298
40	九年丙辰朱希周榜	298	41	十二年己未伦文叙榜	300
42	十五年壬戌康海榜	297	43	十八年乙丑顾鼎臣榜	303
	弘治朝总计	1794			
44	正德三年戊辰吕柟榜	349	45	六年辛未杨慎榜	349
46	九年甲戌唐皋榜	396	47	十二年丁丑舒芬榜	349
48	十六年辛巳杨维聪榜	330			
	正德朝总计	1773			

续表

次序	榜名	进士人数	次序	榜名	进士人数
49	嘉靖二年癸未姚涞榜	410	50	五年丙戌龚用卿榜	301
51	八年己丑罗洪先榜	323	52	十一年壬辰林大钦榜	316
53	十四年乙未韩应龙榜	325	54	十七年戊戌茅瓒榜	320
55	二十年辛丑沈坤榜	298	56	二十三年甲辰秦鸣雷榜	317
57	二十六年丁未李春芳榜	301	58	二十九年庚戌唐汝楫榜	320
59	三十二年癸丑陈瑾榜	403	60	三十五年丙辰诸大绶榜	296
61	三十八年己未丁士美榜	303	62	四十一年壬戌徐时行榜	299
63	四十四年乙丑范应期榜	394			
	嘉靖朝总计	4926			
64	隆庆二年戊辰罗万化榜	403	65	五年辛未张元忭榜	396
	隆庆朝总计	799			
66	万历二年甲戌孙继皋榜	299	67	五年丁丑沈懋学榜	301
68	八年庚辰张懋修榜	302	69	十一年癸未朱国祚榜	341
70	十四年丙戌唐文献榜	351	71	十七年己丑焦竑榜	347
72	二十年壬辰翁正春榜	304	73	二十三年乙未朱之蕃榜	304
74	二十六年戊戌赵秉忠榜	292	75	二十九年辛丑张以诚榜	301
76	三十二年甲辰杨守勤榜	308	77	三十五年丁未黄士俊榜	298
78	三十八年庚戌韩敬榜	302	79	四十一年癸丑周延儒榜	344
80	四十四年丙辰钱士升榜	344	81	四十七年己未庄际昌榜	345
	万历朝总计	5083			
82	天启二年壬戌文震孟榜	409	83	五年乙丑余煌榜	300
	天启朝总计	709			
84	崇祯元年戊辰刘若宰榜	353	85	四年辛未陈于泰榜	349
86	七年甲戌刘理顺榜	302	87	十年丁丑刘同升榜	301
88	十三年庚辰魏藻德榜	296	89	十六年癸未杨廷鉴榜	395
	崇祯朝总计	1996			
	明代进士总数	24595			

附表 4　　明代江西进士分科统计明细表

（1）洪武、建文朝：

单位：人

统计区域		洪武 4	洪武 18	洪武 21	洪武 24	洪武 27	洪武 30	洪武总计	建文 2
全国		120	472	97	31	100	51/61	932	110
江西		27	58	18	3	13	20	139	23
南昌府	府合计	7	9	3	1	3	2	25	10
	南昌县	2	3	1	1	3	1	11	5
	新建县		1	1				2	2
	丰城县	3	1				1	5	
	进贤县	1	1					2	1
	奉新县	1	1					2	1
	靖安县							0	
	武宁县		2					2	
	宁　州			1				1	1
瑞州府	府合计	0	2	1	0	0	0	3	0
	高安县							0	
	上高县		1					1	
	新昌县		1	1				2	
九江府	府合计	0	1	0	0	0	0	1	0
	德化县							0	
	德安县							0	
	瑞昌县							0	
	湖口县		1					1	
	彭泽县							0	
南康府	府合计	0	1	0	0	0	0	1	0
	星子县							0	
	都昌县							0	
	建昌县		1					1	
	安义县							0	

续表

统计区域		洪武4	洪武18	洪武21	洪武24	洪武27	洪武30	洪武总计	建文2
饶州府	府合计	3	9	0	1	3	2	18	1
	鄱阳县	1	1			1	1	4	
	余干县		1		1			2	1
	乐平县		5			1		6	
	浮梁县					1	1	2	
	德兴县	2	2					4	
	安仁县							0	
	万年县							0	
广信府	府合计	1	4	0	0	1	0	6	0
	上饶县		1					1	
	玉山县					1		1	
	弋阳县							0	
	贵溪县	1	3					4	
	铅山县							0	
	永丰县							0	
	兴安县							0	
建昌府	府合计	1	5	3	0	0	2	11	1
	南城县	1	3	1			2	7	
	南丰县		1					1	1
	新城县		1	2				3	
	广昌县							0	
	泸溪县							0	
抚州府	府合计	2	6	0	0	2	0	10	1
	临川县	1	3			1		5	
	崇仁县							0	1
	金溪县	1	2			1		4	
	宜黄县							0	
	乐安县							0	
	东乡县		1					1	

续表

统计区域		洪武4	洪武18	洪武21	洪武24	洪武27	洪武30	洪武总计	建文2
吉安府	府合计	11	10	9	1	2	12	45	7
	庐陵县	2		1			3	6	1
	泰和县	3	2	2		1	4	12	
	吉水县	4	2	4		1		11	4
	永丰县	1	4	2			1	8	2
	安福县	1						1	
	万安县		2				2	4	
	龙泉县				1		2	3	
	永新县							0	
	永宁县							0	
临江府	府合计	1	3	2	0	2	1	9	3
	清江县	1				1	1	3	1
	新淦县		3					3	2
	新喻县			2		1		3	
	峡江县							0	
袁州府	府合计	0	3	0	0	0	1	4	0
	宜春县		2					2	
	分宜县		1					1	
	萍乡县						1	1	
	万载县							0	
赣州府	府合计	1	4	0	0	0	0	5	0
	赣　县		2					2	
	雩都县		1					1	
	信丰县							0	
	兴国县		1					1	
	会昌县							0	
	安远县							0	
	宁都县	1						1	
	瑞金县							0	
	龙南县							0	
	石城县							0	
	定南县							0	
	长宁县							0	

续表

统计区域		洪武4	洪武18	洪武21	洪武24	洪武27	洪武30	洪武总计	建文2
南安府	府合计	0	1	0	0	0	0	1	0
	大庾县		1					1	
	南康县							0	
	上犹县							0	
	崇义县							0	

（2）永乐朝

统计区域		永乐2	永乐4	永乐9	永乐10	永乐13	永乐16	永乐19	永乐22	永乐总计
全国		470	219	84	106	351	250	201	148	1829
江西		111	54	27	28	95	65	73	42	495
南昌府	府合计	14	9	4	3	17	12	20	8	87
	南昌县	3	3		1	2	4	2	1	16
	新建县	3			1	2	1			7
	丰城县	2	3	3		8	6	12	5	39
	进贤县	2	1	1	1	3		5	2	15
	奉新县	2	2							4
	靖安县	1				2	1	1		5
	武宁县									0
	宁　州	1								1
瑞州府	府合计	10	2	2	0	2	3	2	0	21
	高安县	3	1	1		2	2	1		10
	上高县	5		1						6
	新昌县	2	1				1	1		5
九江府	府合计	2	1	0	0	6	1	0	0	10
	德化县									0
	德安县					1				1
	瑞昌县									0
	湖口县	2	1			1	1			5
	彭泽县					4				4

续表

统计区域		永乐 2	永乐 4	永乐 9	永乐 10	永乐 13	永乐 16	永乐 19	永乐 22	永乐总计
南康府	府合计	10	2	0	0	3	0	5	2	22
	星子县	5								5
	都昌县					2			2	4
	建昌县	5	2			1		5		13
	安义县									0
饶州府	府合计	6	1	4	1	7	11	7	5	42
	鄱阳县	1		1			2		1	5
	余干县	1				1	1		2	5
	乐平县	2		1	1	3	4	3		14
	浮梁县		1	1			1	4	2	9
	德兴县	1		1		3	2			7
	安仁县	1					1			2
	万年县									0
广信府	府合计	8	7	1	1	5	3	2	0	27
	上饶县	5	3	1		2	1	2		14
	玉山县	3					2			5
	弋阳县					1				1
	贵溪县		2		1	2				5
	铅山县		1							1
	永丰县		1							1
	兴安县									0
建昌府	府合计	4	2	1	1	6	4	0	2	20
	南城县	3				3	1		1	8
	南丰县		2		1	2				5
	新城县	1		1			1			3
	广昌县					1	2		1	4
	泸溪县									0

续表

统计区域		永乐2	永乐4	永乐9	永乐10	永乐13	永乐16	永乐19	永乐22	永乐总计
抚州府	府合计	8	3	2	4	9	4	4	3	37
	临川县	3	2		1	1	3	4	2	16
	崇仁县	2			2					4
	金溪县	1	1	2	1	2	1			8
	宜黄县	1								1
	乐安县	1				6			1	8
	东乡县									0
吉安府	府合计	37	21	12	13	29	17	25	18	172
	庐陵县	5	1	1		2	2	5	3	19
	泰和县	9	6	3	5	7	6	7	2	45
	吉水县	11	5	2	5	11	7	6	4	51
	永丰县	2	4	1	3	6		3	4	23
	安福县	3	1	2		2	2	2	3	15
	万安县	1		3					1	5
	龙泉县	3	1							4
	永新县	3	3			1		1	1	9
	永宁县							1		1
临江府	府合计	6	4	1	4	7	8	7	3	40
	清江县	3	1	1	1	2		3		11
	新淦县	1	2			3	4		3	13
	新喻县	2	1		3	2	4	4		16
	峡江县									0
袁州府	府合计	2	0	0	0	4	0	0	1	7
	宜春县	1								1
	分宜县					2				2
	萍乡县									0
	万载县	1				2			1	4

续表

统计区域		永乐2	永乐4	永乐9	永乐10	永乐13	永乐16	永乐19	永乐22	永乐总计
赣州府	府合计	2	1	0	0	0	1	0	0	4
	赣　县	1								1
	雩都县									0
	信丰县						1			1
	兴国县									0
	会昌县									0
	安远县									0
	宁都县	1	1							2
	瑞金县									0
	龙南县									0
	石城县									0
	定南县									0
	长宁县									0
南安府	府合计	2	1	0	1	0	1	1	0	6
	大庾县						1	1		2
	南康县	1	1		1					3
	上犹县	1								1
	崇义县									0

（3）宣德朝：

统计区域		宣德2	宣德5	宣德8	宣德总计
全国		101	100	99	300
江西		31	18	22	71
南昌府	府合计	4	1	0	5
	南昌县				0
	新建县	1			1
	丰城县	3			3
	进贤县		1		1
	奉新县				0
	靖安县				0
	武宁县				0
	宁　州				0

续表

统计区域		宣德2	宣德5	宣德8	宣德总计
瑞州府	府合计	1	0	0	1
	高安县	1			1
	上高县				0
	新昌县				0
九江府	府合计	0	0	0	0
	德化县				0
	德安县				0
	瑞昌县				0
	湖口县				0
	彭泽县				0
南康府	府合计	0	0	0	0
	星子县				0
	都昌县				0
	建昌县				0
	安义县				0
饶州府	府合计	2	1	1	4
	鄱阳县			1	1
	余干县		1		1
	乐平县	1			1
	浮粱县	1			1
	德兴县				0
	安仁县				0
	万年县				0
广信府	府合计	2	0	0	2
	上饶县	1			1
	玉山县				0
	弋阳县				0
	贵溪县	1			1
	铅山县				0
	永丰县				0
	兴安县				0

续表

统计区域		宣德2	宣德5	宣德8	宣德总计
建昌府	府合计	2	0	1	3
	南城县			1	1
	南丰县				0
	新城县	2			2
	广昌县				0
	泸溪县				0
抚州府	府合计	3	4	3	10
	临川县		1	2	3
	崇仁县		2		2
	金溪县	2			2
	宜黄县				0
	乐安县	1	1	1	3
	东乡县				0
吉安府	府合计	13	9	12	34
	庐陵县	1	2		3
	泰和县	6		2	8
	吉水县	2	3	6	11
	永丰县	1		2	3
	安福县		4	1	5
	万安县			1	1
	龙泉县	1			1
	永新县	2			2
	永宁县				0
临江府	府合计	4	2	4	10
	清江县			1	1
	新淦县	4	2	1	7
	新喻县			2	2
	峡江县				0

续表

统计区域		宣德2	宣德5	宣德8	宣德总计
袁州府	府合计	0	0	0	0
	宜春县				0
	分宜县				0
	萍乡县				0
	万载县				0
赣州府	府合计	0	0	0	0
	赣　县				0
	雩都县				0
	信丰县				0
	兴国县				0
	会昌县				0
	安远县				0
	宁都县				0
	瑞金县				0
	龙南县				0
	石城县				0
	定南县				0
	长宁县				0
南安府	府合计	0	1	1	2
	大庾县		1	1	2
	南康县				0
	上犹县				0
	崇义县				0

（4）正统朝：

统计区域	正统1	正统4	正统7	正统10	正统13	正统总计
全国	100	99	149	150	150	648
江西	17	16	33	23	22	111

续表

统计区域		正统1	正统4	正统7	正统10	正统13	正统总计
南昌府	府合计	1	3	6	3	2	15
	南昌县			1	1		2
	新建县	1		1			2
	丰城县		3	4	2	2	11
	进贤县						0
	奉新县						0
	靖安县						0
	武宁县						0
	宁　州						0
瑞州府	府合计	0	0	1	0	0	1
	高安县						0
	上高县						0
	新昌县			1			1
九江府	府合计	0	1	1	0	1	3
	德化县					1	1
	德安县						0
	瑞昌县		1				1
	湖口县			1			1
	彭泽县						0
南康府	府合计	0	0	0	0	1	1
	星子县						0
	都昌县					1	1
	建昌县						0
	安义县						0

续表

统计区域		正统1	正统4	正统7	正统10	正统13	正统总计
饶州府	府合计	1	0	2	1	3	7
	鄱阳县				1	1	2
	余干县						0
	乐平县			1		1	2
	浮梁县	1				1	2
	德兴县			1			1
	安仁县						0
	万年县						0
广信府	府合计	0	2	0	1	4	7
	上饶县		1				1
	玉山县						0
	弋阳县					2	2
	贵溪县		1			2	3
	铅山县				1		1
	永丰县						0
	兴安县						0
建昌府	府合计	0	1	1	0	0	2
	南城县			1			1
	南丰县		1				1
	新城县						0
	广昌县						0
	泸溪县						0
抚州府	府合计	2	2	0	1	3	8
	临川县	1	1			1	3
	崇仁县						0
	金溪县					1	1
	宜黄县						0
	乐安县	1	1		1	1	4
	东乡县						0

续表

统计区域		正统 1	正统 4	正统 7	正统 10	正统 13	正统总计
吉安府	府合计	13	7	20	17	6	63
	庐陵县	1	1	2	1		5
	泰和县	4	1	3	4	2	14
	吉水县	3	2	3	5		13
	永丰县	1		2	2		5
	安福县	4	1	5	3	4	17
	万安县		1	3	2		6
	龙泉县						0
	永新县		1	2			3
	永宁县						0
临江府	府合计	0	0	1	0	1	2
	清江县					1	1
	新淦县			1			1
	新喻县						0
	峡江县						0
袁州府	府合计	0	0	0	0	0	0
	宜春县						0
	分宜县						0
	萍乡县						0
	万载县						0
赣州府	府合计	0	0	1	0	1	2
	赣　县						0
	雩都县						0
	信丰县					1	1
	兴国县			1			1
	会昌县						0
	安远县						0
	宁都县						0
	瑞金县						0
	龙南县						0
	石城县						0
	定南县						0
	长宁县						0

续表

统计区域		正统1	正统4	正统7	正统10	正统13	正统总计
南安府	府合计	0	0	0	0	0	0
	大庾县						0
	南康县						0
	上犹县						0
	崇义县						0

（5）景泰、天顺朝：

统计区域		景泰2	景泰5	景泰总计	天顺1	天顺4	天顺8	天顺总计
全国		201	349	550	294	156	247	697
江西		39	60	99	35	14	31	80
南昌府	府合计	3	13	16	6	6	5	17
	南昌县	1	2	3		1		1
	新建县			0	1	1		2
	丰城县	2	9	11	5	4	5	14
	进贤县		1	1				0
	奉新县			0				0
	靖安县		1	1				0
	武宁县			0				0
	宁　州			0				0
瑞州府	府合计	1	0	1	0	0	2	2
	高安县	1		1			1	1
	上高县			0				0
	新昌县			0			1	1
九江府	府合计	0	3	3	0	0	0	0
	德化县		2	2				0
	德安县			0				0
	瑞昌县			0				0
	湖口县		1	1				0
	彭泽县			0				0

续表

统计区域		景泰 2	景泰 5	景泰总计	天顺 1	天顺 4	天顺 8	天顺总计
南康府	府合计	1	0	1	0	0	0	0
	星子县			0				0
	都昌县			0				0
	建昌县	1		1				0
	安义县			0				0
饶州府	府合计	3	3	6	2	3	2	7
	鄱阳县	1		1				0
	余干县			0		1		1
	乐平县	1	1	2				0
	浮梁县	1	1	2	2	1	2	5
	德兴县		1	1				0
	安仁县			0		1		1
	万年县			0				0
广信府	府合计	4	2	6	3	1	2	6
	上饶县			0			1	1
	玉山县			0				0
	弋阳县		1	1				0
	贵溪县	3	1	4	1		1	2
	铅山县			0				0
	永丰县	1		1	2	1		3
	兴安县			0				0
建昌府	府合计	1	1	2	2	0	0	2
	南城县	1		1	2			2
	南丰县			0				0
	新城县			0				0
	广昌县		1	1				0
	泸溪县			0				0

续表

统计区域		景泰2	景泰5	景泰总计	天顺1	天顺4	天顺8	天顺总计
抚州府	府合计	0	6	6	3	1	0	4
	临川县		1	1	1			1
	崇仁县		1	1		1		1
	金溪县		1	1	2			2
	宜黄县			0				0
	乐安县		3	3				0
	东乡县			0				0
吉安府	府合计	25	27	52	17	3	18	38
	庐陵县	3	3	6	2		3	5
	泰和县	2	6	8	1		6	7
	吉水县	3	1	4	5	1	3	9
	永丰县	3	2	5	2			2
	安福县	7	11	18	6	1	6	13
	万安县			0				0
	龙泉县	1		1				0
	永新县	6	4	10	1	1		2
	永宁县			0				0
临江府	府合计	1	4	5	2	0	2	4
	清江县		1	1				0
	新淦县		1	1	2		1	3
	新喻县	1	2	3			1	1
	峡江县			0				0
袁州府	府合计	0	0	0	0	0	0	0
	宜春县			0				0
	分宜县			0				0
	萍乡县			0				0
	万载县			0				0

续表

统计区域		景泰2	景泰5	景泰总计	天顺1	天顺4	天顺8	天顺总计
赣州府	府合计	0	1	1	0	0	0	0
	赣　县			0				0
	雩都县			0				0
	信丰县		1	1				0
	兴国县			0				0
	会昌县			0				0
	安远县			0				0
	宁都县			0				0
	瑞金县			0				0
	龙南县			0				0
	石城县			0				0
	定南县			0				0
	长宁县			0				0
南安府	府合计	0	0	0	0	0	0	0
	大庾县			0				0
	南康县			0				0
	上犹县			0				0
	崇义县			0				0

（6）成化朝：

统计区域		成化2	成化5	成化8	成化11	成化14	成化17	成化20	成化23	成化总计
全国		353	247	250	300	350	298	300	351	2449
江西		43	22	24	25	41	31	29	37	252
南昌府	府合计	5	3	4	2	10	5	3	5	37
	南昌县	1	1	1	1	4	2			10
	新建县	1								1
	丰城县	1	2			4	1	2	3	13
	进贤县	2		2	1	2	2		2	11
	奉新县									0
	靖安县							1		1
	武宁县									0
	宁　州			1						1

续表

统计区域		成化2	成化5	成化8	成化11	成化14	成化17	成化20	成化23	成化总计
瑞州府	府合计	3	1	0	0	1	0	2	1	8
	高安县	2				1		2		5
	上高县		1							1
	新昌县	1							1	2
九江府	府合计	1	0	0	0	1	1	0	0	3
	德化县					1	1			2
	德安县									0
	瑞昌县									0
	湖口县	1								1
	彭泽县									0
南康府	府合计	0	0	1	0	0	0	1	2	4
	星子县									0
	都昌县								1	1
	建昌县			1				1	1	3
	安义县									0
饶州府	府合计	6	3	5	2	5	4	5	8	38
	鄱阳县		1					1	3	5
	余干县		1		1	1	1			4
	乐平县	2		1		2	2		1	8
	浮梁县	2		1	1		1		1	6
	德兴县	1	1	3				3	1	9
	安仁县	1				2		1	2	6
	万年县									0
广信府	府合计	3	2	1	2	4	4	3	3	22
	上饶县	1				2	2		1	6
	玉山县					1		1		2
	弋阳县		2		1	1	1		1	6
	贵溪县	2						2		4
	铅山县			1	1				1	3
	永丰县						1			1
	兴安县									0

续表

统计区域		成化 2	成化 5	成化 8	成化 11	成化 14	成化 17	成化 20	成化 23	成化总计
建昌府	府合计	0	1	0	2	1	1	0	2	7
	南城县		1		2		1		1	5
	南丰县								1	1
	新城县					1				1
	广昌县									0
	泸溪县									0
抚州府	府合计	5	1	1	2	1	2	2	4	18
	临川县		1	1	1	1	1	1	2	8
	崇仁县	1								1
	金溪县	1			1				1	3
	宜黄县									0
	乐安县	3					1	1	1	6
	东乡县									0
吉安府	府合计	17	7	8	10	14	9	12	8	85
	庐陵县		3	1	2	2			2	10
	泰和县	5	2	1	1	3	3	5	1	21
	吉水县	1		3	2	2	3	1	1	13
	永丰县	2				2		1		5
	安福县	6	2	2	4	4	2	5	4	29
	万安县	2								2
	龙泉县						1			1
	永新县	1		1	1	1				4
	永宁县									0
临江府	府合计	2	2	3	3	1	3	1	4	19
	清江县				1		1			2
	新淦县	2	1	1	1	1			3	9
	新喻县		1	2	1		2	1	1	8
	峡江县									0
袁州府	府合计	1	0	1	1	1	2	0	0	6
	宜春县	1			1	1	2			5
	分宜县			1						1
	萍乡县									0
	万载县									0

续表

统计区域		成化2	成化5	成化8	成化11	成化14	成化17	成化20	成化23	成化总计
赣州府	府合计	0	2	0	1	2	0	0	0	5
	赣　县									0
	雩都县					1				1
	信丰县		1							1
	兴国县									0
	会昌县									0
	安远县									0
	宁都县		1			1				2
	瑞金县				1					1
	龙南县									0
	石城县									0
	定南县									0
	长宁县									0
南安府	府合计	0	0	0	0	0	0	0	0	0
	大庾县									0
	南康县									0
	上犹县									0
	崇义县									0

（7）弘治朝：

统计区域		弘治3	弘治6	弘治9	弘治12	弘治15	弘治18	弘治总计
全国		298	298	298	300	297	303	1794
江西		31	26	28	33	31	26	175
南昌府	府合计	2	2	6	5	7	5	27
	南昌县				2	1	2	5
	新建县			2	2	1	1	6
	丰城县			2		4		6
	进贤县	2	1	1	1		1	6
	奉新县						1	1
	靖安县					1		1
	武宁县							0
	宁　州		1	1				2

续表

统计区域		弘治 3	弘治 6	弘治 9	弘治 12	弘治 15	弘治 18	弘治总计
瑞州府	府合计	1	0	1	0	2	1	5
	高安县	1				2		3
	上高县			1				1
	新昌县						1	1
九江府	府合计	0	0	0	0	0	1	1
	德化县						1	1
	德安县							0
	瑞昌县							0
	湖口县							0
	彭泽县							0
南康府	府合计	1	1	1	0	0	0	3
	星子县							0
	都昌县	1	1	1				3
	建昌县							0
	安义县							0
饶州府	府合计	2	1	2	3	3	1	12
	鄱阳县	2	1		1	1	1	6
	余干县			1				1
	乐平县			1	1			2
	浮梁县							0
	德兴县							0
	安仁县				1	2		3
	万年县							0
广信府	府合计	4	5	3	8	3	5	28
	上饶县			1	1		2	4
	玉山县		1			1		2
	弋阳县	1	2	1	2		1	7
	贵溪县	1	2		3	1	2	9
	铅山县			1	1			2
	永丰县	2			1	1		4
	兴安县							0

续表

统计区域		弘治3	弘治6	弘治9	弘治12	弘治15	弘治18	弘治总计
建昌府	府合计	0	2	0	1	0	0	3
	南城县		1		1			2
	南丰县							0
	新城县		1					1
	广昌县							0
	泸溪县							0
抚州府	府合计	6	2	2	1	3	3	17
	临川县	4	2	1	1		2	10
	崇仁县	1				1		2
	金溪县	1		1		2	1	5
	宜黄县							0
	乐安县							0
	东乡县							0
吉安府	府合计	12	10	8	13	8	6	57
	庐陵县	2	2	1			1	6
	泰和县	1	1	1	4	2		9
	吉水县	2	2		1	4	1	10
	永丰县						1	1
	安福县	6	3	4	7	2	2	24
	万安县	1	1	1	1			4
	龙泉县							0
	永新县		1	1			1	3
	永宁县							0
临江府	府合计	1	3	2	1	5	3	15
	清江县					2		2
	新淦县		2	1	1	1		5
	新喻县	1	1	1		2	3	8
	峡江县							0

续表

统计区域		弘治3	弘治6	弘治9	弘治12	弘治15	弘治18	弘治总计
袁州府	府合计	1	0	1	0	0	1	3
	宜春县	1		1				2
	分宜县						1	1
	萍乡县							0
	万载县							0
赣州府	府合计	1	0	2	0	0	0	3
	赣县							0
	雩都县							0
	信丰县							0
	兴国县							0
	会昌县							0
	安远县							0
	宁都县	1		2				3
	瑞金县							0
	龙南县							0
	石城县							0
	定南县							0
	长宁县							0
南安府	府合计	0	0	0	1	0	0	1
	大庾县				1			1
	南康县							0
	上犹县							0
	崇义县							0

（8）正德朝：

统计区域	正德3	正德6	正德9	正德12	正德16	正德总计
全国	349	349	396	349	330	1773
江西	41	41	43	26	26	177

续表

统计区域		正德3	正德6	正德9	正德12	正德16	正德总计
南昌府	府合计	5	4	8	2	4	23
	南昌县	1	1	2	1		5
	新建县						0
	丰城县	2	1	2		2	7
	进贤县	1	2	1	1	1	6
	奉新县			2			2
	靖安县						0
	武宁县						0
	宁　州	1		1		1	3
瑞州府	府合计	3	1	2	0	0	6
	高安县	3					3
	上高县		1	1			2
	新昌县			1			1
九江府	府合计	0	0	0	1	1	2
	德化县				1	1	2
	德安县						0
	瑞昌县						0
	湖口县						0
	彭泽县						0
南康府	府合计	1	0	1	0	0	2
	星子县						0
	都昌县						0
	建昌县	1		1			2
	安义县						0
饶州府	府合计	6	5	2	3	2	18
	鄱阳县	1		1	1	1	4
	余干县	2	1	1			4
	乐平县					1	1
	浮梁县	1	2		1		4
	德兴县	1					1
	安仁县	1	2		1		4
	万年县						0

续表

统计区域		正德 3	正德 6	正德 9	正德 12	正德 16	正德总计
广信府	府合计	1	10	10	5	6	32
	上饶县		1	1		1	3
	玉山县	1	1		1	1	4
	弋阳县		1		2		3
	贵溪县		4	7	2	3	16
	铅山县		1	1		1	3
	永丰县		2	1			3
	兴安县						0
建昌府	府合计	1	0	2	0	1	4
	南城县	1		1			2
	南丰县						0
	新城县			1			1
	广昌县					1	1
	泸溪县						0
抚州府	府合计	0	3	3	2	2	10
	临川县			2	1	2	5
	崇仁县		1	1	1		3
	金溪县		1				1
	宜黄县						0
	乐安县		1				1
	东乡县						0
吉安府	府合计	17	15	13	11	5	61
	庐陵县	1		4			5
	泰和县	6	3			1	10
	吉水县	1	1	2	1	1	6
	永丰县		1		1		2
	安福县	7	8	4	6	1	26
	万安县				2	2	4
	龙泉县				1		1
	永新县	2	2	3			7
	永宁县						0

续表

统计区域		正德3	正德6	正德9	正德12	正德16	正德总计
临江府	府合计	4	3	1	1	4	13
	清江县	1	1			2	4
	新淦县	2				2	4
	新喻县	1	2	1	1		5
	峡江县						0
袁州府	府合计	1	0	0	1	1	3
	宜春县	1			1		2
	分宜县					1	1
	萍乡县						0
	万载县						0
赣州府	府合计	1	0	0	0	0	1
	赣县	1					1
	雩都县						0
	信丰县						0
	兴国县						0
	会昌县						0
	安远县						0
	宁都县						0
	瑞金县						0
	龙南县						0
	石城县						0
	定南县						0
	长宁县						0
南安府	府合计	1	0	1	0	0	2
	大庾县	1		1			2
	南康县						0
	上犹县						0
	崇义县						0

（9）嘉靖朝：

统计区域		嘉靖 2	嘉靖 5	嘉靖 8	嘉靖 11	嘉靖 14	嘉靖 17	嘉靖 20	嘉靖 23
全国		410	301	323	316	325	320	298	317
江西		37	24	29	22	23	31	25	31
南昌府	府合计	9	7	7	7	7	7	9	10
	南昌县	2	2	1	2	2	5	3	2
	新建县	2	1			1	1	2	2
	丰城县	2	1	4	2	2	1	4	3
	进贤县	3	3	2	2	1			2
	奉新县				1				1
	靖安县								
	武宁县					1			
	宁　州								
瑞州府	府合计	0	1	0	0	2	0	0	2
	高安县		1			2			1
	上高县								
	新昌县								1
九江府	府合计	1	0	1	1	1	0	1	2
	德化县	1						1	1
	德安县								
	瑞昌县								
	湖口县					1			
	彭泽县			1	1				1
南康府	府合计	0	1	1	1	0	0	0	0
	星子县		1		1				
	都昌县								
	建昌县								
	安义县			1					
饶州府	府合计	6	4	1	2	2	7	3	2
	鄱阳县	2		1	1		1	1	2
	余干县	2					2		
	乐平县	2	1			2		1	
	浮梁县		1		1		2	1	
	德兴县		2				1		
	安仁县						1		
	万年县								

续表

统计区域		嘉靖2	嘉靖5	嘉靖8	嘉靖11	嘉靖14	嘉靖17	嘉靖20	嘉靖23
广信府	府合计	3	5	4	5	0	3	3	2
	上饶县				1			1	
	玉山县	1		1					
	弋阳县			1					
	贵溪县	2	4	2	2		3	2	
	铅山县		1						
	永丰县				2				2
	兴安县								
建昌府	府合计	1	0	1	0	0	0	1	4
	南城县								1
	南丰县			1					3
	新城县							1	
	广昌县	1							
	泸溪县								
抚州府	府合计	4	0	0	3	1	1	3	1
	临川县	2			1	1		2	
	崇仁县	1			1				
	金溪县	1			1				
	宜黄县							1	
	乐安县								
	东乡县						1		1
吉安府	府合计	11	6	11	3	6	8	5	5
	庐陵县	1		1	1		1		2
	泰和县	1	5	2		1	3	3	1
	吉水县	3		4			2		
	永丰县					2			
	安福县	6	1	2		1			1
	万安县			2	2		1	1	1
	龙泉县								
	永新县					2	1	1	
	永宁县								

续表

统计区域		嘉靖2	嘉靖5	嘉靖8	嘉靖11	嘉靖14	嘉靖17	嘉靖20	嘉靖23
临江府	府合计	1	0	2	0	3	1	0	3
	清江县								1
	新淦县			2			1		
	新喻县	1				2			2
	峡江县					1			
袁州府	府合计	1	0	1	0	1	2	0	0
	宜春县			1			2		
	分宜县	1				1			
	萍乡县								
	万载县								
赣州府	府合计	0	0	0	0	0	1	0	0
	赣　县								
	雩都县								
	信丰县						1		
	兴国县								
	会昌县								
	安远县								
	宁都县								
	瑞金县								
	龙南县								
	石城县								
	定南县								
	长宁县								
南安府	府合计	0	0	0	0	0	1	0	0
	大庾县								
	南康县						1		
	上犹县								
	崇义县								

（10）嘉靖朝续：

统计区域		嘉靖26	嘉靖29	嘉靖32	嘉靖35	嘉靖38	嘉靖41	嘉靖44	嘉靖总计
全国		301	320	403	296	303	299	394	4926
江西		29	20	36	28	31	22	44	432
南昌府	府合计	12	11	16	7	17	13	13	152
	南昌县	7	7	12	2	8	8	8	71
	新建县	1		1	1	4			16
	丰城县	3	2	2	2	3	4	4	39
	进贤县	1	1	1		1	1	1	19
	奉新县				2				4
	靖安县		1						1
	武宁县					1			2
	宁　州								0
瑞州府	府合计	1	1	0	0	0	0	4	11
	高安县	1	1					2	8
	上高县							1	1
	新昌县							1	2
九江府	府合计	0	0	0	3	2	1	2	15
	德化县				1			1	5
	德安县					1			1
	瑞昌县				1				1
	湖口县				1		1	1	4
	彭泽县					1			4
南康府	府合计	1	1	1	1	0	0	1	8
	星子县	1		1	1				5
	都昌县		1						1
	建昌县							1	1
	安义县								1
饶州府	府合计	3	5	7	5	1	1	3	52
	鄱阳县		2	3	1				14
	余干县								4
	乐平县	1		1					8
	浮梁县	2	3	3	3		1	1	18
	德兴县							2	5
	安仁县				1				2
	万年县					1			1

续表

统计区域		嘉靖 26	嘉靖 29	嘉靖 32	嘉靖 35	嘉靖 38	嘉靖 41	嘉靖 44	嘉靖总计
广信府	府合计	1	0	0	1	0	2	2	31
	上饶县						1	1	4
	玉山县								2
	弋阳县								1
	贵溪县	1			1				17
	铅山县						1		2
	永丰县							1	5
	兴安县								0
建昌府	府合计	1	0	2	0	3	1	3	17
	南城县	1		2			1	1	6
	南丰县					1		2	7
	新城县					1			2
	广昌县					1			2
	泸溪县								0
抚州府	府合计	1	1	4	4	1	1	8	33
	临川县	1	1	1	4	1	1	6	21
	崇仁县								2
	金溪县			3				1	6
	宜黄县								1
	乐安县								0
	东乡县							1	3
吉安府	府合计	7	1	6	5	7	3	4	88
	庐陵县	2		1				1	10
	泰和县	1		1	1	1			20
	吉水县					1		1	11
	永丰县	1	1	2					6
	安福县	2			1	2	1	1	18
	万安县			2	2	3		1	15
	龙泉县								0
	永新县	1			1		2		8
	永宁县								0

续表

统计区域		嘉靖26	嘉靖29	嘉靖32	嘉靖35	嘉靖38	嘉靖41	嘉靖44	嘉靖总计
临江府	府合计	2	0	0	1	0	0	2	15
	清江县				1			2	4
	新淦县								3
	新喻县	1							6
	峡江县	1							2
袁州府	府合计	0	0	0	0	0	0	2	7
	宜春县							1	4
	分宜县								2
	萍乡县								0
	万载县							1	1
赣州府	府合计	0	0	0	1	0	0	0	2
	赣　县								0
	雩都县				1				1
	信丰县								1
	兴国县								0
	会昌县								0
	安远县								0
	宁都县								0
	瑞金县								0
	龙南县								0
	石城县								0
	定南县								0
	长宁县								0
南安府	府合计	0	0	0	0	0	0	0	1
	大庾县								0
	南康县								1
	上犹县								0
	崇义县								0

（11）隆庆朝：

统计区域		隆庆2	隆庆5	隆庆总计
全国		403	396	799
江西		45	42	87
南昌府	府合计	13	18	31
	南昌县	5	6	11
	新建县	3	3	6
	丰城县	4	4	8
	进贤县		1	1
	奉新县	1	2	3
	靖安县			0
	武宁县			0
	宁　州		2	2
瑞州府	府合计	4	2	6
	高安县	1	2	3
	上高县	1		1
	新昌县	2		2
九江府	府合计	0	0	0
	德化县			0
	德安县			0
	瑞昌县			0
	湖口县			0
	彭泽县			0
南康府	府合计	0	1	1
	星子县			0
	都昌县		1	1
	建昌县			0
	安义县			0
饶州府	府合计	5	0	5
	鄱阳县	3		3
	余干县	1		1
	乐平县			0
	浮梁县	1		1
	德兴县			0
	安仁县			0
	万年县			0

续表

统计区域		隆庆 2	隆庆 5	隆庆总计
广信府	府合计	3	2	5
	上饶县		1	1
	玉山县			0
	弋阳县	2		2
	贵溪县	1	1	2
	铅山县			0
	永丰县			0
	兴安县			0
建昌府	府合计	3	1	4
	南城县	3		3
	南丰县			0
	新城县			0
	广昌县		1	1
	泸溪县			0
抚州府	府合计	8	7	15
	临川县	3	2	5
	崇仁县			0
	金溪县	4	4	8
	宜黄县			0
	乐安县		1	1
	东乡县	1		1
吉安府	府合计	6	9	15
	庐陵县	2	1	3
	泰和县		3	3
	吉水县	1		1
	永丰县	1		1
	安福县	1	5	6
	万安县	1		1
	龙泉县			0
	永新县			0
	永宁县			0

续表

统计区域		隆庆2	隆庆5	隆庆总计
临江府	府合计	3	1	4
	清江县			0
	新淦县	2	1	3
	新喻县	1		1
	峡江县			0
袁州府	府合计	0	0	0
	宜春县			0
	分宜县			0
	萍乡县			0
	万载县			0
赣州府	府合计	0	1	1
	赣　县			0
	雩都县		1	1
	信丰县			0
	兴国县			0
	会昌县			0
	安远县			0
	宁都县			0
	瑞金县			0
	龙南县			0
	石城县			0
	定南县			0
	长宁县			0
南安府	府合计	0	0	0
	大庾县			0
	南康县			0
	上犹县			0
	崇义县			0

（12）万历朝：

统计区域		万历2	万历5	万历8	万历11	万历14	万历17	万历20	万历23	万历26
全国		299	301	302	341	351	347	304	304	292
江西		17	28	26	28	32	31	26	20	18
南昌府	府合计	3	8	9	11	16	10	9	12	6
	南昌县	2	4	5	4	9	6	4	7	1
	新建县		2		3	3		2	1	3
	丰城县		1	2	2	3	3		1	2
	进贤县	1	1	2	1		1	3	3	
	奉新县				1	1				
	靖安县									
	武宁县									
	宁　州									
瑞州府	府合计	1	3	0	1	0	3	3	0	1
	高安县	1	3				2			1
	上高县				1			1		
	新昌县						1	2		
九江府	府合计	0	0	1	2	2	0	2	0	1
	德化县			1	1			1		
	德安县									
	瑞昌县									
	湖口县				1	2				
	彭泽县							1		1
南康府	府合计	0	0	1	0	0	0	0	1	0
	星子县			1						
	都昌县									
	建昌县								1	
	安义县									
饶州府	府合计	1	0	1	0	1	2	3	1	2
	鄱阳县						1			1
	余干县	1						1		
	乐平县									
	浮梁县			1		1		2	1	1
	德兴县						1			
	安仁县									
	万年县									

续表

统计区域		万历 2	万历 5	万历 8	万历 11	万历 14	万历 17	万历 20	万历 23	万历 26
广信府	府合计	1	1	2	1	1	2	0	0	0
	上饶县			1		1				
	玉山县						1			
	弋阳县									
	贵溪县	1		1	1		1			
	铅山县									
	永丰县		1							
	兴安县									
建昌府	府合计	3	1	1	1	1	2	0	1	4
	南城县	3	1			1	1			2
	南丰县								1	1
	新城县				1					1
	广昌县			1			1			
	泸溪县									
抚州府	府合计	3	3	3	6	2	7	4	1	2
	临川县	1	1	1	4	1		4		1
	崇仁县						1			
	金溪县	2	1	1	2		4		1	1
	宜黄县									
	乐安县		1	1						
	东乡县					1	2			
吉安府	府合计	4	7	5	5	6	4	3	4	1
	庐陵县	1	2	1	1			2	2	
	泰和县	2		1	1	2				
	吉水县		2		1	1				
	永丰县									
	安福县		1	2	2	3	2	1	1	1
	万安县		1	1			1			
	龙泉县									
	永新县	1	1				1		1	
	永宁县									

续表

统计区域		万历2	万历5	万历8	万历11	万历14	万历17	万历20	万历23	万历26
临江府	府合计	0	1	2	0	2	1	1	0	0
	清江县		1	1		1		1		
	新淦县					1				
	新喻县			1						
	峡江县						1			
袁州府	府合计	0	2	0	1	0	0	1	0	1
	宜春县									1
	分宜县		1							
	萍乡县		1							
	万载县				1			1		
赣州府	府合计	1	2	0	0	1	0	0	0	0
	赣　县	1								
	雩都县									
	信丰县		1			1				
	兴国县									
	会昌县									
	安远县									
	宁都县		1							
	瑞金县									
	龙南县									
	石城县									
	定南县									
	长宁县									
南安府	府合计	0	0	1	0	0	0	0	0	0
	大庾县			1						
	南康县									
	上犹县									
	崇义县									

（13）万历朝续：

统计区域		万历 29	万历 32	万历 35	万历 38	万历 41	万历 44	万历 47	万历总计
全国		301	308	298	302	344	344	345	5083
江西		20	19	27	21	28	26	25	392
南昌府	府合计	9	6	6	5	8	9	11	138
	南昌县	3	2	1	2	3	5	3	61
	新建县	1	1			2	1	3	22
	丰城县	4	1	3	1		1	2	26
	进贤县	1	2	2	2	2	1	3	25
	奉新县						1		3
	靖安县								0
	武宁县								0
	宁　州					1			1
瑞州府	府合计	0	1	2	0	1	0	0	16
	高安县								7
	上高县			1					3
	新昌县		1	1		1			6
九江府	府合计	0	1	0	0	2	0	1	12
	德化县					2			5
	德安县		1						1
	瑞昌县								0
	湖口县								3
	彭泽县							1	3
南康府	府合计	2	1	2	0	0	1	1	9
	星子县	1		1					3
	都昌县	1						1	2
	建昌县			1					2
	安义县		1				1		2
饶州府	府合计	0	0	5	2	0	1	1	20
	鄱阳县			1	1			1	5
	余干县			1	1				4
	乐平县			1					1
	浮梁县			1			1		8
	德兴县			1					2
	安仁县								0
	万年县								0

续表

统计区域		万历29	万历32	万历35	万历38	万历41	万历44	万历47	万历总计
广信府	府合计	1	0	0	2	2	2	0	15
	上饶县	1					1		4
	玉山县				1				2
	弋阳县								0
	贵溪县								4
	铅山县								0
	永丰县				1	2	1		5
	兴安县								0
建昌府	府合计	0	3	4	2	3	0	0	26
	南城县		1		1	2			12
	南丰县			1	1				4
	新城县		2	1					5
	广昌县			2					4
	泸溪县					1			1
抚州府	府合计	0	2	2	6	3	5	2	51
	临川县		1	1	4	3	5	2	29
	崇仁县								1
	金溪县			1	1				14
	宜黄县								0
	乐安县		1						3
	东乡县				1				4
吉安府	府合计	5	3	3	3	6	5	6	70
	庐陵县	2	1	1		3	2	2	20
	泰和县		1			1	1	1	10
	吉水县		1		1	1			7
	永丰县			1					1
	安福县	2		1	1		1	3	21
	万安县				1	1	1		6
	龙泉县								0
	永新县								4
	永宁县	1							1

续表

统计区域		万历 29	万历 32	万历 35	万历 38	万历 41	万历 44	万历 47	万历总计
临江府	府合计	2	1	2	1	2	2	0	17
	清江县	2		1		1	1		9
	新淦县		1						2
	新喻县			1		1			3
	峡江县				1		1		3
袁州府	府合计	0	1	0	0	0	0	3	9
	宜春县							2	3
	分宜县							1	2
	萍乡县		1						2
	万载县								2
赣州府	府合计	1	0	1	0	0	1	0	7
	赣　县			1					2
	雩都县								0
	信丰县								2
	兴国县								0
	会昌县								0
	安远县								0
	宁都县						1		2
	瑞金县								0
	龙南县	1							1
	石城县								0
	定南县								0
	长宁县								0
南安府	府合计	0	0	0	0	1	0	0	2
	大庾县					1			2
	南康县								0
	上犹县								0
	崇义县								0

（14）天启朝：

统计区域		天启2	天启5	天启总计
全国		409	300	709
江西		32	21	53
南昌府	府合计	8	4	12
	南昌县	3	2	5
	新建县	1		1
	丰城县	2	1	3
	进贤县	2		2
	奉新县			0
	靖安县		1	1
	武宁县			0
	宁　州			0
瑞州府	府合计	1	0	1
	高安县	1		1
	上高县			0
	新昌县			0
九江府	府合计	1	1	2
	德化县		1	1
	德安县			0
	瑞昌县			0
	湖口县			0
	彭泽县	1		1
南康府	府合计	0	0	0
	星子县			0
	都昌县			0
	建昌县			0
	安义县			0
饶州府	府合计	0	0	0
	鄱阳县			0
	余干县			0
	乐平县			0
	浮梁县			0
	德兴县			0
	安仁县			0
	万年县			0

续表

统计区域		天启2	天启5	天启总计
广信府	府合计	1	1	2
	上饶县			0
	玉山县			0
	弋阳县			0
	贵溪县	1		1
	铅山县			0
	永丰县		1	1
	兴安县			0
建昌府	府合计	2	0	2
	南城县			0
	南丰县	1		1
	新城县			0
	广昌县	1		1
	泸溪县			0
抚州府	府合计	8	5	13
	临川县	3	2	5
	崇仁县			0
	金溪县	3	1	4
	宜黄县	1		1
	乐安县			0
	东乡县	1	2	3
吉安府	府合计	8	5	13
	庐陵县	1	1	2
	泰和县			0
	吉水县	3		3
	永丰县			0
	安福县	3	2	5
	万安县	1	1	2
	龙泉县		1	1
	永新县			0
	永宁县			0

续表

统计区域		天启2	天启5	天启总计
临江府	府合计	2	2	4
	清江县			0
	新淦县		2	2
	新喻县	2		2
	峡江县			0
袁州府	府合计	1	2	3
	宜春县		1	1
	分宜县	1	1	2
	萍乡县			0
	万载县			0
赣州府	府合计	0	1	1
	赣　县			0
	雩都县			0
	信丰县			0
	兴国县			0
	会昌县			0
	安远县			0
	宁都县		1	1
	瑞金县			0
	龙南县			0
	石城县			0
	定南县			0
	长宁县			0
南安府	府合计	0	0	0
	大庾县			0
	南康县			0
	上犹县			0
	崇义县			0

（15）崇祯朝：

统计区域		崇祯 1	崇祯 4	崇祯 7	崇祯 10	崇祯 13	崇祯 16	崇祯总计	明代总计
全国		353	349	302	301	296	395	1996	24595
江西		17	25	32	25	17	17	133	2719
南昌府	府合计	3	5	4	6	2	10	30	625
	南昌县	2	1	3			6	12	218
	新建县	1	2	1	1	2	1	8	76
	丰城县		1		2		3	6	191
	进贤县		1		3			4	94
	奉新县							0	20
	靖安县							0	10
	武宁县							0	4
	宁　州							0	12
瑞州府	府合计	3	3	2	1	1	0	10	92
	高安县			1				1	44
	上高县							0	16
	新昌县	3	3	1	1	1		9	32
九江府	府合计	1	2	2	1	2	1	9	61
	德化县			1		1		2	21
	德安县							0	3
	瑞昌县		1					1	3
	湖口县	1			1	1	1	4	20
	彭泽县		1	1				2	14
南康府	府合计	1	1	0	1	1	0	4	56
	星子县				1			1	14
	都昌县	1						1	14
	建昌县		1			1		2	25
	安义县							0	3
饶州府	府合计	0	1	3	3	2	1	10	240
	鄱阳县			2	1			3	53
	余干县				1	1		2	30
	乐平县							0	45
	浮梁县		1	1	1	1	1	5	63
	德兴县							0	30
	安仁县							0	18
	万年县							0	1

续表

统计区域		崇祯1	崇祯4	崇祯7	崇祯10	崇祯13	崇祯16	崇祯总计	明代总计
广信府	府合计	3	2	2	2	0	0	9	198
	上饶县	1	1		1			3	43
	玉山县							0	18
	弋阳县			1				1	24
	贵溪县							0	72
	铅山县	1			1			2	14
	永丰县	1	1	1				3	27
	兴安县							0	0
建昌府	府合计	2	1	2	2	4	2	13	117
	南城县					1		1	51
	南丰县			1	1	2	1	5	26
	新城县	2				1		3	21
	广昌县		1	1	1		1	4	18
	泸溪县							0	1
抚州府	府合计	2	3	9	4	3	0	21	254
	临川县	1	1	5	3	1		11	123
	崇仁县	1				1		2	20
	金溪县		1	3	1	1		6	65
	宜黄县							0	3
	乐安县		1	1				2	31
	东乡县							0	12
吉安府	府合计	2	3	6	4	1	2	18	818
	庐陵县			1				1	102
	泰和县	1	1	1				3	170
	吉水县	1	1	2	3			7	161
	永丰县			1			2	3	67
	安福县					1		1	199
	万安县			1				1	51
	龙泉县				1			1	16
	永新县		1					1	50
	永宁县							0	2

续表

统计区域		崇祯1	崇祯4	崇祯7	崇祯10	崇祯13	崇祯16	崇祯总计	明代总计
临江府	府合计	0	3	1	1	1	1	7	167
	清江县		1	1				2	41
	新淦县		2					2	60
	新喻县				1	1	1	3	61
	峡江县							0	5
袁州府	府合计	0	0	0	0	0	0	0	42
	宜春县							0	20
	分宜县							0	12
	萍乡县							0	3
	万载县							0	7
赣州府	府合计	0	1	1	0	0	0	2	34
	赣　县							0	6
	雩都县							0	4
	信丰县							0	7
	兴国县							0	2
	会昌县							0	0
	安远县							0	0
	宁都县			1				1	12
	瑞金县		1					1	2
	龙南县							0	1
	石城县							0	0
	定南县							0	0
	长宁县							0	0
南安府	府合计	0	0	0	0	0	0	0	15
	大庾县							0	10
	南康县							0	4
	上犹县							0	1
	崇义县							0	0

附表5　　**迁离原籍明代江西进士历时分布表**　　单位：人

		洪武	建文	永乐	宣德	正统	景泰	天顺	成化	弘治	正德	嘉靖	隆庆	万历	天启	崇祯	合计
江西		1	0	4	1	6	10	14	33	33	33	84	17	106	22	45	409
南昌府	府	1	0	0	0	0	1	1	3	3	7	18	4	30	8	8	84
	南昌	1					1			1	1	6	3	18	5	7	43
	新建							1		1		3	1	1		1	8
	丰城								3		4	6		7	1		21
	进贤									1	1	2		4	2		10
	奉新											1					1
	宁州										1						1
瑞州府	府	0	0	0	0	0	0	0	1	0	2	0	0	3	1	2	9
	高安								1		2			2	1	2	8
	新昌													1			1
九江府	府	0	0	0	0	0	0	0	0	0	0	4	0	3	0	1	8
	德化											2		2			4
	瑞昌													1		1	2
	彭泽											2					2
南康府	府	0	0	0	0	0	0	1	1	0	0	0	1	0	0	1	4
	都昌															1	1
	建昌								1				1				2
	安义							1									1
饶州府	府	0	0	0	0	1	0	1	3	1	2	3	2	[illegible]	0	2	19
	乐平								2		1						3
	鄱阳					1		1	1		1		1	2			7
	浮梁												1	1			2
	余干											2				2	4
	德兴											1					1
	安仁									1							1
	万年													1			1
广信府	府	0	0	1	0	1	0	0	0	2	1	1	0	2	0	1	9
	上饶													1			1
	玉山									1						1	2
	贵溪			1						1	1			1			4
	铅山					1						1					2

续表

		洪武	建文	永乐	宣德	正统	景泰	天顺	成化	弘治	正德	嘉靖	隆庆	万历	天启	崇祯	合计
建昌府	府	0	0	0	0	0	0	1	0	3	1	1	1	2	0	1	10
	南城							1		2	1			2			6
	南丰									1		1	1			1	4
抚州府	府	0	0	0	0	0	0	0	2	2	1	7	1	8	4	9	34
	临川								1	1	1	4	1	2	2	5	17
	崇仁											1					1
	金溪											1		5	2	3	11
	宜黄															1	1
	乐安								1	1		1		1			4
吉安府	府	0	0	3	1	4	8	5	14	12	13	33	6	43	5	16	163
	庐陵						3	1		2		5		14	1	4	30
	泰和			1		1		2	1	2	1	8	1	9		1	27
	吉水			2	1	2	4	1	6	6	5	11	1	4		2	45
	永丰										1	2		1			4
	安福					1	1		3	2	4	4	4	15	3	7	44
	万安								1		1	1					3
	龙泉								2			1				1	4
	永新							1	1		1	1			1	1	6
临江府	府	0	0	0	0	0	0	3	6	8	3	9	2	7	4	3	45
	清江								3	1	2	1	1	2	3	2	15
	新淦							2	3	6	1	5		2			19
	新喻							1		1		2		3	1	1	9
	峡江											1	1				2
袁州府	府	0	0	0	0	0	0	1	2	1	1	2	0	0	0	0	7
	宜春								2	1		1					4
	萍乡							1			1	1					3
赣州府	府	0	0	0	0	0	1	1	0	1	2	3	0	2	0	0	10
	赣县							1		1	1	2		2			7
	雩都										1	1					2
	兴国						1										1

续表

		洪武	建文	永乐	宣德	正统	景泰	天顺	成化	弘治	正德	嘉靖	隆庆	万历	天启	崇祯	合计
南安府	府	0	0	0	0	0	0	0	1	0	0	3	0	2	0	1	7
	大庾								1			2		1		1	5
	南康													1			1
	上犹											1					1

附录2

明代江西进士小传

说明：

1. 小传主要依据各朝《登科录》《登科考》《贡举考》《碑录》、地方志及相关人物传记等资料。

2. 人物依照榜次顺序排列，一榜之内依照府名音序排列，同府之内依照县名音序排列；双籍进士均附在同榜单籍进士之后。

3. 由于明代江西进士人数众多，部分进士的资料未能完全掌握，其相关信息不全，有待日后进一步完善。

一 洪武四年辛亥（1371）吴伯宗榜

1. 吴伯宗　名祐，字伯宗，抚州府金溪县新田（后入东乡县）人，解元，状元，官至武英殿大学士，洪武十七年（1384）谪云南卒。

2. 黄　钺　字宗武，抚州府临川县人，初授登封县丞。

3. 管　贞　字原清，一作源清，赣州府宁都县人，初授阳谷县丞，遭寇难卒于官。

4. 叶孝友　名爱同，以字行，广信府贵溪县归桂乡（后入饶州府万年县）人，初授平乡县丞。

5. 伍　洪　字伯弘，一作伯宏，吉安府安福县荷溪人（祖籍福建宁化县），初授山东临清县丞，终官上元知县，卒年59岁。

6. 丁　辅　字允正，吉安府吉水县人，初授刑部主事，终年

39岁。

7. 刘伯钦　字子敬，吉安府吉水县人，历监察御史。

8. 刘长辅　字孟质，吉安府吉水县人，初授任县丞。

9. 彭　泰　字文渊，吉安府吉水县人，初授公安县丞。

10. 李　初　吉安府庐陵县人，寓广东惠州府，初授武功县丞。

11. 周子谅　名恺，以字行，改字灌夫，吉安府庐陵县人，初授工部主事。

12. 杜　濬　字亮之，吉安府泰和县人，初授工部主事。

13. 康　缙　字宗正，吉安府泰和县人，初授平阴县丞，历知县。

14. 杨自立　本名卓，以字行，改字子渊，一字子吾，号退庵，吉安府泰和县人，二甲传胪，终官杭州府通判。洪武庚申（1380）卒，终年47岁。

15. 刘光先　字鸣善，吉安府永丰县人，历同知。

16. 严　植　字景周，建昌府南城县人，寓湖广武昌府，初授天长县丞。

17. 聂　铉　字伯器，一字器之，临江府清江县人，历国子助教，终庐陵教谕卒。

18. 丁时敏　字时敏，南昌府丰城县人，初授辉县丞。

19. 黄德润　一作得润，字端玉，南昌府丰城县周坑人，历吴堡知县。

20. 熊　谊　字利宾，一作判宾，南昌府丰城县人，初授吏部主事。

21. 黄　载　字文博，南昌府奉新县人，初授工部主事，卒于官。

22. 吴　权　字巽行，南昌府进贤县人，历南和县丞。

23. 刘　铸　字季治，南昌府南昌县人，历知县。

24. 毛　煜　字施伯，南昌府南昌县人，初授户部主事。

25. 齐季舒　字以逵，饶州府德兴县人，初授须城县丞。

26. 姚宗敬　本字宗敬，以字行，改字守一，饶州府德兴县人，三甲1名，初授陕西澄城县丞。

27. 吴　镛　字金川，饶州府鄱阳县十都人，历松江知府。

二 洪武十八年乙丑（1385）丁显榜[①]

1. 黄德安 抚州府东乡县斗门桥人，历监察御史。

2. 危 瓛 抚州府金溪县人，历卫府纪善。

3. 余子恭 字晋斋，抚州府金溪县人，洪武十七年举人，初授知县，永乐年间谪死。

4. 陈用行 抚州府临川县人，历湘潭县丞。

5. 廖孟瞻 抚州府临川县人，应天府乡试解元，翰林院庶吉士。

6. 徐彦和 抚州府临川县人，历监察御史。

7. 陆 载 字仲车，赣州府赣县人，历监察御史。

8. 许 恒 字用常，赣州府赣县人，历行人。

9. 王本道 字充之，赣州府兴国县人，历南京刑部主事。

10. 严 鹗 字一蜚，赣州府雩都县人，历石康知县。

11. 李原埜 名畊，以字行，广信府贵溪县人，初授仁和知县，官八月而卒。

12. 李源深 名造，以字行，一作原深，广信府贵溪县人，初授古田县丞，终于官。

13. 王良弼 广信府贵溪县人。

14. 叶文德 广信府上饶县人，历庆远县丞。

15. 张士凯 凯一作恺，吉安府吉水县人，历知县。

16. 周从善 吉安府吉水县人，历监察御史。

17. 陈仲述 名继先，以字行，吉安府泰和县人，初授监察御史，卒于官。

18. 萧子韶 吉安府泰和县人，历知县。

19. 彭子俊[②] 吉安府万安县人，历主事。

20. 张 衡 字子平，吉安府万安县人，初授礼科给事中，历礼部左侍郎，年40卒。

---

① 本榜进士从《皇明进士登科考》《御制大诰三编》，甲次不详。

② 一作“彭仁俊”，见《御制大诰三编》、嘉靖《江西通志》卷26《吉安府·科目·国朝》（第4356页）。

21. 郭　昌　吉安府永丰县人，历主事。

22. 金敏文　吉安府永丰县人，历大理寺丞。

23. 李伯冲　吉安府永丰县人，历监察御史。

24. 涂　郁　吉安府永丰县人，历知县。

25. 陈　权　建昌府南城县人，官至县丞。

26. 施　昜　建昌府南城县人，官至宜陵县丞。

27. 陈　立　建昌府南丰县人，官至县丞。

28. 涂　钦　字文将，建昌府新城县东坊人，洪武甲子举人，选工科庶吉士，初授乳源县丞卒。

29. 魏　卓　字与立，号五湖，广昌县学籍，建昌府南城县人，终官至监察御史，忤旨赐死。

30. 李　耀　九江府湖口县人，历大理寺丞。

31. 练子宁　名安，以字行，临江府新淦县人，一甲榜眼，初授修撰，历侍郎，终官至左副都御史，死靖难。

32. 徐子权　字用中，临江府新淦县人，终官至主事，死靖难。

33. 胡　肃　临江府新淦县人。

34. 谭　翼　字南宿，南安府大庾县人，官至兵部郎中，死靖难。

35. 杨克绍　名腊，以字行，南昌府丰城县乌沙郭人，历刑科给事中。

36. 陈宗礼　字敬伯，南昌府奉新县人，初授监察御史，历户部左侍郎，卒谥忠肃。

37. 向　宝[①]　字克忠，号疏庵，南昌府进贤县人，历应天府尹，终官至南京右都御史兼詹事，宣德三年（1428）八月癸未卒，终年63岁。

38. 程以善　南昌府南昌县人，历监察御史。

39. 胡　铉　南昌府南昌县人，历户部主事。

40. 徐　真　南昌府南昌县人，历知县。

41. 陈孟芳　南昌府新建县人。

---

① "宝"一作异体"琉"。

42. 罗士应　南昌府南昌县人，历宛平、鄞县知县。

43. 聂以大　字克俊，南昌府武宁县人，初授户科给事中，历监察御史，官至浙江佥事。

44. 吴　渊　南康府建昌县人，历庶吉士，处死。

45. 胡　信　信一作兴，字邦孚，一作德孚，饶州府德兴县人，历晋江县丞。

46. 张公宣　字常德，饶州府德兴县四都人，历监察御史、工科给事中。

47. 刘　奉　原名麟，字仲辉，饶州府乐平县人，历贵溪县丞。

48. 彭　庆　字叔正，饶州府乐平县静里人，历工部郎中。

49. 彭汝器　字季安，饶州府乐平县静里人，历监察御史、给事中。

50. 徐　旭　字孟昭①，一字孟德，饶州府乐平县永丰乡人，初授监察御史，改庶吉士，官至祭酒，永乐四年（1406）二月乙亥以修撰卒。

51. 邹仲实　字仲实，饶州府乐平县桐林人，历国子监助教。

52. 徐　复　字德中，饶州府鄱阳县人，历刑部主事。

53. 刘　荣　字伯荣，饶州府余干县人，选翰林庶吉士，历监察御史。

54. 易大华②　瑞州府上高县全安团人，历福宁县丞。

55. 钱　逊③　字自牧，瑞州府新昌县二十一都人，历虎贲卫知事。

56. 黄子澄　名湜，以字行，更字伯渊，袁州府分宜县人，应天府乡试第2名，会元，一甲探花，官至太常寺卿，死靖难。

57. 甘　泉　袁州府宜春县萍乡人，历监察御史。

---

① “昭”一作“照”，见正德《饶州府志》卷2《学校·附科贡征辟·乐平县学·进士·本朝》。

② 《皇明进士登科考》及《皇明贡举考》作“大华”，正德《瑞州府志》卷8《选举志·科第·大明》作“大年”，《索引》并收。

③ 《御制大诰三编》作“钱巽”（第317页上）。

58. 汤定周① 袁州府宜春县人，历华容县丞。

59. 蔡 英② 济南府禹城县籍，南昌县人，历户部主事。

三 洪武二十一年戊辰（1388）任亨泰榜

1. 黄金华 字季嶽，吉安府吉水县人，选中书庶吉士，改府学教授，洪武戊寅（1398）卒。

2. 解 缙 字大绅，吉安府吉水县人，丁卯解元，选中书庶吉士，初授监察御史，历翰林院学士兼右春坊大学士直文渊阁，官至广西参议，永乐13年死诏狱，终年47岁。

3. 解 纶 字大经，吉安府吉水县人，历监察御史，改应天教授归。

4. 王无将 吉安府吉水县人，历主事。

5. 李子容 吉安府庐陵县人，历员外郎。

6. 姚与成 吉安府泰和县人。

7. 曾克伟 吉安府泰和县人，历副使。

8. 刘学英③ 吉安府永丰县人，历参政。

9. 吴观玄 吉安府永丰县人，历监察御史。

10. 聂 任 初名思敬，建昌府南城县人，洪武初任南城县学教谕，以学官会试，历监察御史。

11. 黄 弘 字成任，建昌府新城县西坊人，官至知府。

12. 饶 增④ 建昌府新城县北坊人，历刑部主事。

13. 李 范 临江府新喻县⑤人。

14. 喻世英 临江府新喻县人，历员外郎。

15. 何 奎 南昌府南昌县人，历监察御史。

16. 艾 旭 赐名仪凤，字惟寅，南昌府宁州泰乡七都人，初授

---

① 《皇明进士登科考》及《索引》均作“汤定周”，《皇明贡举考》作“阳定周”。

② 《御制大诰三编》作“蔡瑛”（第320页上）。

③ 《碑录》（第49页）及《索引》（第2042页）作“刘学政”。

④ 《皇明贡举考》卷2载：“饶增，增一曰智，江西新城县。”（第23页）。

⑤ 一作“新淦县人”，见隆庆《临江府志》卷10《选举·国朝》。

监察御史，历刑部郎中卒。

17. 范敬先　字思祖，南昌府新建县人，初授监察御史，历赵府长史。

18. 吴　鉴　字用明，瑞州府新昌县人，历监察御史、礼科给事中。

四　洪武二十四年辛未（1391）许观榜[①]

1. 龙子钧　吉安府泰和县人，历监察御史。

2. 丘　秬　字子硕，饶州府余干县东隅人，历监察御史、盐运使。

3. 胡　泰　南昌府南昌县人，历评事。

五　洪武二十七年甲戌（1394）张信榜

1. 徐孟恕　名忠，以字行，抚州府金溪县人，历知县。

2. 黄绍烈　名克，以字行，自号石泉，抚州府临川县人，初授瑞安知县，免官归。

3. 周伯康　广信府玉山县人，历定海知县。

4. 彭汝舟[②]　吉安府安福县人，历闽清知县。彭汝器之伯兄。

5. 陈　诚　字子实，吉安府吉水县人，官至右通政。

6. 康彦民　字悉窗，吉安府泰和县铜庄人，初授知县，谪江宁县丞卒。

7. 周　铨[③]　临江府清江县人，历知县。

8. 胡　成[④]　临江府新喻县人。

9. 李　镃　南昌府南昌县人。

10. 刘　瑜　南昌府南昌县人，历知府。

11. 万文昭　南昌府南昌县人。

---

① 本榜进士从《皇明进士登科考》《双槐岁钞》。

② “舟”一作“用”，见《皇明贡举考》卷2，第31页。

③ “铨”一作“诠”，见康熙《临江府志》卷10《选举·明》，第527页。

④ “成”一作“诚”，见康熙《临江府志》卷10《选举·明》，第527页。

12. 郑　隆　字德隆，饶州府浮梁县北隅人，历广东按察司佥事、山西参议。

13. 匡　显　字廷宪，饶州府乐平县永丰乡人，历按察佥事。

14. 董　凤　字凤章，饶州府鄱阳县人，历按察司副使。

六　洪武三十年丁丑（1397）春陈䢿榜[①]

1. 柴子远　吉安府龙泉县人，历经历。

2. 刘　文　吉安府龙泉县人，历照磨。

3. 刘履节　吉安府庐陵县人，初授博士，选监察御史，镇抚交趾。

4. 许子谟[②]　吉安府庐陵县安宁里人，历行人，检讨。

5. 曾凤韶　吉安府庐陵县人，历监察御史，靖难时自缢尽节，终年29岁，追谥忠毅。

6. 陈善方　吉安府泰和县人，历主事。

7. 郭子卢[③]　吉安府泰和县人，历广东佥事。

8. 宋　琮　字万钟，吉安府泰和县登科里人，会元，坐刘三吾事安置威虏卫，初授刑部检校，历官监察御史、给事中，终翰林院检讨，正统六年卒，享年76岁。

9. 尹昌隆　字彦谦[④]，吉安府泰和县人，一甲榜眼。历监察御史，终官礼部主事，下狱死。

10. 郭士道[⑤]　吉安府万安县人，终官至顺天府尹，卒于官。

11. 邹　进　吉安府万安县人，历知府。

12. 曾　纯　吉安府永丰县人，历员外郎。

13. 芮　善　字性存，建昌府南城县[⑥]人，历襄府右长史。

---

① 本榜进士综合《皇明进士登科考》和《皇明贡举考》，甲次不详。

② “谟”一作“模”，见顺治《吉安府志·选举·明进士》，第88页。

③ “卢”一作“泸”，见嘉靖《江西通志》卷26《吉安府·科目·国朝》，第4360页。

④ “谦”一作“谨”，见嘉靖《江西通志》，第4668页。

⑤ “士”一作“仕”，见嘉靖《江西通志》卷26《吉安府·科目·国朝》，第4360页。

⑥ 一说南直隶武进人，见成化《重修毗陵志》卷22《人物》三《文学·国朝》本传。

14. 朱复亨　建昌府南城县人，官至监察御史。

15. 周　铎　临江府清江县人，历监察御史。

16. 黄宗载　原名厚，一作垕，以字行，更字原夫，南昌府丰城县株树桥人，历监察御史，终官至南京吏部尚书，正统九年秋七月丁丑卒，终年79岁。

17. 邬　修　字存诚，南昌府南昌县人，历佥事、知府。

18. 唐　恕　字子恕，饶州府浮梁县南隅人，历监察御史。

19. 戴　安　字安民，饶州府鄱阳县人，历兵部员外。

20. 黄仲声　袁州府萍乡县人。

七　建文二年庚辰（1400）胡靖榜

1. 吴　溥　字德润，号古厓，抚州府崇仁县人，祖籍临川种湖，会元，二甲传胪，初授翰林院编修，终官国子监司业，宣德丙午九月三日卒于任，寿64岁。

2. 邓　亮　字子信，吉安府吉水县人，历参议。

3. 胡　靖　本名广，钦赐名靖，字光大，号晃庵，吉安府吉水县人，己卯乡试2名，会试8名，一甲状元，终官至文渊阁大学士，永乐十六年五月卒，终年49岁，谥文穆。

4. 刘迪简　字迈生，吉安府吉水县人，历知县。

5. 王　艮　字钦止，一作敬止，吉安府吉水县人，己卯解元，会试7名，一甲榜眼，初授翰林修撰，死靖难，追谥文节。

6. 李　贯　字子学，吉安府庐陵县人，一甲探花，初授翰林院修撰，终官至中允，坐累下狱死。

7. 邓时俊　以字行，改字仲清，吉安府永丰县人，初授刑科给事中，终官衢州府通判卒。

8. 刘　虬①　字公潜，吉安府永丰县人，官至湖广佥事。

9. 朱　塔　更名纮，字梯云，建昌府南丰县人，历给事中，官至翰林院编修，永乐八年卒于狱。

---

①“虬”一作“蚪”，见嘉靖《江西通志》卷26《吉安府·科目·国朝》，第4362页。

10. 杨 渤 字启隆，临江府清江县人。

11. 何士让 以字行，临江府新淦县人，历知府。

12. 金幼孜 名善，字幼孜，号退闇，临江府新淦县人，初授户科给事中，官至太子少保、礼部尚书、武英殿大学士，宣德六年（1431）卒，终年64岁，赠少保，谥文靖。

13. 万 忠 字居敬，南昌府新建县人，历户科给事中。

14. 帅用昌 字汝阳，南昌府奉新县人，历知县。

15. 傅 行 字德芳，南昌府进贤县人，历兵科给事中。

16. 李 时 字宜中，南昌府南昌县人，历户科给事中。

17. 刘 复 字性初，南昌府南昌县人，历知县。

18. 宋彦名① 字子谦，南昌府南昌县人。

19. 王 高 字彦高，一字思登，南昌府南昌县人，初授刑科给事中，终官至大理寺丞，一说刑部郎中，死靖难。

20. 熊文成 字性善，南昌府南昌县人。

21. 石彦成② 字成之，一字性衷，南昌府宁县太平人，官至徐闻知县，卒于任，终年50岁。

22. 李 敬 字仲寅，南昌府新建县人，历国子监博士。

23. 方 孚 字叔达③，饶州府乐平县蔓翠人，历给事中。

八 永乐二年甲申（1404）曾棨榜

1. 刘 濬 字士哲，抚州府崇仁县人，选庶吉士，历浙江佥事，终官吏部主事，宣德丁卯卒于京。

2. 刘 绍 字子恕，抚州府崇仁县人，选庶吉士，历南京礼部郎中。

---

① “名”一作“铭”，见万历《新修南昌府志》卷17《科第·进士·国朝》，第1283页。

② 方志“成”作“诚”，见嘉靖《江西通志》，第1111页；万历《新修南昌府志》卷17《科第·进士·国朝》，第1283页。

③ 方志“叔达”作“仲达”，见正德《饶州府志》，第249页；康熙府志卷20《选举志四·进士·明》，第1444页。

3. 王　英　字时彦，别号泉坡，抚州府金溪县学前里人，选庶吉士，官至南京礼部尚书，景泰元年五月十七日卒于任，谥文安，终年75岁。

4. 黄　阳　抚州府乐安县人，汉王府伴读。

5. 封孜昶　抚州府临川县人，选庶吉士，历吏科给事中。

6. 梁　任　抚州府临川县人，选庶吉士，历刑部主事。

7. 吴　旭　抚州府临川县人。

8. 吕文质　字彬甫，抚州府宜黄县人，选庶吉士，历工科给事中，谪磁州判官卒。

9. 曾　恕　字子忠，赣州府赣县人，历大理寺左寺副。

10. 曾　慎　字伯敏，赣州府宁都县人，历翰林院编修，出广西程县知县，卒于官。

11. 王　宅　广信府上饶县人，历伊府教授。

12. 王　哲　字彦修，广信府上饶县人，初授工科给事中，历四川佥事。

13. 徐与聆[①]　广信府上饶县人，历藁城知县。

14. 游　亨　广信府上饶县人，历应天府经历。

15. 张　侃　广信府上饶县人，历襄垣知县。

16. 吴　渊　广信府玉山县人，历刑部主事。

17. 喻则成　广信府玉山县人，历同知。

18. 郑道通　广信府玉山县人。

19. 邓时轨　吉安府安福县人。

20. 李时勉　名懋，以字行，吉安府安福县东门人，选庶吉士，历监察御史，官至国子监祭酒，景泰元年卒于家，终年77岁，谥文毅，改谥忠文。

21. 彭汝器　名琏，以字行，吉安府安福县人，乡试3名，选庶吉士，官至修撰，永乐八年九月三日卒于京，时年33岁。

---

① 府志作“徐聆”，嘉靖《广信府志》卷14《选举志·进士·国朝·上饶》，清乾隆府志同，第1401页。

22. 陈资善　吉安府吉水县人，历伴读。

23. 李　贞　吉安府吉水县人，历监察御史。

24. 刘　澄　吉安府吉水县人，历侍读。

25. 刘子钦　名敬，以字行，号密庵，吉安府吉水县人，永乐元年解元，选庶吉士，初授刑部主事，终官新淦县学训导，生于洪武戊申十月四日，卒于景泰甲午十八日，终年88岁。

26. 罗汝敬　名肃，以字行，号寅庵，吉安府吉水县人，选庶吉士，历监察御史，官至行在工部右侍郎总督漕运，正统四年十月己亥卒于家，终年68岁。

27. 宋子环　字文莹，号莹庵，吉安府庐陵县人，选庶吉士，终官至越王府右长史，宣德八年六月八日卒于官，终年52岁。

28. 萧　宽　字雅容，吉安府吉水县田心人，选庶吉士，官至湖广左布政使。

29. 张宗琏　字重器，吉安府吉水县人，选庶吉士，终官至常州府同知，宣德二年十月戊寅卒于任。

30. 周　忱　字恂如，号双崖，吉安府吉水县人，选庶吉士，历工部右侍郎、巡抚，官至工部尚书，景泰四年十月丙戌卒于家，终年73，谥文襄。

31. 周孟简　名伟，以字行，吉安府吉水县人，一甲探花，历襄王府左长史，宣德七年壬子正月初一卒，终年53岁。

32. 周　述　字崇述，吉安府吉水县人，一甲榜眼，初授编修，历左庶子兼侍读，正统二年十月壬戌卒于官。周孟简从兄。

33. 蒋敏完　吉安府龙泉县人，历桂林知县。

34. 谭原信[1]　吉安府龙泉县人，选庶吉士，历浙江左参议。

35. 唐　观[2]　吉安府龙泉县人，历知县。

36. 李昌祺　名祯，以字行，别号侨庵，吉安府庐陵县人，选庶

---

① 方志"信"作"性"，见嘉靖《江西通志》卷26《吉安府·科目·国朝》，第4365页。

② 方志一作"康观"，嘉靖《江西通志》卷26《吉安府·科目·国朝》，第4364页；顺治《吉安府志》，第97页。雍正《江西通志》卷52《选举四·明》永乐元年乡试榜作"康观"，但进士榜作"唐观"。

吉士，历广西、河南左布政使，洪武丙辰生，景泰壬申卒，终年75岁。

37. 刘孟铎　吉安府庐陵县人，选庶吉士，历四川参政。

38. 刘子敬　吉安府庐陵县人，历知县。

39. 罗处富　吉安府庐陵县人，历知府。

40. 王　训　字询谟，吉安府庐陵县人，选庶吉士卒。

41. 陈士启　名雷，以字行，别字震之，吉安府泰和县人，选庶吉士，终官至山东右参政，宣德六年八月辛酉卒于任，终年66岁。

42. 独孤乐善　吉安府泰和县人，选庶吉士，历礼部郎中。

43. 欧阳俊　字允俊，吉安府泰和县蜀江里人，选庶吉士，官至礼部主事，永乐丙申正月初五日卒，享年39岁。

44. 汤　流　字如川，吉安府泰和县甘溪人，选庶吉士，永乐四年三月庚戌卒，终年40岁。

45. 王　直　字行俭，别号抑庵，吉安府泰和县人，选庶吉士，官至少傅兼太子太师、吏部尚书，天顺六年九月二十三日卒于家，终年84岁，赠太保，谥文端。

46. 萧省身　吉安府泰和县人，官至河南右布政使，卒年51岁。

47. 杨　相　字之宜，吉安府泰和县人，会元，二甲传胪，选庶吉士，初授刑部主事，永乐十年九月廿五日卒，终年34岁。

48. 余学夔　名夔，以字行，一字一夔，吉安府泰和县人，选庶吉士，历侍讲，正统九年十一月初九日卒，终年73岁。

49. 曾与贤　吉安府泰和县人，选庶吉士，永乐戊子三月十五日卒，终年41岁。

50. 刘子渊①　吉安府万安县人，历知县。

51. 陈伯恭　吉安府永丰县人，初授监察御史，谪分水知县。

52. 曾　棨　字子启，号西墅，吉安府永丰县人，一甲状元。初授修撰，终官至少詹事兼侍读学士，宣德七年正月辛巳卒于任，终年61岁，谥襄敏。

---

① 一作“刘渊”，见康熙《江西通志》卷18《选举·进士·明》，第1675页。

53. 陈　兴　吉安府永新县人。

54. 刘　宏　吉安府永新县人，历知县。

55. 刘　英　吉安府永新县人，历知县。

56. 李永年　建昌府南城县人，选翰林院庶吉士，官至山东布政司参政。

57. 赵　济　字汝梁，建昌府南城县[①]人，历工部员外郎。

58. 钟　旭　字子旦，建昌府南城县人，选庶吉士，初授监察御史，官至扬州知府。

59. 涂　敬　字文舆，建昌府新城县人，选翰林院庶吉士。

60. 王　恪　字孟诚，九江府湖口县人，初授大理寺评事，历监察御史，官至四川右参议。

61. 王汝霖　九江府湖口县人，历府同知。

62. 陈　纲　字秉刚，临江府清江县人，历晋江知县。

63. 刘　灏[②]　临江府清江县人，历知县。

64. 杨　灿　临江府清江县人，选庶吉士，历监察御史。

65. 张　彻　字玉莹，临江府新淦县人，选庶吉士，官至郎中。

66. 陈重器　临江府新喻县人，历县丞。

67. 李子英　临江府新喻县人，历王府司理。

68. 赖　礼　字同文，南安府南康县人，官至知县卒。

69. 赖生启　南安府上犹县人，历章丘知县。

70. 熊　直　字惟清，南昌府丰城县邑郛人，选翰林院庶吉士。

71. 杨永芳　南昌府丰城县桂村人，历浙江龙泉知县。

72. 胡　澄　南昌府奉新县人，历行人。

73. 熊本诚　字公实，南昌府奉新县人，历浙江右布政使卒。

74. 陈　阳　南昌府进贤县人，历监察御史。

75. 樊　静　字伯静，南昌府进贤县北山人，历梁山知县、编修。

76. 陈　善　南昌府靖安县人，历知府。

---

① 府志作南丰县人，见正德《建昌府志》卷15《选举·进士·国朝·南丰县学》。

② 《皇明进士登科考》卷3作“刘浩”。

77. 邓　钺　南昌府南昌县人，历知县。

78. 漆　霁　南昌府南昌县人，历知县。

79. 阳仪凤　南昌府南昌县人，历监察御史。

80. 曾希贤　南昌府宁县人，历工部郎中。

81. 杜　忠　南昌府新建县人，历监察御史。

82. 涂　顺　字惟真①，建昌府新城县学籍，历崇德县知县、礼部主事。

83. 张　新　南昌府新建县人。

84. 陈　旭　南康府建昌县人，历监察御史。

85. 方　丰　南康府建昌县人，历知县。

86. 胡　忠　南康府建昌县人，历四川佥事。

87. 周　英　南康府建昌县人，历藩府教授。

88. 彭　辉　南康府星子县人，历知县。

89. 查　孚②　字济海，自号潭隐，南康府星子县人，官至礼部郎中致仕，时年68岁。

90. 郭　庆　南康府星子县人，历猗氏知县。

91. 卢　翰　字邦臣，南康府星子县集贤坊人，选翰林院庶吉士，入二十八人选，历吏部主事。

92. 余　鼎　字正安，号南坡，南康府星子县人，选翰林院庶吉士，入二十八人选，官至翰林侍讲。

93. 俞　用③　南康府星子县人，历知县。

94. 李复观　名光，以字行，更字用先，饶州府安仁县荣禄乡人，历邵武知县。

95. 程希偃　饶州府德兴县人，历辽府伴读。

96. 吴　景　字景如，饶州府乐平县人，历龙游知县。

---

① 清府志作“维贞”。

② 清同治《南康府志》作“查桴”，卷14，第342页上；父查琛，查栱传“查栱，琛之子，宣德间为万石长，馈运未尝后时”，卷17，第409页上。当从府志作“桴”，名字相关。

③ 方志均作“余用”，见正德《南康府志》卷6《甲科·进士·星子县·国朝》、康熙府志（第573页）、康熙《江西通志》（第1672页）。

97. 袁　迩　字可远[①]，饶州府乐平县人，选翰林院庶吉士。

98. 汤以安　字敬修，饶州府鄱阳县西隅人，历鲁府长史。

99. 段　永　字士休，饶州府余干县二十八都人，历三河知县。

100. 陈　昺　瑞州府高安县在城人，历西乡知县。

101. 况　琛　字宗鲁，瑞州府高安县在城人，历永平府学教授。

102. 赵　进　瑞州府高安县人，历知县。

103. 邓　谦　字以逊，瑞州府上高县白土下团人，历刑部郎中。

104. 李　勉[②]　字从文，瑞州府上高县在城人，历监察御史。

105. 晏文铭　字仲哲，瑞州府上高县黄村人，历知县。

106. 况　文　字应奎，瑞州府上高县人，官至广东左参政。

107. 邹惟宗　瑞州府上高县人，历霑化知县。

108. 邓　友　字伯朋，瑞州府新昌县二十都人，历交河知县。

109. 朱　贵　字叔良，瑞州府新昌县天德乡人，历唐山知县。

110. 龙　仪　字希文，袁州府万载县人，官至山东参政。

111. 彭　斌　袁州府宜春县人，历刑部主事。

112. 王仲寿　字寿夫，一字亮中，饶州府乐平县三都人，南直隶江宁县籍，选庶吉士，初授监察御史，官至参政。

九　永乐四年丙戌（1406）林环榜

1. 邓　成　抚州府金溪县人，历兵部员外郎。

2. 乐时逢　抚州府临川县人，历监察御史。

3. 王资益　抚州府临川县上池人。

4. 陈　勉　字希进，赣州府宁都县人，初授监察御史，累官至南京左都御史，景泰四年十二月己亥卒，终年七十余岁。

5. 汪璧明　广信府贵溪县人，历阳江知县。

6. 姚原立　广信府贵溪县人，历信宜知县。

7. 辛　佑　字吉之，广信府铅山县期思渡人，历监察御史。

---

① 康熙《瑞州府志》卷20《选举志四·进士·明》作“可达”，第1444页。

② 清同治《瑞州府志》作“李冕”，卷9，第178页上。

8. 陈　纪　广信府上饶县人，历刑部主事。

9. 李　鉴　广信府上饶县人，历石阡知府。

10. 张尊受　广信府上饶县人，终官至监察御史。

11. 吕　爽　广信府永丰县人，历定州同知。

12. 胡启先　吉安府安福县人，历监察御史。

13. 江　殷　吉安府吉水县人，历行人。

14. 刘持节　吉安府吉水县人，历主事。

15. 钱遂志　吉安府吉水县人，历佥事。

16. 张　铉　吉安府吉水县人，历主事。

17. 周仲举　名纲，以字行，吉安府吉水县桑园里人，初授监察御史，终官巢县县丞，永乐十五年十月十八日卒，享年45岁。周崇述、周孟简之从兄。

18. 李九畴　字建用，吉安府龙泉县人，初授监察御史，官至叙州知府致仕。

19. 陈孟京　名昌，以字行，吉安府泰和县人，选庶吉士，永乐七年五月二十三日卒，终年36岁。

20. 陈孟洁　名廉，以字行，吉安府泰和县人，选庶吉士。

21. 曾春龄①　吉安府泰和县文溪人，选庶吉士，当年八月卒于京，终年33岁。

22. 胡　雅　吉安府泰和县人。

23. 黄　献②　吉安府泰和县人，历主事。

24. 罗仲深　吉安府泰和县人，选庶吉士，未及授官，永乐六年卒于京。曾与贤之妹夫。

25. 朱　缙　吉安府永丰县人，会元，二甲传胪，历郎中。

26. 李岳润　吉安府永丰县人，历刑部郎中。

---

① 一作“曾椿龄”，见《类姓登科考》卷2，第540页下。

② 嘉靖《临江府志》卷5《选举表》第6《科第·大明·清江·永乐》、隆庆《临江府志》卷10《选举·国朝》作清江县人，待考。

27. 刘　弹[①]　吉安府永丰县人，历佥事。

28. 刘　素　字贞白，吉安府永丰县人，一甲探花，官至修撰致仕。

29. 张叔豫　字顺动，吉安府永新县人，解元，选庶吉士，历安庆府通判，卒于官。

30. 解朝夫　名绘，以字行，吉安府吉水县人，历御史，改庐陵教谕，谪戍，永乐十年客死扬州，终年43岁。解缙之从兄。

31. 李伯尚　吉安府永新县人。

32. 黄所载　吉安府庐陵县人，历主事。

33. 彭　益　建昌府南丰县人，历知县。

34. 甘　霖　字时雨，建昌府南丰县人，历监察御史。

35. 帅　性　南康府建昌县人，历知县。

36. 魏　源[②]　字文渊，号爱竹，南康府建昌县甘泉人，祖籍南昌奉新，初授监察御史，历布政使，官至刑部尚书，正统九年闰七月丙午卒，终年63岁。

37. 屈　伸　字时行，九江府湖口县人，初授吏科给事中，官至布政司参议。

38. 余　昱　临江府清江县人，历监察御史。

39. 周　珏　字子重，临江府新喻县人，历行在监察御史，卒于任。

40. 蒋　庆　临江府新淦县人。

41. 卢　永　临江府新淦县人。

42. 蔡　彬　字文甫，南安府南康县在城人，官至知县。

43. 甘田[③]　字迪之，南昌府丰城县剑池乡人，历监察御史。

---

① “弹”一作“晖”，见嘉靖《江西通志》卷26《吉安府·科目·国朝》，第4368页。

② 万历《新修南昌府志》卷17《科第·国朝》永乐四年榜收“卫源”（第1285页），卷19《人物·国朝》卫源传作南昌人，其余文字大抵同正德《南康府志》卷6《人物·建昌县·国朝》魏源传。

③ 《嘉靖丰乘》卷2《科第表·国朝·永乐》四年林环榜载：“甘由，迪之。……任监察御史。”

44. 汪昌言　南昌府丰城县松湖人，历知县。

45. 吴叔润　字子愉，南昌府丰城县杨源人，初授监察御史，历浙江、广西佥事。

46. 邵彦辉　南昌府奉新县人，历监察御史。

47. 张　昭　南昌府奉新县人，历刑科给事中。

48. 周　炜　南昌府进贤县人，历兵部郎中。

49. 雷　韶　南昌府南昌县人。

50. 王　春　南昌府南昌县人，历知县。

51. 许　铭　字彦铭，南昌府南昌县人，历浙江副使。

52. 吴　忠　字子忠，饶州府浮梁县西隅人，历知县。

53. 潜　溟　字彦鹏，瑞州府高安县城西人，初授监察御史，历按察司副使，终至杭州知府。

54. 李士辉　瑞州府新昌县在城人，历刑部主事。

十　永乐九年辛卯（1411）萧时中榜

1. 邓　昌　字愈康，抚州府金溪县人，历武昌府通判。

2. 刘　鸣　榜名鸣，一名禩，字汝和，抚州府金溪县人，历监察御史归。

3. 张志文　字孟简，广信府上饶县人，历布政使。

4. 王贵庄　字临之，吉安府安福县人，初授监察御史，官至云南知府致仕。

5. 王　彦　字世俊，吉安府安福县人，官至澂江知府。

6. 胡　概　复姓熊，字元节，吉安府吉水县人，初授监察御史，历大理寺卿，官至右都御史卒，终年50岁。

7. 钱习礼　名幹，以字行，吉安府吉水县诸源人，解元，选庶吉士，终官礼部右侍郎，天顺五年（1461）五月二十二日卒，享年89岁，谥文肃。

8. 萧时中　名可，以字行，吉安府庐陵县人，乡试2名，会试6名，一甲状元，初授修撰卒。

9. 陈　赏　字公延，吉安府泰和县人，官至广西佥事，永乐十一年卒于官，享年36岁。陈仲述子。

10. 梁　钠　字仲棨，吉安府泰和县人，历徽州知府。

11. 王　铉　字彦肅，吉安府泰和县人，历佥事。

12. 何　敬　字自牧，号牧庵，吉安府万安县人。

13. 萧　常　字孟常，吉安府万安县学堂里人，初授监察御史，官至浙江左参议，正统三年五月十一日卒于家，享年65岁。

14. 朱与言　字言志，一字一谔，吉安府万安县人，初授监察御史，终官至南京右副都御史，景泰六年六月甲午卒。

15. 陈　衡　字绍隆，吉安府永丰县人，初授监察御史，引归。

16. 邓　义　字直方，建昌府新城县礼教乡南津人，初授监察御史，历佥事，终年88岁。

17. 傅　良　字韫忠，临江府清江县人，历教谕。

18. 李曰良　复姓孙，字良斋，南昌府丰城县邑郛人，初授监察御史，历广西右布政使，官至右副都御史、总督，成化十年八月辛卯卒，终年88岁。

19. 罗贵素　以字行，南昌府丰城县栗花桥人，历广东佥事。

20. 史　安　字志静，南昌府丰城县邑郛人，终官至礼部郎中，宣德二年春卒于交趾，终年42岁。

21. 陈子伦　字秉彝，南昌府进贤县人，历监察御史。

22. 张　式　字民则，一字秉仪，饶州府德兴县二十九都人，历上饶训导。

23. 朱　敬　字致恭，饶州府浮梁县南隅人，历监察御史。

24. 程　静　字子安，饶州府乐平县人，历刑部郎中。

25. 贺祖嗣　字思恒，饶州府鄱阳县西隅人，官至大理寺右少卿，终年69岁。

26. 涂克敏　以字行，一字惟敏，瑞州府高安县在城人，历知府。

27. 王　纲　字存纪，行二，瑞州府上高县松团人，初授监察御史，终官至山西右布政使。

十一　永乐十年壬辰（1412）马铎榜

1. 饶　安　字用中，抚州府崇仁县东耆人，选庶吉士，初授陕西佥事，卒于官。

2. 杨 勋 字功让，抚州府崇仁县东耆人，历四川佥事。

3. 徐则宁 字从政，抚州府金溪县十六都人，永乐九年应天解元，历福建佥事卒。

4. 熊自诚 以字行，抚州府临川县三十五都人。

5. 江 殷 字孔殷，广信府贵溪县孝思乡二都人，历知县。

6. 陈正伦 名叙，以字行，吉安府吉水县仁寿乡第三都人，初授监察御史，累官陕西、四川按察使致仕。

7. 罗 通 字学古，吉安府吉水县同水乡五十八都人，历御史，官至少保、右都御史，成化六年三月庚子卒，终年81岁。

8. 钱 述 字稽穑，吉安府吉水县文昌乡四十一都人，历佥事。

9. 熊 伦 字仲彝，吉安府吉水县东坊人，历通判。

10. 杨 政 字惟效，吉安府吉水县同水乡六十二都人，历副使。

11. 陈 礼 字正言，吉安府泰和县千秋乡二十七都人，历思南、临安知府。

12. 郭公绪 讳统，以字行，吉安府泰和县千秋乡四十八都人，官至贵州佥事，正统三年十月二十八日卒于家，享年59岁。

13. 刘 咸 字士皆，号虚庵，吉安府泰和县千秋乡四十一都人，历河南、广东按察副使，卒于官。

14. 欧阳和 字永和，吉安府泰和县六十一都人，初授监察御史，升云南副使，宣德三年卒，终年42岁。

15. 王嗣先 以字行，吉安府泰和县信实乡四十九都人，历知县。

16. 刘长吾 以字行，吉安府永丰县兴平乡十一都人，官至广西佥事，永乐壬寅十二月十八日卒于京，享年39岁。

17. 王 询 字命我，吉安府永丰县永丰乡二十九都人，初授推官。

18. 曾 鼎 字复铉，吉安府永丰县迁莺乡十六都人，解元，初授陕西佥事，历云南参议。

19. 赵 礼 字秉礼，建昌府南丰县西隅人，初授浙江佥事，官至副使卒。

20. 黎　恬　字潜辉，号熙斋，临江府清江县思贤乡二都人，初授监察御史，官至右谕德，正统三年卒于家，享年51岁。

21. 傅玉良　以字行，行一，临江府新喻县安和乡二十五都人，历知县。

22. 傅玉润　以字行，行三，临江府新喻县安和乡二十五都人，历知县。

23. 胡　琏　字维琛，临江府新喻县仁孝乡四十六都人，历郎中。

24. 王时习　字勉学，南安府南康县在城一坊人，终官监察御史。

25. 徐　行　字同伦，南昌府进贤县三十八都人，历监察御史。

26. 鲍　英　字育之，南昌府南昌县南隅四社人，历刑部主事。

27. 崔彦俊　字用章，南昌府新建县思贤坊第一图人，历知府。

28. 倪　良　字大成，饶州府乐平县长城乡六都人，历知县。

十二　永乐十三年乙未（1415）陈循榜

1. 江　胜　字克恭，号休乐，抚州府金溪县人，历监察御史归。

2. 余　庆　抚州府金溪县人，三甲1名，历刑部主事。

3. 李　泉　字子渊，抚州府乐安县人，历云南、保宁知府。

4. 萧　仪　字德容，抚州府乐安县人，初授吏部主事，下狱卒，终年40岁。

5. 袁　旭　字廷辅，抚州府乐安县人，官至宁国知府，卒于狱，终年55岁。

6. 詹　勋　抚州府乐安县人，历行人。

7. 张　遂①　抚州府乐安县人。

8. 邹　良　字子都，号存养斋，抚州府乐安县人，官至衡州知府，卒年75岁。

9. 黄　完　抚州府临川县人，历兵科给事中。

10. 裴德泽　广信府贵溪县人，庶吉士，历监察御史，谪交趾归。

11. 王增佑　字永吉，广信府贵溪县人，初授监察御史，终官至

---

① 弘治《抚州府志》卷19《科第二·进士·皇明》作“张逊”。

广西按察使。

12. 姜启隆 字人厚，广信府上饶县人，历监察御史，官至宝庆知府。

13. 余 钦 广信府上饶县人，历刑部主事。

14. 胡添麒[①] 字廷瑞，广信府弋阳县人，初授礼部主事，官至郎中。

15. 彭麟应[②] 复姓刘，字显仁，吉安府安福县人，选庶吉士，历修撰。

16. 尹 循 吉安府安福县人，历监察御史。

17. 陈资深 吉安府吉水县人，历知州。

18. 郭处靖 吉安府吉水县人，历监察御史。

19. 郭 显 吉安府吉水县人，历知府。

20. 胡 溉 吉安府吉水县人，历中书舍人。

21. 刘鼎贯 讳铉，字鼎贯，吉安府吉水县文昌乡夏朗里人，历监察御史，四川按察副使，天顺四年四月四日卒，享年78岁。刘俨之从兄。

22. 宋 魁 字子魁，吉安府吉水县人，选庶吉士，未及授官，永乐十九年四月二十八日卒于北京，时年36岁。宋子环从弟。

23. 杨 黻 字民服，吉安府吉水县人，中山东乡试，初授监察御史，官至卫府右长史，宣德元年正月卒，享年49岁。

24. 曾令得[③] 吉安府吉水县人，历监察御史。

25. 张 永 吉安府吉水县人。

26. 周崇厚 吉安府吉水县人，选庶吉士。

27. 周敏学 吉安府吉水县人，以祁门县学增广生中式，历给事中。

28. 李 学 吉安府庐陵县人，历主事。

29. 罗 端 字坤泰，吉安府庐陵县人，历广德知州。

---

① 府志作“吴添麟”。

② 嘉靖《江西通志》卷26《吉安府·科目·国朝》作“刘龄应”，第4378页。

③ 同上书，第4377页。

30. 陈　循　字德遵，号芳洲，吉安府泰和县人，解元，会试2名，一甲状元。初授修撰，以学士入阁，官至少保兼华盖殿大学士兼文渊阁大学士、户部尚书，谪戍铁岭卫，天顺七年癸未（1463）卒，终年77岁。

31. 梁　洞　字挹之，吉安府泰和县人，历刑部郎中，宣德己酉十一月十五日卒于官，享年46岁。

32. 廖　谟　字文绩，吉安府泰和县人，选庶吉士，官至河间知府，正统戊辰八月卒于任，享年56岁。

33. 刘　涣　字士拯，吉安府泰和县人，初授兵科给事中，官至通政司参议。

34. 彭百炼　字若金，吉安府泰和县月池里人，历监察御史，宣德八年九月四日病卒，享年48岁。

35. 尹崇高　吉安府泰和县人，初授南京监察御史，谪宁国推官。

36. 曾　弘　字士弘，吉安府泰和县人，选庶吉士，历泉州知府。曾泉之兄弟。

37. 艾　广　吉安府永丰县人，历给事中、大理寺丞。

38. 高公望　吉安府永丰县人，历主事。

39. 刘智安　复姓冯，御赐更名敏，字钦训，吉安府永丰县龙潭人，祖籍武昌，官至绍兴知府，宣德甲寅七月十九日卒，享年46岁。

40. 彭　勗　字祖期，号沓庵，吉安府永丰县潭西人，选监察御史，官至山东副使，景泰癸酉致仕，时64岁。

41. 袁　贺　吉安府永丰县人，以清江县学增广生中式，历佥事。

42. 张嘉会　吉安府永丰县人，历监察御史。

43. 戴　礼　字本敬，吉安府永新县梅溪人，历衡州府同知归。

44. 赖　巽　字逊志，建昌府广昌县人，初授监察御史，官至按察使卒。

45. 黄　敬　建昌府南城县人，官至吏部郎中。

46. 聂　循　建昌府南城县人，选庶吉士。聂任之弟。

47. 章文昭　建昌府南城县人，选庶吉士，官至中书舍人。

48. 李　立　字学礼，建昌府南丰县人，初授监察御史，官至广西副使。

49. 谭　信　建昌府南丰县人，选庶吉士，官至刑部主事。

50. 黄　振　复周姓，字道兴，九江府德安县人，初授监察御史，终官至广东佥事。

51. 邹　杰　九江府湖口县人，历监察御史。

52. 曹　逊　九江府彭泽县人，历知县。

53. 刘　铎　九江府彭泽县人，历工部员外郎。

54. 刘　昱　九江府彭泽县人，历刑科给事中。

55. 周泰亨　九江府彭泽县人，历监察御史，终湖广佥事。

56. 陈　感　临江府清江县人，历监察御史。

57. 皮　玙　临江府清江县人，历主事。

58. 何　卓　临江府新淦县人，历给事中。

59. 吴　扬　字光训，临江府新淦县人，历广东左布政使，卒年63岁。

60. 萧　奇　字迪哲，临江府新淦县人，历知府。

61. 习　侃　临江府新喻县人，历主事。

62. 丁　铉　字用济，南昌府丰城县牯牛背人，官至刑部右侍郎，正统十四年八月壬戌卒于土木堡之役，终年58岁，谥襄愍。

63. 胡　轸　字敬同，南昌府丰城县厚郭人，历副使。

64. 黄　瓛　字尔瓒，南昌府丰城县邑郛人，选庶吉士。

65. 雷　诚　原名鉴，字诚智，南昌府丰城县雷坊人，官至延平知府。

66. 刘全节　南昌府丰城县艾冈人，历刑部主事。

67. 邬在恭　南昌府丰城县邬家渡人，历监察御史。

68. 徐孔奇　南昌府丰城县莲花渡人，以中都留守左卫吏中式，官至严州知府，宣德八年二月庚子卒。

69. 樊　鉴　字伯冏，南昌府进贤县北山人，历户科给事中，福建佥事。樊静之弟。

70. 吴　预　南昌府进贤县人，历知县。

71. 熊　渊　南昌府进贤县人，历监察御史。

72. 李 重 南昌府靖安县人，历礼部主事。

73. 塗 镗 南昌府靖安县人，历工部侍郎。

74. 徐 义 字仲制①，南昌府南昌县人，初授监察御史，终官至河南左布政使，天顺五年六月丙子卒。

75. 周 英 南昌府南昌县人，历福建佥事。

76. 李时佐 南昌府新建县人，历刑部主事。

77. 章 旭 南昌府新建县人，历刑部主事。

78. 巴 镛 南康府都昌县人，历大理府学教授。

79. 余 谦 南康府都昌县人，历工部员外郎。

80. 熊 鉴 字孔明，南康府建昌县人，历监察御史，官至山东副使。

81. 蒋忠谏 字廷直，饶州府德兴县二十都人，历户部主事。

82. 孙原贞 原名瑀，以字行，饶州府德兴县南隅人，历浙江左布政使，终官至兵部尚书，成化十年十一月乙亥卒，终年87岁。

83. 张彦昞 字文明，饶州府德兴县三十三都人，历礼部主事。

84. 倪 益 字大受，饶州府乐平县人，以雷州府学增广生中式，选庶吉士，历行人。

85. 汪克昇 字叔先，饶州府乐平县人，历监察御史。

86. 叶 恕 字如之，一字如心，饶州府乐平县西隅人，历监察御史。

87. 徐 爵 字宗器，饶州府余干县一十四都人，历监察御史。

88. 杨 润 字伯玉，瑞州府高安县在城人，初授南京监察御史，官至四川参议，卒年91岁。

89. 朱 益 字仲益，瑞州府高安县坡山人，永乐戊子以《诗》中乡试，以《书》中会试12名，初授刑部主事，终官至郎中。

90. 严孟衡 袁州府分宜县人，初授监察御史，官至四川右布政使卒。

91. 杨 渊 袁州府分宜县人，终官监察御史。

---

① 府志作“伯制”，见万历《新修南昌府志》（第1552页）。

92. 刘　荩　字迪训[①]，袁州府万载县人，历刑科给事中，谪严州府经历卒。

93. 易　节　字时中，袁州府万载县人，历知府，终官至贵州左布政使，景泰六年十二月庚午卒于任。

94. 李　实　字笃恭，号盘泉，南昌府丰城县人，历福建佥事。

95. 林文秩　临江府新喻县学籍，福建怀安县人。

十三　永乐十六年戊戌（1418）李骐榜

1. 吴会同　抚州府金溪县人。

2. 方　辂　抚州府临川县人。

3. 莫绍贤　抚州府临川县人，选庶吉士。

4. 许同书　抚州府临川县人，初授监察御史卒。

5. 黄　闰　字期余，赣州府信丰县人，选庶吉士，出为仪陇知县，卒于任，终年36岁。

6. 周　贤　广信府上饶县人。

7. 程　钫　广信府玉山县人，历至同知。

8. 周　铨　字仲衡，广信府玉山县人，历监察御史，官至陕西按察使。

9. 刘　幹　吉安府安福县人，历主事。

10. 彭　琉　字毓敬，号慎庵，吉安府安福县人，终官至山西、广西副使，景泰三年夏四月己卯致仕，终年68岁。

11. 邓　珍　吉安府吉水县人，一甲探花，初授编修。

12. 洪　渊　吉安府吉水县人。

13. 李居正　吉安府吉水县人，历长史。

14. 梁　硕　吉安府吉水县人，历知县。

15. 罗坤泰　字静峰，吉安府吉水县人，选庶吉士，官至广州知府，卒于官。

16. 尹凤岐　字邦祥，吉安府吉水县人，永乐丁酉解元，选翰林

---

① 一作“迪诚”，见乾隆《袁州府志》本传。

庶吉士，终官至侍读，天顺三年三月戊子卒于家。

17. 周　叙　字功叙，一作公叙，号石溪，吉安府吉水县泥田人，二甲传胪，选庶吉士，终官至南京翰林院侍讲学士，景泰三年三月庚申卒，终年61岁。

18. 刘礼让　名逊，吉安府庐陵县人，初授刑部主事，卒于淮上。

19. 刘　英　吉安府庐陵县城西人，历大理寺副、光禄寺丞。

20. 任敬敏　吉安府泰和县人，历监察御史。

21. 陈　素　吉安府泰和县人，历长史。

22. 萧　进　字荐之，吉安府泰和县城西人，历藤县知县。

23. 萧　镗　吉安府泰和县人，历知县。

24. 尹　源　吉安府泰和县人，选庶吉士，历知县。

25. 曾　泉　字本清，吉安府泰和县人，选庶吉士，初授监察御史，谪汜水典史卒，终年50岁。

26. 何文渊　字巨川，初号东园，晚号钝庵，建昌府广昌县人，初授监察御史，历知府，终官至太子太保、吏部尚书，天顺元年夏四月丁未卒于家。

27. 赖　瑛　字世杰，一字梅溪，建昌府广昌县人，历监察御史，终官至云南参政。

28. 左　瑞　字世瑄，号讷庵，建昌府南城县人，初授监察御史，官至广东左参政，天顺戊寅五月某日卒于家。子左赞。

29. 刘　性　字秉初，建昌府新城县旌善乡人，历刑、兵部主事。

30. 曹　魁　九江府湖口县人。

31. 陈孟浩　临江府新淦县人，终官至苏州府学教授。

32. 陈绍夔　临江府新淦县人，历监察御史。

33. 宋　常　字常固，临江府新淦县金滩人，历旌阳知县致仕。

34. 邹　凤　临江府新淦县人，历国子监博士。

35. 胡　钦　临江府新喻县人，历教授。

36. 黄　裳　南昌府新建县人，历同知。

37. 李子恢　临江府新喻县人，历同知。

38. 习嘉言　名经，以字行，号寅清居士，晚号射乐翁，临江府新喻县人，改翰林庶吉士，官至詹事，终年66岁。

39. 刘　永　字克修，南安府大庾县人，会试《春秋》魁，官至荆州知府，卒于任。

40. 胡远　南昌府丰城县西隅人，历监察御史。

41. 雷成睿　南昌府丰城县雷坊人，未任官而卒。

42. 熊　翰　复姓杨，南昌府丰城县乌冈上人，历监察御史，终官至云南佥事。

43. 杨　仪　南昌府丰城县邑郛人，历州判。

44. 喻　俊　字仲伟，南昌府丰城县邑郛人，历监察御史。

45. 周懋昭　复姓徐，字勉明，南昌府丰城县邑郛火巷人，选庶吉士卒。

46. 胡　恭　南昌府靖安县人，历南京监察御史。

47. 李　偁　南昌府南昌县人，历知县。

48. 钱文贵　南昌府南昌县人，历交趾安朝知县。

49. 万韫辉　南昌府南昌县人，历田州同知。

50. 杨　衡　南昌府南昌县人，历府学教授。

51. 王　琏　字仲瓒，南昌府新建县人，初授监察御史。

52. 吴　钠　字文坚，饶州府安仁县崇德人。

53. 方　册　字载道，饶州府德兴县北隅人，选庶吉士，初授监察御史，官至福建按察使卒。

54. 余　深　字用渊，饶州府德兴县南隅人，历知州。

55. 刘为政　字子民，饶州府浮梁县北隅人，历知县。

56. 蔡　贵　字天锡，饶州府乐平县西隅人，历知县。

57. 方　珏　字宗玉，饶州府乐平县人，历府学教授。

58. 倪　鼎　字大器，饶州府乐平县人，历行人。

59. 周　礼　字时叙，饶州府乐平县东隅人，历参政。

60. 刘　莘　字志尹，饶州府鄱阳县四十都人，初授行人，终官至山东参政，景泰二年归。

61. 陶　圭　字汝敬，饶州府鄱阳县人，历监察御史，改衢州教授。

62. 邹　逊　字子让，饶州府余干县人，历员外。

63. 幸　实　字止善，瑞州府高安县井塘人，历刑部主事。

64. 易　輗　字仲载，瑞州府高安县在城人，历高州知府。

65. 游　奎　字赤叔，瑞州府新昌县二十都人，历监察御史。

66. 刘　江　吉安府泰和县人，应天江宁县籍，一甲榜眼，初授编修。

十四　永乐十九年辛丑（1421）曾鹤龄榜

1. 王学敏　抚州府临川县人，历监察御史。

2. 吴邦直　抚州府临川县人，历监察御史。

3. 吴昌衍　字世繁①，抚州府临川县人，历监察御史，终官至四川左参政，卒年80余岁。

4. 张士贞　抚州府临川县人，历监察御史。

5. 尹　安　广信府上饶县人。

6. 郑　安　广信府上饶县人。

7. 郑　原　广信府上饶县人，历刑部郎中。

8. 刘　球　字廷振，一字求乐，吉安府安福县北乡茨溪人，官至侍讲，正统六年忤王振下狱死，谥忠愍。

9. 万　节　字资中，吉安府安福县雅泽里人，历监察御史，官至广西按察副使。

10. 艾凤翔　名集，以字行，吉安府吉水县人，初授工部主事归。

11. 黄　占　吉安府吉水县人，历知县。

12. 罗　智　吉安府吉水县人，历监察御史。

13. 裴　诚②　吉安府吉水县人，历知县。

14. 王　骥　吉安府吉水县人，历副使。

15. 朱立新　吉安府吉水县人，历主事。

---

① 嘉靖《江西通志》本传作“祉繁”。

② 嘉靖《江西通志》卷26《吉安府·科目·国朝》云“复姓许”，第4385页。

16. 陈邦贞 吉安府庐陵县人，历知县。

17. 郭 循 字循初，吉安府庐陵县人，官至广东参政，景泰初卒，终年57岁。

18. 刘 冲 吉安府庐陵县人，历教谕。

19. 刘 庄 吉安府庐陵县人，选庶吉士。

20. 伍 奇 吉安府庐陵县人，历刑部主事。

21. 康 颒 字宜清，吉安府泰和县平易坊人，历大理评事。

22. 欧阳哲 字广哲，吉安府泰和县人，历河南副使。欧阳洙之从兄。

23. 彭 震 吉安府泰和县人，历知县。

24. 王 绂[①] 字用仪，吉安府泰和县南富里人，历莱芜知县。

25. 杨 颢 字希淳，吉安府泰和县南溪人，初授太常博士，宣德七年十二月初三日卒于任，享年45岁。

26. 曾鹤龄 字延年，一字延之，号松坡，吉安府泰和县文溪人，会试2名，一甲状元，官至侍讲学士，正统六年三月戊午卒，终年59岁。长子曾序。

27. 张 佥 吉安府泰和县人，初授监察御史，左迁秀水县丞。

28. 黄 卓 字退省，吉安府永丰县人，历教谕，卒于官。

29. 徐 铎 吉安府永丰县人，历教谕。

30. 杨夔章 吉安府永丰县人，历知县。

31. 江志昂 吉安府永新县人，初授刑部主事。

32. 左 高 吉安府永新县人，历知县。

33. 陈 安 临江府清江县人，二甲传胪，历知府。

34. 刘 谦 临江府清江县人，历郎中。

35. 张 铎 临江府清江县人，历知府。

36. 胡思学 临江府新喻县人，历员外郎。

37. 施 静 临江府新喻县人。

---

① “绂”一作“黻”，见嘉靖《江西通志》卷26《吉安府·科目·国朝》，第4384页。

38. 张复阳　临江府新喻县人。

39. 张　韫　临江府新喻县人，历员外郎。

40. 蒋　诚　字性存，南安府大庾县人，历监察御史，终官至广西副使。

41. 丁　仉　字秉昭，南昌府丰城县沙湖人，历工部主事。

42. 范　衷　字恭肃，南昌府丰城县楂村人，历知州。

43. 黄　成　字秉诚，南昌府丰城县沄江人，历监察御史。

44. 李元凯　名杰，以字行，南昌府丰城县小塘人，历婺源知县归。

45. 聂好谦　名逊，以字行，更字用美，南昌府丰城县楂村人，官至广州知府。

46. 聂用乂　名康民，以字行，南昌府丰城县小塘人，初授南京监察御史，历府同知。

47. 任　礼　字敬让，别号澹斋，南昌府丰城县人，官至湖广右布政使，天顺四年七月辛卯卒于家，享年66岁。

48. 夏希纯　名宁，以字行，号南归翁，南昌府丰城县学前人，官至陕西右参政。

49. 熊　昱　字尔耆，南昌府丰城县善坑人，历监察御史，官至参政。

50. 徐　琳　字玉相，后改名其诚，南昌府丰城县吴塘人，历惠州府判官。

51. 游　和　字世温，自号止庵，南昌府丰城县南岐人，历荆州府通判。

52. 陈　谷　字世用，南昌府进贤县人，初授监察御史，历广西参政。

53. 邓　敏　南昌府进贤县人，历监察御史。

54. 傅　端　南昌府进贤县人。

55. 李　埙　南昌府进贤县人，历知县。

56. 沈　庆　南昌府进贤县人，历推官。

57. 舒　敬　字守中，号谦益，南昌府靖安县人，历知府，卒年

67 岁。

58. 万　观　字经训，南昌府南昌县人，初授监察御史，官至山东左布政使，景泰元年十月二十五日卒，终年 64 岁。

59. 周　昇　南昌府南昌县人。

60. 顾　源　南康府建昌县人，历知县。

61. 胡　新　字启迪，南康府建昌县人，历监察御史，终官至福建按察使。

62. 彭　鉴　字方明，号拱辰，南康府建昌县人，历监察御史，卒年 56 岁。

63. 邵　嵩　字惟嶽，自号湖山居士，南康府建昌县人，历监察御史，言事谪官不仕。

64. 张　鉴　字惟明，南康府建昌县人，历监察御史，官至汝宁知府。

65. 程　鍩　饶州府浮梁县人，历茶陵知县。

66. 程道兴　一名绩，字惟贤，饶州府浮梁县西隅人，官至湖州知府。

67. 冯　诚　字志诚，一作至诚，别号无伪道人，饶州府浮梁县湘湖人，历监察御史，官至湖广按察使，天顺己卯四月二日卒，享年 60 岁。冯蕺之父。

68. 吴　惠　字泽民，饶州府浮梁县南隅人，官至知州卒。

69. 舒　谟　字恺政，饶州府乐平县东隅人，初授杞县知县，官至监察御史，正统七年卒。

70. 吴　堂　字克升，饶州府乐平县三十二都人，历知州，监察御史。

71. 徐　亮　字明夫，饶州府乐平县三都人。

72. 王　喆　字克明，瑞州府高安县青石冈人，历礼部主事。

73. 毛　伦　字时叙，瑞州府新昌县人，历兵部侍郎。

74. 罗　铨　字文衡，吉安府吉水县人，南直隶淮安府山阳县籍，历监察御史，官至湖广按察使，正统四年五月十四日卒于任，终年 47 岁。

75. 解　璇[①]　吉安府吉水县人，山西五台县籍。

76. 洪　玙　字宗器，广信府贵溪县人，浙江淳安籍，永乐庚子于福建中举，官至吏部侍郎，正统十年十一月某日卒，享年52岁。

十五　永乐二十二年甲辰（1424）邢宽榜

1. 张　纯　号草堂，抚州府乐安县人，初授刑部主事，历员外郎。

2. 艾度昭　抚州府临川县人，历监察御史，官至知府。

3. 徐文瞻　抚州府临川县人，历监察御史。

4. 鲍　时　字时溥（一作时博），吉安府安福县人，祖籍湖广咸宁，历参议。

5. 陈　铉　字会鼎，吉安府安福县常丰人，官至礼部郎中，正统八年癸亥（1443）正月九日卒，享年48岁。

6. 王　让　字体良，吉安府安福县人，初授监察御史，历福建按察副使。

7. 李在修　吉安府吉水县人，历佥事。

8. 汪　奎　吉安府吉水县人。

9. 曾惟珎　吉安府吉水县石壁人，初授行人，正统二年四月十六日卒于陕西韦州。

10. 周南巽　吉安府吉水县人，历郎中。

11. 段顺孜　吉安府庐陵县人。

12. 刘惟彬　吉安府庐陵县人，历知县。

13. 彭　谦　字终吉，吉安府庐陵县人，历知县。

14. 康　琰　吉安府泰和县人，二甲传胪，历知府。

15. 欧阳洙　字广洙，吉安府泰和县蜀江里人，历监察御史，官至参政。欧阳俊之从侄，欧阳哲之从弟。

16. 刘广衡　字克平，吉安府万安县人，历陕西布政使、左副都御史巡抚辽东，官至刑部尚书，天顺二年十二月己巳卒于京，终

---

① 《碑录》（第163页）、《索引》（第915页）作“解璿”。

年64岁。

17. 李　春　字宜春，吉安府永丰县人，历漳州知府。

18. 宋原端　吉安府永丰县人，初授监察御史。

19. 周　宁　吉安府永丰县人。

20. 朱　硕[①]　字孔蔓，吉安府永丰县人，历教授。

21. 尹　祥　字兆吉，吉安府永新县人，历兵部员外郎。

22. 揭　稽　字孟哲，建昌府广昌县人，初授监察御史，历广西、广东左布政使，官至兵部左侍郎巡抚广东。

23. 邓　棨　字孟扩，建昌府南城县人，初授监察御史，历陕西按察使，官至右副都御史，正统十四年八月壬戌卒于土木堡之役，终年54岁，谥襄敏。

24. 胡　器　字季楠，临江府新淦县人，历监察御史卒。

25. 李　叙　临江府新淦县人，历推官。

26. 毛　俊　临江府新淦县人，历员外郎。

27. 杜　敬　字叔寅，南昌府丰城县鹤村里人。

28. 孙曰恭　字恭斋，南昌府丰城县人，一甲探花，初授编修，官至侍读。

29. 徐　正　字必端，南昌府丰城县邑郛人，历广东参政。

30. 杨　诚　字彦胜，南昌府丰城县石坑人。

31. 张　彦　字子彦，南昌府丰城县邑郛人，历监察御史，官至佥事。

32. 舒　颙　字敬常，南昌府进贤县人，历监察御史，擢中丞卒。

33. 吴　晟　南昌府进贤县人，历监察御史。

34. 魏　淡　南昌府南昌县人，历监察御史。

35. 柳　芳　字墀茂，南康府都昌县人，历山西参政。

36. 吴　旺　南康府都昌县人，历教授。

37. 计　澄　字本清，饶州府浮梁县湘湖人，历监察御史、楚雄

---

① 一作“陈硕”，见嘉靖《江西通志》卷26《吉安府·科目·国朝》（第4389页），本传云：“陈硕，字孔蔓，少失父，事母以孝闻。”（第4717页）可能曾冒外姓，然不可考。

知府，终官至广西按察使，天顺五年十一月乙丑卒。

38. 李　安　字遵安，饶州府浮梁县西隅人，历监察御史，官至山东佥事。

39. 高　举　字季行，饶州府鄱阳县人，历监察御史。

40. 喻　义　饶州府余干县人，历太仆寺丞。

41. 郑　烈　字公懋，饶州府余干县人，历知县。

42. 郭　瑾　字邦器，袁州府万载县人，初授刑科给事中，终官至刑部右侍郎。

十六　宣德二年丁未（1427）马愉榜

1. 何自学　字思学，抚州府金溪县人，官至陕西按察使，景泰三年正月二日卒于任，终年56岁。

2. 王　裕　字昌问，抚州府金溪县人，初授监察御史，官至四川按察使。

3. 张　庆　抚州府乐安县人，历监察御史。

4. 李应庚　名寅，以字行，广信府贵溪县人，官至肇庆知府。

5. 徐仲麟　广信府上饶县人，历副使。

6. 王　理　吉安府吉水县人，历给事中。

7. 王　佐　字功载，吉安府吉水县富溪人，选庶吉士，历临安知府。

8. 萧　启　字斯阳，吉安府龙泉县南园里人，历监察御史、右佥都御史巡抚山西。

9. 邹　宜　吉安府庐陵县人，历行人。

10. 刘　準　字叔用，吉安府泰和县珠林人，历监察御史。

11. 罗崇本　名谌，吉安府泰和县人，历云南参政。

12. 欧阳汤　吉安府泰和县人，历刑部员外郎。

13. 萧　晅　字仰善，吉安府泰和县人，三甲1名，历云南、湖广布政使，官至礼部尚书，天顺五年五月甲辰卒于南京礼部尚书任。

14. 萧　镃　字孟勤，号尚约先生，吉安府泰和县南溪人，宣德八年选庶吉士，历祭酒，官至太子少师、户部尚书兼翰林学士，直阁，天顺八年卒。

15. 曾　序　字蒙启，吉安府泰和县人，历参议。曾鹤龄长子。

16. 陈　城[①]　吉安府永丰县人，历郎中。

17. 江玉琳　字正夫，吉安府永新县人，二甲传胪，初授监察御史，历广西佥事。

18. 刘克彦[②]　名儁，以字行，吉安府永新县人，初授监察御史，官至佥事。

19. 程　通　字用宣，建昌府新城县人，历行在刑部主事。

20. 丁　芹　字廷用，建昌府新城县南坊人，历刑部员外郎。

21. 黄　恕　临江府新淦县人，历知府。

22. 金昭伯　临江府新淦县人，历给事中。

23. 孔　初　临江府新淦县人，历太仆寺丞。

24. 张万中　临江府新淦县人，历员外郎。

25. 丁　俊　字秉存，南昌府丰城县沙湖人，历监察御史，谪推官。丁仉之从兄弟。

26. 甘　瑛　字宗华，南昌府丰城县邑郛人，历知府。

27. 吴　显　南昌府丰城县邑郛人，官至刑部员外郎，卒于任。

28. 马　俊　南昌府新建县人。

29. 崔　远　字弘毅，饶州府浮梁县西隅人。

30. 汪　云　字庆云，饶州府乐平县二都人，选庶吉士，历知县。

31. 陈　鉴　字贞明，一作真明，瑞州府高安大城人，历监察御史，官至河南参议。

十七　宣德五年庚戌（1430）林震榜

1. 吴　文　抚州府崇仁县人，历吏部主事。

---

① “城”一作“诚”，见嘉靖《江西通志》（第4391页）。

② 王直《墓表司副刘公墓表》：“监察御史安成刘克彦以永乐壬寅正月廿五日丧其考司副公，……公讳恭，字允恭。本龙氏，唐零陵守述之后。曾大父贵甫早孤，为刘氏赘婿，妇之兄君寿资豪而力寡，扳贵甫为援，载之版籍，从其姓，故遂姓刘氏。”未复姓。载《抑庵文后集》卷26。

2. 杨　祖　字自新，抚州府崇仁县人，历凤阳知府，迁河南副使卒。

3. 胡　澄　抚州府乐安县人，历工部主事。

4. 范　鎔　抚州府临川县人，历山西佥事。

5. 刘　实　字嘉秀，号敬斋，吉安府安福县人，选庶吉士，官至南雄知府，天顺五年五月戊辰瘐死狱中，终年66岁。

6. 万　霁　字季丙，吉安府安福县人，初授阳朔知县。万节之从兄弟。

7. 吴　节　字与俭，号竹坡，吉安府安福县人，选庶吉士，历南京国子监祭酒，终官至太常寺卿兼翰林院侍读学士，成化十七年秋七月辛卯卒，终年85岁。

8. 谢　牧　字谦牧，吉安府安福县人，历通判。

9. 邓履纯　吉安府吉水县人，历参议。

10. 胡端祯　名祥，以字行，吉安府吉水县仁寿乡南华人，选庶吉士，官至给事中，卒年38岁。

11. 廖　庄　字安止，号东山，吉安府吉水县人，选庶吉士，初授刑科给事中，终官至刑部左侍郎，成化二年十二月丁未卒，终年63岁，谥恭敏。

12. 邓　让　吉安府庐陵县人，历监察御史。

13. 萧维祯①　名兆，以字行，吉安府庐陵县人，历大理寺卿，终官至太子少保、南京兵部尚书，参赞机务，成化八年三月辛亥卒于家，谥文昭。

14. 丁　伦　临江府新淦县人，历给事中。

15. 宋　琏　字殷征，临江府新淦县槎陂人，中浙江乡试，庶吉士，初授工科给事中，正统元年冬十月庚午卒于京，得年33岁。

16. 蔡云翰　初名蒲，字九节，后改名云翰，南安府大庾县人，初授工部主事，官至福建佥事。

17. 熊　炼　字学渊，号退庵，南昌府进贤县人，历广西右布政

① “祯”一作“禎”，嘉靖《江西通志》（第4718页）。

使，卒年77岁。

18. 高　峻　字恒安，一字行安，饶州府余干县西隅人，历监察御史，官至浙江参政。

19. 刘　清　字仿殷，吉安府吉水县人，顺天宛平县富户籍，官至四川副使致仕。

十八　宣德八年癸丑（1433）曹鼐榜

1. 姜　洪　字启洪，号松冈，抚州府乐安县人，选庶吉士，官至修撰。

2. 傅　纲　抚州府临川县人，历翰林。

3. 黄　瓒　抚州府临川县人，历琼州知府。

4. 李　绍　字克述，吉安府安福县浮山人，会魁，选庶吉士，官至礼部右侍郎，成化七年春正月辛丑卒，终年65岁。

5. 黄　瓒　字宜璋，吉安府吉水县人，选庶吉士，初授南京刑部主事，谪戍威远、辽东卒。

6. 刘　益　字崇益，号觉庵，吉安府吉水县人，历兵刑二科给事中，官至国子监祭酒，天顺八年五月乙亥卒于官，终年63岁。刘观之兄。

7. 刘　祯　吉安府吉水县人。

8. 宋　怀　吉安府吉水县人，历尚宝卿，宋子环子。

9. 尹　昌　字辑祯，吉安府吉水县人，初授行人，正统十四年死于土木堡之难。

10. 张　杰　吉安府吉水县人，历太仆寺丞。

11. 萧　璁　字孟奎，吉安府泰和县人，历礼部侍郎。

12. 曾　翚　字时升，吉安府泰和县上模里人，历山东、河南布政使，官至刑部左侍郎，弘治四年正月壬辰卒于家。

13. 刘　哲　字希哲，吉安府万安县人，会元。

14. 谢　磷　吉安府永丰县人，历郎中。

15. 钟　复　字弘彰，一作彦彰，号云川，吉安府永丰县人，一甲探花，初授编修，升修撰卒，终年44岁。

16. 郑　悠　字孟大，建昌府南城县人，初授兵科给事中，官至南京太仆寺卿，成化十三年（1477）六月丁未卒于家，终年72岁。

17. 张　彝　临江府清江县人，历知府。

18. 金辅伯　名弼，以字行，临江府新淦县人，宣德七年乡魁，历太仆寺少卿，天顺七年（1463）三月十五日卒，终年51岁。金昭伯从弟。

19. 吴方大　临江府新喻县人，历刑部郎中、盐运使。

20. 张　固　字公正，临江府新喻县上汾人，初授刑科给事中，官至大理寺少卿，景泰丙子八月十六日卒于任，享年62岁。

21. 蒋　铭　字公纪，南安府大庾县人，初授南京工部主事，官至澂江知府。

22. 王　弼　字廷辅，饶州府鄱阳县东北关人，初授户科给事中，终官至应天府尹①，成化十六年秋七月己亥卒于家，终年80岁。

十九　正统元年丙辰（1436）周旋榜

1. 谢　辅　字廷辅，自号守拙，抚州府乐安县人，乡试2名，官至浙江右布政使，终年69岁。

2. 李　毅　字士弘，抚州府临川县人，历刑部主事。

3. 戴　相　复姓萧，字廷器，吉安府安福县人，历刑部主事致仕。

4. 刘　钺　字仗德，吉安府安福县人，选庶吉士，历广东参政。刘球之子。

5. 彭　贯　字进唯，吉安府安福县智溪人，历浙江佥事。

6. 王　高　字邦彦，吉安府安福县人，官至福建右布政使。

7. 李同仁　字公溥，吉安府吉水县人，历运同。

8. 刘　静②　字安之，吉安府吉水县人，历知府。

9. 王　鉴　字钦正，吉安府吉水县金塘里人，解元，二甲1名，

① 《明人传记资料索引》本传引《掖垣人鉴》作"累官至顺天府尹致仕"，误，王弼曾任顺天府丞，后升应天府尹。

② "静"一作"靖"，见顺治《吉安府志·选举表三·明进士》（第91页）。

庶吉士，未及授官，正统三年六月十三日卒，享年36岁。

10. 陈　文　字安简，号耿斋，吉安府庐陵县人，己卯解元，一甲榜眼，历云南、广东布政使，官至太子少保、礼部尚书兼文渊阁大学士，成化四年夏四月丁巳卒于任，终年64岁，谥庄靖。

11. 梁　桊　字叔车，号松轩，吉安府泰和县人，历广西布政使，官至浙江左布政使，天顺五年八月丁丑卒于任，终年70岁。

12. 龙　文　字士郁，一字彦祥，吉安府泰和县人，三甲1名，官至南京工部右侍郎，天顺三年五月丙午卒，享年52岁。

13. 杨德敷　字弘敬，吉安府泰和县人，乡试5名，历知府。

14. 袁　和　字叔景，吉安府泰和县人，观政礼部，未及授官，正统四年八月十九日卒于家，享年46岁。

15. 刘定之　字主静，号呆斋，吉安府永丰县人，会元，一甲探花，官至礼部左侍郎兼翰林院学士，入阁，成化五年八月辛酉卒于任，终年61岁①，谥文安。

16. 陈　安　字静简，南昌府新建县人，历湖广左布政使致仕。

17. 戴　瑺　字廷美，饶州府浮梁县北隅人，选庶吉士，初授吏部主事，官至郎中。

二十　正统四年己未（1439）施槃榜

1. 杨　贡　字彦魁，号雪艇，抚州府乐安县人，历监察御史，官至苏州知府。

2. 单　宇　字时泰，自号菊坡，抚州府临川县人，历知县。

3. 刘　益　字谦之，广信府贵溪县人，历福建参议。

4. 李　柰　字景春，广信府上饶县人，官至广西参政。

5. 刘　玭　字求素，号双林，吉安府安福县人，官至刑部员外郎，谪戍辽阳卒，终年55岁。

6. 李　茂　字蕚茂，吉安府吉水县人，官至大理寺左少卿，天顺四年十二月庚子卒于任，终年55岁。

---

① 一作卒年60岁，见嘉靖《江西通志》本传（第4725页）。

7. 刘　观　字崇观，号卧庐先生，吉安府吉水县人，戊午解元，不仕而归。刘益之弟。

8. 刘　同　吉安府庐陵县人，历光禄寺丞。

9. 刘　孚　字诚之，吉安府泰和县人，初授刑科给事中，历佥事。

10. 刘善庆　吉安府万安县人，官至刑部员外郎。

11. 萧　翼　字体全，吉安府永新县人，历顺德知府。

12. 李　逊　字时敏，建昌府南丰县人，正统戊午湖广举人，历廉州知府。

13. 聂　智　字知节，南昌府丰城县二都人，历晋宁州同知。

14. 李　郁　字若虚，南昌府丰城县登乡人，以承差中举，历太平知府。李实之子。

15. 罗　瑛　字庆清，南昌府丰城县荷塘人，初授刑部主事，左迁保定府经历。

16. 丰　庆　字之庆，九江府瑞昌县籍，浙江鄞县人，初授兵科给事中，官至河南左布政使。

17. 孟　玘　字廷振，号静斋，广信府铅山县人，以军籍家福建闽县太平坊，历庐州知府，生永乐壬辰（1412）正月十八日，卒于成化丁亥（1467）九月二日，终年56岁。

二十一　正统七年壬戌（1442）刘俨榜

1. 黄　裳　字元吉，赣州府兴国县人，历监察御史。

2. 路　璧　字斐资，吉安府安福县人，历给事中，官至福建左布政使。

3. 潘　鉴　吉安府安福县人，历郎中。

4. 王　理　字叔庸，吉安府安福县人，选刑科给事中，官至太仆寺卿，卒于任。

5. 左　辅　吉安府安福县人，历监察御史。

6. 邓　贵　字安达，吉安府吉水县人，三甲1名，官至四川参政，卒于官。

7. 鄞　海　吉安府吉水县人，历给事中。

8. 刘　俨　字宣化，号时雨，吉安府吉水县人，一甲状元，官至太常寺少卿兼翰林院侍读，天顺元年九月癸酉卒，终年64岁，谥文介。

9. 罗如墉　字本崇，号竹峰，吉安府庐陵县人，初授行人，正统十四年死于土木堡之难，终年46岁。

10. 王　概　字同节，号恕斋，吉安府庐陵县人，历右副都御史巡抚陕西，大理寺卿，官至刑部尚书，成化十年八月壬子卒于任，终年57岁，谥恭毅。

11. 陈　宜　字公宜，号静轩，吉安府泰和县人，二甲传胪，初授工科给事中，历云南布政使、右副都御史巡抚贵州，官至兵部右侍郎，成化八年三月壬戌卒，终年60岁。

12. 王　俨　字民望，吉安府泰和县人，初授行人，选给事中，谪郯城主簿致仕，后为澄江书院山长。

13. 郑　清　字廷宪，吉安府泰和县人，历兵部主事。

14. 刘　曦　字玉晖，吉安府万安县人，官至两淮运使致仕。

15. 谢　绅　吉安府万安县人。

16. 周　铎①　字秉训，吉安府万安县仓前人，累官广东左布政使。

17. 高　安　字容静，吉安府永丰县人，历浙江佥事。

18. 黄　祯　吉安府永丰县人，历主事。

19. 尹　礼　字内则，吉安府永新县人，初授监察御史，官至河南按察副使卒。

20. 左　鼎　字周器，吉安府永新县人，初授监察御史，官至左佥都御史，天顺二年春正月戊辰卒。

21. 丘　嵩　字嵩高，号养心，建昌府南城县人，辛酉乡魁，官至给事中，正统十一年二月二十一日卒，终年33岁。

22. 骆　敏　字子学，九江府湖口县人，官至祭酒。

---

① "铎"一作"绎"，见顺治《吉安府志·选举表三·明进士》（第98页下）。

23. 龙　澄　字大渊，临江府新淦县人，历广东佥事。

24. 甘　节　字尚中，南昌府丰城县邑郛人，选庶吉士。

25. 刘华甫　名光，以字行，改字行宜，南昌府丰城县艾冈人，历吏兵两科给事中，官至知府。

26. 孙振望　名俨，以字行，南昌府丰城县孙家渡人，历福建佥事，左迁临海知县致仕卒。

27. 郑　温　字厉夫，南昌府丰城县邑郛人，以承差应天府中举，历知县。

28. 万　祥　南昌府南昌县人，历楚雄知府。

29. 熊　文　字尹奎，南昌府新建县人，历给事中。

30. 余　瓒　字世用，饶州府德兴县南隅人，历韶州知府。

31. 汪　琰　字廷用，饶州府乐平县东隅人，选监察御史，官至山东副使。

32. 欧阳正　字正楷，吉安府吉水县人，新昌县籍，历主事。

33. 刘　锴　字用甫，自号铁心道人，吉安府泰和县人，云南临安府籍，历佥事致仕。

二十二　正统十年乙丑（1445）商辂榜

1. 黄　霖　抚州府乐安县人，历参议。

2. 胡　濬　字源渊，广信府铅山县青山人，官至杭州知府。

3. 刘　珷[①]　字次珣，吉安府安福县人，顺天府顺义县学中举，初授兵科给事中，官至广西佥事。

4. 尹　恕　吉安府安福县人，历澂江知府。

5. 张　洪　吉安府安福县人，历监察御史，正统十四年死于土木堡之难。

6. 胡　端　吉安府吉水县人，历副使。

7. 李庸修　吉安府吉水县人，历知府。

① “珷”一作“斌”，见嘉靖《江西通志》卷26《吉安府·科目·国朝》，第4403页。

8. 刘　谕　吉安府吉水县人，直隶冀州学中举，历参议。

9. 许　振　吉安府吉水县人，历参政。

10. 周　璹　吉安府吉水县人，历副使。

11. 陈　方　字正观，吉安府庐陵县人，历湖广佥事。

12. 萧　彝　吉安府泰和县人，历侍郎。

13. 杨　涣　字德济，吉安府泰和县人，官至广东佥事。

14. 袁　广　吉安府泰和县人，历太仆寺丞。

15. 曾蒙简　名廉，以字行，吉安府泰和县人，二甲传胪，初授监察御史，历浙江按察使。

16. 刘　孜　字显孜，吉安府万安县人，初授监察御史，历山东左布政使、右副都御史巡抚南畿，官至南京刑部尚书，成化四年六月己亥卒，终年58岁。

17. 严　枢　吉安府万安县人，历监察御史。

18. 陈　律　吉安府永丰县人，历礼部郎中。

19. 曾　卓　吉安府永丰县人，历郎中。

20. 陈　宽　字用弘，南昌府丰城县上坊人，历刑部主事。

21. 涂　谦　字恒让，南昌府丰城县邑郛人，初授监察御史，官至山东副使卒，终年39岁。

22. 罗　箎　字叔和，一字应韶，南昌府南昌县人，初授监察御史，官至右副都御史巡抚湖广，成化十年五月戊申卒于家，终年58岁。

23. 周　旋　字中礼，饶州府鄱阳县六都人，官至郎中。

24. 王　宣　吉安府吉水县人，四川长寿民籍，历佥事。

25. 叶　冕　字拱辰，饶州府鄱阳县人，浙江上虞县官籍，历山西左布政使，左副都御史致仕。

二十三　正统十三年戊辰（1448）彭时榜

1. 王　芳[①]　字宇直，抚州府金溪县人，历吏科给事中。

---

① 一作“王方”，见弘治《抚州府志》卷19《科第二·进士·皇明》。

2. 廖　俊　字从杰，抚州府乐安县人，历知府。

3. 王　常　字大经，抚州府临川县涺溪里（后入东乡县）人，初授监察御史，左迁莆田知县。

4. 黄德温[①]　字伯理，赣州府信丰县人，终官至镇江府通判。

5. 刘　洙　字东周，广信府贵溪县人，正统丁卯解元，历刑科给事中，官至应天府丞，天顺八年卒。

6. 叶　禄　字禄元，广信府贵溪县人，历陕西佥事。

7. 黄　溥　字澄济，号石崖居士，广信府弋阳县潭石人，初授监察御史，官至广东按察使。

8. 李　玘　字孟玉，一字廷绅，广信府弋阳县人，历监察御史，官至河南按察使卒。

9. 胡　皞　吉安府安福县人，历监察御史。

10. 刘　泰　吉安府安福县人，历行人。

11. 彭　时　字纯道，吉安府安福县人，会试2名，一甲状元，初授修撰，即入阁，官至少保、吏部尚书兼文渊阁大学士，成化十一年三月辛未卒于任，终年60岁，谥文宪。

12. 周　瑚　吉安府安福县人，历监察御史。

13. 康　圭[②]　吉安府泰和县人，历员外郎。

14. 罗　俊　字承彦，吉安府泰和县人，初授监察御史，历浔州、南雄知府。

15. 吕　铎　字文振，九江府德化县人，官至浙江左参政。

16. 朱　厚　临江府清江县人，历佥事。

17. 黄　节　字顺中，南昌府丰城县人，官至太仆寺少卿卒。

18. 杨　进　字日俊，南昌府丰城县二都人，历监察御史，左迁罗山知县。

19. 谭　广　南康府都昌县人，历给事中。

20. 戴　珉　字廷振，饶州府浮梁县人，初授兵部主事，官至

① 一作“黄得温”，见《碑录》，第230页。

② “圭”一作“珪”，见《碑录》，第224页。

郎中。

21. 卢　昇　字孔昭，饶州府乐平县人，历行人。

22. 刘　济　字时用，饶州府鄱阳县北隅人，官至左通政。

23. 彭　广　字深博，吉安府吉安县人，北直隶宛平县籍，初授刑部主事，历郎中。

二十四　景泰二年辛未（1451）柯潜榜

1. 高　明　字上达，号愚轩，更号五宜，广信府贵溪县人，初授监察御史，官至南京右佥都御史，成化二十一年九月丁亥卒于家，终年64岁。

2. 李　直　字行斐，广信府贵溪县人，官至保宁知府。

3. 吴　立　字大本，广信府贵溪县人，官至贵州副使。

4. 吕　晟　字景熙，广信府永丰县人，选庶吉士，官至夔州知府。

5. 邓　明　吉安府安福县人，历监察御史。

6. 邓　秀　吉安府安福县人，历佥事。

7. 刘　彝　字敦伦，吉安府安福县人，初授兵科给事中，终官至广平知府，卒于官。

8. 张　业　字振烈，吉安府安福县人，选庶吉士，官至国子监司业。

9. 周必兆　吉安府安福县人，历监察御史。

10. 周　达　吉安府安福县人，历参议。

11. 周　监　字文郁，吉安府安福县人，历知府。

12. 江　彤　吉安府吉水县人，历给事中。

13. 王　琳　吉安府吉水县人，官至山东按察使。

14. 阳显嘉　吉安府吉水县人，历铜仁知府。

15. 项　倬　吉安府龙泉县人，历知府。

16. 胡　炼　吉安府庐陵县人，历监察御史。

17. 胡　钦　吉安府庐陵县人，历佥事。

18. 彭　烈　字肇烈，吉安府庐陵县人，初授监察御史，官至广东左布政使，卒于官。

19. 欧阳熙　吉安府泰和县人，历副使。

20. 吴　遵　吉安府泰和县人，历监察御史。

21. 陈　蕙　吉安府永丰县人，历参政。

22. 汤　懋　字器之，吉安府永丰县人，历刑部郎中。

23. 钟　同　字世京，吉安府永丰县人，初授监察御史，景泰六年八月疏复储事下狱死，终年32岁，谥恭愍。

24. 李　钧　字许国，吉安府永新县人，初授兵科给事中，历荆门州同知。

25. 刘　敷　字叔荣，吉安府永新县人，初授南京监察御史，历湖广左布政使，官至右都御史，卒年82岁。

26. 刘　昇　吉安府永新县人，一甲榜眼，初授编修，卒于官，终年30岁。

27. 龙　需　吉安府永新县人，历行人。

28. 吴　绰　吉安府永新县人，历广西按察使。

29. 左　兴　吉安府永新县人，历推官。

30. 陶　复　字士亨，建昌府南城县人，官至监察御史。

31. 吴　汇　字会川，临江府新喻县人，会元，二甲传胪，历编修，官至国子监司业。

32. 李　瓛　字世望，南昌府丰城县湖茓人，初授监察御史，官至副使卒。

33. 游　明　字大升，南昌府丰城县苦竹人，官至福建副使，成化八年卒，终年60岁。

34. 刘子肃　字敬之，南昌府南昌县人，历福建佥事。

35. 黄　晖　字有融，号坦斋，南康府建昌县人，历给事中，官至广西佥事。

36. 刘　俭　字宗禹，饶州府浮梁县镇市人，官至鸿胪寺丞。

37. 郑　冕　字宜端，一字克瑞，饶州府乐平县人，历监察御史，天顺间官至衡州知府卒。

38. 童　轩　字士昂，饶州府鄱阳县文北乡五十九都人，初授南京吏科给事中，历副都御史巡抚四川，官至南京礼部尚书，弘治十一年二月乙酉卒，终年74岁。

39. 张　瑄　字廷珪，瑞州府高安县在城人，选庶吉士，历监察御史，官至永州知府。

40. 黄　重　吉安府吉水县人，顺天府宛平县籍，历郎中。

41. 刘　春　字缉昭，吉安府庐陵县人，锦衣卫镇抚司籍，历工部郎中。

42. 刘　宣　字绍和，一字应召，号静斋，吉安府安福县人，直隶卢龙卫籍，景泰元年顺天府解元，选庶吉士，官至南京工部尚书，弘治四年七月甲申卒，终年67岁，谥文懿。

二十五　景泰五年甲戌（1454）孙贤榜

1. 罗　明　字元亮，抚州府崇仁县人，初授监察御史，官至广西副使，年58岁卒于家。

2. 王　稽　字元哲，抚州府金溪县人，官至四川佥事。

3. 武　齐　抚州府乐安县人，弱冠登第，官至广西佥事。

4. 谢　绶　字维章，别号樗庵，抚州府乐安县人，历广西、云南布政使，右副都御史巡抚湖广，官至南京礼部尚书，弘治十五年五月己卯卒于任，终年69岁。

5. 杨　宣　抚州府乐安县人，历湖广参政。

6. 黄　会　字吉劭，抚州府临川县人，官至辽东苑马寺少卿卒。

7. 龙　霖　赣州府信丰县人。

8. 周　鼐　复姓丘，字宗用，广信府贵溪县人，官至右副都御史总督漕运巡抚凤阳，弘治十一年四月甲申卒于家。

9. 李曰良　字朝佐，广信府弋阳县人，初授监察御史，成化三年官至河南副使卒。

10. 丰　载　吉安府安福县人，历员外郎。

11. 刘　充　吉安府安福县人，历监察御史。

12. 刘　珂　字尚佩，一作本佩，吉安府安福县人，选监察御史，终官至广东布政使。

13. 刘伦正　吉安府安福县人，历佥事。

14. 刘　谟　吉安府安福县人，历评事。

15. 刘　釪　字仗和，吉安府安福县人，选庶吉士，初授监察御史，官至云南按察使，卒年64岁。刘球之子，刘钺之弟。

16. 刘　瑜　吉安府安福县人，历按察使。

17. 彭　华　字彦实，号素庵，吉安府安福县人，十九岁中举，会元，选庶吉士，以户部左侍郎兼学士入内阁，官至太子少保、礼部尚书兼翰林院学士，弘治九年十月己卯卒于家，终年65岁，谥文思。

18. 王　齐　吉安府安福县人，初授监察御史，历浙江佥事。

19. 王　重　字式钧，吉安府安福县人，初授知县，卒于官。

20. 伍　骥　字体纯，一字德良，吉安府安福县人，历监察御史，天顺七年卒于任，终年50岁。

21. 王　度　吉安府吉水县人，历湖广佥事。

22. 李　褒　吉安府庐陵县人，历知府。

23. 刘　溥　字濬州，吉安府庐陵县人，历参政。

24. 曾　唯　吉安府庐陵县人，历主事。

25. 陈　龙　吉安府泰和县人，选庶吉士。

26. 单　昂　吉安府泰和县人，官至河南佥事。

27. 康　骥　字德良，吉安府泰和县人，初授监察御史，官至福建转运使。

28. 王　用　吉安府泰和县人，官至河南布政使。

29. 杨　琚　字朝用，吉安府泰和县人，官至参政。杨德敷之从孙。

30. 尹　直　字正言，号謇斋，晚号澄江，吉安府泰和县人，会试2名，选庶吉士，以兵部左侍郎兼翰林院学士入内阁，官至太子少保、兵部尚书，生于宣德丁未（1427），正德六年（1511）卒于家，年85岁，谥文和。

31. 傅　韶　字德音，吉安府永丰县人，历黄州、长沙知府。

32. 刘　恕　字宽仁，吉安府永丰县人，历广东参议。

33. 刘　璧　吉安府永新县人，历监察御史，官至知府。

34. 刘寅之　吉安府永新县人，历湖广参议。

35. 马　聪　字体哲，吉安府永新县人，初授监察御史，谪处州推官。

36. 汤　清　字汝正，吉安府永新县人，官至湖广佥事。

37. 何乔新　字廷芳，一作廷秀，号椒丘，建昌府广昌县人，历湖广右布政使、左副都御史巡抚山西，官至刑部尚书，弘治十五年十二月庚申卒于家，终年76岁，谥文肃。

38. 劳　钺　字廷器，九江府德化县人，官至湖州府知府，卒于官。

39. 史　珍　字廷玉，九江府德化县人，官至通判。

40. 杨　恕①　字尚忠，九江府湖口县人，官至广东参议，卒于官。

41. 彭　盛　临江府清江县人，历郎中。

42. 卢　秩　字崇绩，临江府新淦县人，初授监察御史，官至贵州按察使。

43. 胡　荣　字希仁，临江府新喻县人，历给事中，官至左参政。

44. 张　黼　字良甫，临江府新喻县人，历监察御史，官至广西按察使。

45. 范　镛　字彦声，南昌府丰城县人，官至广西按察使，成化十八年卒，终年61岁。

46. 李　述　字继之，南昌府丰城县清溪人，官至贵州佥事。

47. 李　裕　字资德，号古澹，南昌府丰城县邑郛人，初授监察御史，历顺天府尹、右副都御史总漕兼巡抚庐凤诸郡，官至吏部尚书，正德六年八月癸未卒于家，终年88岁。

48. 毛　伦　字天叙，南昌府丰城县邑郛人，历监察御史，官至福建按察使。

49. 聂　元　字存善，南昌府丰城县泉井人，官至云南佥事。

---

① 方志一作"王恕"，见嘉靖《九江府志》卷11《选举志·进士·国朝·湖口》、卷13《人物志·宦业·国朝》。

50. 宋　荣　字弘仁，南昌府丰城县松湖人，历监察御史，官至佥事。

51. 汪　振　字振先，南昌府丰城县松湖人，历刑部员外郎。

52. 杨　瑄　字廷献，南昌府丰城县人，初授监察御史，官至浙江按察使卒，终年54岁。

53. 袁　润　字习德，南昌府丰城县袁坊人，官至云南参政。

54. 王朝远　名汉，以字行，南昌府进贤县人，初授监察御史，官至左佥都御史巡抚甘肃，成化十六年秋七月己巳卒于家，终年58岁。

55. 涂　淮　字达夫，南昌府靖安县人，历知府。

56. 刘季清　字士廉，南昌府南昌县人，历南京评事。

57. 周　正　字直卿，南昌府南昌县人，历知县。

58. 胡德盛　字尚愚，奉旨更名靖，字汝宁，饶州府德兴县人，初授监察御史，官至山东右布政使。

59. 冯　蒇　字惟和，饶州府浮梁县湘湖人，选庶吉士，历平湖知县。冯诚次子。

60. 吴　中　字时中，饶州府乐平县三十二都人，官至云南左布政使，卒年75岁。

61. 曾　清　字时洁，赣州府兴国县人，直隶德州卫籍，历监察御史。

62. 易　贵　吉安府吉水县人，贵州贵竹长官司民籍，历知府。

63. 李　常　吉安府吉水县人，广西桂平民籍，历知府。

64. 龙　晋　字大用，一字遵度，吉安府吉水县人，南京水军右卫籍，初授监察御史，官至常州知府致仕，成化间卒。

65. 罗　淮　吉安府吉水县人，南直隶江宁县籍，历参议。

66. 王　璘　吉安府庐陵县人，南京牺牲所籍，历副使。

67. 陈　俨　字时庄，吉安府庐陵县人，顺天府宛平县籍，历山东左布政使，右副都御史巡抚贵州，官至南京刑部右侍郎，成化二十年三月丙申卒于家，终年58岁。

68. 熊　惠　南昌府南昌县人，锦衣卫籍，历太仆少卿。

二十六　天顺元年丁丑（1457）黎淳榜

1. 徐　琼　字时庸，号东谷，一号明农翁，抚州府金溪县耿阳里人，一甲榜眼，官至太子太保、礼部尚书，弘治十八年六月辛未卒于家，时年81岁。

2. 车　振　字弘道，抚州府金溪县人。

3. 王　显　字必融，抚州府临川县人，历知州。

4. 邵　震　字瞻宸，广信府贵溪县人，官至郎中。

5. 刘伯川　字东之，广信府永丰县人，官至知州卒。

6. 潘　珪　字公瑞，广信府永丰县人，官至云南副使，卒于官。

7. 刘任治　字笃棐，吉安府安福县人，历知府。

8. 刘　秩　字厚本，一作原本，吉安府安福县人，官至刑部郎中，卒于官。

9. 路　璋　字斐章，吉安府安福县人，历员外郎。

10. 罗　修　字修爵，吉安府安福县人，历知县。

11. 彭彦充　字仲英，吉安府安福县人，乡试4名，会试4名，历礼部郎中。

12. 吴　远　字敬行，吉安府安福县人，历知府。

13. 高　安　字邦宁，吉安府吉水县人，历主事。

14. 罗　训　字丕训，吉安府吉水县人。

15. 夏　积　字孚英，吉安府吉水县人，乡试2名，会元，历南京刑部郎中。

16. 杨　魁　字用元，吉安府吉水县人，历知府。

17. 周同伯　字敬同，吉安府吉水县人，历郎中。

18. 刘　隆　字徽林，吉安府庐陵县人，历知府。

19. 罗崇岳　字仰止，吉安府庐陵县人，历知府。

20. 易居仁　字民表，吉安府泰和县人，解元，历佥事。

21. 徐　显　字东昭，吉安府永丰县人，历郎中。

22. 曾　文　字应彬，吉安府永丰县人，历主事。

23. 马体乾　字自强，吉安府永新县人，选监察御史，终官黄州府同知。

24. 方 嵩 字景高，建昌府南城县人，官至郎中。

25. 左 赞 字时翊，号桂坡，建昌府南城县人，官至广东右布政使。

26. 何 衷 字惟孝，临江府新淦县莲潭人，会试3名，官至南京大理寺右寺丞，成化七年辛卯六月卒于任，终年42岁。

27. 周 谟 字守谟，临江府新淦县人，官至陕西副使。

28. 丁 璐 字元美，南昌府丰城县沙湖人，官至广东左参政卒，时年61岁。

29. 夏 环 字曰谦，南昌府丰城县邑郛人，官至监察御史。

30. 熊 怀 字性安，南昌府丰城县邑郛人，官至南京刑部右侍郎，弘治十八年八月辛巳卒于家。

31. 游 浩 字盛如，南昌府丰城县安沙人。

32. 袁 芳 字时烈①，南昌府丰城县袁坊人，会试5名，初授给事中，官至四川参议。

33. 刘 观 字文光，南昌府新建县人，历福建右参政。

34. 计 昌 字汝贤，饶州府浮梁县湘湖人，历知州。

35. 徐 贵 字良贵，饶州府浮梁县长源人，官至盐运使。

36. 谢 芳 字景昌，赣州府赣县人，武功中卫籍，历知府。

37. 左 贤 字时彦，行三，建昌府南城县人，顺天府宛平县富户籍，官至参议。

38. 彭 果 吉安府庐陵县人，四川永宁宣抚司军籍，历郎中。

39. 蔡 哲 吉安府泰和县人，光州籍，历思南知府。

40. 周 正 字子建，吉安府吉水县人，辽东都司东宁卫军籍，历云南布政使。

二十七 天顺四年庚辰（1460）王一夔榜

1. 吴 英 抚州府崇仁县人，二甲传胪，历知府。

---

① 《嘉靖丰乘》作“字时馨”（第96页）。

2. 汪　贵　字士达，广信府永丰县人，官至府同知。

3. 周正方　字可大，吉安府安福县人，官至浙江按察使卒。

4. 周　巽　吉安府吉水县人。

5. 张　同　字祖年，吉安府永新县人，初授南京刑部主事，历郎中。

6. 范　鏌　字彦俊，南昌府丰城县人，官至广东参政。

7. 胡　泾　字源洁，南昌府丰城县人，初授监察御史，历陕西副使卒。

8. 涂　棐　字伯辅，南昌府丰城县人，初授监察御史，官至广东副使卒。

9. 涂　观　字恒夫，号芝轩，南昌府丰城县人，历知府，卒年80岁。

10. 张元祯　字廷祥，号东白，南昌府丰城县人，会魁，选庶吉士，官至吏部左侍郎兼翰林院学士，正德元年十二月甲戌卒于官，终年71岁，谥文裕。

11. 王一夔　复姓谢，字大韶，号约斋，南昌府南昌县人，一甲状元，官至工部尚书，成化二十三年五月戊午卒于官，终年63岁，谥文庄。

12. 辜　颛　字主敬，饶州府安仁县东隅人，官至广西右参议，年50岁即致仕。

13. 刘　骥　字德良，饶州府浮梁县镇市人，历监察御史。

14. 叶　盛　字景暘，饶州府余干县十九都人，官至平乐知府。

15. 丘　霁　字时雍，饶州府鄱阳县三十四都人，辽东定辽右卫籍，官至苏州知府。

16. 徐　演　吉安府泰和县人，湖广荆州右卫军籍，历副使。

17. 王　范　吉安府永新县人，直隶开州民籍。

18. 李　锐　临江府新淦县人，陕西凉州卫籍，历主事。

二十八　天顺八年甲申（1464）彭教榜

1. 郑　节　字从俭，一作崇俭，号卓峰，广信府贵溪县人，初授南京监察御史，引疾归。

2. 王　让　字谦光，广信府上饶县人，初授吏科给事中，官至楚雄知府。

3. 李　勋　吉安府安福县人，历佥事。

4. 阮　玘　字廷用，吉安府安福县人，选监察御史，成化十七年卒于官，时年39岁。

5. 伍希渊　字孟贤，一字士渊，号拙庵，吉安府安福县人，官至广西右布政使，卒年75岁。

6. 张敷华　字公实，号介庵，吉安府安福县人，选庶吉士，历右副都御史巡抚陕西、南京刑部尚书，官至左都御史，正德三年六月己丑卒于家，终年70岁，谥简肃。

7. 周　宾　吉安府安福县人，历员外郎。

8. 周　重　吉安府安福县人，历佥事。

9. 郭　瑞　吉安府安福县人，历知府。

10. 彭　教　字敷五，号东泷，吉安府吉水县泷江人，天顺三年解元，会试第二，一甲状元，官至翰林院侍讲，成化十六年秋七月丁亥卒于官，终年43岁。

11. 张　鸾　吉安府吉水县人，历四川副使。

12. 郭缉经　吉安府庐陵县人，历郎中。

13. 刘　钝　吉安府庐陵县人，历知府。

14. 彭　序　字昭伦，吉安府庐陵县人，历户科给事中。

15. 康　玠　吉安府泰和县人，历知府。

16. 罗　璟　字仲明，号冰玉，吉安府泰和县人，一甲探花，官至南京祭酒，弘治十六年七月庚寅卒于家，时年72岁。

17. 萧器用　吉安府泰和县人，历佥事。

18. 萧　祯　字彦祥，吉安府泰和县人，历副都御史巡抚陕西，官至刑、工二部尚书，卒年70岁。

19. 萧彦庄　吉安府泰和县人，历刑科给事中，谪驿丞。

20. 张　达　字时达，号柏庵，吉安府泰和县人，三甲1名，官至工部右侍郎，弘治十八年六月甲子卒于官。

21. 陈 英 临江府新淦县人，官至按察司副使。

22. 傅 瀚 字曰川，号体斋，临江府新喻县人，选庶吉士，官至礼部尚书，弘治十五年二月癸亥卒于位，谥文穆。

23. 陈 昭 字育明，南昌府丰城县荣塘人，历监察御史，官至广东佥事，卒于官。

24. 傅 实 字灿辉，南昌府丰城县大港人，初授监察御史，官至广西右参政。

25. 聂蒙昌 南昌府丰城县人，历云南佥事。

26. 孙 缉 字维熙，南昌府丰城县人，官至监察御史。孙曰良子。

27. 章 甫 字弘毅，南昌府丰城县人，官至广西佥事。

28. 戴 珊 字廷珍，号松厓，饶州府浮梁县北隅人，初授监察御史，历福建左布政使、郧阳巡抚、南京刑部尚书，官至左都御史，弘治十八年十二月癸酉卒，终年69岁，谥恭简。

29. 计 礼 字汝和，饶州府浮梁县湘湖人，解元，选庶吉士，历刑部郎中。

30. 敖 和 字正乐，瑞州府高安县龙城人，官至云南佥事。

31. 陈 政 字以正，一作以仁，号平山居士，瑞州府新昌县在城人，历工部左侍郎兼佥都御史总理河道，卒于官，时年54岁。

32. 袁 镐 南康府安义县人，福建建安籍，历佥事。

33. 张文昭 袁州府萍乡县人，山东平山卫籍，历左佥都御史。

34. 于大节 字守正，南昌府进贤县人，北直隶任丘县籍，擢监察御史，官至山东按察使卒。

35. 胡 深 字以道，南昌府新建县人，辽东定辽后卫籍，历监察御史。

36. 夏 景 临江府新喻县人，顺天府大兴县籍，历佥事。

37. 刘 濬 临江府新淦县人，湖广上津县籍，历监察御史。

二十九 成化二年丙戌（1466）罗伦榜

1. 周 翰 字良弼，抚州府崇仁县人，历工部员外郎。

2. 徐　霖　字用济，抚州府金溪县人，历给事中，官至嘉兴知府。

3. 陈　义　字集义，抚州府乐安县人，历临安知府卒。

4. 黄　本　字乔岳，抚州府乐安县人，历监察御史，弘治初卒。

5. 曾　麒　字祥兆，抚州府乐安县人，历知府。

6. 毕　瑜　字廷珍，广信府贵溪县人，选庶吉士，官至山东佥事。

7. 江　璞　字伯温，广信府贵溪县人，天顺壬午乡魁，官至参政。

8. 娄　谦　字克让，广信府上饶县人，初授监察御史，官至四川左布政使，卒于官。

9. 李　瑢　字廷章，吉安府安福县人，历布政使。

10. 李　元　字修德，吉安府安福县人，历佥事。

11. 刘资厚　字公载，吉安府安福县人，历陕西佥事。

12. 刘　鎡　字仗时，吉安府安福县人，历监察御史。

13. 彭　善　字彦积，吉安府安福县人，历知州。

14. 万　绣　字公锦，吉安府安福县人。

15. 宋应奎　字尔章，吉安府吉水县人，选庶吉士，历编修，生于宣德壬子年（1432），成化五年（1469）正月十日卒，终年38岁。

16. 陈　鹤　字在皋，吉安府泰和县人，历给事中。

17. 龙　伯　字廷魁，吉安府泰和县人，初授知县。

18. 萧　苍　字承表，一作成表，吉安府泰和县人，初授南京监察御史，官至云南副使。

19. 萧　润　字仁恩，吉安府泰和县人。

20. 张时谨　字惟厚，一字梅岩，吉安府泰和县人，官至沂州知州，卒于官。

21. 戴　用　字廷献，吉安府万安县人，会试5名，初授监察御史。

22. 刘　乔　字述宪，吉安府万安县人，选监察御史，历湖广左布政使，弘治六年卒于官。

23. 刘　忠　字显仁，号复斋，吉安府永丰县人，初授南京兵部主事，57岁卒于官。

24. 罗　伦　字应魁，一字彝正，号一峰先生，吉安府永丰县人，会试3名，一甲状元，初授修撰，改南京修撰，成化五年解官归，十四年九月卒于家，终年48岁，谥文毅。

25. 戴　僖　字大节，吉安府永新县人，官至江州知府。

26. 梅　愈　字宗韩，号东园，九江府湖口县人，历知府。

27. 戴　中　字师中，临江府新淦县人，历监察御史，官至广东副使。

28. 何　纯　字惟一，临江府新淦县莲潭人，选庶吉士，初授监察御史，官至云南副使。何衷之弟。

29. 邹　儒　字宗鲁，南昌府丰城县西乡人，历监察御史，官至云南佥事。

30. 陈　琏　字邦贵，南昌府进贤县人，历湖广佥事。

31. 杨　峻　字维高，南昌府进贤县人，历监察御史，浙江布政使，官至南京光禄寺卿，正德八年六月甲子卒于家，时年81岁。

32. 罗　经　字太常，南昌府南昌县人，历广东佥事卒。

33. 李士实　字若虚，南昌府新建县人，官至右都御史致仕，附朱宸濠诛。

34. 刘　烜　字用光，饶州府安仁县荣禄乡人，三甲1名，官至福建参政。

35. 舒　清　字本直，饶州府德兴县二十三都人，历四川右布政使，终官至广东左布政使。

36. 戴　琏　字廷献，饶州府浮梁县北隅人，历大理寺评事。

37. 李　敩　字克诚，饶州府浮梁县东隅人，官至四川副使。

38. 董　旻　字子仁，饶州府乐平县人，初授吏科给事中，官至四川参议卒。

39. 黎　福　字天与，饶州府乐平县东隅人，初授监察御史，历广东布政使、右副都御史巡抚郧阳，官至南京兵部右侍郎，弘治十四年八月己酉卒于家，终年67岁。

40. 王　谦　字文让，瑞州府高安县独城人，初授推官，卒于官。

41. 朱　汉　字景云，瑞州府高安县清潭岭人，选南监察御史，官至陕西副使。

42. 王　相　字乐用，号耻斋，瑞州府新昌县在城人，初授监察御史，官至广东佥事。

43. 袁鲁训　字宗道，号六柳居士，袁州府宜春县人，历知县。

44. 邹　袭　字继芳，吉安府永新县人，山东济南卫军籍。

45. 张　敏　字志学，临江府清江县人，锦衣卫军籍，历知府。

46. 熊　绣　字汝明，南昌府丰城县莲花桥人，湖广宁远卫军籍，历监察御史、山东布政使、右副都御史巡抚，官至南京右都御史，正德十年闰四月二十三日卒于家，终年75岁，谥庄简。

47. 袁　祯　字贞吉，南昌府丰城县荷塘人，山东兖州府兖州民籍，历监察御史。

三十　成化五年己丑（1469）张昇榜

1. 陈　勉　字自勉，抚州府临川县人，历知府，终官至河东都转运盐使，卒于官。

2. 董　越　字尚矩，赣州府宁都县人，一甲探花，官至南京工部尚书，弘治十五年五月乙亥卒，终年72岁，谥文僖。

3. 王　京　字宗周，赣州府信丰县官籍，交趾人，官至琼州知府，卒于官。

4. 李　镜　字文明，广信府弋阳县人，历岳州知府，官至浙江布政使卒，时年63岁。

5. 郑　龄　字梦龄，广信府弋阳县人，历四川布政使，终官至右副都御史巡抚河南，弘治十五年六月癸卯卒于官，终年63岁。

6. 彭　朗　字遐霁，吉安府安福县人，历知府。

7. 尹　仁　字性之，吉安府安福县人，历佥事。

8. 陈遵毅　字贵弘，吉安府庐陵县人，选监察御史，官至庆远知府。

9. 王　臣　字世赏，吉安府庐陵县人，历侍读。

10. 周孟中　字时可，号韦庵，自号畏斋，吉安府庐陵县人，历广东左布政使，官至右副都御史，卒年66岁。

11. 萧　冕　字廷冕，吉安府泰和县人，历工部郎中。

12. 萧　玙　字焕如，吉安府泰和县人，历刑部主事。

13. 张　昇　字启昭，号柏崖，建昌府南城县人，一甲状元，官至太子太保、礼部尚书，正德十二年十二月壬子卒于家，时年76岁，谥文僖。

14. 孙　仁　字伟德，临江府新淦县人，历知府，河南左布政使，终官至右副都御史巡抚宁夏，弘治十二年五月癸亥卒于家。

15. 邹　雺　字济时，临江府新喻县人，历佥事。

16. 李　延　字与龄，南昌府丰城县湖茫人，官至广西副使。

17. 毛松龄　字乔年，南昌府丰城县大屋人，历湖广副使。

18. 熊　景　字开甫，南昌府南昌县人，历广西佥事，卒年56岁。

19. 祝　澜　字有本，饶州府德兴县南隅人，初授吏科给事中，历国子监丞，议事贬官卒。

20. 贺　霖　字时望，饶州府鄱阳县西隅人，历监察御史，官至苏州知府卒。

21. 刘　宪　字文纲，饶州府余干县北隅人，乡试3名，会试3名，官至广东参政。

22. 黄　景　字文昭，瑞州府上高县在城人，官至礼部左侍郎致仕。

23. 刘　瓛　字廷珍，吉安府安福县人，山东济南卫军籍，山东解元，历知府、官至右副都御史巡抚辽东，正德十年秋七月甲寅卒于家。

24. 李　茂　字世荣，行三，吉安府庐陵县人，顺天府大兴县官籍，历大理寺左少卿。

25. 邓存德　字新之，行五，南康府建昌县人，南京钦天监籍，历刑部主事。

三十一　成化八年壬辰（1472）吴宽榜

1. 章　武　字继韶，抚州府临川县人，历知县。

2. 胡　汉　字原梁，广信府铅山县人，历监察御史，官至山西副使。

3. 刘　震　字道亨，号励斋，吉安府安福县人，一甲榜眼，官至南京国子监祭酒，卒年68岁。

4. 彭　礼　字彦恭，一作彦中，吉安府安福县人，历左副都御史巡抚应天，卒年82岁。

5. 袁　道　字德纯，吉安府吉水县人，选监察御史，卒于龙川。

6. 张　瓛　字兼素，吉安府吉水县人，历知州，终后军都督府经历。

7. 张　祥　字思履，吉安府吉水县人，历知府。

8. 胡　缙　字曰绅，吉安府庐陵县人，历刑部郎中。

9. 萧本容　字德弘，吉安府泰和县人，历佥事。

10. 马　铉　字孔任，吉安府永新县人，官至广西参议，卒于官。

11. 王　宜　字益亨，临江府新淦县人，历知州。

12. 简　显　字齐道，临江府新喻县人。

13. 王　肃　字崇恭，临江府新喻县人，历知县。

14. 樊　金　字公砺，南昌府进贤县人，历山东都转运盐使。

15. 朱　赞　字光辅，南昌府进贤县人，历知县。

16. 彭　载　字孔载，南昌府南昌县人，历工部员外郎卒。

17. 周季麟　字公瑞，南昌府宁县高市三王巷人，历河南布政使，官至右副都御史巡抚甘肃，正德十三年十二月卒，时年74岁，谥僖敏。

18. 胡　荣　字邦显，南康府建昌县人，历知州。

19. 孙　需　字孚吉，别号冰蘗翁，饶州府德兴县南隅人，乡试2名，历监察御史、浙江布政使、右副都御史巡抚陕西，官至南京吏部尚书，丁丑卒，谥清简。

20. 张　宪　字廷式，饶州府德兴县南隅人，历浙江布政使、顺天府尹，官至南京礼、工部尚书，正德六年二月壬午卒。

21. 张　英　字尚实，饶州府德兴县一都人，官至琼州知府。

22. 孙　弁　字文冕，饶州府浮梁县官庄人，乡试2名，历监察御史，官至浙江佥事。

23. 朱　本　字有立，一字立之，饶州府乐平县人，历吏部郎中。

24. 李　云　字载章，袁州府分宜县人，历知县。

25. 吴　哲　字克明，抚州府临川县人，辽东广宁卫军籍，历监察御史，官至保定知府，卒于官，终年50岁。

26. 萧　显　字文明，吉安府龙泉县人，直隶山海卫军籍，顺天乡试2名，历监察御史。

27. 王　弁　字世瞻，吉安府吉水县人，湖广襄阳县民籍，历按察使。

28. 陈　寿　字本仁，临江府新淦县人，辽东宁远卫军籍，初授户科给事中，历右副都御史巡抚陕西，官至南京刑部尚书，嘉靖二年四月己丑卒于家，谥简襄。

29. 余　铎　字文振，临江府清江县人，河南南阳卫官籍，历佥事。

三十二　成化十一年乙未（1475）谢迁榜

1. 江　贵　字公辅，抚州府金溪县人，官至南京工部郎中，卒于官。

2. 吴　嵩　字中立，抚州府临川县人，历扬州知府，福建运同。

3. 费　瑄　字仲玉，号复庵，广信府铅山县人，官至参议归，丁巳卒。

4. 汪　凤　字天瑞，广信府弋阳县人，历漳州知府，终官至贵州参政，卒年59岁。

5. 管　达　字升达，吉安府安福县人，历知府。

6. 刘　戬　字景元，吉安府安福县人，一甲榜眼，官至右谕德，卒于任，时年58岁。

7. 伍希闵　名闿，以字行，更字仲孝，吉安府安福县人，历佥事。

8. 周　启　字应文，一字坦斋，吉安府安福县人，官至广东佥事致仕，卒年88岁。

9. 李　辉　字永灿，吉安府吉水县人，历知县。

10. 周　盈　字谦之，吉安府吉水县人，历礼部郎中。

11. 王　岳　字仰高，吉安府庐陵县人，历知府。

12. 萧　惠[①]　字顺成，吉安府庐陵县人，历知府。

13. 刘　时　字本升，吉安府永新县人，历兵部郎中致仕。

14. 王　华　字廷光，建昌府南城县人，官至广西副使。

15. 左　悠　字尚员，建昌府南城县人。

16. 彭　纲　字性仁，自号云田，临江府清江县人，成化四年解元，官至云南副使。

17. 何　善　字惟吉，临江府新淦县人，官至刑部主事。

18. 李　行　字遵化，临江府新喻县人，历知府。

19. 向　荣　字至德，南昌府进贤县人，历广西副使。

20. 秦　昇　字叔熙，南昌府南昌县人，擢兵、刑科给事中，历湖广副使卒。

21. 程廷珙　字献之，饶州府浮梁县北隅人，官至广西布政使卒。

22. 苏　章　字文简，号云崖，饶州府余干县北隅人，历延平知府，官至浙江参政。

23. 尹　珍　字廷用，吉安府安福县人，直隶大河卫军籍，历知府。

24. 张　超　字能达，吉安府安福县人，中都凤阳卫军籍，历顺天府丞。

25. 谢富阳　字仕春[②]，吉安府吉水县人，赣州府瑞金县民籍，历知县。

26. 郭　秩　字持伦，吉安府万安县人，吉安府泰和县民籍，历

---

① 《会试录》作“肖惠”。

② 县志本传作“字安俭”。

主事。

27. 郭　绅　字廷章，行一，袁州府宜春县人，袁州卫军籍，历监察御史，福建布政使，官至南京刑部右侍郎，正德八年秋七月癸巳卒。

28. 袁　凤　字朝阳，临江府新淦县人，万全都司蔚州卫官籍，历佥事。

三十三　成化十四年戊戌（1478）曾彦榜

1. 刘　质　抚州府临川县人，历颍州知府。

2. 丁　积　字彦诚，号三江渔樵，赣州府宁都县西关人，初授新会知县，卒于官，生于正统丙寅十二月初十日，得年41岁。

3. 袁庆祥　字德徵，赣州府雩都县人，官至广东佥事致仕，卒年81岁。

4. 蒋　蕃　广信府上饶县，历行人。

5. 蒋　钦　字世钦，广信府上饶县，历韶州知府。

6. 姜　绾　字玉卿，号明峰，广信府弋阳县人，历监察御史，官至河南按察使，卒年56岁。

7. 周　鹏　字云翔，广信府玉山县人，官至山东佥事。

8. 刘　逊　字时让，吉安府安福县人，选南京监察御史，官至福建按察使。

9. 唐　敩　复姓朱，吉安府安福县人，历员外郎。

10. 周　濬　吉安府安福县人，历郎中。

11. 朱　临　吉安府安福县人，官至四川佥事归。

12. 李　暹　吉安府吉水县人，历知府。

13. 龙腾宵　吉安府吉水县人，历知府。

14. 吴　文　吉安府庐陵县人，历知府。

15. 周　渊　字本深，吉安府庐陵县人，初授知州。

16. 萧　集　吉安府泰和县人，历知府。

17. 曾　彦　字士美，一字雅彦，吉安府泰和县人，一甲状元，时54岁，官至南京翰林学士。

18. 曾　追　字文甫，吉安府泰和县人，一甲探花，初授编修卒。

19. 刘　彬　字素彬，号肃庵，吉安府永丰县人，官至雷州府同知致仕，卒年77岁。

20. 钟　瓘　字良玉，吉安府永丰县人，初授知县。

21. 龙德周　吉安府永新县人。

22. 李　泰　字叔通，号塞斋，建昌府新城县北坊县后人，官至员外郎归，卒年93岁。

23. 刘　清　字一之，九江府德化县人，官至太仆寺丞，卒于官。

24. 邓　概　字冠节，临江府新淦县（后分入峡江）人，官至广东佥事。

25. 丁　炼　字质纯，南昌府丰城县沙湖人，官至光禄寺少卿。

26. 涂　畴　字有年，南昌府丰城县邑郛人，历监察御史，官至惠州知府。

27. 涂　昇　字卿仪，南昌府丰城县人，历监察御史，官至广东副使。

28. 杨　鼐　字傑和，南昌府丰城县邑郛人，官至滦州知州。

29. 王　建　南昌府进贤县人，历知县。

30. 熊　禄　南昌府进贤县人，历南京光禄寺卿。

31. 丁　隆　字时雍，南昌府南昌县人，擢监察御史，历广西副使。

32. 丁　佑　南昌府南昌县人，历知县。

33. 熊　达　字成章，南昌府南昌县人，擢监察御史，官至副都御史。

34. 赵　昂　南昌府南昌县人。

35. 刘　岳　字仰止，饶州府安仁县荣禄乡人，官至琼州府同知。

36. 周　璁　字润夫，饶州府安仁县铁山人，初授兵部主事即归。

37. 张　约　字文博，饶州府乐平县人，历刑部主事。

38. 周　荣　字伯玉，一字勉仁，饶州府乐平县东隅人，历工部主事卒。

39. 吴　秀　字文朴，饶州府余干县南隅人，历监察御史。

40. 刘允中　字叔彝，瑞州府高安县均山人，选庶吉士，历礼科都给事中，卒于任，终年48岁。

41. 刘　琬　复姓高，字德资，号仰峰，袁州府宜春县人，历南京监察御史，湖广、浙江布政使，官至副都御史巡抚郧阳，卒年85岁。

42. 袁　清　抚州府乐安县人，直隶丕州卫籍，历知府。

43. 刘　聪　袁州府宜春县人，直隶蓟州卫籍，顺天府中举，初授给事中，累官副都御史。

44. 尹　陵　吉安府泰和县人，湖广京山军籍，历知府。

45. 杜　桓　吉安府吉水县人，富峪卫籍，历兵部郎中。

46. 刘　缨　字与清，临江府新淦县人，直隶苏州卫籍，历监察御史，官至刑部尚书。

47. 郭　宗　饶州府鄱阳县人，辽东辽海卫籍。

三十四　成化十七年辛丑（1481）王华榜

1. 谢　缉　字维熙，抚州府乐安县人，官至处州知府，未60岁即致仕。

2. 姚　隆　号竹庵，抚州府临川县人，初授行人，出使归即致仕。

3. 蒋　潑　字子川，广信府上饶县人，官至福州知府。

4. 娄　性　广信府上饶县人，历兵部郎中。

5. 汪　僎　字东之，广信府弋阳县人，18岁中举，官至工部郎中。

6. 郑　轼　字式之，号大石，广信府永丰县人，历监察御史，官至四川副使。

7. 欧阳旦　字子相，吉安府安福县人，历监察御史、布政使、顺天府尹，官至南京右副都御史，正德十年五月辛丑卒。

8. 周应熙[①]　字慎斋，吉安府安福县人，初授知县，选监察御

① 一作“周雍熙”，见清康熙《江西通志》卷18《选举·进士·明》，第1729页下。

史，未任卒。

9. 邓　淮　吉安府吉水县人，历温州知府。

10. 龙用升　吉安府吉水县人，历知县。

11. 汤　建　吉安府吉水县人，历知县。

12. 梁　文　字易斋，吉安府龙泉县人，选监察御史。

13. 郭祥鹏　吉安府泰和县人，历参政。

14. 刘　勋　吉安府泰和县人，历吏部郎中。

15. 王　櫾　吉安府泰和县人，历副使。

16. 江　澂　字景吴，建昌府南城县人，历四川佥事。

17. 孙　治　字五美，号霜崖，临江府清江县人，初授知县，弃官归。

18. 傅　潮　字曰会，临江府新喻县人，官至郎中。

19. 廖　纯　临江府新喻县人，历推官。

20. 江　潭　字朝东，南昌府丰城县邑郛人，初授南京工部主事，历郎中卒。

21. 饶　泗　南昌府进贤县人，历知府。

22. 左　辅　字廷弼，自号瀛海浪仙，南昌府进贤县人，历行人。

23. 艾　璞　字德润，号东湖，南昌府南昌县人，官至右副都御史巡抚苏松等处，正德九年秋七月乙酉卒于家。

24. 余　洪　南昌府南昌县人。

25. 张　桓　字德威，饶州府浮梁县北隅人，官至琼州知府。

26. 彭　福　字绥之，自号懒农，饶州府乐平县人，历泰州知州。

27. 汪　律　字用和，饶州府乐平县人，历监察御史。

28. 张　吉　字克修，号翼斋，别号古城，饶州府余干县西隅人，历梧州知府，累官山东、广西布政使，卒年68岁。

29. 萧　义　字宜之，袁州府宜春县人，初授吏部主事，卒于官。

30. 张　凤　字应时，袁州府宜春县人，历云南知府，终官至南京右副都御史巡抚山东，正德十四年五月己未卒。

31. 张　寅　字敬之，吉安府安福县人，直隶冀州民籍，官至太仆寺丞卒。

32. 夏　英　字育才，吉安府吉水县人，九江府德化县籍，官至邵武知府，卒于官。

33. 王　杲　吉安府龙泉县人，云南临安卫籍，历都察院经历。

34. 胡　玉　字方德，临江府清江县人，直隶泰州千户所军籍，二甲传胪，官至陕西参议。

三十五　成化二十年甲辰（1484）李旻榜

1. 董时望　号雪峰，抚州府乐安县人，历监察御史，卒年30余岁。

2. 章蕃举　抚州府临川县人，历大理评事。

3. 姚文灏　字秀夫，号鄱东野人，晚号学斋，广信府贵溪县人，会试2名，官至湖广佥事，弘治十七年卒于官，时年50岁。

4. 詹　玺　字廷信，广信府贵溪县人，官至云南左布政使。

5. 李　侃　广信府玉山县人，历工部主事。

6. 刘　棐　吉安府安福县人。

7. 刘　缜　吉安府安福县人，历参议。

8. 欧阳晳[①]　字子履，吉安府安福县人，历佥事。

9. 王　爵　吉安府安福县人，历永州知府，终长芦盐运使。

10. 王中立　更名懋中，字与时，号心远，吉安府安福县人，历湖广、浙江布政使，右副都御史巡抚云南，官至南京右都御史，卒于官，时年64岁。

11. 曾　焕　吉安府吉水县人，历参政。

12. 邓　鼎　字廷器，号居易，吉安府泰和县人，历郎中，弘治十七年卒。

13. 徐　贡　字广贤，吉安府泰和县人，历苑马寺卿。

14. 尹嘉言　字孔彰，吉安府泰和县人，历副使。

15. 尹万化　吉安府泰和县人，历礼部郎中。

16. 曾望宏　吉安府泰和县人，历常州知府。

17. 王　寿　吉安府永丰县人，历参政。

---

① 一作"欧阳哲"，见嘉靖《江西通志》卷26《吉安府·科目·国朝》，第4441页。

18. 敖毓元　字化潜，临江府新喻县人，历知州卒。

19. 黄　芸　字斯馨，南昌府丰城县水田清塘人，历刑部郎中，卒宸濠之乱。

20. 刘　巽　南昌府丰城县邑郛人，历刑部郎中。

21. 舒　玠　字桓玉，南昌府靖安县人，历广东佥事。

22. 张　楫　南康府建昌县人，历同知。

23. 姜　寿　字天章，饶州府安仁县崇德人，历行人。

24. 程　崧　字德望，饶州府德兴县十三都人，累官礼部郎中。

25. 张　熊　字应辅，饶州府德兴县二十三都人，官至桂林知府。

26. 祝　俓　字直夫，饶州府德兴县南隅人，历户科给事中，官至河南参政，卒于官。

27. 胡　韶　字大声，饶州府鄱阳县人，历严州知府，官至刑部侍郎致仕，卒年87岁，谥康简。

28. 黄　山　字允高，瑞州府高安县人，历监察御史，官至广东佥事，弘治十二年卒。

29. 朱继祖　字孝思，号慕庵，瑞州府高安县人，累官楚雄知府，卒年70岁。

30. 李　赞　字惟诚，吉安府吉水县人，南直隶芜湖民籍，历浙江布政使。

31. 李　贡　字惟正，吉安府吉水县人，南直隶芜湖民籍，历兵部右侍郎。

32. 胡　金　字汝砺，饶州府乐平县南隅人，湖广汉阳官籍，历给事中。

33. 朱　璧　字廷献，饶州府乐平县二十四都人，贵州卫籍，历徽州知府。

三十六　成化二十三年丁未（1487）费宏榜

1. 黄　昌　字景文，抚州府金溪县人，历宁波府同知。

2. 胡　镐　抚州府乐安县人，历监察御史。

3. 黄　济　抚州府临川县人，历太仆寺丞。

4. 王　约　字资博，抚州府临川县人，历监察御史，官至云南副使，卒年75岁。

5. 费　宏　字子充，号鹅湖，广信府铅山县人，一甲状元，官至少师兼太子太师、吏部尚书兼武英殿大学士，三入内阁，嘉靖十四年十月戊申卒，终年68岁。

6. 程　项　广信府上饶县人，官至佥事。

7. 方　仁　字行恕，广信府弋阳县人，官至湖广佥事，卒于官。

8. 刘　丙　字文焕，吉安府安福县人，选庶吉士，初授监察御史，历福建、四川布政使，右副都御史巡抚湖广，官至工部右侍郎兼右佥都御史，正德十三年二月戊寅卒于官，谥恭襄。

9. 刘　浩　字元充，吉安府安福县人，历副使。

10. 刘　孟　字子贤，吉安府安福县人，历右副都御史巡抚延绥，年82岁卒。

11. 伍　符　字朝信，号孚斋，吉安府安福县人，选庶吉士，官至右副都御史巡抚直隶，卒年63岁。

12. 曾　昂　字光表，吉安府吉水县人，初授监察御史，官至福建副使，年66岁卒。

13. 萧良宜　字敷化，吉安府庐陵县人，初授知县。

14. 周　夔　吉安府庐陵县人，历知府。

15. 欧阳鹏　字时振，吉安府泰和县人，选庶吉士，历知府。

16. 罗　玘　字景鸣，号圭峰先生，建昌府南城县人，纳粟贡生，成化丙午顺天府解元，选庶吉士，官至南京吏部右侍郎，正德十四年秋七月壬辰卒于家，时年73岁，谥文肃。

17. 李　玺　字德贵，建昌府南丰县人，官至工部员外郎。

18. 梁廷实　临江府新淦县人，历监察御史。

19. 刘　麟　临江府新淦县人，历知府。

20. 周　昂　临江府新淦县人，历监察御史。

21. 罗　政　临江府新喻县人，历知县。

22. 李　汉　字允昭，号方塘，南昌府丰城县人，选庶吉士，初授刑科给事中，弘治十一年卒于官，时年46岁。

23. 涂 旦 字卿元，南昌府丰城县人，初授兵科给事中，官至湖广左布政使。

24. 杨 廉 字方震，号月湖先生，一号畏轩，南昌府丰城县邑郛人，成化十三年解元，选庶吉士，初授给事中，历顺天府尹，官至南京礼部尚书，卒年74岁，谥文恪。

25. 季 源 字本清，南昌府进贤县人，初授刑科给事中，官至太常寺少卿，弘治十二年六月癸丑卒于家。

26. 万 福 字季崇，南昌府进贤县人，历知府，卒年76岁。

27. 邵遵道 字尧臣，南康府都昌县人，历贵州副使致仕。

28. 黄玄龄① 字崇寿，南康府建昌县人，历检讨，终养归。

29. 蔡 辅 字咨政，饶州府安仁县东隅人，历礼部主事。

30. 官 昶 字仲昭，饶州府安仁县荣禄人，累官平乐知府。

31. 吴 浚 字渊之，饶州府德兴县二十三都人，历邛州知府。

32. 范 玶 字文润，饶州府浮梁县西隅人，历监察御史，贵州佥事。

33. 程 楷 字正之，饶州府乐平县东隅人，会元，二甲1名，选庶吉士，初授编修，卒于官。

34. 彭 程 字宪卿，一字万里，饶州府鄱阳县北隅人，历监察御史，弘治六年戍边。

35. 徐 诜 字邦孚，饶州府鄱阳县人，历知县。

36. 虞 坤 字公载，饶州府鄱阳县九都人，历宝庆府同知。

37. 陈怀经 字时济，号云冈，瑞州府新昌县在城人，历福建、贵州按察使。

38. 胡 伦 字天叙，瑞州府高安县龙□人，四川安岳籍，历郧阳知府。

39. 谢 通 赣州府大庾县人，顺天府宛平县籍，初授南京刑部主事，官至员外郎。

---

① 康熙后"玄"避讳作"元"或改笔，见康熙《江西通志》卷18《选举·进士·明》，第1732页。

40. 彭　瓒　吉安府龙泉县人，山东胶州千户所籍。

41. 熊　祥　字文应，南昌府丰城县西乡人，贵州镇远偏桥长官司籍，官至佥事。

三十七　弘治三年庚戌（1490）钱福榜

1. 洪　钟　字季和，抚州府崇仁县人，钦赐翰林院读书，年十八登第，官至礼部员外郎，卒于官，终年27岁。

2. 吴世忠　字懋贞，别字西沱，抚州府金溪县苦竹里人，弘治二年乡魁，初授兵科给事中，官至右佥都御史巡抚延绥，正德十年冬十月壬午卒于家。

3. 陈　威　抚州府临川县人。

4. 王　统　抚州府临川县人（后分入东乡县），历同知。

5. 吴　潜　字显之，号两川先生，抚州府临川县人，官至大理知府。

6. 左　璋　抚州府临川县人，历大理寺评事。

7. 胡　易　字光贞，赣州府宁都县人，初授礼科给事中，升吏户二科左右给事中卒。

8. 徐　浤　字本深，广信府贵溪县人，历温州知府，官至四川参政，卒于官。

9. 吴　晟　字克明，广信府弋阳县人，官至参政。

10. 郑　軏　字行之，广信府永丰县人，初授吏部主事，卒于官。

11. 周　序　字仲礼，广信府永丰县人，历给事中，官至太常寺丞，卒于官。

12. 路　麟　吉安府安福县人，历长史。

13. 彭惟方①　吉安府安福县人，历知县。

14. 王　奎　字休庵，吉安府安福县人，初授知县。

15. 伍希齐　吉安府安福县人，历推官。

---

①　同治《吉安府志》卷21《选举志・进士・明》钱福榜："彭惟方，知县，《安福志》云'本姓刘'。"第969页下。

16. 尹　灏　吉安府安福县人，历参政。

17. 赵　璜　字廷实，号西峰，吉安府安福县人，历济南知府，右佥都御史巡抚宣府，工部右侍郎总理河道，官至工部尚书，嘉靖六年七月卒于家，享年70岁，谥庄靖。

18. 彭　桓　字景武，吉安府吉水县人，初授工部主事，官至云南右参政归。

19. 彭　杰　字景俊，号水厓，吉安府吉水县人，历云南、湖广布政使，卒年85岁。

20. 萧巨源　吉安府庐陵县人，历检讨。

21. 周　统　字伯承，吉安府庐陵县人，官至太平知府归。

22. 尹　颂　字庆成，吉安府泰和县人，历通判。

23. 刘　挺　字咸卓，吉安府万安县人，官至河南右政使，正德八年卒于任，时年56岁。

24. 符　观　字衍观，号活溪，临江府新喻县人，官至山东参议，年85岁卒于家。

25. 胡　江　南昌府进贤县人。

26. 饶　榶　南昌府进贤县人，历知府。

27. 于庭春[①]　字元之，南康府都昌县人，官至黄州府同知，卒于家。

28. 邓文质　字汝中，饶州府鄱阳县人，历扬州知府，官至广西副使。

29. 彭　诚　字君实，饶州府鄱阳县四十四都人，初授礼科给事中，官至福建佥事。

30. 况　景[②]　字汝明，瑞州府高安县云冈人，累官兵部郎中。

31. 龙　夔　字舜卿，袁州府宜春县人，历太平知府。

32. 谭　昇　字孔昭，赣州府赣县人，营州中屯卫籍，历监察

① 一作“于廷春”，见嘉靖《建宁府志》卷5《官师·国朝·属县·知县》、正德《南康府志》卷6《甲科·进士·都昌县·国朝》。

② 一作“况璟”，见《皇明进士登科考》卷9（第497页）、《皇明贡举考》卷5（第72页）、正德《瑞州府志》卷8《选举志·科第·大明》。

御史。

33. 刘　绩　吉安府吉水县人，湖广江夏籍，历知府。

34. 杜　楷　吉安府吉水县人，富峪卫籍，历郎中。

35. 黄　绣　字文卿，临江府清江县人，旗手卫籍，官至山东参政，年65岁卒。

36. 邹　虞　临江府新淦县人，杭州前卫籍，历主事。

37. 张　钢　临江府新淦县人，直隶苏州卫籍。

三十八　弘治六年癸丑（1493）毛澄榜

1. 陈　婴　抚州府临川县人，历刑部主事。

2. 李　哲　字希先，抚州府临川县人，官至梧州知府。

3. 李　祚　字光世，广信府贵溪县人，历云南佥事卒。

4. 杨　泮　字文渊，广信府贵溪县人，官至知府。

5. 范希淹　字景贤，广信府弋阳县人，历监察御史、副使。

6. 汪　俊　字抑之，号机轩，一号石潭，广信府弋阳县人，会元，选庶吉士，官至礼部尚书，卒谥文庄。

7. 李　宽　字敬数，广信府玉山县人（正德间入上饶县籍），历副使。

8. 刘廷策　吉安府安福县人，官至吏部主事归。

9. 欧阳介　吉安府安福县人，历员外郎。

10. 王　选　吉安府安福县人，历长史。

11. 徐　穆　字舜和，吉安府吉水县人，一甲榜眼，终官至侍读，正德六年五月甲子卒于官，时年44岁。

12. 周　鲁　字淳夫，吉安府吉水县人，初授监察御史。

13. 刘　昭　字仲贤，号东崖，吉安府庐陵县人，官至嘉兴知府致仕。

14. 龙　越　字德宣，吉安府庐陵县人，历琼州知府。

15. 罗钦顺　字允升，自号整庵，吉安府泰和县人，一甲探花，官至吏部尚书，嘉靖二十六年四月乙巳卒于家，终年83岁，谥文庄。

16. 萧　柯　字升荣，号默庵，吉安府万安县人，初授监察御史，官至浙江参议归，卒年63岁。

17. 刘　衮　吉安府永新县人。

18. 黄　清　建昌府南城县人，历湖广参议。

19. 何　垕　字朝举，号兰皋，自号仁峰，建昌府新城县人，官至程蕃知府。

20. 陈　阳　字健夫，临江府新淦县人，选庶吉士，初授刑部主事，官至广西佥事，左迁运同卒。

21. 张　琼　临江府新淦县人，历员外郎。

22. 张　文　字经载，号雅素子，临江府新喻县人，官至刑科都给事中，正德元年卒于任。

23. 杨二和　字恭甫，南昌府进贤县人，历四川副使。

24. 周季凤　字公仪，号未轩，南昌府宁县三王巷人，历湖广左右布政使、右副都御史巡抚保定，终官至右都御史，嘉靖七年卒于家，时年65岁，谥康惠。

25. 余　濂　字宗周，自号空夫，南康府都昌县人，历监察御史，官至云南副使，卒于家。

26. 刘　琏　字廷美，饶州府鄱阳县人，官至柳州知府。

27. 刘　贤　吉安府吉水县人，四川射洪县民籍。

三十九　弘治九年丙辰（1496）朱希周榜

1. 徐行庆　字思道，抚州府金溪县人，历监察御史卒。

2. 熊　吉　字伯修，抚州府临川县人，历兵部员外郎。

3. 董天锡　字寿甫，赣州府宁都县人，历贵州布政使，官至大理寺卿。

4. 萧　敏　字淳仁，赣州府宁都县人，官至严州府同知。

5. 欧阳琼　字汝玉，广信府铅山县西溪人，官至主事。

6. 方　崙　字静夫，号石山，广信府上饶县人，终官刑部员外郎。

7. 汪　伟　字器之，号间斋，广信府弋阳县人，乡试2名，三甲1名，选庶吉士，历祭酒，官至吏部左侍郎。

8. 胡　道　字济时，吉安府安福县人，乡试3名，历刑部主事。

9. 刘　烈　字祥炳，吉安府安福县人，历佥事。

10. 刘　祥　字持庆，吉安府安福县人，选监察御史，终西安知府，卒于官。

11. 邹　贤　字怀才，一作恢才，吉安府安福县人，历福建佥事，卒年63岁。

12. 王　玺　字仲信，吉安府庐陵县人，历知府。

13. 陈凤梧　字文鸣，号静斋，吉安府泰和县人，历右副都御史巡抚山东，官至右都御史，嘉靖二十年（1541）罢归卒，时年67岁。

14. 刘　玉　字咸栗，号执斋，吉安府万安县人，选监察御史，历右佥都御史巡抚郧阳，官至刑部左侍郎，卒谥端毅。

15. 李　珪　字用献，吉安府永新县人，官至曲靖知府卒。

16. 何　正　字立经，临江府新淦县人（后分入峡江县），官至按察使。

17. 黎　凤　字乾兆，号桂蒙，临江府新喻县人，历监察御史，卒年63岁。

18. 范兆祥　字廷和，南昌府丰城县上郊人，选庶吉士，初授检讨，历泾府长史。

19. 熊　卓　字士选，号东溪，南昌府丰城县曲江人，官至监察御史，卒年47岁。

20. 姜文魁　字士元，南昌府进贤县人，乡试2名，官至大理寺卿。

21. 周季邦　字公达，南昌府宁县人，初授知县，弘治癸亥二月卒于官，终年41岁。

22. 谢　麒　字应祥，南昌府新建县人，历太仆少卿。

23. 邵有道　字虞臣，南康府都昌县人，历云南副使。

24. 程　乾　字德易，饶州府乐平县东隅人，初授刑部主事，官至郎中。

25. 彭　震　字子器，饶州府余干县七都人，历刑部员外郎。

26. 简　芳　字德馨，瑞州府上高县哲山人，官至兵部郎中，卒于官。

27. 徐　联　字成章，建昌府南丰县人，长淮卫官籍，历四川佥事。

28. 赵　慰　字本安，九江卫籍，北直隶卢龙人。

29. 夏　鼎　字汝梅，一字象峰，广信府贵溪县人，府军右卫军籍，官至临清知州，卒于官。

30. 彭　夔　字师舜，吉安府安福县人，袁州府宜春县民籍，历福建右参议。

31. 罗　凤　字子文，号印冈，吉安府泰和县人，南京水军右卫军籍，历知府。

32. 胡　献　字时臣，临江府新喻县人，直隶扬州兴化千户所军籍。

33. 熊　伟　字彦卿，南昌府新建县人，万全右卫官籍，历刑科给事中，官至佥都御史。

34. 龙　霓　字致仁，袁州府宜春县人，南京牧马千户所官籍，会试2名，历浙江佥事。

35. 刘　麟　字元瑞，一字子振，号南垣，饶州府安仁县荣禄人，南京广洋卫官籍，历保定巡抚，大理寺卿，官至工部尚书，致仕后家于浙江长兴县之渎南坦，卒年87岁，谥清惠。

36. 傅　习　字本学，南昌府进贤县人，羽林右卫籍，历大理寺卿，卒年67岁。

37. 王朝卿　字升之，行二，南昌府新建县籍，浙江临海县人，历安陆知州。

四十　弘治十二年己未（1499）伦文叙榜

1. 赵　礼　字公逊，抚州府临川县人，历刑部主事。

2. 江　潮　字天信，号钟石，广信府贵溪县人，成化丙午解元，历广东左布政使，官至右副都御史巡抚山西，卒年66岁。

3. 姚　琳　字子玉，广信府贵溪县人，官至主事。

4. 万　廉　字廷介，广信府铅山县龙炮山人，官至广西佥事。

5. 郑　毅　字立之，广信府上饶县人，历监察御史、四川巡抚，官至两淮督漕。

6. 陈　善　字克一，广信府弋阳县人，官至楚雄知府卒。

7. 谢　琛　字德温，广信府弋阳县人，历监察御史，官至副使。

8. 吕　翀　字天翰，广信府永丰县人，历刑科给事中，官至四川副使，嘉靖二年卒于任。

9. 李　锐　字抑之，吉安府安福县人，官至广东参政归。

10. 刘　才　字尚用，吉安府安福县人，乡试 4 名，历主事。

11. 刘　潮　字主信，吉安府安福县人，三甲 1 名，历广西副使。

12. 刘天泽　字惟善，吉安府安福县人，历知府。

13. 刘子厉　字克温，吉安府安福县人，初授知县，选监察御史，卒于官。

14. 罗　善　字复之，吉安府安福县人，官至云南副使，卒年 90 余岁。

15. 王　伟　字资迈，吉安府安福县人，历同知。

16. 罗　侨　字惟升，一作维升，号东川先生，吉安府吉水县人，官至广东左参政，卒年 73 岁。

17. 罗钦德　字允迪，号毅轩，又号介石居士、浮沤道人，吉安府泰和县人，历副都御史，卒年 79 岁。

18. 罗钦忠　字允恕，初号敬轩，更号西野，晚号惺翁，吉安府泰和县人，官至副都御史督储南京，卒年 54 岁。

19. 欧阳云　字从龙，一字碧溪，吉安府泰和县人，解元，初授行人，选监察御史。

20. 萧士安　字以仁，吉安府泰和县人，乡试 3 名，历通判。

21. 萧乾元　字必充，一作必克，吉安府万安县人，初授监察御史，官至云南副使。

22. 张　恩　字元锡，号两山，建昌府南城县人，官至浙江左布政使。

23. 涂　祯　字宾贤，临江府新淦县人（后分入峡江县），终官至监察御史，廷杖卒，时年 40 余岁。

24. 张九逵　字天衢，南安府大庾县人，历南京礼科给事中，官至广西参议，卒于官。

25. 朱廷声　字克谐，南昌府进贤县人，历监察御史、巡抚，官至刑部右侍郎，嘉靖十六年卒。

26. 陈　奎　字文表，南昌府南昌县人，擢监察御史，官至广西左布政使，嘉靖四年卒。

27. 刘廷重　字与圭，南昌府南昌县人，历工部郎中。

28. 金　禄　字天爵，南昌府新建县人，历府同知。

29. 熊　桂　字世芳，号石崖，南昌府新建县人，历山东右布政使，卒年58岁。

30. 姜　桂　字庭秀，饶州府安仁县荣禄人，历知府。

31. 程　诰　字钦之，饶州府乐平县东隅人，历雷州知府。

32. 余　祐　字子积，号讱斋，饶州府鄱阳县三四都人，历湖广、云南布政使，官至吏部右侍郎，嘉靖戊子（1528）卒，时年64岁。

33. 官　伦　字天叙，抚州府临川县人，密云后卫军籍。

34. 詹　恩　字荩臣，广信府玉山县人，贵州卫籍，初授大理寺评事，官至寺副。

35. 萧　选　字廷举，吉安府庐陵县人，直隶兴州后屯卫军籍，历都御史。

36. 刘　泽　吉安府庐陵县人，山东济宁州民籍，历都御史。

37. 张　明　字孔昭，建昌府南城县人，锦衣卫校尉籍，历郎中。

38. 李　云　字自石，建昌府南城县人，广信府贵溪县军籍，历监察御史，谪官泉州府推官，卒于任。

39. 曾得禄　字天与，吉安府吉水县人，湖广郧县民籍，湖广乡试4名，历主事。

40. 罗　循　字遵善，一作遵道，号霍泉，吉安府吉水县人，陕西白河县民籍，陕西乡试3名，官至山东副使，卒年70岁。

41. 刘　寅　字觐阳，吉安府吉水县人，四川双流县民籍，历参政。

42. 朱　良　字宜直，临江府新淦县人，顺天府宛平县富户籍，历郎中。

四十一 弘治十五年壬戌（1502）康海榜

1. 吴 钺 抚州府崇仁县人，历行人。

2. 洪 范 字邦正，抚州府金溪县人，擢监察御史，官至河南、广西副使。

3. 王 萱 字时芳，号青崖，抚州府金溪县临坊人，弱冠登第，选庶吉士，初授刑科给事中，官至通政司右参议，正德十三年（1518）五月卒于官，终年37岁。

4. 毕济川 字汝舟，广信府贵溪县人，会试4名，官至编修。

5. 吕 夔 字祖邦，广信府永丰县人，历杭州知府，卒年48岁。

6. 祝 濬 字仲源，广信府玉山县人，历程蕃知府。

7. 刘时望 吉安府安福县人，历主事。

8. 欧阳恂 字诚之，吉安府安福县人，历知府。

9. 刘 谌 吉安府吉水县人，历知府。

10. 刘 吉 吉安府吉水县人，历佥事。

11. 上官崇 吉安府吉水县人，历知府。

12. 曾 直 字叔温，号三符，又号惺惺叟，吉安府吉水县人，官至太仆寺卿致仕，卒年81岁。

13. 康 纪 吉安府泰和县人，历评事。

14. 欧阳诰 字赐之，号饬庵，吉安府泰和县人，以湖广应城县学教谕中会试，官至山东盐运使致仕。

15. 卢学书 临江府清江县人，历佥事。

16. 孙 伟 字朝望，号鹭沙，临江府清江县人，官至鹤庆知府，终年56岁卒于家。

17. 张 芹 字文林，号歉庵，临江府新淦县（后分入峡江县）人，历南京监察御史，官至浙江布政使，卒年76岁。

18. 符 乐 临江府新喻县人，历郎中。

19. 李奎昭 临江府新喻县人，历知县。

20. 江 淙 字朝会，南昌府丰城县人，弘治二年乡魁，官至知府卒。

21. 涂　敬　字寅之，南昌府丰城县人，擢监察御史，官至广东副使。

22. 吴　祺　字贵德，号西华，南昌府丰城县阳源人（后迁居抚州城内），以学正中会试，官至云南巡抚，卒年64岁。

23. 叶　钊　字时勉，南昌府丰城县邑郛人，弘治十四年乡魁，官至礼部员外郎卒。

24. 涂文祥　南昌府靖安县人，历刑部郎中。

25. 胡　训　字诲之，号南山，南昌府南昌县人，历南京监察御史、副都御史巡抚云南，官至太子少保、南京兵部尚书，嘉靖二十七年二月乙亥卒于家，时年75岁。

26. 张元春　字幼仁，号南州，南昌府新建县人，官至知府，卒年73岁。

27. 舒　晟　字孔阳，饶州府安仁县崇德人，历监察御史，官至福建按察使。

28. 于　聪　字士达，饶州府安仁县荣禄人，历兵科给事中，云南、山西右参政。

29. 张　岐　字宗周，饶州府鄱阳县人，历广东参议。

30. 陈　祥　字应和，瑞州府高安县人，历监察御史，官至巡抚、右副都御史，卒年61岁。

31. 胡　镇　字斯靖，瑞州府高安县人，历工科给事中，官至浙江右参议。

32. 李学曾　吉安府吉水县人，广东茂名民籍，历员外郎。

33. 熊　纪　南昌府靖安县人，河南南阳民籍，历按察副使。

34. 陈　鼐　临江府新淦县人，北直隶迁安县籍。

35. 廖　俊　临江府新淦县人，锦衣卫籍，历郎中。

36. 徐　儰①　临江府新淦县人，武功中卫籍。

---

①“儰”一作“腾”，见嘉靖《临江府志》卷5，第370页。

四十二　弘治十八年乙丑（1505）顾鼎臣榜

1. 江　珏　字玉凤，一作玉成，抚州府金溪县人，官至刑部员外郎，革职。

2. 乐　頀　字鸣殷，号木亭，抚州府临川县人，弘治十五年会试282名，擢南京户科给事中，官至陕西参政归，卒年90岁。

3. 吴　华　字德辉，抚州府临川县大坪（后分入东乡县）人，擢监察御史，历知府归。

4. 江良贵　字汝思，广信府贵溪县人，历副使。

5. 徐　盈　字子谦，广信府贵溪县人，弘治辛酉乡试4名，擢南京监察御史，历嘉兴知府。

6. 李　艾　字子芳，广信府上饶县人，选庶吉士，历监察御史归。

7. 叶　鹄　字时举，广信府上饶县人，历工部员外郎。

8. 方　位　字惟立，广信府弋阳县人，历通判。

9. 刘　纮　字景瞻，吉安府安福县人，历南京户科给事中，卒于任，时年36岁。

10. 刘　蓝　字子青，吉安府安福县人，历浙江佥事卒。

11. 刘　恒　字以贞，吉安府吉水县人，初授知县。

12. 郭　灌　字达诚，号一庵，吉安府庐陵县人，历宁波、潮州知府，卒年76岁。

13. 金　瑜　字球之，吉安府永丰县人，历评事。

14. 贺　宽　字懋教，吉安府永新县人，历监察御史，官至四川佥事，卒于官。

15. 傅　元　字冠卿，临江府新喻县人，选庶吉士，初授监察御史，病归。

16. 胡　远　字子明，临江府新喻县人，历郎中。

17. 刘澄亮　字彦明，临江府新喻县人，历知府。

18. 宋　景　字以贤，号南塘，南昌府奉新县人，历监察御史，累官南京工、吏、兵三部尚书，终左都御史，嘉靖二十六年正月庚申卒于官，谥庄靖。

19. 万　镗　字仕鸣，号治斋，南昌府进贤县人，乡试2名，官至太子少保、吏部尚书，卒年81岁。

20. 刘伯秀　字毓之，南昌府南昌县人，官至广东副使。

21. 魏　棨　字乔仪，号狷斋，南昌府新建县人，官至福建右布政使。

22. 刘　节　字介夫，初号梅园，更号雪台，晚号涵虚翁，南安府大庾县人，弘治十四年解元，历浙江布政使、右副都御史巡抚，终官至刑部右侍郎，卒年80岁。

23. 吴　盈　字子持，饶州府鄱阳县人，历礼部主事。

24. 王光佐　字克荩，瑞州府新昌县在城人，历郎中。

25. 严　嵩　字维中，号介溪，袁州府宜春县人，选庶吉士，官至少师兼太子太师、吏部尚书、华盖殿大学士，卒年86岁。

26. 廖　纪　字惟修，别号溢江，直隶九江卫官籍，湖广黄梅县人，江西乡试75名，历延平知府，官至广西副使，卒于任，时年54岁。

27. 黄　琮　字元质，抚州府乐安县人，应天府上元县匠籍，历陕西副使。

28. 刘　瓒　字朝重，吉安府安福县人，四川行都司合川卫军籍，历副使。

29. 熊　遇　字道夫，九江府德化县人，河南仪卫司校籍，河南乡试3名。

30. 萧世贤　字若愚，号梅林，吉安府泰和县人，南直隶桐城县民籍，历副使，卒年51岁。

31. 许　谏　字司□，南昌府南昌县人，河南卫籍，历佥事。

四十三　正德三年戊辰（1508）吕柟榜

1. 李　玘　字孟玉，广信府玉山县人，官至刑部员外郎。

2. 刘　鹏　字温瑞，吉安府安福县人，历主事。

3. 刘　文　字景章，吉安府安福县人，历员外郎。

4. 欧阳申　字相周，吉安府安福县人，历佥事。

5. 王　淮　字斯远，吉安府安福县人，历参议。

6. 伍　全　字思谨，吉安府安福县人，历河东盐运使。

7. 谢能继　字弘谟，吉安府安福县人，历佥事。

8. 张　麃　字维培，吉安府安福县人，历刑部员外郎。

9. 毛伯温　字汝厉，号东塘，吉安府吉水县人，历监察御史、巡抚，官至太子太保、兵部尚书兼右都御史，嘉靖二十三年削籍归，明年卒，时64岁，谥襄懋。

10. 欧阳重　字子重，号三崖，吉安府庐陵县人，历应天、云南巡抚，卒年71岁。

11. 欧阳铎　字崇道，自号石江子，吉安府泰和县人，历右副都御史巡抚，官至吏部右侍郎，嘉靖二十三年十一月癸卯卒于家，时年58岁，谥恭简。

12. 欧阳席　字崇珍，号西洲，吉安府泰和县人，官至福建布政使，嘉靖二十二年卒，时63岁。

13. 张　焕　字主奎，吉安府泰和县人，历同知。

14. 钟卿密　字宣猷，吉安府泰和县人，历知府。

15. 周尚化　字德孚，吉安府泰和县人，乡试4名，官至南京刑部员外郎，卒年45岁。

16. 甘公亮　字钦采，吉安府永新县人，历惠州知府。

17. 吴期英　字中顺，吉安府永新县人，历思恩知府。

18. 夏良胜　字于中，号东洲，建昌府南城县人，正德二年解元，历南京太常少卿，戍辽东卒，时年57岁。

19. 孙　佐　字朝相，临江府清江县人，历知州。

20. 谢　艮　字惟时，临江府新淦县人，历行人。

21. 谢　阶　字立升，临江府新淦县人，官至大理、建宁知府，年88岁卒于家。

22. 黎　龙　字乾德，临江府新喻县人，历副使。

23. 王　銮　字廷和，号鹤庵，南安府大庾县人，官至武昌知府，年77岁卒于家。

24. 李　金　字宣之，南昌府丰城县湖茫人，历台州知府。

25. 朱　概　字尚节，南昌府丰城县曲江旗塘人，官至河南参政卒。

26. 万　鎡　字仕时，南昌府进贤县人，历知府。万福之子。

27. 杨　薰　字大和，南昌府南昌县人，以太湖教谕中会试290名，官至贵州佥事。

28. 周期雍　字汝和，南昌府宁州崇乡四十二都人，乡试5名，初授南京监察御史，历巡抚、大理寺卿，官至刑部尚书，嘉靖庚子八月致仕。

29. 杨　凤　字文瑞，南康府建昌县人，历广西佥事。

30. 张　钺　字文辅，饶州府安仁县长城人，历监察御史、巡抚，官至南京工部侍郎致仕。

31. 张　栾　字叔乔，饶州府德兴县南隅人，初授刑部主事，历员外郎卒。

32. 方　选　字汝贤，饶州府浮梁县西隅人，历浙江运同卒。

33. 俞　缙　字子宜，饶州府鄱阳县人，初授监察御史，历福建佥事。

34. 胡　守　字仁甫，饶州府余干县西隅人，历陕西佥事。

35. 张　俅　字仲敬，饶州府余干县西隅人，历监察御史，绍兴知府。

36. 况　照　字廷光，瑞州府高安县人，初授大理寺评事，历寺正。

37. 熊　相　字尚弼，瑞州府高安县斜溪人，初授知县，历监察御史。

38. 朱寔昌　字士光，瑞州府高安县人，历监察御史、淮安知府。

39. 黄　芳　复姓钟，字仲实，赣州府龙南县人，广东崖州所军籍，弘治辛酉广东乡试2名，选庶吉士，累官户部侍郎。

40. 戴　冠　字仲鹖，号邃谷，吉安府吉水县人，河南信阳州民籍，官至副使。

41. 刘秉监　字遵教，号印山，吉安府安福县人，留守卫籍，历副使，终官至临安知府卒，终年未满50岁。

42. 郭　仕　字正学，吉安府泰和县人，赣州府赣县民籍，历副使。

43. 叶　宽　字栗夫，建昌府南城县人，泉州卫军籍，历员外郎。

44. 胡　洁　字汝清①，行五，南昌府丰城县人，云南曲靖卫官籍，历光禄寺少卿。

45. 易　蓁　字士美，吉安府吉水县人，南京锦衣卫军籍，历知府。

46. 李　彦　字邦直，行三，南昌府丰城县人，袁州卫军籍，官至福建盐运使卒。

四十四　正德六年辛未（1511）杨慎榜

1. 饶　富　抚州府崇仁县人，历兵部员外郎。

2. 王　蓂　号东石，抚州府金溪县人，官至浙江副使归。

3. 詹　崇　字东鲁，号文峰，抚州府乐安县人，初授推官，升太仆寺丞卒。

4. 毕济时　字汝霖，广信府贵溪县人，历工部郎中。

5. 李文华　字惟顺，广信府贵溪县人，历广东佥事。

6. 宋应奎　字文明，广信府贵溪县人，历工部郎中。

7. 杨　濂　字景周，广信府贵溪县人，历云南参政致仕。

8. 费　寀　字子和，号钟石，广信府铅山县人，选庶吉士，官至少保、礼部尚书，卒年66岁，谥文通。

9. 汪　渊　字景颜，广信府上饶县人，历监察御史，官至大理寺右丞归，嘉靖十四年卒。

10. 姜　清　字原南，广信府弋阳县人，历吏部郎中。

11. 夏尚朴　字敦夫，号东岩，广信府永丰县人，官至南京太仆寺少卿。

12. 郑　浙　字文川，号野泉，广信府永丰县人，官至四川参议。

① 《嘉靖丰乘》作“字以清”（第105页）。

13. 詹　轼　字敬之，号寒泉，广信府玉山县人，初授行人，正德丁丑廷杖卒，晚明追谥忠洁。

14. 李　校　吉安府安福县人，历行人。

15. 刘　泉　字应占，号蒙庵，吉安府安福县人，选庶吉士，官至湖广参议致仕，卒年43岁。

16. 刘　禔　字持美，吉安府安福县人，弘治十四年乡试《春秋》第一，历兵科给事中，卒年43岁。

17. 王世文　吉安府安福县人，官至四川副使卒。

18. 伍　箕　吉安府安福县人，官至山西按察使。

19. 伍希儒　吉安府安福县人，历佥事。

20. 张鳌山　字汝之，号石磐，吉安府安福县人，选庶吉士，历监察御史。

21. 邹守益　字谦之，号东廓先生，吉安府安福县人，会元，一甲探花，初授编修，以议礼谪广德州判，官至南京祭酒，卒年72岁，谥文庄。

22. 杨必进　字抑之，号南楼，吉安府吉水县人，历南京监察御史，官至副使，卒年76岁。

23. 欧阳崑　吉安府泰和县人。

24. 欧阳嵩　字汝仲，吉安府泰和县人，历知州。

25. 王　思　字宜学，号改斋，吉安府泰和县人，选庶吉士，初授编修，嘉靖元年七月以大礼议廷杖死，卒年44岁。

26. 刘　翀　字士凤，吉安府永丰县人，历郎中。

27. 贺　缙　字朝卿，吉安府永新县人，官至陕西参议卒。

28. 尹　襄　字舜弼，号巽峰，吉安府永新县人，解元，选庶吉士，历洗马，卒年43岁。

29. 龚守愚　字师颜，临江府清江县人，官至湖广参政，终年49岁卒于官。

30. 胡　琏　字仲美，临江府新喻县人，官至郎中，卒于官。

31. 简　佐　字臣心，临江府新喻县人，历太仆寺丞，左迁长史。

32. 陆时通　字行之，南昌府丰城县邑郭人，擢监察御史卒。

33. 李　镇　南昌府进贤县人，历参议。

34. 万　潮　字汝信，号立斋，南昌府进贤县人，官至右副都御史巡抚，嘉靖二十二年正月己酉卒，时年56岁。

35. 熊　兰　字天秀，南昌府南昌县人，擢监察御史，历知府，卒年58岁。

36. 桂　萼　字子实，号古山，饶州府安仁县东隅人，官至少保兼太子太傅、吏部尚书、武英殿大学士，嘉靖十年八月甲辰卒，谥文襄。

37. 张　琥　字宗器，饶州府安仁县荣禄人，历浙江参议。

38. 卢　琼　字献卿，饶州府浮梁县东隅人，初授知县，选监察御史，议礼谪戍，81岁卒。

39. 汪　本　字立之，一字惟中，饶州府浮梁县人，官至工部主事。

40. 陈　宪　字伯度，饶州府余干县二十三都人。

41. 聂　珙　字周赞，瑞州府上高县举子团人，乙卯乡试亚魁，官至山东副使致仕。

42. 龚　进　字思忠，瑞州府高安县辽江人，锦衣卫籍，历知县。

43. 喻茂坚　字汝砺，号月梧，南昌府丰城县人，四川荣昌县籍，擢监察御史，历巡抚，官至刑部尚书。

44. 黄　钟　字伯魁，赣州府赣县人，北直隶隆庆州籍，历吏科都给事中，官至副都御史巡抚山西。

45. 侯　位　吉安府永新县人，湖广平溪卫官籍，历副都御史。

46. 王　玺　吉安府安福县人，武骧左卫籍，历知县。

47. 尹　京　吉安府安福县人，直隶大河卫籍，历副使。

48. 刘廷簠　字器重，吉安府安福县人，富峪卫籍，初授知县，选监察御史。

49. 彭　昉　临江府清江县人，直隶苏州卫籍。

50. 金　选　字惟贤，南昌府丰城县曲江人，湖广荆门州籍，官至秦府长史。

51. 周　清　字世宁，南昌府丰城县曲江人，湖广竹溪籍，历推官。

52. 孙继芳　南昌府进贤县人，湖广华容县籍，历副使。

四十五　正德九年甲戌（1514）唐皋榜

1. 刘　寓　字振道，号华岩先生，抚州府崇仁县人，官至山东参议，40岁致仕。

2. 刘　颖　字时秀，号洪斋，抚州府临川县人，初授监察御史，卒年55岁。

3. 黄　初　字慎卿，广信府贵溪县人，一甲榜眼，初授编修，卒于官。

4. 江良材　字汝器，广信府贵溪县人，弘治戊午乡魁，历监察御史。

5. 汪　金　字汝砺，广信府贵溪县人，官至浙江副使卒。

6. 詹　晨　字启明，广信府贵溪县人，历长史。

7. 詹　昇　字启敬，广信府贵溪县人，官至监察御史。

8. 周时望　字公俨，号城山，广信府贵溪县人，历吏部郎中致仕。

9. 周　忠　字良臣，广信府贵溪县人，历福建布政使。

10. 丁　洪　字秀学，广信府铅山县人，历杭州知府，终年81岁卒。

11. 徐　伦　字子明，广信府上饶县人，历同知。

12. 周　佐　字廷臣，广信府永丰县人，历湖广佥事。

13. 李　乔　吉安府安福县人，历评事。

14. 刘　佐　吉安府安福县人，历布政使。

15. 王学夔　字一卿，一字唐卿，号两洲，吉安府安福县人，以举人官学正，历广东布政使、右副都御史巡抚，官至南京兵部尚书，万历四年正月丁巳卒于家，终年94岁，谥曰庄简。

16. 伍希周　吉安府安福县人，历佥事。

17. 李　相　字镜石，吉安府吉水县人，官至广西佥事致仕。

18. 谢　善　吉安府吉水县人，历参议。

19. 何良辅　吉安府庐陵县人，历推官。

20. 黄国用　字子忠，吉安府庐陵县人，历监察御史，官至贵州佥事卒。

21. 刘辅宜　吉安府庐陵县人，历知县。

22. 刘近光　吉安府庐陵县人，历佥事。

23. 李　俨　字民望，吉安府永新县人，历监察御史。

24. 刘梦诗　字子正，吉安府永新县人，官至河东运使。

25. 萧　樟　字国材，吉安府永新县人，以浙江江山教谕中式，官至曲靖知府。

26. 王　鏕　建昌府南城县人，历工部主事。

27. 周　伟　建昌府新城县人，历知县。

28. 简　霄　字腾芳，号一溪，临江府新喻县人，历巡抚，官至兵部右侍郎，正德十八年罢归。

29. 刘　寅　字彦亮，南安府大庾县人，官至湖广左布政使。

30. 王国光　字君重，南昌府丰城县镇上人，历兵部主事。

31. 杨　铨　字仲衡，南昌府丰城县沙上人，擢南京监察御史，官至顺天府尹。

32. 邓显麒　字文瑞，号梦虹，南昌府奉新县人，历监察御史，卒年45岁。

33. 余　祯　字兴邦，南昌府奉新县人，初授工部主事，改兵部，嘉靖甲申廷杖卒。

34. 杨　林　南昌府进贤县人，历员外郎。

35. 姜　仪　字君肃，号侑溪，南昌府南昌县人，历湖广巡抚，卒年80岁。

36. 熊　浃　字悦之，号北原，南昌府南昌县人，初授礼科给事中，官至太子太保、吏部尚书，嘉靖三十三年九月壬戌卒，时年77岁，谥恭肃。

37. 查仲道　字文夫，号北村，南昌府宁州武乡三十二都人，官至汀州知府卒，追谥康敏。

38. 黄　祺　字惟德，南康府建昌县人，历云南左布政使归。

39. 余廷瓒　字伯赞，饶州府鄱阳县人，初授行人司副，谏武宗南巡杖死，谥忠愍。

40. 章　书　字宏载，饶州府余干县人，官至广西按察使致仕。

41. 简　沛　字一川，瑞州府上高县人，历广州知府。父简芳。

42. 蔡　时　字纯中，瑞州府新昌县东门人，官至浙江佥事，嘉靖己亥卒于家。

43. 田　秋　吉安府吉水县人，贵州水德江长官司籍，历布政使。

44. 周　昺　南昌府宁州人，贵州永宁卫军籍，历马湖知府。

45. 李　中　字子庸，世称谷平先生，吉安府吉水县人，湖广随州籍，历山东巡抚，官至右副都御史总督南京粮储，卒年64岁，谥庄介。

46. 陈　辅　吉安府万安县人，直隶仪真卫籍，历佥事。

47. 傅　桂　抚州府临川县人，湖广汉阳籍，历监察御史。

48. 陈九川　字惟浚，号竹亭，又号明水，抚州府抚州所籍，南直隶宣城县人，弱冠登第，历礼部郎中，终年69岁卒。

四十六　正德十二年丁丑（1517）舒芬榜

1. 刘　最　字振廷，号孟斋，抚州府崇仁县人，擢礼科给事中，谪戍邵武，嘉靖二十七年卒。

2. 叶　竦　字乔新，号元峰，抚州府临川县人，官至刑部主事归卒。

3. 陈　焕　字德章，广信府贵溪县人，历知府。

4. 夏　言　字公谨，号桂洲，广信府贵溪县人，历兵科给事中，官至少师、礼部尚书、武英殿大学士，嘉靖二十七年十月癸卯弃市，终年67岁，谥文愍。

5. 黄　易　字伯贞，广信府弋阳县人，历编修。

6. 汪　佃　字有之，号东麓，广信府弋阳县人，二甲1名，选庶吉士，官至詹事，嘉靖十九年卒，时年67岁。

7. 詹　瀚　字汝约，号燕峰，广信府玉山县人，历浙江左布政使、副都御史巡抚，官至左侍郎，嘉靖己酉（1549）致仕，家居四年卒，时年65岁。

8. 刘　昌　吉安府安福县人。

9. 欧阳必进　字任夫，号约庵，吉安府安福县人，历浙江布政使、巡抚，累官工、刑、吏部尚书，卒年77岁。

10. 彭本用　复姓刘，字汝玉，吉安府安福县人，官至汉阳知府致仕。

11. 彭　文　吉安府安福县人。

12. 王　文　吉安府安福县人，历御史。

13. 谢　显　吉安府安福县人，历副使。

14. 张　瀚　吉安府吉水县人。

15. 梁朝宗　字东之，吉安府龙泉县人，历知县。

16. 郭持平　吉安府万安县人，历侍郎。

17. 王时柯　字敷英，吉安府万安县人，初授行人，选监察御史，以建言谪戍。

18. 聂　豹　字文蔚，号双江，吉安府永丰县人，历监察御史、顺天巡抚，官至兵部尚书，终年77岁卒，谥贞襄。

19. 胡　誉　临江府新喻县人，历主事。

20. 舒　芬　字国裳，号梓溪先生，南昌府进贤县人，一甲状元，初授修撰，终年44岁卒于家，谥文节。

21. 涂　相　字梦卜，南昌府南昌县人，历佥事。

22. 汤惟学　字时敏，饶州府安仁县人，选庶吉士。

23. 李　煌　饶州府浮梁县人，历工部主事。

24. 詹　珪　字朝章，饶州府鄱阳县人，历知府，终至贵州副使。

25. 郭　叙　字天伦，袁州府宜春县人。

26. 高　夔　饶州府安仁县人，锦衣卫镇抚司籍。

27. 叶桂章　字叔晦，广信府贵溪县人，四川名山县籍，四川解元，历侍讲。

28. 王　纶　吉安府永丰县人，北直隶藁城县籍，历副使。

29. 黄　相　字国佐，临江府清江县人，直隶九江卫籍，未仕，己卯（1519）卒于家。

30. 范 鏓 字平甫，饶州府乐平县人，辽东沈阳中卫籍，历兵部尚书。

31. 文 明 字用晦，袁州府萍乡县人，锦衣卫籍。

四十七 正德十六年辛巳（1521）杨维聪榜

1. 姜 文 字质夫，抚州府临川县人。

2. 邹 架 字大升，抚州府临川县人，历礼科给事中。

3. 方 缙 字时彦，广信府贵溪县人，终至官户部主事。

4. 江汝璧 字懋毅，号贞斋，广信府贵溪县人，历少詹事致仕，卒年73岁。

5. 丘九仞 字时进，广信府贵溪县人，正德癸酉乡试3名，历湖广参政。

6. 费懋中 字民受，广信府铅山县人，一甲探花，历副使。

7. 杨 麒 字仁甫，广信府上饶县人，历工部尚书。

8. 詹 泮 字少华，号文化，广信府玉山县人，选庶吉士，初授给事中。

9. 周 煦 字启和，号弓冈，吉安府安福县人，历监察御史，官至左副都御史，嘉靖二十四年三月卒于官。

10. 萧 晚 字启旦，号东潭，吉安府吉水县人，官至福建左布政使致仕，卒年67岁。

11. 刘 乔 字于迁，吉安府泰和县人，历副使。

12. 刘 道 字子弘，一字五山，吉安府万安县人，历云南佥事。

13. 刘宗谏 字子忠，号力庵，吉安府万安县人。

14. 曾 梧 字于阳，建昌府广昌县人，历知府。

15. 王汝宾 字尚贤，九江府德化县人，历行人。

16. 敖 英 字子发，号东谷，临江府清江县人，历四川右布政使。

17. 龚 亨 字有孚，临江府清江县人，历右副都御史致仕，终年85岁卒。

18. 胡 奎 字应文，临江府新淦县人，历都御史。

19. 黄仁山 字元静，号北川先生，临江府新淦县人，初授刑科给事中，终官马湖同知。

20. 袁　城　字邦卫，南昌府丰城县袁坊人，官至衢州知府。

21. 徐曰忠　字公辅，南昌府进贤县人，历知府。

22. 陈由正　字楷卿，南昌府宁州武乡三十都人，初授行人，升南京礼科给事中，未任而卒。

23. 舒　林　字惟乔，饶州府乐平县人，历监察御史。

24. 陈　璜　字佩之，饶州府鄱阳县人，历知府。

25. 李　香　字汝兰，号涧山，袁州府分宜县人，庚辰会试201名，历右副都御史巡抚四川，官至大理寺卿，卒年63岁。

26. 姚　激　字维清，临江府新淦县人，四川崇宁县民籍。

27. 李　浙　字邦秀，行三，南昌府南昌县人，丰城县军籍，历礼部郎中。

28. 王　道　字伯行，一作伯文，饶州府鄱阳县人，山东临清卫官籍，历监察御史。

29. 刘　迥　字维中，吉安府吉水县人，四川射洪县民籍，历郎中。

四十八　嘉靖二年癸未（1523）姚涞榜

1. 刘　案　字振文，号南峰，抚州府崇仁县人，官至福建佥事。

2. 黄　直　字以方，号卓峰，抚州府金溪县人，初授推官，历州判官。

3. 陆　冈　抚州府临川县人，历浙江副使。

4. 章　衮　字汝明，号介庵，抚州府临川县人，嘉靖壬午乡试魁，初授监察御史，官至陕西副使归。

5. 丘民范　字汝中，广信府贵溪县人，官至广东左参政，卒年52岁。

6. 吴　琢　字成甫，广信府贵溪县人，历参政。

7. 陈九成　字大韶，广信府玉山县人，历主事。

8. 郭弘化[①]　字子弼，号松厓，吉安府安福县人，初授知县，选

---

① 一作“郭弼”，见罗洪先撰《郭公弼墓表》，载《献徵录》卷65，第2875页。

监察御史，嘉靖十一年冬罢官，卒年76岁。

9. 刘　模　吉安府安福县人，历监察御史。

10. 刘汝靓　吉安府安福县人，历知州。

11. 彭　黯　字道显，吉安府安福县人，历巡抚，官至南京工部尚书。

12. 王良卿　吉安府安福县人，历监察御史。

13. 王学孔　字鲁卿，吉安府安福县人，官至湖广副使致仕，卒年82岁。

14. 曾存仁　字懋远，号梅台，吉安府吉水县人，官至云南布政使致仕，卒年64岁。

15. 张　絅　字美中，吉安府吉水县人，官至河南巡抚卒。

16. 周　延　字南乔，号崦山，吉安府吉水县人，历兵科给事中、广东左布政使、副都御史巡抚应天、吏兵二部尚书，官至太子少保、左都御史，嘉靖四十年二月辛丑卒，时年63岁，谥简肃。

17. 刘体观　吉安府庐陵县人，历推官。

18. 欧阳德　字崇一，号南野，吉安府泰和县人，弱冠中乡试，官至礼部尚书兼翰林院学士，嘉靖三十三年三月癸亥卒，时年59岁，谥文庄。

19. 李　乔　号石冈，建昌府广昌县人，历吏部员外郎。

20. 蔡文魁　字国华，号敛斋，九江府德化县人，选户科给事中，历郧阳巡抚致仕，卒年70岁。

21. 傅　鹗　字文瑞，临江府新喻县人，历监察御史归。

22. 甘　勋　字希周，南昌府丰城县邑郛人，初授知县，卒于官。

23. 陆梦麟　字文瑞，南昌府丰城县人，擢监察御史，历庐州府同知。

24. 傅　炯　字朝晋，号石渊，南昌府进贤县人，擢监察御史，官至南京刑部尚书。

25. 何　祉　字德徵，号长滨，南昌府进贤县人，历户科给事中，官至知府。

26. 夏　谧　字廷义，南昌府进贤县人，历福建佥事卒。

27. 陈　冠　南昌府南昌县人，历州同。

28. 王　臣　字公弼，号瑶湖先生，南昌府南昌县人，历广东参议。

29. 万　夔[①]　字大章，南昌府新建县人，历监察御史。

30. 魏良弼　字师说，号水洲，南昌府新建县人，擢刑科给事中，历太常少卿，卒年84岁，谥忠简。

31. 程嘉行　字公敏，饶州府乐平县人，历礼部郎中。

32. 叶　瑞　字主卿，饶州府乐平县人。

33. 刘　录　字景贤，更字世臣，号亭湖，饶州府鄱阳县人，历工部主事，卒年65岁。

34. 万　象　字拱辰，饶州府余干县人，历主事。

35. 赵　珩　字宗德，饶州府余干县人，历员外郎。

36. 易　鸾　字和鸣，袁州府宜春县人，历刑部郎。

37. 萧　璆　吉安府庐陵县人，湖广辰州卫籍，历佥事。

38. 徐行健　建昌府南丰县人，中都长淮卫籍，历知县。

39. 纪　镳　字鸣和，饶州千户所军籍，南直隶山阳人，历礼部主事。

40. 万　义　南昌府奉新县人，直隶山海卫籍。

41. 郑　濂　南昌府新建县人，应天府江宁籍，历副使。

四十九　嘉靖五年丙戌（1526）龚用卿榜

1. 江以朝　字于春，广信府贵溪县人，选庶吉士，历广东佥事。

2. 江以达　字于顺，号午坡，广信府贵溪县人，历湖广副使。

3. 裴　近　字方远，广信府贵溪县人，历主事。

4. 杨育秀　字克实，广信府贵溪县人，嘉靖壬午乡试经魁，历吏部郎中。

5. 费懋贤　字民献，广信府铅山县人，选庶吉士，历礼部郎中。

6. 王士俊　字伯选，吉安府安福县人，历泉州知府。

---

① 《嘉靖二年会试录》作“万一夔”。

7. 胡尧时　字子中，号仰斋，吉安府泰和县人，历贵州按察使。

8. 刘应授　吉安府泰和县人，历副使。

9. 欧阳衢　吉安府泰和县人，一甲探花，历鸿胪寺卿。

10. 欧阳塾　字崇儒，一作宗儒，号横溪，吉安府泰和县人，历应天府尹、官至工部侍郎。

11. 曾　忭　字汝诚，号前川，吉安府泰和县人，初授知县，选兵科给事中，言事归。

12. 李　遂　字邦良，号克斋，又号罗山，南昌府丰城县人，历右佥都御史巡抚，官至南京兵部尚书，嘉靖四十五年十月癸酉卒，时年63岁，谥襄敏。

13. 傅应祥　南昌府进贤县人，历贵州副使。

14. 江　汇　字东之，南昌府进贤县人，历河南右布政使。

15. 张　臬　字正野，南昌府进贤县人，历兵部右侍郎提督。

16. 熊　汲　字引之，南昌府南昌县人，历广东左参政。

17. 张　鏊　字济甫，号蒙溪，南昌府南昌县人，选庶吉士，历南京兵部尚书。

18. 魏良辅　字师召，号此斋，南昌府新建县人，历山东左布政使。

19. 梁尚德　复姓陶，字祖容，号剑峰，南康府星子县人，初授监察御史，历太子太保、刑部尚书。

20. 戴　儒　字汝真，号鸿原，饶州府德兴县人，历应天府尹、左佥都御史巡抚四川。

21. 余　鍧　字子振，饶州府德兴县人，选监察御史，官至衢州知府卒。

22. 曹　煜　字孟辉，饶州府浮梁县人，历南京监察御史，官至佥事。

23. 朱继忠　字以诚，饶州府乐平县人，历南京兵部主事。

24. 况维垣　字伯师，瑞州府高安县人，选庶吉士，历刑部郎中。

25. 戴　梧　吉安府永新县人，湖广襄阳民籍，历知府。

26. 祝文冕　字宗周，饶州府德兴县人，直隶密云后卫军籍，历左长史。

27. 高　翀　字允升，临江府峡江县人，湖广安陆民籍，历巡抚，官至工部尚书致仕。

28. 杨世相　吉安府泰和县人，河南颍川卫籍，历知县。

29. 杨　经　南昌府丰城县人，宁夏仪卫司籍，陕西乡试3名。

五十　嘉靖八年己丑（1529）罗洪先榜

1. 丘汝良　字民牧，广信府贵溪县人，未仕卒。

2. 汪　似　字克友，号南泉，广信府贵溪县人，历监察御史，考察去官卒。

3. 舒国光　字宾之，号宝峰，广信府弋阳县人，初授知县，致仕。

4. 夏　浚　字惟明，号月川，广信府玉山县人，历广西参政致仕。

5. 胡永成　字思真，一作思贞，号巅泉，吉安府安福县人，官至广东副使，卒年49岁。

6. 王学益　字虞卿，号太廓，吉安府安福县人，历右佥都御史巡抚贵州，官至南京工部尚书，嘉靖四十年十二月丁卯卒，终年67岁。

7. 罗洪先　字达夫，号念庵，吉安府吉水县人，22岁中举，一甲状元，历赞善，建言除名，隆庆卒，时年61岁，谥文恭。

8. 罗余庆　字道承，号两峰，吉安府吉水县人，初授工部主事卒。

9. 谢应岳　字显之，号双渠，吉安府吉水县人，历知县卒。

10. 周汝员　字文规，号冷塘，吉安府吉水县人，选监察御史，官至福建副使致仕。

11. 胡　经　字用甫，号前冈，吉安府庐陵县人，选庶吉士，选监察御史，官至太常寺少卿致仕。

12. 陈昌福　字子隆，号龙江，吉安府泰和县人，初授知县，罢官。

13. 郭应奎　字致祥，号平川，吉安府泰和县人，历礼科给事中，官至嘉兴知府致仕。

14. 郭春震　字以亨，号浙斋，吉安府万安县人，官至云南副使。

15. 朱　麟　字子仁，号芒山，吉安府万安县人，历知府，官至副使致仕。

16. 李　玘　字太甫，一作文甫，号石沙，建昌府南丰县人，官至贵州副使致仕，嘉靖二十三年卒，时年45岁。

17. 丁　湛　字子一，号孤山，九江府彭泽县人，历都给事中，官至按察使致仕。

18. 饶思聪　字子闻，号湖田，临江府新淦县人，官至福建布政使。

19. 吴　逵　字近光，号云泉，临江府新淦县人，万兴化知府，官至四川副使致仕，卒年63岁。

20. 李　逢　字邦吉，号约斋，南昌府丰城县人，历给事中，官至德安知府，卒于任。

21. 孙世祐　字元吉，号三水，南昌府丰城县同造人，历湖广布政使、巡抚，官至南京刑部侍郎卒。

22. 涂　楗　字良翰，号澄山，南昌府丰城县人，官至广东副使致仕。

23. 朱　冕　字文中，号检庵，南昌府丰城县邑郛人，历扬州府同知。

24. 樊　臣　字以忠，号自轩，南昌府进贤县人，历知府。

25. 江　满　字谦之，号日湖，南昌府进贤县人，官至参政。

26. 刘伯跃　字起之，号罗湖，南昌府南昌县人，历四川、广西布政使，郧阳巡抚，官至工部左侍郎。

27. 周志伟　字士器，号朝阳，南康府安义县人，官至副使致仕卒。

28. 刘　塾　字汝学，号冈梧，饶州府鄱阳县人，官至南京光禄寺卿，去官。

29. 何　偁　字邦美，号笋亭，袁州府宜春县人，初授知县，升监察御史，谪家居。

30. 钱世贤　字信文，号月川，抚州府临川县人，云南左卫籍，历佥事，家居。

31. 黄允谦　字汝益，号省庵，赣州府龙南县人，广东崖州所籍，历莱州知府致仕。

32. 周洪范　字伯陈，号宽山，吉安府安福县人，四川汉州军籍，历监察御史、副使。

33. 王仲锦　字絅之，号西岩，吉安府吉水县人，锦衣卫籍，历衢州知府，调惠州府卒。

34. 李联芳　字伯实，号阳屏，吉安府吉水县人，陕西洵阳籍。

35. 曾　翀　字习之，号古邨，吉安府泰和县人，南直隶霍丘籍，初授主事，选监察御史，廷杖卒。

36. 郭宗皋　字居弼，吉安府万安县人，山东福山所军籍，选庶吉士，历兵部尚书，卒谥康介。

五十一　嘉靖十一年壬辰（1532）林大钦榜

1. 陈　祯　抚州府崇仁县人，历知府。

2. 吴　悌　字思诚，号疏山，抚州府金溪县人，历监察御史，官至南京刑部右侍郎，隆庆二年二月辛巳朔卒于官，时年 67 岁，谥文庄。

3. 刘廷范　字汝颜，号弦斋，抚州府临川县人，历广东佥事，嘉靖二十一年七月卒。

4. 何天启　字羲占，号凤冈，广信府贵溪县人，初授兵科给事中，历浙江佥事归。

5. 徐　樾　字子直，号波石，广信府贵溪县人，官至云南布政使卒。

6. 欧阳清　广信府上饶县人，历四川佥事。

7. 吕　瑚　字宗夏，广信府永丰县人，历刑部主事，卒于官。

8. 吕　怀　字汝德，号巾石，一号健乾，广信府永丰县人，选庶吉士，历给事中，官至太仆寺少卿。

9. 曾孔化　吉安府庐陵县人，历监察御史。

10. 刘天授　字可金，号又洲，吉安府万安县人，官至广西布政使。

11. 朱　衡　字士南，一字惟平，号镇山，吉安府万安县人，历山东布政使、巡抚，官至太子太保、工部尚书，卒年73岁。

12. 陶钦夔　字克谐，九江府彭泽县人，历监察御史，官至河南左布政使。

13. 郭希颜　字仲愚，南昌府丰城县西乡人，选庶吉士，历运副。

14. 雷　礼　字必进，南昌府丰城县镡舍人，历顺天府尹，官至太子太保、工部尚书，卒年77岁。

15. 廖天明　字敬之，号东溪，南昌府奉新县人，擢刑科给事中，历贵州副使。

16. 曾　钧　字廷和，南昌府进贤县人，擢南京礼科给事中，官至南京刑部右侍郎，卒谥恭肃。

17. 朱宪章　字良范，一字守良，号汝滨，南昌府进贤县人，擢兵、户科给事中，历福建参政。

18. 刘仕贤　南昌府南昌县人，历广东佥事。

19. 熊　洛　字景之，南昌府南昌县人，官至应天府尹归。

20. 赵愈和　南康府星子县人，历工部主事。

21. 闵　旦　饶州府浮梁县人，历景州知府。

22. 胡　岳　字宗高，饶州府鄱阳县人，历桂林知府。

23. 胡守中　吉安府吉水县人，河南宁陵军籍，历侍郎。

24. 毕　烜　吉安府吉水县人，广东番禺军籍，历参政。

25. 唐　曜　字幼贞，南昌府南昌县人，四川富顺县民籍，历副使。

26. 李启东　吉安府庐陵县人，云南楚雄籍，二甲传胪，历郎中。

27. 谢少南　字应午，赣州府赣县人，应天府上元籍，选监察御史，官至副使。

五十二　嘉靖十四年乙未（1535）韩应龙榜

1. 吴　璁　字世振，抚州府临川县人，历知县。

2. 易　宽　吉安府安福县人，官至四川副使卒。

3. 萧祥曜　字文奎，吉安府泰和县人，乡试2名，历监察御史，卒于官。

4. 艾　朴　字子文，吉安府永丰县人，历监察御史。

5. 聂　静　字子安，号白泉，吉安府永丰县人，选给事中，终官礼部郎归。

6. 龙　遂　字良卿，号南冈，吉安府永新县人，历给事中，官至贵州佥事，罢归卒。

7. 尹　台　字崇基，号洞山，吉安府永新县人，选庶吉士，历南京国子监祭酒，官至南京礼部尚书，卒年74岁。

8. 梅凌云　字尚志，九江府湖口县人，历府同知。

9. 张　绪　字卿理，临江府峡江县人，选庶吉士，官至贵州副使。

10. 敖　璠　字贵之，自号蒙泉居士，临江府新喻县人，官至山东参政卒。

11. 钱　冲　临江府新喻县人，历郎中。

12. 范　庆　字元会，南昌府丰城县邑郭人，历云南副使。

13. 李　玑　字邦在，号西野，南昌府丰城县湖茫人，二甲传胪，选庶吉士，历国子监祭酒，官至南京礼部尚书。

14. 汪　集　字惟义，南昌府进贤县人，历南京尚宝司卿。

15. 胡　植　字汝立，一字立之，号象冈，南昌府南昌县人，初授监察御史，历右副都御史。

16. 李东光　字晋卿，南昌府南昌县人，历太仆寺卿。

17. 方孟缙　字文卿，一字朝仪，号雁里，南昌府武宁县北乡塔溪人，官至浙江佥事卒。

18. 魏良贵　字师孟，号及斋，南昌府新建县人，历操江右副都御史。

19. 黎　秀　字实甫，一作资甫，饶州府乐平县人，历刑部郎中。

20. 余　炌　字德明，号柏坡，一作北坡，饶州府乐平县人，选兵科给事中，官至副使。

21. 敖　铣　字文之，瑞州府高安县人，选庶吉士，官至太常寺卿管祭酒事，卒于任。

22. 吴　山　字曰静，号筠泉，瑞州府高安县人，一甲探花，官至少保兼太子太保、礼部尚书，万历五年三月壬寅卒，谥文端。

23. 彭　凤　号梦瀑，袁州府分宜县人，选庶吉士，官至编修，甲辰以科场案罢归。

24. 徐守道　南昌府进贤人，北直隶长垣县籍。

25. 萧体元　字善复，行二，吉安府泰和县人，河南新野县民籍。

五十三　嘉靖十七年戊戌（1538）茅瓒榜

1. 徐良傅　傅一作溥，字子弼，号少初，抚州府东乡县人，初授知县，擢吏科给事中归。

2. 黄　注　字汝霖，赣州府信丰县人，历吏部主事。

3. 毕竟容　字仁叔，号梓石，广信府贵溪县人，历广东参政致仕。

4. 汪　俅　字克敬，号直斋，广信府贵溪县人，历湖广布政使，官至副都御史巡抚。

5. 吴　春　字以容，广信府贵溪县人，历太仆寺少卿。

6. 萧　轼　字仲敬，吉安府吉水县人，历知县。

7. 谢体升　字顺之，吉安府吉水县人，历参议。

8. 黄如桂　字德馨，吉安府庐陵县人，历大理寺少卿。

9. 陈昌积　字子虚，一字子发，吉安府泰和县人，解元，初授礼部主事，历尚宝司丞兼翰林院五经博士，罢归。

10. 罗　珵　字邦珍，号欿斋，吉安府泰和县人，一甲榜眼，初授编修，卒于任，时年49岁。

11. 杨载鸣　字虚卿，号武臣，吉安府泰和县人，官至通政使，卒年50岁。

12. 张　雨　字惟时，吉安府万安县人，选监察御史，官至佥都御史巡抚两广。

13. 胡叔廉　字明发，号练溪，临江府新淦县人，历刑科给事中，官至大理寺卿，卒年49岁。

14. 刘昭文　字汝简，南安府南康县人，历刑部员外郎，25岁罢归。

15. 杜　拯　字道济，一字子民，号晴江，南昌府丰城县鹤村人，历顺天府尹，官至工部左侍郎。

16. 罗崇奎　字子文，号近山，南昌府南昌县人，历吏科给事中，官至川湖贵三省总督，四十一年罢归。

17. 齐　誉　字文实，号定溪，南昌府南昌县人，擢兵科都给事中，历湖广副使卒。

18. 万　敏　字钦夫，南昌府南昌县人，乡试2名。

19. 万虞恺　字懋卿，号枫潭，南昌府南昌县人，擢南京兵科给事中，官至刑部右侍郎，卒年84岁。

20. 叶　照　字以明，南昌府南昌县人，历南京礼部郎中。

21. 丁以忠　字崇义，号南溪，南昌府新建县人，历山东巡抚，官至南京兵部右侍郎，卒年75岁。

22. 吴元璧　字君锡，号石峰，饶州府安仁县人，历广西左参政。

23. 吴　宠　字晋卿，一作俊卿，饶州府德兴县人，历大理寺丞。

24. 程时思　字以学，号台山，饶州府浮梁县人，选监察御史，官至贵州参议。

25. 汪　柏　字廷节，饶州府浮梁县人，19岁中举，官至浙江布政使致仕。

26. 刘　洵　字睿甫，号苏庵，饶州府鄱阳县人，会试2名，三甲1名，历给事中，广东佥事。

27. 江　鲲　字子鹏，饶州府余干县人，乡试2名，历行人。

28. 李廷春　字懋仁，饶州府余干县人，历主事。

29. 郭　进　字抑之，袁州府宜春县人。

30. 杨以诚　字明夫，袁州府宜春县人。

31. 喻　时　字中甫，南昌府丰城县人，河南光州民籍，官至都御史总督。

32. 王士翘　字民瞻，吉安府安福县人，吉安府永新县民籍，选监察御史，历右佥都御史总理河道，官至右副都御史总督南京粮储，卒年70岁。

33. 敖宗庆　字汝承，临江府新喻县人，贵州思南府水德江长官司民籍，历都御史。

34. 吴道南　字文在，南昌府丰城县西乡人，河南光州民籍，历推官。

35. 万文彩　字国华，南昌府南昌县人，云南临安卫官籍。

36. 徐文亨　字道行，饶州府余干县人，辽东定辽后卫官籍。

五十四　嘉靖二十年辛丑（1541）沈坤榜

1. 陈　炌　字文晦，抚州府临川县人，选监察御史，历吏部左侍郎，官至左都御史。

2. 曾　佩　字德夫，抚州府临川县人，擢监察御史，谪戍归。

3. 黄　钲　字克静，抚州府宜黄县人，初授推官，历知州罢归。

4. 毕竟夔　字叔元，广信府贵溪县人，历河南知府。

5. 陈其乐　字惟和，广信府贵溪县人，乡试4名，历广西参政。

6. 叶　镗　字汝声，号少岩，广信府上饶县人，选庶吉士，初授兵科给事中，历顺天府尹，官至兵部尚书。

7. 刘逢恺①　字虞让，号策斋，吉安府泰和县人，官至太仆寺少卿。

8. 罗时霖　字汝齐，吉安府泰和县人，历按察使。

9. 曾于拱　字思极，号鲁源，吉安府泰和县人，历太仆寺卿，官至右副都御史总督南京粮储，万历二十年十二月癸卯卒于家，时年68岁。

10. 周　奎　字贤象，号粟斋，吉安府万安县人，初授知县，病卒于官。

11. 尹祖懋　字德卿，吉安府永新县人，历四川副使。

12. 王　材　字子难，号稚川，建昌府新城县人，选庶吉士，官

① 《嘉靖二十年会试录》作“刘廷恺”。

至南太常卿管祭酒事，卒年77岁。

13. 罗　衣　复姓万，字章甫，号浅源，九江府德化县人，官至河南左布政使，年81岁卒。

14. 雷　达　字时浙，南昌府丰城县雷坊人，历山西右布政使卒。

15. 雷　贺　字时雍，号少郭，南昌府丰城县邑郛人，擢南吏科给事中，官至右副都御史巡抚四川。

16. 徐南金　字休乾，南昌府丰城县源岭人，选庶吉士，初授监察御史，历副都御史巡抚湖广。

17. 鄢懋卿　字景修，南昌府丰城县人，历监察御史、左副都御史，官至刑部右侍郎。

18. 姜　博　字约甫，一字克约，南昌府南昌县人，历浙江佥事。

19. 张　纬　字朝文，南昌府南昌县人，历浙江提学。

20. 张希举　字直卿，南昌府南昌县人，解元，官至湖广右布政使。

21. 熊彦臣①　字元直，南昌府南昌县人，新建县民籍，乡试3名，历检讨。

22. 李　迁　字子升，更字子安，号蟠峰，南昌府新建县人，历两广总督，官至刑部尚书，卒年72岁，谥恭介。

23. 曹天宪　字恒卿，饶州府浮梁县人，官至四川参议。

24. 程　良　字明辅，饶州府乐平县人，历知县。

25. 舒载道　字以文，饶州府鄱阳县人，授兵部主事卒。

26. 彭　谨　字德全，临江府新淦县人，福建闽县民籍，以山东沂州学正会试79名，历佥事。

27. 李继宗　字克承，吉安府永丰县人，山东朝城民籍，历佥事。

28. 杨挺高　字叔谦，行四，抚州府崇仁县人，山东金乡民籍，历主事。

29. 李　鸾　南安府大庾县人，广东番禺县籍。

30. 龚秉德　字性之，南昌府新建县人，山东濮州民籍，历副使。

---

① 《嘉靖二十年会试录》作“熊鼎臣”。

五十五　嘉靖二十三年甲辰（1544）秦鸣雷榜

1. 谭　纶　字子理，号二华，抚州府宜黄县人，历台州知府、右佥都御史巡抚、兵部左侍郎总督，官至兵部尚书，万历五年四月庚申卒于官，终年58岁，谥襄敏。

2. 汪克用　字子才，广信府永丰县人，选南京监察御史，历湖广副使。

3. 徐　易　字希文，号丰溪，广信府永丰县人，历户科给事中卒。

4. 刘朝佐　字道卿，吉安府安福县人，历南京通政。

5. 张子弘　字汝容，吉安府庐陵县人，历广东左布政使。

6. 王鸣臣　字汝文，号阳冈，一作阳江，吉安府泰和县人，历户科给事中，官至参政。

7. 刘　懋　字致卿，号高岩，吉安府万安县人，历湖广巡抚、南京工部右侍郎。

8. 朱大器　字自充，号东源，建昌府南城县人，历应天巡抚，官至刑部侍郎，卒年78岁。

9. 江　冕　字端甫，建昌府南丰县人，民籍。

10. 李　桥　字文济，一字廷仰，号半野，建昌府南丰县人，官至知府。

11. 李万实　字少虚，一字若虚，号讱庵，一号一吾，建昌府南丰县人，擢刑科给事中，官至浙江副使，卒年70岁。

12. 余文献　字伯初，一字可征，别号九崖，九江府德化县人，乡试3名，官至浙江左参政。

13. 陶钦皋　字克允，九江府彭泽县人，历监察御史卒。

14. 熊　逵　字于渐，临江府清江县人，官至浙江左布政使。

15. 刘　松　字汝贞，别号罗川，临江府新喻县人，嘉靖二十二年乡试18名，历郎中，30岁归不仕。

16. 萧一鹗　字尔荐，临江府新喻县人，历行人。

17. 陆梦豹　字文蔚，南昌府丰城县人，初授工部主事。

18. 涂　铉　字廷举，南昌府丰城县学前人，二甲1名，历重庆知府。

19. 万　寀　字一和，南昌府丰城县学前人，历顺天府尹，官至大理寺卿。

20. 宋国华　字崇乐，南昌府奉新县人，官至顺天府尹卒。

21. 雷梦麟　字伯仁，南昌府进贤县人，历陕西左参政。

22. 熊汝达　字德明，号北潭，南昌府进贤县人，历广东巡抚，官至右都御史，卒年67岁。

23. 万　恭　字肃卿，号两溪，南昌府南昌县人，历山西巡抚，官至兵部侍郎，卒年77岁，谥襄敏。

24. 张　仲　字明孝，南昌府南昌县人，乡试3名，历同知。

25. 李　逊　字子益，一字洪西，南昌府新建县人，历广东副使。

26. 吴桂芳　字子实，号自湖，南昌府新建县人，乡试2名，历巡抚，官至工部尚书兼右副都御史，卒年58岁。

27. 计士元　字允卿，饶州府鄱阳县人，历兵部主事。

28. 舒春芳　字景仁，饶州府鄱阳县人，官至贵州副使，年46岁卒。

29. 胡惟中　字可久，瑞州府高安县人。

30. 邬　琏　字宜莹，号东泉，瑞州府新昌县人，历云南左布政使、应天府尹，官至右副都御史巡抚浙江致仕，卒年74岁。

31. 万　善　字一之，抚州府临川县人，辽东定辽前卫军籍，历评事。

32. 刘　佃　字仲有，吉安府安福县人，庐陵县民籍，历布政使。

33. 欧阳震　字起叔，吉安府泰和县人，四川巴县民籍，历监察御史。

34. 蔡扬金　字子砺，临江府新淦县人，河南卫辉千户所军籍，历右布政使。

35. 郑　河　字师程，南昌府新建县人，应天府江宁县民籍，历推官。

36. 李逢时　字化甫，赣州府赣县人，直隶德州卫军籍，历广东左布政使。

五十六　嘉靖二十六年丁未（1547）李春芳榜

1. 乐其雅　字必所，号小川，抚州府临川县人，初授行人卒。

2. 徐光启　字叔贤，号麓泉，广信府贵溪县人，历山东左参政。

3. 王时槐　字子植，号塘南，吉安府安福县人，历太常寺卿，卒年84岁。

4. 王一夔　字章夫，号南台，吉安府安福县人，历浙江、贵州参政。

5. 陈嘉谟　字世显，号蒙山，吉安府庐陵县人，选户科给事中，历湖广右参政，卒年83岁。

6. 贺　泾　字汝明，号少龙，吉安府庐陵县人，选南京兵科给事中，历广西副使。

7. 杨　海　字汝容，号事斋，吉安府泰和县人，选工科给事中。

8. 宋仪望　字望之，号阳山，晚号华阳，吉安府永丰县人，选监察御史，历右佥都御史巡抚应天，官至大理寺卿，卒年65岁。

9. 贺　镂　字邦器，号华峰，吉安府永新县人，历右参政，卒于官。

10. 吴　衍　字子蕃，一作子繁，一字子毓，号竺原，建昌府南城县人，嘉靖二十年会试170名，历刑部郎中致仕。

11. 边　毅　字德弘，号南岗，临江府峡江县人，选南京监察御史，历知府。

12. 张　春　字伯仁，号西吴，临江府新喻县人，一甲榜眼，历侍读。

13. 胡　杰　字子文，号剑西，南昌府丰城县旗塘人，嘉靖二十二年解元，选庶吉士，历祭酒，官至太常寺卿，隆庆五年（1571）卒。

14. 黄　朏　字文辉，号前川，南昌府丰城县人，历福建参议，卒年67岁。

15. 袁光翰　字宪甫，号云麓，南昌府丰城县袁坊人，历知府、云南副使。

16. 江治　字顺之，一字舜卿，号理川，南昌府进贤县人，乙酉乡试2名，历南京工部右侍郎，万历二十年卒，时年90余岁，谥恭恪。

17. 李天荣　字仁卿，号应洲，南昌府南昌县人，历河南副使。

18. 刘廷梅　字与和，号同野，南昌府南昌县人，历广东副使。

19. 万思谦　字益甫，号合溪，南昌府南昌县人，历广西、福建布政使，官至南京太常寺卿，年61岁卒。

20. 熊　琦　字宪韩，号抑斋，南昌府南昌县人，历福建右布政使，官至宁夏巡抚卒。

21. 喻显科　字时晋，号右山，南昌府南昌县人，历广东参议。

22. 张正和　字以礼，号巽峰，南昌府南昌县人，历四川右参政。

23. 朱伯辰　字文拱，号泰浦，南昌府南昌县人，选兵科给事中。

24. 金　铣　复姓熊，字子良，号吾溪，南昌府新建县人，历宝庆知府。

25. 钱　鑪　字汝化，号鹿坪，南康府星子县人，初授知县。

26. 方　祥　字履祥，号鳌峰，饶州府浮梁县人，历副使。

27. 詹　珊　字廷佩，号昆峰，饶州府浮梁县人，历柳州知府。

28. 黎　澄　字本静，号忠池，饶州府乐平县人，选庶吉士，历礼科给事中、贵州参政。

29. 蓝　璧　字完卿，号松坡，瑞州府高安县人，选庶吉士，初授礼科给事中，历山东、广东布政使。

30. 彭登瀛　字选之，南昌府丰城县港口人，广西临桂民籍，历广州府同知。

31. 熊勉学　字懋伦，号明轩，九江府德化县人，河南汝宁仪卫司籍，三甲1名，历云南右参政。

五十七　嘉靖二十九年庚戌（1550）唐汝楫榜

1. 任良贵　抚州府临川县人，历知县。

2. 陈　庆　字履旋，号西塘，晚号视轩，吉安府永丰县人，选刑科给事中，历广西左布政使，终官太常寺卿，隆庆五年致仕，卒年79岁。

3. 夏　栻　字廷瞻，南昌府丰城县人，历兵科给事中，官至太仆少卿。

4. 张　益　字舜卿，南昌府丰城县社冈人，历兵科都给事中。

5. 万　仲　南昌府进贤县人，历广东佥事。

6. 赵文同　南昌府靖安县人，官至河南按察使卒。

7. 黄　垣　南昌府南昌县人，历行人。

8. 李　伸　字道卿，南昌府南昌县人，历广东佥事卒。

9. 万虞龙　南昌府南昌县人，历太常少卿。

10. 吴一澜　字汝观，南昌府南昌县人，历福建右布政使。

11. 杨乾亨　字起元，南昌府南昌县人，初授行人。

12. 余应举　更名曰德，字德甫，号午渠，南昌府南昌县人，历福建副使，卒年70岁。

13. 钟崇武　字季烈，南昌府南昌县人，初授知县，升刑部主事卒。

14. 江一川　字体行，号西岸，南康府都昌县人，历刑科右给事中，四十一年归。

15. 操守经　字仲权，号东川，饶州府浮梁县人，历给事中。

16. 曹天祐　字有节，饶州府浮梁县人，历浙江按察使。

17. 张　灯　字文辉，号瑞泉，饶州府浮梁县人，历浙江参政。

18. 姜金和　字节之，饶州府鄱阳县人，一甲探花，官至南京祭酒。

19. 罗元祯　字汝符，饶州府鄱阳县人，选监察御史，历云南布政使。

20. 况叔祺　字吉夫，瑞州府高安县人，历贵州副使致仕。

21. 丘文学　吉安府永丰县人，山东博平民籍，历监察御史。

22. 文希儒　吉安府庐陵县人，广西全州民籍，历监察御史。

23. 吴翰词　抚州府金溪县人，湖广应山籍，历监察御史。

24. 李　淑　吉安府吉水县人，湖广京山籍，历佥事。

25. 彭继业　吉安府龙泉县人，山东胶州千户所籍。

26. 黄　甲　南安府上犹县人，南京兴武卫籍。

五十八　嘉靖三十二年癸丑（1553）陈谨榜

1. 高应芳　字维实，号谷南，抚州府金溪县人，历监察御史，累官太仆寺卿，左迁归。

2. 黄希宪　字伯容，号毅所，抚州府金溪县人，历南京监察御史，官至湖广副使。

3. 徐善庆　字元祯，号龙冈，抚州府金溪县人，官至陕西副使。

4. 黄　纪　字子陈，号梁山，抚州府临川县人，历监察御史，官至河南佥事。

5. 王文炳　字道充，号龙峰，吉安府庐陵县人，选庶吉士，初授吏科给事中，历南京右通政，隆庆元年致仕。

6. 曾　梅　字以调，号螺泉，吉安府泰和县人，初授知县。

7. 罗　良　字虞臣，号月岩，吉安府万安县人，官至太仆寺卿。

8. 周贤宣　字仲含，号洞岩，吉安府万安县人，历延平知府，终官至福建右布政使。

9. 郭汝霖　字时望，号一厓，吉安府永丰县人，历吏科左给事中，官至南京太常寺卿。

10. 曾　濂　复姓邹，字子濬，号六华，吉安府永丰县人，历礼科给事中。

11. 罗汝芳　字惟德，号近溪，学者称明德先生，建昌府南城县人，甲辰会试，历云南参政罢归，卒年74岁。

12. 曾　杰　字国佐，号晓峰，建昌府南城县人，初授刑部主事卒。

13. 李东华　字景晓，号旸池，南昌府丰城县人，历升礼科都给事中，卒于官，终年40岁。

14. 李　贵　字廷良，号文麓，更号浣所，南昌府丰城县人，嘉靖壬子解元，选庶吉士，历四川副使。

15. 万　浩　字汝孟，号大畴，南昌府进贤县人，二甲传胪，选庶吉士，历南京国子监祭酒，官至南京礼部右侍郎。

16. 姜　儆　字君治，号思毅，南昌府南昌县人，历监察御史，官至侍讲。

17. 李　裘　字绍治，号念所，南昌府南昌县人，初授刑部主事，升光禄寺丞卒。

18. 刘曰材[①]　字汝成，号湖山，南昌府南昌县人，历陕西左布政使。

19. 罗　复　字子贞，号雨岩，南昌府南昌县人，历监察御史。

20. 阮文中　字用和，号沙城，南昌府南昌县人，官至兵部侍郎巡抚湖广卒。

21. 魏元吉　字敬之，号连洲，南昌府南昌县人，历户科右给事中，官至福建参政，卒年59岁。

22. 叶　龙　字乾甫，号泷湖，南昌府南昌县人，历云南佥事。

23. 余朝卿　字汝弼，号章南，南昌府南昌县人，历太仆少卿。

24. 张正位　字以立，号沥泉，南昌府南昌县人，历广西副使。

25. 钟　沂　字宗鲁，号右原，南昌府南昌县人，历监察御史，官至太仆少卿。

26. 喻南岳　字极夫，号洪江，南昌府新建县人，历四川副使。

27. 胡　湧　字汝原，号龙川，南康府星子县人，历河南布政使。

28. 戴时雍　字逢尧，一字克明、尧民，号龙峰，饶州府浮梁县人，历盐运使。

29. 侯有功　字思谦，号凤岐，饶州府浮梁县人，历布政使。

30. 张　仙　字诚之，一作成之，号璧峰，饶州府浮梁县人，历工部员外郎。

31. 黎德充　字本虚，号抑庵，饶州府乐平县人，历郎中。

32. 胡士彦　字世美，号荐斋，饶州府鄱阳县人，历云南副使。

33. 史桂芳　字景实，号惺堂，饶州府鄱阳县人，历两浙盐运使归，万历二十六年卒，时年81岁。

---

① 《明人传记资料索引》作“刘材”。

34. 叶万禄　字惟学，号南江，饶州千户所籍，历南京刑部员外郎卒。

35. 李　凤　南安府大庾县人，广东番禺籍。

36. 曾　镒　字万甫，号内庵，赣州府兴国县人，直隶德州卫籍，历宁波知府。

37. 周　鉴　字子明，号霁川，袁州府萍乡县人，陕西平凉仪卫司籍，初授刑部主事。

38. 沈维藩　字德卿，号桐阳，九江府德化县人，直隶定州卫籍，历工部主事卒。

39. 李廷龙　字德化，号麓南，吉安府吉水县人，湖广湘阴军籍，选监察御史。

40. 江　北　字拱北，号九川，广信府铅山县人，顺天府霸州籍，历南京监察御史。

41. 曾廷芝　字瑞卿，号一川，吉安府庐陵县人，湖广汉阳籍，历工科给事中，终西安同知。

42. 萧九成　字汝和，号仪庭，吉安府庐陵县人，直隶兴州后屯卫军籍，历工部员外郎、佥事。

43. 萧九峰　字寿夫，号东桥，吉安府庐陵县人，直隶兴州后屯卫军籍，历监察御史。

44. 杨　綵　字质甫，号彬庵，吉安府泰和县人，虎贲右卫籍，历刑部员外郎，佥都御史。

45. 樊　傚　字一贤，号北莱，南昌府进贤县人，南昌县籍，历工科给事中，官至苑马寺卿。

46. 王希烈　字子忠，号东岑，抚州府临川县人，南昌府南昌县籍，选庶吉士，官至吏部左侍郎，卒谥文裕。

五十九　嘉靖三十五年丙辰（1556）诸大绶榜

1. 吴朝仪　字子敬，号会川，抚州府临川县人，历南京工部郎中，丁卯致仕。

2. 俞汝器　字器之，号平冈，抚州府临川县人，历邵武知府。

3. 章汝槐　字子□，抚州府临川县人，历陕西佥事，丙寅致仕。

4. 邹　善　字继甫，号颍泉，吉安府安福县人，历广东右布政使，官至太常寺卿致仕。

5. 袁　淳　字育娄，号罗峰，赣州府雩都县人，历监察御史、湖广佥事，癸亥致仕。

6. 张　相　字文忠，号梧阳，广信府贵溪县人，初授刑部主事，壬戌升广州知府卒。

7. 伍　令　字思行，号鱼山，吉安府安福县人，历四川佥事，乙丑致仕。

8. 胡　直　字正甫，号庐山，吉安府泰和县人，官至广东、福建按察使，万历十三年卒于官，69岁。

9. 黎　桂　字克芳，号念云，吉安府万安县人，历知府。

10. 刘　岘　字仁伯，号凤西，吉安府万安县人，历知府。

11. 李承芳　字伯辉，号培原，吉安府永新县人，未授官卒。

12. 劳　堪　字君任，一字庐岳，号道亭，九江府德化县人，历左副都御史。

13. 张　科　字惟进，一字进卿，号达泉，九江府湖口县人，选监察御史，丙寅致仕。

14. 夏可范　字子极，号龙溪，九江府瑞昌县人，己酉乡试4名，初授刑部主事，历员外郎，乙丑卒。

15. 杨　标　字廷瞻，号溯川，临江府清江县人，选监察御史，官至云南参政卒。

16. 黄　翰　原名翠，字可宪，号小川，南昌府丰城县人，历永州知府，乙丑致仕。

17. 李廷观　字明文，号斗冈，南昌府丰城县人，历温州知府，官至河东运使。

18. 蔡国珍　字汝聘，号见麓，南昌府奉新县人，宦至吏部尚书，卒年84岁，谥恭靖。

19. 余良翰　字邦宪，号梅冈，南昌府奉新县人，历叙州知府。

20. 杨汝辅　字惟德，号见泉，南昌府南昌县人，历南京礼部郎中，丁卯致仕。

21. 张正谟　字以明，号习川，南昌府南昌县人，历郎中，乙丑卒。

22. 方来崇　字士功，号虚谷，南昌府新建县人，历刑部员外郎，癸亥致仕。

23. 熊　俸　字应秩，号新溪，南康府星子县人，历肇庆知府，官至副使。

24. 周舜岳　字良卿，号盘峰，饶州府安仁县人，历兵科给事中，贵州参政。

25. 操时贤　字国用，号双峰，饶州府浮梁县人，初授知县，辛酉卒。

26. 程汝盛　字以恒，号蝨庵，饶州府浮梁县人，初授知县，戊午卒。

27. 金　达　字德孚，号星桥，饶州府浮梁县人，甲午乡试3名，会元，一甲探花，历南京国子监司业，戊辰致仕。

28. 邹光祚　字承卿，号鹤山，饶州府鄱阳县人，历四川布政使。

29. 董　懋　字子功，号豸屏，临江府清江县人，四川泸江籍，初授户部主事卒。

30. 杨衍庆　字善甫，号东台，袁州府宜春县人，牧马千户所军籍，选监察御史，历陕西副使。

31. 陈　汲　吉安府吉水县人，直隶泰州千户所籍，历刑部主事。

32. 陈应诏　吉安府吉水县人，直隶泰州千户所籍，历工部主事。

33. 王　凝　字道甫，号毅庵，吉安府安福县人，湖广宜城籍，壬子乡试1名，历都御史。

34. 曾省吾　字以三，号确庵，九江府彭泽县人，湖广承天卫官籍，官至工部尚书。

六十　嘉靖三十八年己未（1559）丁士美榜

1. 舒　化　字汝德，号继峰，抚州府临川县人，弱冠登第，擢户科给事中，万历十二年官至刑部尚书，卒谥庄僖。

2. 欧阳谷　吉安府安福县人，历四川副使。

3. 赵　格　字文渊，吉安府安福县人，历给事中，官至参政。

4. 曾同亨　字于野，号见台，吉安府吉水县人，历巡抚、大理寺卿，官至太子太保、南京吏部尚书致仕，年75岁卒于家，谥恭端。

5. 王育仁　字延化，吉安府泰和县人，官至知州。

6. 赖嘉谟　字古华，吉安府万安县人，官至四川布政使。

7. 张敏德　吉安府万安县人，历郎中。

8. 张尚大　吉安府万安县人，历参议。

9. 何　源　字仲深，号心泉，建昌府广昌县人，历大理寺卿，官至刑部左侍郎，万历十七年七月丁卯卒于任，谥靖惠。

10. 徐　钺　字秉威，号后冈，建昌府南丰县人，历主事卒，终年50余岁。

11. 张　櫕　字叔养，号心吾，建昌府新城县人，擢监察御史，历应天府尹，官至南京工部右侍郎。

12. 桂枝扬　九江府德安县人，官至吏部主事。

13. 欧阳一敬　字司直，号柏庵，九江府彭泽县人，选给事中，官至太常寺少卿。

14. 黄国华　字良实，南昌府丰城县荷塘人，历知府。

15. 熊秉元　原名养锐，字仁卿，南昌府丰城县人，历兵部郎中。

16. 周汝德　字时昭，南昌府丰城县人，历云南副使，终官贵州佥事卒。

17. 李　辅　字子卿，南昌府进贤县人，擢监察御史，历山东巡抚，官至南京工部尚书。

18. 郭廷臣　南昌府南昌县人，历知府。

19. 黄　枢[①]　字翼卿，南昌府南昌县人，历知府。

20. 刘曰睿　南昌府南昌县人，历监察御史。

21. 罗大玘　字维节，南昌府南昌县人，历知府。

---

① 《嘉靖三十八年会试录》作“黄榜”。

22. 魏时亮[①] 字工甫，一字舜卿，号敬吾，南昌府南昌县人，擢兵科给事中，官至南京刑部尚书卒，时年63岁，谥庄靖。

23. 叶 宪 南昌府南昌县人，历苑马寺少卿。

24. 衷贞吉 字孔安，号洪溪，南昌府南昌县人，历河南巡抚、工部尚书，终官左都御史，卒谥简肃。

25. 朱 奎 南昌府南昌县人，历福建右布政使。

26. 潘 儻 号南吾，南昌府武宁县北乡南皋人，历知州。

27. 吴 椿 南昌府新建县人，历广西布政使。

28. 谢廷杰 字宗圣，南昌府新建县人，历监察御史，官至大理寺丞。

29. 郑 栋 广信府贵溪县人，饶州府万年县籍，历监察御史。

30. 蒋凌汉 吉安府泰和县人，四川金堂民籍，历知府。

31. 邓楚望 临江府新淦县人，湖广麻城籍，历行人。

32. 邓洪震 吉安府吉水县人，广西宣化籍，历知县。

33. 皮 豹 字文蔚，号剑江，南昌府丰城县曲江人，应天府江宁籍，嘉靖三十五年会试102名，历广南知府致仕。

34. 王 湜 南昌府新建县籍，浙江临海县人，王淑弟。

35. 王 淑 南昌府新建县籍，浙江临海县人，三甲1名，历推官。王朝卿孙。

36. 宋豫卿 临江府新淦县人，四川富顺籍，历知府。

六十一 嘉靖四十一年壬戌（1562）徐时行榜

1. 陈文燧 字汝相，号愚所，抚州府临川县人，嘉靖辛酉乡试2名，擢监察御史，历兵部主事归。

2. 费尧年 字熙之，广信府铅山县人，历布政使，官至南京太仆寺卿，卒年70岁。

3. 周以敬[②] 字钦夫，一字用涵，广信府上饶县人，历监察

---

① 《嘉靖三十八年会试录》作“魏时望”。

② 《嘉靖四十一年会试录》作“祝以敬”。

御史。

4. 周 寀 字济甫，吉安府安福县人，历福建巡抚、大理寺卿，官至吏部右侍郎，万历二十年七月戊辰卒于家。

5. 李承绪 字伯余，吉安府永新县人，历主事。

6. 史 诩 字克敏，一字见屏，吉安府永新县人，官至云贵副使。

7. 黄文炜 字德华，号景云，建昌府南城县人，辛酉解元，初授知县，卒于任。

8. 段孟贤 字汝愚，号蒙冈，九江府湖口县人，官至贵州副使。

9. 李 材 字孟诚，号见罗先生，南昌府丰城县人，官至郧阳巡抚，卒年79岁。

10. 李 橡 字孟粟，行三，南昌府丰城县人，历知府。

11. 游季勋 原名季炎，字懋甫，南昌府丰城县人，历应天府尹。

12. 蒋 机 字若衡，南昌府丰城县流江人，历监察御史卒。

13. 高则益 字汝谦，南昌府南昌县人，乡试5名，历湖广参议。

14. 刘仕阶 字以学，南昌府南昌县人，历佥事。

15. 万廷言 字思默，一字以忠，南昌府南昌县人，乡试2名，历佥事。

16. 王 祯[1] 字宗彦，南昌府南昌县人，历尚宝少卿。

17. 徐 作 字汝念，一字季儒，南昌府南昌县人，官至工部尚书，光宗元年卒。

18. 杨汝允 字惟明，一字懋功，南昌府南昌县人，历知府。

19. 杨文明 字仲谟，南昌府南昌县人，历四川参政。

20. 钟崇文 字仲谟，南昌府南昌县人，历佥事。

21. 王廷辅 字良卿，饶州府浮梁县人，历知府。

22. 蔡叔逵 字于渐，临江府新淦县人，河南卫辉守御千户所军籍，嘉靖四十年河南乡试2名，三甲1名，历员外郎。

23. 曾 璠 字子玉，九江府彭泽县人，湖广承天卫官籍，历陕

---

① “祯”《碑录》（第860页）、《索引》（第280页）作“桢”，同治府志作“正”。

西参议。

24. 刘　泮　字汝化，吉安府泰和县人，南直隶江都县民籍。

25. 萧大亨　字夏卿，吉安府吉水县人，山东泰安州民籍，官至兵部尚书。

26. 何文维　字卫正，饶州府余干县人，辽东定辽后卫官籍，历员外。

27. 赵可镕　字汝从，南昌府丰城县人，四川泸州民籍，历工部郎中。

28. 刘经纬　字道甫，号洪湫，行九，南昌府南昌县人，进贤县民籍，历广西布政使，卒年63岁。

29. 万振孙　字性儒，南昌府南昌县人，南直隶合肥民籍，历湖广参政。

六十二　嘉靖四十四年乙丑（1565）范应期榜

1. 程　文　字载道，号碧川，抚州府东乡县人，官至工科都给事中归。

2. 聂廷璧　字祖雍，一作子雍，抚州府金溪县人，官至副使归，卒年82岁。

3. 陈文焕　号静庵，抚州府临川县人，擢监察御史，官至浙江参政。

4. 傅良谏　字忠所，抚州府临川县人，官至山东参政。

5. 桂天祥　字子舆，抚州府临川县人，选监察御史，官至顺德知府卒。

6. 刘世亨　字以进，号觉吾，抚州府临川县人，官至南京吏部郎中。

7. 徐　儒　号仰峰，抚州府临川县人，官至陕西行太仆寺卿。

8. 曾如春　字仁祥，号景默，抚州府临川县人，历浙江布政使、河南巡抚，累官至工部右侍郎总理河道，万历三十一年四月丙午卒于官。

9. 杨时乔　字宜迁，号止庵，广信府上饶县人，官至吏部左侍郎，万历三十七年二月庚午卒，时年79岁，谥端洁。

10. 周守愚　字汝哲，广信府永丰县人，历给事中，官至浙江副使归。

11. 张　秩　字以敬，号凤林，吉安府安福县人，选庶吉士，官至编修，万历二年卒。

12. 廖如春　吉安府吉水县人，历知州。

13. 贺一桂　吉安府庐陵县人，选监察御史，历大理寺丞归。

14. 萧　廪　字可发，号兑嵎，吉安府万安县人，选监察御史，历陕西、浙江巡抚，官至兵部左侍郎，万历十五年卒于官。

15. 丘　浙　号厚山，建昌府南城县人，官至广西布政使致仕。

16. 邵　廉　字养心，一字虚道，号圭斋，建昌府南丰县人，擢兵科给事中，官至知府，万历十一年免官。

17. 王　玺　字予信，号见竹，建昌府南丰县人，选庶吉士，历工、礼、户三科给事中，官至广东按察使，终年60岁致仕。

18. 蔡廷臣　字荩卿，九江府德化县人，官至山西右布政使。

19. 张　道　字以中，号性泉，九江府湖口县人，官至监察御史归，年59岁卒。

20. 徐云程　字允升，临江府清江县人，二甲传胪，官至浙江按察使归。

21. 晏仕翘　字应望，临江府清江县人，历监察御史，终官太仓知州卒。

22. 鄢一相　字辅之，南昌府丰城县人，官至府同知卒。

23. 李　栻　字孟敬，南昌府丰城县人，历浙江副使。

24. 涂梦桂　字时芳，号南麓，南昌府丰城县人，历户科右给事中，万历三年罢归。

25. 袁国宁　南昌府丰城县人，历承天知府。

26. 龚以正　南昌府进贤县人，历知县。

27. 陈　栋　字隆之，南昌府南昌县人，会元，一甲探花，官至右赞善，辛未卒，年36岁卒。

28. 姜　忻　字克荣，南昌府南昌县人，历云南布政使。

29. 刘良弼　字赉卿，南昌府南昌县人，擢监察御史，历广西巡抚卒。

30. 涂　渊　南昌府南昌县人，历知府。

31. 万　通　南昌府南昌县人，历知府。

32. 萧敏道　南昌府南昌县人，历知府。

33. 熊汝器　字国用，南昌府南昌县人，历山西行太仆寺卿。

34. 杨一桂　字文芳，南昌府南昌县人，初授监察御史，官至浙江右布政使。

35. 熊　炜　号震泉，南康府建昌县人，历知府。

36. 笪东光　饶州府德兴县人，选给事中。

37. 舒　鼇　字子化，饶州府德兴县人，选监察御史卒。

38. 张德夫　字子成，饶州府浮梁县人，历郎中。

39. 范　伋　字汝希，瑞州府高安县人，历山西参政，卒年84岁。

40. 傅孟春　号仁泉，瑞州府高安县人，历监察御史、巡抚，官至刑部侍郎。

41. 吴学诗　字伯兴，瑞州府上高县人，选庶吉士，历山西副使。

42. 熊子臣　字国良，瑞州府新昌县人，历广东副使致仕，时年36岁。

43. 宋良佐　字守忠，号龙山，袁州府万载县人，历兵科给事中，官至大理寺少卿。

44. 易可久　袁州府宜春县人。

45. 李采菲　字君采，别号临江，临江府新喻县人，直隶沈阳中屯卫籍，历监察御史，官至山西巡抚，生于嘉靖癸未（1523）三月二十八日，嘉靖乙未（1595）八月二十四日卒，寿63岁。

46. 李一迪　吉安府吉水县人，广东茂名民籍，历副使。

47. 丘云章　抚州府乐安县人，山东诸城民籍。

48. 施　爱　抚州府临川县人，福州左卫籍。

49. 周　芸　南昌府南昌县人，湖广景陵籍，历福建参议。

六十三 隆庆二年戊辰（1568）罗万化榜

1. 万钟禄 字天锡，抚州府东乡县人，历知府。

2. 陈所敏 字吾达，抚州府金溪县人，历工部郎中卒。

3. 陈一夔 字乐卿，抚州府金溪县人，历温州知府。

4. 戴文宗 字时范，抚州府金溪县人，历知县。

5. 聂良杞 字汝实，号念初，抚州府金溪县人，乡试5名，历礼科给事中，官至广西兵备。

6. 傅元顺 字伯达，一字信哲，抚州府临川县人，擢监察御史。

7. 帅 机 字惟审，号谦斋，抚州府临川县人，历知府。

8. 徐汝阳 字时泰，号敬吾，抚州府临川县人，历陕西布政使，终官南京光禄寺卿，丁酉致仕。

9. 周一经 字子明，广信府贵溪县人，历四川右布政使，70岁以太仆寺卿致仕。

10. 汪 审 字惟几，广信府弋阳县人，历知府。

11. 詹世用 字汝宾，广信府弋阳县人，历主事。

12. 万一贯 字汝唯，一字心源，吉安府安福县人，选监察御史，官至广东副使归，卒年75岁。

13. 罗徽竹 字庭猗，吉安府吉水县人，历知县。

14. 刘禹谟 字平甫，吉安府庐陵县人，历承天知府。

15. 习孔教 字时甫，号豫川，吉安府庐陵县人，乡试1名，选庶吉士，官至南京吏部侍郎。

16. 刘应雷 字汝豫，号复所，吉安府万安县人，初授知县，卒于官。

17. 张 镗 字汝扬，吉安府永丰县人，官至贵州参议归。

18. 吴 鉴 字顺应，建昌府南城县人，历知县。

19. 许 洛 字希程，建昌府南城县人，历知县。

20. 张 嵿 字子谦，号斗阳，建昌府南城县人，历工部郎中，终通判，卒于官。

21. 张克文 字宗质，临江府清江县人，新淦县儒籍，历主事。

22. 朱孟震　字秉器，临江府新淦县人，历贵州左布政使、顺天府尹，官至山西巡抚。

23. 敖　鲲　字化甫，号南溟，临江府新喻县人，历监察御史，官至南京光禄寺卿卒，时年57岁。

24. 杜　循　字伯理，南昌府丰城县人，历府学教授。

25. 范　谦　字汝益，号含虚，南昌府丰城县人，选庶吉士，官至礼部尚书，卒于任，时年64岁，谥文恪。

26. 胡　绪　字本理，南昌府丰城县人，历浙江布政使。

27. 黄　焯　字原静，南昌府丰城县人，历四川副使。

28. 陈九畴　字惟叙，南昌府奉新县人，历知府。

29. 辜明试　字懋功，南昌府南昌县人，历按察使。

30. 刘　浃　字宗说，南昌府南昌县人。

31. 熊　瑞　字宪祥，号带川，南昌府南昌县人，官至甘肃行太仆寺卿，卒年83岁。

32. 赵来亨　字修甫，南昌府南昌县人，历知州。

33. 穆　炜　字德辉，南昌府新建县人，历湖广参政。

34. 喻　均　字邦相，南昌府新建县人，历天津副使。

35. 张　偲　字士忠，南昌府南昌县人，新建县民籍，历湖广左布政使，官至右佥都御史巡抚贵州，卒于任。

36. 张　位　字明成，号洪阳，南昌府新建县人，南昌县民籍，乡试2名，会试2名，选庶吉士，历祭酒，官至少保、吏部尚书、武英殿大学士，卒谥文端。

37. 方学孟　字子醇，一作子纯，饶州府浮梁县人，历监察御史、佥事。

38. 陈文衡　字惟平，饶州府鄱阳县人，选监察御史，官至广西右布政使，年59岁卒于京。

39. 刘　铉　字玉卿，一字鼎臣，号沧源，饶州府鄱阳县人，乡试5名，历兵科给事中，官至湖广按察使卒。

40. 刘应麒　字道徵，饶州府鄱阳县人，选庶吉士，历右佥都御史巡抚、大理寺卿，官至工部左侍郎，万历四十年七月甲辰卒。

41. 李　颐　字惟贞，号及泉，饶州府余干县人，选监察御史，历河南右布政使、右都御史巡抚，终官工部右侍郎卒。

42. 张东旸　字维寅，一字宾蒙，瑞州府高安县人，历长芦运使。

43. 王　京　字来觐，瑞州府上高县人，历徽州知府。

44. 蔡文范　字道华，一作伯华，瑞州府新昌县人，历广东参议。

45. 刘体道　字亲正，号云溪，瑞州府新昌县人，历刑部郎中。

46. 欧阳柏　字惟承，号茂野，吉安府安福县人，湖广潜山民籍，历副使，卒年75岁。

47. 朱东光　字元曦，抚州府临川县人，福建浦城县民籍，擢户科给事中，官至广东右参政归。

48. 谢廷敬　字宗文，吉安府安福县人，湖广景陵民籍，历员外郎。

49. 李维桢　字本宁，吉安府吉水县人，湖广京山县民籍，历陕西右布政使。

50. 余　钦　字敬甫，饶州府浮梁县人，河南睢阳卫官籍，历知县。

51. 杨时宁　字子安，饶州府鄱阳县人，河南祥符县民籍，历兵部尚书、右都御史。

六十四　隆庆五年辛未（1571）张元忭榜

1. 王懋德　字敬甫，一字颐廷，号顺斋，抚州府金溪县人，选庶吉士，升南京司业，己卯卒于临清。

2. 王民顺　字道服，号如水，抚州府金溪县人，选监察御史，历陕西左布政使。

3. 谢廷寀　字思远，一字思敬，号养和，抚州府金溪县人，历吏部郎中。

4. 张应雷　字思豫，号顺嵒，一作顺斋，抚州府金溪县人，历知县，壬戌致仕。

5. 董　裕　字惟益，号扩庵，抚州府乐安县人，选监察御史，历郧阳巡抚、大理寺卿，官至刑部尚书，卒于任，时年70岁。

6. 吴撝谦　字汝亨，号文台，抚州府临川县人，历镇江、嘉兴知府，官至参议。

7. 周邦杰　字英甫，号念庭，抚州府临川县人，选工科给事中，历左通政。

8. 李　涞　字源甫，号养愚，赣州府雩都县人，选户科给事中，历保定巡抚。

9. 徐贞明　字伯继，号孺东，广信府贵溪县人，选工科给事中，历尚宝司少卿，丙戌卒。

10. 郑邦福　字羽夫，号銕耕，广信府上饶县人，历太仆寺卿。

11. 傅应祯　字公善，号慎所，吉安府安福县人，选监察御史，历南大理寺右寺丞，万历丁亥卒。

12. 刘　台　字子畏，一字国基，号畏所，吉安府安福县人，甲戌选监察御史，谪戍广西卒，追谥毅思。

13. 张　程　号匡庐，吉安府安福县人，选庶吉士，历尚宝司少卿。

14. 周　宪　字用章，号心监，吉安府安福县人，历广东副使卒。

15. 邹德涵　字汝海，号聚所，吉安府安福县人，官至河南佥事归，己卯卒，时年44岁。

16. 彭应时　字寅中，号直所，吉安府庐陵县人，选南礼科给事中，历广西、浙江、云南布政使，卒年90岁。

17. 郭子章　字相奎，号青螺，自号蠙衣生，吉安府泰和县人，历湖广、福建布政使，贵州巡抚，官至太子少保、兵部尚书，万历四十六年七月辛亥卒，时年77岁。

18. 龙宗武　字君扬，号澄源，吉安府泰和县人，历湖广参议，谪戍，卒年68岁。

19. 王一乾　号养初，吉安府泰和县人，历陕西、浙江布政使，官至应天府尹。

20. 吴思学　号念虚，建昌府广昌县人，乡试3名，官至广西按察使，庚戌致仕。

21. 朱　琏　字文卿，号谨吾，临江府新淦县人，选监察御史，官至云南副使，壬午为民，卒年85岁。

22. 杜　播　字端叔，号新沙，南昌府丰城县人，初授知州，乙亥卒于官。

23. 范　梅　字元春，号和听，南昌府丰城县人，历知府，降运同，戊戌致仕。

24. 袁实遂　号丰南，南昌府丰城县人，初授知县卒。

25. 袁应旂　号东雩，南昌府丰城县人，初授知县，壬申卒。

26. 余良枢　号袭溪，南昌府奉新县人，历浙江副使。

27. 余良桢　号承溪，南昌府奉新县人，初授知县，谪教授，癸酉卒。

28. 江　和　号一山，南昌府进贤县人，初授知县，甲戌致仕。

29. 陈　赞　号翼庵，南昌府南昌县人，历雷州知府，辛巳卒。

30. 甘一骥　字德夫，号乾畨，南昌府南昌县人，历贵州按察使，壬辰卒。

31. 漆　彬　号质亭，南昌府南昌县人，官至四川副使致仕。

32. 齐世臣　字惟良，号豫沙，南昌府南昌县人，选礼科给事中，官至太常寺少卿，丁亥卒。

33. 伍士望　号蠡湖，南昌府南昌县人，官至山东运使，辛丑致仕。

34. 熊惟学　字习之，号复吾，南昌府南昌县人，会试4名，历广西左布政使，官至应天府尹，庚子回籍。

35. 陈以朝　号凤隅，南昌府宁州人，初授知州，历湖广同知，甲申致仕。

36. 吴从龙　号拙庵，南昌府宁州人，吏部观政卒。

37. 邓以讚　字汝德，号定宇，南昌府新建县人，会元，一甲探花，历祭酒，官至吏部右侍郎，己亥卒于家，时年55岁，谥文洁。

38. 涂　杰　字汝高，号念东，南昌府新建县人，选监察御史，历光禄寺少卿，癸未为民。

39. 张　誉　号惺庵，南昌府新建县人，历太仆寺少卿。

40. 詹全觉　号起莘，南康府都昌县人，初授知县，历府同知。

41. 孙鸣凤　号梧冈，瑞州府高安县人，历知县，终官都察院经历卒。

42. 王许之　字以仁，号槐亭，瑞州府高安县人，选南监察御史，官至浙江佥事，癸未致仕。

43. 杨　材　号章华，吉安府泰和县人，湖广房县民籍，历副使致仕。

44. 刘　垓　号肖华，吉安府安福县人，湖广潜江民籍，历云南佥事。

45. 李际寅　号两山，建昌府南丰县人，福建晋江籍，官至云南副使，癸未致仕。

46. 刘　瑊　号淦溪，临江府峡江县人，直隶苏州卫籍，一甲榜眼，历中允，丙戌卒。

47. 姜奇方　号守冲，临江府人，湖广监利籍，初授知县，历运使。

48. 刘　珠　字福井，南昌府南昌县人，湖广公安县民籍，初授户部主事，升员外郎，己卯卒。

49. 秦　绅　号书庵，南康府建昌县人，锦衣卫军校籍，官至长沙知府，丙戌致仕。

六十五　万历二年甲戌（1574）孙继皋榜

1. 胡桂芳　字允垂，号瑞芝，抚州府金溪县人，乡魁，历广东左布政使、贵州巡抚，官至南工部侍郎总理河道，卒谥忠端。

2. 吴　滜　抚州府金溪县人，历南京评事。

3. 陈文旻　字予吾，抚州府临川县人，初授府学教授，擢工部主事卒。

4. 谢　诏　字彦实，号凤渚，赣州府赣县人，历云南布政使，官至顺天巡抚（未赴），卒谥桓愍。

5. 姚士观　广信府贵溪县人，历知府。

6. 刘孟雷　吉安府庐陵县人，历光禄寺卿。

7. 萧景训　吉安府泰和县人，历知州。

8. 杨寅秋　字羲叔，吉安府泰和县人，选监察御史，终官贵州按察使告休。

9. 刘朝璽　字质之，号念南，一作念泉，吉安府永新县人，选兵科给事中，官至贵州参政归。

10. 王懋中　建昌府南城县人。

11. 王一言　字民法，号带水，建昌府南城县人，官至应天府丞。

12. 张时亨　建昌府南城县人，历刑部主事。

13. 饶廷锡　南昌府进贤县人，历知县。

14. 胡汝宁　字似山，南昌府南昌县人，历礼科给事中。

15. 万文卿　南昌府南昌县人，历浙江参政。

16. 舒邦儒　字真卿，饶州府余干县人，历南京刑部主事。

17. 范世美　字敬之，瑞州府高安县人，官至浙江副使，卒于任。

18. 董廷策　临江府清江县人，四川泸江籍。

19. 尹应元　吉安府庐陵县人，湖广汉川民籍，历浙江巡抚。

20. 周梦暘　吉安府吉水县人，湖广南漳民籍。

21. 李良柱　南安府大庾县人，广东番禺籍。

22. 陈应芳　吉安府泰和县人，直隶泰州千户所籍，历佥事。

23. 黄凝道　南昌府南昌县人，河南邓州籍，历刑部主事。

24. 杨时馨　饶州府鄱阳县人，河南祥符籍，历刑部郎中。

25. 杨四知　饶州府鄱阳县人，河南祥符籍，历大理寺少卿。

六十六　万历五年丁丑（1577）沈懋学榜

1. 李日文　字维实，抚州府金溪县人，官至云南副使卒。

2. 詹事讲　字明甫，别号养贞，抚州府乐安县人，擢监察御史。

3. 胡　泰　抚州府临川县人。

4. 卢　逵　赣州府宁都县人。

5. 甘士价　字维藩，号紫亭，赣州府信丰县人，历监察御史，升佥都御史巡抚，官至大理寺卿，卒于浙江。

6. 徐上达　字孔学，号斗南，广信府永丰县人，官至知县归。

7. 伍惟忠　吉安府安福县人。

8. 曾乾亨　字于健，号健斋，吉安府吉水县人，选监察御史，官至大理寺少卿归，卒年57岁。

9. 邹元标　字尔瞻，别号南皋，吉安府吉水县人，观政谪戍都匀卫，初授吏科给事中，历大理寺卿，官至太子少保、左都御史，天启四年卒于家，时年74岁，谥忠介。

10. 王命爵　吉安府庐陵县人。

11. 朱维京　字大可，号讷庵，吉安府万安县人，初授评事，历光禄寺丞，万历二十一年言事罢为民，后二年卒，时年46岁。

12. 甘　雨　字子开，号应溥，吉安府永新县人，选庶吉士，官至湖广参政卒。

13. 邓　炼　字文纯，号纯吾，建昌府南城县人，擢监察御史，官至太仆寺卿。

14. 程　达　字顺甫，临江府清江县人，选监察御史，历浙江布政使，以太仆寺卿致仕。

15. 李　琯　字邦和，南昌府丰城县人，擢监察御史，历福建佥事。

16. 支应瑞　南昌府进贤县人，历兵部主事。

17. 陈　瑫　南昌府南昌县人，历监察御史。

18. 罗用敬　字子真，南昌府南昌县人，历工部郎中。

19. 谭　桂　字世芳，南昌府南昌县人，历知府。

20. 吴子韶　南昌府南昌县人，历刑部郎中。

21. 丁此吕　字右武，南昌府新建县人，擢监察御史，历浙江右参政。

22. 金　炅　南昌府新建县人，兵部观政。

23. 敖文祯　字嘉猷，号龙华，瑞州府高安县人，选庶吉士，历礼部侍郎，卒于官，时年58岁，谥文穆。

24. 陈邦科　字俊卿，瑞州府高安县人，选南监察御史，历保宁、河间知府。

25. 范　儁　字国士，瑞州府高安县人，初授知县，选监察御史，言事廷杖归。

26. 宋希尧　字叔中，袁州府分宜县人，二甲传胪，初授刑部主事，历工部主事卒。

27. 简继芳　号庆源，袁州府萍乡县人，历云南副使。

28. 刘士瑗　吉安府安福县人，庐陵县籍，历主事。

29. 马象乾　复姓曾，吉安府泰和县人，广东连州军籍，选庶吉士，初授监察御史，病归。

30. 宋　附　南昌府丰城县人，成都府后卫籍，历知府。

31. 李元龄　南昌府丰城县人，四川华阳籍，历山西副使。

32. 饶学诗　南昌府南昌县人，山东东阿民籍。

六十七　万历八年庚辰（1580）张懋修榜

1. 黄　桦　字思直，号塔嶽，抚州府金溪县人，历南京刑部郎中。

2. 曾维伦　字恒逊，一字惇吾，抚州府乐安县人，初授推官，历府同知，壬辰致仕。

3. 周孔教　字明行，号怀鲁，抚州府临川县人，选监察御史，历应天巡抚，官至右副都御史总理河道，癸丑卒。

4. 邵伯悌　字本敬，号行吾，广信府贵溪县人，历浙江、湖广参政。

5. 王梦旸　字旭东，号鳌机，广信府上饶县人，辛巳初授推官，卒。

6. 王德新　字应明，号儆所，吉安府安福县人，历光禄寺丞。

7. 谢时泰　字汝亨，号念塘，吉安府安福县人，历陕西苑马寺少卿，卒年65岁。

8. 刘日升　字尔湛，一字扶生，号明自，吉安府庐陵县人，官至应天府尹，年72岁卒。

9. 杨　现　字廷蕴，号龙河，吉安府泰和县人，历知府，官至副使。

10. 张鸣冈　字治祯，号见庵，吉安府万安县人，选监察御史，历两广总督，官至南京刑部尚书，乙卯卒。

11. 罗万程　字时胜，号鹏云，建昌府广昌县人，擢刑科给事中，官至副使。

12. 彭国光　字用卿，号秀南，九江府德化县人，选户科给事中，官至右佥都御史巡抚宣府，甲辰卒。

13. 张乔松　字尔操，号青涞，临江府新喻县人，历广西右参政。

14. 谭一召　字忠卿，号华南，南安府大庾县人，历南京户部郎中。

15. 李廷谟　字明皋，号椿崖，南昌府丰城县人，以新郑教谕会试203名，选吏科给事中，历湖广副使。

16. 袁　奎　字文卿，号映台，南昌府丰城县人，历顺天府尹。

17. 饶　位　字廷立，一字立之，号行素，南昌府进贤县人，万历己卯解元，选监察御史，历工部侍郎。

18. 徐自兴　字汝杰，号仰岐，南昌府进贤县人，历知县。

19. 陈子贞　字以成，一字成之，号怀云，南昌府南昌县人，选监察御史，官至右佥都御史巡抚福建，卒年65岁。

20. 刘曰桂　字汝芳，号梓源，南昌府南昌县人，甲申初授刑部主事卒。

21. 涂嘉会　字君履，号亨宇，南昌府南昌县人，乡试5名，历荆州知府，庚午告病。

22. 徐秉正　字朝直，号绎宾，南昌府南昌县人，历陕西参政。

23. 章邦翰　字公佐，号中宪，南昌府南昌县人，选监察御史，官至云南左布政使，己酉卒。

24. 但贵元　字仁甫，号襟春，南康府星子县人，初授知县，历通判。

25. 李大钦　字惟敬，号宁宇，饶州府浮梁县人，历兴化知府。

26. 郑国柱　字荩臣，号念塘，抚州府金溪县人，贵州镇远县民籍，壬辰升兵部郎中，病卒。

27. 萧良有　字以占，号汉冲，吉安府庐陵县人，湖广汉阳民籍，会元，一甲榜眼，历祭酒，己亥致仕，卒年53岁。

28. 萧良誉　号汉颖，吉安府庐陵县人，湖广汉阳民籍，历河南参政。

29. 胡懋忠　字心庭，吉安府安福县人，湖广景陵民籍，历知县，乙酉致仕卒。

30. 涂用宾　南昌府南昌县人，湖广湘阴民籍，历知县。

31. 彭而珩　字命卿，号念川，南直隶溧阳县人，临江府清江县军籍，选南京监察御史，历广东、福建副使。

32. 余继善　字明复，号见桐，南昌府南昌县人，河南固始县民籍，历工部郎中，癸巳为民。

33. 黄子美　字尚含，号万溪，南昌府南昌县人，山东曲阜县民籍，官至山西按察使，乙巳卒。

六十八　万历十一年癸未（1583）朱国祚榜

1. 戴朝用　字念劬，抚州府金溪县人，官至湖州知府卒。

2. 张廷相　字以忠，号程川，抚州府金溪县人，官至副使归。

3. 黄廷宝　号二瞻，抚州府临川县人，官至山东参政。

4. 刘一澜　抚州府临川县人，终官河东运使。

5. 汤显祖　字义仍，号若士，一称海若，抚州府临川县人，初授太常博士，终官遂昌知县，万历二十六年归，68岁卒。

6. 朱星耀　广信府贵溪县人，历刑部郎中。

7. 刘思瑜　字在南，吉安府安福县人，以教谕会试，选监察御史，谪州判。

8. 邹德溥　字汝光，号四山，吉安府安福县人，会元，历洗马。

9. 刘应秋　字士和，号兑阳，吉安府吉水县人，解元，一甲探花，累官祭酒，万历二十八年十月丁丑卒，谥文节。

10. 陈秉浩　吉安府泰和县人，历推官。

11. 冯　渠　字汝达，号谦川，晚号安巽子，建昌府新城县人，官至太仆寺少卿，终年75岁。

12. 罗心尧　九江府德化县人，历推官。

13. 段克允　九江府湖口县人，官至知府。

14. 李复阳　字宗诚，号元冲，南昌府丰城县人，历通政司参议，卒于任，时年58岁。

15. 徐即登　字德俊，南昌府丰城县人，历河南按察使。

16. 涂文焕　字章甫，南昌府奉新县人，历知府。

17. 饶　伸　字抑之，南昌府进贤县人，官至刑部左侍郎。

18. 涂文奎　南昌府南昌县人，历知府。

19. 涂宗濬　字镜源，南昌府南昌县人，历监察御史、总督，终官至太子太保、兵部尚书，天启元年九月乙丑卒于官，谥恭襄。

20. 叶　修　原姓龚，字克慎，南昌府南昌县人，官至知府。

21. 陈良轴　南昌府新建县人，历编修。

22. 罗朝国　字维祯，南昌府新建县人，官至南京刑部尚书卒。

23. 万国钦　字二愚，南昌府新建县人，擢监察御史，历南京刑部郎中。

24. 聂应科　瑞州府上高县人，历监察御史。

25. 张　璧　字世良，袁州府万载县人，官至云南副使卒。

26. 陈所学　抚州府乐安县人，湖广籍，官至兵部尚书。

27. 刘应同　吉安府安福县人，湖广潜江民籍，历知府。

28. 曾凤仪　本姓彭，字舜征，吉安府安福县人，湖广耒阳民籍，历郎中。

29. 彭健吾　吉安府庐陵县人，河南夏邑民籍。

30. 蒋　荐　吉安府庐陵县人，吉安千户所籍，历知府。

31. 萧汝芳　吉安府泰和县人，辽东铁岭卫籍，历主事。

32. 张寿朋　乡试名振业，字仲龢，号鲁叟，建昌府南城县人，南昌县籍，终官庐州府通判。

33. 何　伟　临江府新喻县人，四川涪州籍，历参政。

34. 饶　崙　南昌府进贤县人，临川籍，历监察御史。

35. 张尧文　号复吾，临江府清江县人，新淦县儒籍，18岁中举，历知府。

六十九　万历十四年丙戌（1586）唐文献榜

1. 王　志　字汝学，号新盘，抚州府东乡县人，官至云南参政。

2. 周献臣　字窾六，号青来，抚州府临川县人，初授知县，历郎中归，卒年88岁。

3. 黄大节　字思立，号庭翠，赣州府信丰县人，历浙江副使，终年71岁。

4. 徐庭绶　字公绾，号怀龙，广信府上饶县人，历通判。

5. 刘以焕　字章卿，号完自，吉安府安福县人，历剐使。

6. 王如坚　字石夫，号介石，吉安府安福县人，选刑科给事中，建言为民。

7. 邹德泳　字汝臣，号泸水，吉安府安福县人，选监察御史，官至刑部侍郎致仕，卒于家，私谥纯道先生。

8. 罗大纮　字公廓，号匡湖，吉安府吉水县人，选礼科给事中，以言事斥为民。

9. 康梦相　字予赉，号肖野，吉安府泰和县人，历参议。

10. 周应鳌　字如春，号章南，吉安府泰和县人，历主事。

11. 张时显　字仁卿，号新屏，建昌府南城县人，历兵部主事。

12. 吴尚友　字元德，号益斋，九江府湖口县人，官至琼州知府。

13. 许汝魁　字真甫，一作贞甫，号仰亭，九江府湖口县人，官至南京通政使卒。

14. 黄之俊　字君籥页，号端峰，临江府清江县人，历知县归。

15. 彭锡命　字君宠，号忆冈，临江府新淦县人。

16. 李启美　字应成，号充予，南昌府丰城县人，选庶吉士，初授检讨。

17. 陆应川　字汝济，号钟符，南昌府丰城县人，官至贵州按察使。

18. 熊鸣夏　字心禹，一作宗禹，号太和，南昌庑丰城县人，历吏科给事中，官至郎中。

19. 宋应和　字道达，号约斋，南昌府奉新县人，以乐平县教谕会试343名，历太仆寺少卿。

20. 范以淑　字汝闻，号自鲁，南昌府南昌县人，历知府。

21. 李汝珪　字元锡，号瑞探，南昌府南昌县人，初授推官。

22. 刘曰梧　字阳生，号斗阳，南昌府南昌县人，擢监察御史，历巡抚，官至兵部侍郎。

23. 彭　烊　字治金，号肯亭，南昌府南昌县人，选庶吉士，历检讨。

24. 杨廷兰　字秀夫，号芳台，南昌府南昌县人，历吏科给事中。

25. 叶　㢑　字以文，号纯吾，南昌府南昌县人，历工部郎中。

26. 张守颐　字贞卿，号震初，南昌府南昌县人，历刑部员外郎。

27. 钟允复　字大亨，号继原，南昌府南昌县人，官至通政司左参议。

28. 周　著　字诚子，号右华，南昌府南昌县人，历四川左布政使卒。

29. 陈道亨　字孟起，号蠡源，南昌府新建县人，官至南京兵部尚书，卒谥清襄。

30. 熊宇奇　字正子，号石门，南昌府新建县人，历湖广右布政使。

31. 闵文卿　字廷钊，一作廷昭，号纯宅，饶州府浮梁县人，乙卯乡试1名，历通判。

32. 吴文灿　字元质，号涵初，九江府德化县人，顺天府东安县籍，历兵科都给事中。

33. 萧云举　字允升，号玄圃，吉安府泰和县人，广西宣化民籍，选庶吉士，历詹事。

34. 李维标　字本立，号大瀛，吉安府吉水县人，湖广景陵民籍，历典簿。

35. 刘道隆　字麟原，号起南，吉安府安福县人，湖广潜江民籍，历佥都御史。

36. 常道立　字孟庸，号五嶷，瑞州府高安县人，湖广汉阳民籍。

37. 陈大道　临江府新喻县人，湖广光化县民籍，历都御史。

38. 邢懋敬　字一卿，号兰室，九江府德化人，湖广黄梅军籍，历知县。

39. 萧重望　字仰卿，号剑斗，行一，南昌府丰城县人，贵州思南府籍，乙酉解元，历监察御史。

40. 王士昌　字永叔，号斗溟，南昌府新建县民籍，浙江临海县人，历福建巡抚。

七十　万历十七年己丑（1589）焦竑榜

1. 吴道南　字会甫，号曙谷，抚州府崇仁县人，一甲榜眼，官至太子太保、户部尚书兼文渊阁大学士，天启三年九月乙巳卒，终年74岁，谥文恪。

2. 胡思宾　号绍南，抚州府东乡县人，官至刑部主事归。

3. 李自芳　抚州府东乡县人，历知府。

4. 刘启元　字仁甫，抚州府金溪县人，历刑部主事。

5. 吴仁度　字元重，一字继疎，抚州府金溪县人，历山西巡抚，官至工部右侍郎卒。

6. 谢继科　字哲甫，抚州府金溪县人，历知府。

7. 周兆圣　字时甫，抚州府金溪县人，初授知县，为官5年卒于任，终年36岁。

8. 毕三才　字成叔，号印石，广信府贵溪县人，选监察御史，历太仆寺少卿致仕。

9. 夏子阳　字鹤田，广信府玉山县人，官至太常寺卿。

10. 周懋卿　吉安府安福县人，历知府。

11. 周懋相　字弼甫，号念塘，吉安府安福县人，历监察御史，官至浙江佥事，左迁陕西苑马寺少卿。

12. 朱道相　吉安府万安县人，历处州知府。

13. 龙文明　字斗冲，吉安府永新县人，官至登莱副使。

14. 刘文卿　字溪如，号直州，建昌府广昌县人，万历戊子解元，历吏部主事。

15. 左宗郢　字景贤，号心源，建昌府南城县人，初授监察御史，官至南太常寺少卿。

16. 朱文璧　临江府峡江县人，历知县。

17. 蒋汝瑚　字廷器，南昌府丰城县人，擢监察御史，历广西参议卒。

18. 李右谏　字衮思，南昌府丰城县人，历山东布政使，官至南京太仆寺卿。

19. 罗　栋　字吉甫，南昌府丰城县人，选庶吉士，初授户科给事中，改礼科。

20. 饶景晖　字仲奎，南昌府进贤县人，历四川巡抚，官至兵部侍郎。

21. 黎道炤　字明中，南昌府南昌县人，历礼科右给事中。

22. 李成章　字汝裁，南昌府南昌县人，历知府。

23. 刘仕瞻　字淡峰，南昌府南昌县人，历兵科给事中。

24. 刘曰宁　字幼安，南昌府南昌县人，选庶吉士，历南京祭酒，官至礼部侍郎，万历四十年九月癸巳卒，谥文简。

25. 涂乔迁　字伯友，南昌府南昌县人，擢监察御史，历南京太仆寺卿。

26. 万建崑　字季瑜，南昌府南昌县人，历南京尚宝卿卒。

27. 祝世禄　字延之，号无功，饶州府德兴县人，选南京吏科给事中，官至南京尚宝寺卿。

28. 陈嘉训　字彝仲，号思冈先生，饶州府鄱阳县人，终官南京吏科给事中，卒年51岁。

29. 陈良材　字养之，号豫华，瑞州府高安县人，官至福建按察使致仕。

30. 朱吾弼　字谐卿，号密林，瑞州府高安县人，选南监察御史，历南太仆寺卿归。

31. 熊　敏　字汝顽，瑞州府新昌县人，历刑部主事。

32. 徐　伸　抚州府金溪县人，河南光山籍，历监察御史。

33. 蔡文会　广信府贵溪县人，锦衣卫籍，历工部主事。

34. 刘应钶　吉安府安福县人，湖广潜江籍，历知府。

35. 欧阳东凤　吉安府安福县人，湖广潜江籍，历知府。

36. 杨为栋　临江府清江县人，四川綦江籍。

37. 孙羽侯　南昌府进贤县人，湖广华容籍，历刑科给事中。

38. 谢廷策　赣州府赣县人，直隶德州卫籍，历监察御史。

七十一　万历二十年壬辰（1592）翁正春榜

1. 徐仲佳　字仲谦，一字韦承，抚州府临川县人，官至四川右参政。

2. 曾如海　字粤祥，一字敬元，抚州府临川县人，初授知县，未期年卒于官。

3. 周　训　字子成，字仰谦，抚州府临川县人，官至陕西右参政。

4. 周曰庠　字时化，号文所，抚州府临川县人，擢刑科给事中，官至大理寺少卿卒。

5. 刘孔当　字任之，号喜闻，吉安府安福县人，会魁，选庶吉士，官至编修，卒年40岁。

6. 萧　椿　字□房，一字大年，吉安府庐陵县人，官至浙江副使。

7. 曾　皋　字光虞，一字直卿，号养金，吉安府庐陵县人，以太仆寺卿致仕，卒年95岁。

8. 陈幼良　字宇初，九江府德化县人，初授推官。

9. 王演畴　字孟箕，号震泽，九江府彭泽县人，官至桂林知府。

10. 熊　镆　字华卿，一字中宇，临江府清江县人，初授刑部主事，官至员外郎。

11. 饶景曜　字廷献，一字昆国，南昌府进贤县人，官至四川右布政使卒。

12. 徐应鹤　字梦得，一字鸣皋，南昌府进贤县人，官至工部主事。

13. 刘一焜　字元丙，号石澍，南昌府南昌县人，官至右佥都御史巡抚浙江。

14. 舒日敬　字元直，一字□石，南昌府南昌县人，初授知县，左迁府学教授。

15. 熊钟文　字宁野，南昌府南昌县人，官至礼部郎中。

16. 喻言兴　字顺中，南昌府南昌县人，官至兵部主事。

17. 罗　相　字澄溪，南昌府新建县人，历兵部员外郎。

18. 姚　善　字子乐，号性宇，饶州府浮梁县人，官至广东佥事。

19. 朱一桂　字廷萼，一字月樵，饶州府浮梁县人，官至南京右都御史，崇祯年间卒。

20. 徐梦暘　饶州府余干县人，官至刑部郎中。

21. 李开春　字真吾，瑞州府上高县人，官至广州府同知。

22. 胡大成　字集卿，号澹源，瑞州府新昌县人，官至知州，戊午卒于家。

23. 赵应选　字贞卿，号太初，瑞州府新昌县人，官至山东副使，卒于任。

24. 彭自新　字涤之，号楗铭，袁州府万载县人，官至云南按察使。

25. 刘廷柱　字初阳，南昌府南昌县人，湖广江夏籍，官至兖州知府。

26. 陈维春　字宇阶，一字如□，南昌府南昌县人，进贤籍，选庶吉士，官至刑科右给事中。

27. 毛志尹　字惠近，一字维衡，南昌府南昌县人，新建籍，官至浙江副使。

28. 熊　寅　字念塘，南昌府新建县人，湖广景陵籍，初授知县。

七十二　万历二十三年乙未（1595）朱之蕃榜

1. 谢廷谅　字友可，号紫会，抚州府金溪县人，官至知府。

2. 朱世守　字惟约，号玉槎，吉安府安福县人，历佥都御史巡抚广西，官至刑部侍郎。

3. 萧近高　字损之，一作抑之，号九生，吉安府庐陵县人，选礼科给事中，历浙江布政使，官至工部侍郎。

4. 周文谟　字台白，一作大白，号五禾，吉安府永新县人，初授知县，庚子卒。

5. 甘　来　字叔进，号苏宇，建昌府南丰县人，历广东副使。

6. 熊尚文　字益中，号思城，南昌府丰城县人，历工部侍郎。

7. 饶景暉　字叔净，号业明，南昌府进贤县人，官至广东右布政使。

8. 吴文英　字郁材，号台曲，南昌府进贤县人，官至礼部郎中。

9. 邓士龙　字时化，号济寰，南昌府南昌县人，选庶吉士，官至右中允。

10. 李光祖　字绳祖，一作绳伯，号奎垣，南昌府南昌县人，历南京吏部主事。

11. 刘一燝　字季晦，号贞白，行六，南昌府南昌县人，选庶吉士，历祭酒，官至少师兼太子太师、吏部尚书、中极殿大学士，崇祯八年卒，时年69岁，追谥文端。

12. 刘一爌　字仲弢，一字著泉，行一，南昌府南昌县人，官至兵科给事中卒。

13. 刘一煜　字宣仲，号环水，行八，南昌府南昌县人，历兵部员外郎。

14. 魏时应　字去违，号澹明，南昌府南昌县人，官至南京通政司使，崇祯初卒于家。

15. 赵国琦　字伯玉，号太室，南昌府南昌县人，官至副使。

16. 徐鸣凤　本名中素，字无染，号玉渊，南康府建昌县人，历山东佥事。

17. 陈大绶　字长卿，号赤石，饶州府浮梁县人，官至太仆寺卿。

18. 何宗彦　字君美，号苏岭，一号昆柱，抚州府金溪县人，湖广随州籍，选庶吉士，初授编修，终官至少师兼太子太师、吏部尚书、建极殿大学士，天启四年正月卒于官，谥文毅。

19. 王尔康　字道安，号性海，又号四戒居士，吉安府泰和县人，庐陵籍，初授行人归养，卒年38岁。

20. 刘国缙　字敬夫，号义斋，吉安府泰和县人，辽东复州卫军籍，选监察御史。

21. 李景春　字飞伯，号太谷，南昌府丰城县人，应天府上元籍，初授推官，庚子卒。

22. 刘洪谟　字仕沐，一字惟后，南昌府南昌县人，进贤籍，官至太仆寺少卿。

23. 喻　政　字从父，号章澜，南昌府南昌县人，贵州铜仁府籍，官至知府。

24. 陈　儒　字子明，号鉴韦，瑞州府高安县人，南昌府新建籍，历云南参政，年81岁卒。

七十三　万历二十六年戊戌（1598）赵秉忠榜

1. 谢廷讃　字曰可，号山子，抚州府金溪县人，丁酉顺天乡试3名，初授刑部主事，历尚宝司丞。

2. 陈以德　字维修，号宇庭，抚州府临川县人，壬子乡试3名，历四川副使，乙卯卒。

3. 胡登明　字公甫，号选吾，吉安府安福县人，以兰溪县教谕会试297名，初授知县。

4. 黎民范　字端卿，号凤盱，建昌府南城县人，历云南副使。

5. 赵师圣　字元睿，号我白，建昌府南丰县人，选庶吉士，官至少詹事，卒年56岁。

6. 邓　渼　字远游，号环丘，一号壶丘、箫曲山人，建昌府新城县人，选监察御史，官至右佥都御史巡抚顺天，卒年60岁。

7. 曹文纬　字闇冲，号东汇，一号坤吾，九江府彭泽县人，初授刑部主事，历光禄寺丞。

8. 傅宗皋　字直甫，号见俞，南昌府丰城县人，初授知县，选南监察御史，乙丑为民。

9. 刘应乾　字德易，号丰阳，南昌府丰城县人，初授行人，历工部主事，丁未卒。

10. 晏文辉　字伯充，号怀泉，南昌府南昌县人，初授南礼科给事中。

11. 丁此召　字棠野，南昌府新建县人，初授工部主事，乙巳卒。

12. 徐良彦　字季良，号若谷，南昌府新建县人，选监察御史，历宣府巡抚，官至南京工部侍郎。

13. 黄龙光 字二为，号中介，饶州府浮梁县人，历右通政卒。

14. 程再伊 字连叔，号嵩毓，饶州府鄱阳县人，历福建右参政，卒年61岁。

15. 陈邦瞻 字德远，号匡左，瑞州府高安县人，壬午乡试5名，历福建、河南布政使，两广总督，官至兵部左侍郎，天启癸亥卒。

16. 袁业泗 字时认，号景源，袁州府宜春县人，历浙江按察使，官至南京鸿胪寺卿，崇祯甲申八月卒。

17. 张凤翔 字辉止，号凌玄，抚州府临川县人，建昌府南城民籍，选庶吉士，初授刑科给事中，官至吏科右给事中，壬寅卒。

18. 熊廷弼 字非伯，一作飞白，号芝冈，南昌府南昌县人，湖广江夏民籍，丁酉解元，选监察御史，终官至兵部尚书兼右副都御史经略辽东，乙丑卒。

19. 张时弼 字国枢，号文宇，南昌府南昌县人，新建县民籍，历监察御史。

20. 黄建中 字艮辅，号玄莀，瑞州府新昌县人，南直隶兴化军籍，选南户科给事中，终南礼部主事，辛酉卒。

21. 曹志遇 九江府瑞昌县人，湖广兴国州军籍，万历二十三年会试。

七十四 万历二十九年辛丑（1601）张以诚榜

1. 郑以伟 字子器，号方水，一号如莲，广信府上饶县人，选庶吉士，官至礼部尚书、入阁，崇祯六年六月病卒于官，谥文恪。

2. 颜欲章 号云汉，吉安府安福县人，官至浙江右布政使致仕，卒年75岁。

3. 郭一鹗 字汝荐，号振龙，吉安府庐陵县人，戊子乡试2名，选南京监察御史，官至太仆寺卿致仕。

4. 彭惟成 字元性，号芹生，一号太蒙，吉安府庐陵县人，历南太常卿致仕。

5. 龙遇奇 字才卿，号钟华，又号紫海，吉安府永宁县人，初授知县，选监察御史，丁巳卒。

6. 郭　炜　号景塘，临江府清江县人，以新城教谕会试24名，初授中书舍人，戊申八月改兵部员外郎卒。

7. 熊　化　字仲龙，号春碧，临江府清江县人，选监察御史，唐王时官吏部左侍郎，顺治己丑年五月十一日自尽。

8. 罗宪凯　字元甫，号赤城，南昌府丰城县人，初授知县卒。

9. 熊剑化　字神阿，号际华，南昌府丰城县人，初授知县，己酉卒。

10. 徐　鉴　字观甫，号正宇，南昌府丰城县人，选监察御史，历太仆寺卿。

11. 袁懋谦　字吉卿，号虎溪，南昌府丰城县人，选庶吉士，初授兵科给事中，戊申卒。

12. 熊明遇　字良孺，号坛石，南昌府进贤县人，选兵科给事中，辛未升南京兵部尚书，改工部归，国变后卒。

13. 刘　是　改名定国，号江余，南昌府南昌县人，官至南京工部尚书。

14. 王时熙　号止敬，南昌府南昌县人，选监察御史，官至太仆寺少卿，乙丑卒。

15. 王　训　号海伦，南昌府南昌县人，未授官，壬寅卒。

16. 夏其光　字晦初，号中瀛，南昌府新建县人，选礼科给事中。

17. 陈学继　号念恒，南康府都昌县人，初授知县，调定海县，卒于官。

18. 吴道长　号景海，南康府星子县人，初授知县，历南京刑部主事。

19. 谢应祥　号凤高，吉安府安福人，官至右副都御史巡抚山西。

20. 萧丁泰　字六茹，吉安府庐陵县人，湖广汉阳民籍，历山西、陕西布政使。

21. 康元积　字函三，吉安府安福县人，湖广衡山民籍，选吏科给事中卒。

22. 蔡毅中　字宏甫，饶州府万年县人，河南光州民籍，官至祭酒，卒谥文庄。

23. 秦聚奎　南昌府南昌县人，湖广汉阳民籍。

24. 徐　穆　号钟汝，抚州府临川县人，贵州铜仁民籍，官至云南按察使，戊午卒。

25. 杨师孔　号鲁源，吉安府庐陵县人，贵州卫籍，历浙江参政。

26. 彭端吾　字符庄，号嵩稷，吉安府庐陵县人，河南夏邑民籍，选监察御史，官至右通政，丙寅卒。

27. 文立缙　号无枝，吉安府庐陵县人，广西全州籍，官至四川按察使，辛酉卒。

28. 曾汝召　字公奭，号棠棐，一号澹园，吉安府泰和县人，赣州府龙南县籍，选刑科给事中，官至太常寺少卿，丙寅为民，崇祯九年（1636）卒。

29. 杨世勋　号济美，南昌府南昌县人，湖广江陵籍，初授知县，历刑部主事。

七十五　万历三十二年甲辰（1604）杨守勤榜

1. 詹尔达　字思理，号起鹏，抚州府乐安县人，历四川、河南布政使，官至光禄寺卿，丁卯闲住。

2. 章正岳　字亦孟，号孟山，抚州府临川县人，初授知县，庚戌卒。

3. 李邦华　字孟闇，号懋明，吉安府吉水县人，选监察御史，历天津巡抚、兵部尚书，终官至左都御史，崇祯十七年三月十八日自缢殉难，谥忠文，清改谥忠肃。

4. 萧象烈　字绳甫，号无竞，吉安府庐陵县人，官至贵州按察使。

5. 欧阳充材　字隆栋，号豫乔，吉安府泰和县人，历凤阳知府。

6. 黄承试　字季兆，号彭池，建昌府南城县人，初授推官，己酉卒。

7. 邓　澄　字于德，号来沙，晚号东园，建昌府新城县人，选庶吉士，初授监察御史，历湖广佥事。

8. 璩光岳　字山仲，号三谷，建昌府新城县人，初授知州，历兵部员外郎，乙卯卒。

9. 郭一轮　字环海，号仁宇，九江府德安县人，初授知县，历工部主事，己未卒于官。

10. 聂心汤　字纯中，号铭源，临江府新淦县人，历工部郎中，崇祯初年卒。

11. 丘士毅　字远程，号见南，南昌府丰城县人，选庶吉士，官至礼部右侍郎，辛未三月卒。

12. 樊良枢　字尚默，号致虚，南昌府进贤县人，历陕西右布政使。

13. 李继周　字汝辅，号斗冲，南昌府南昌县人，官至四川副使卒。

14. 万廷搢　字大绅，号蔚存，南昌府南昌县人，历礼部主事，甲辰卒。

15. 喻致知　字无知，号养微，南昌府新建县人，初授知县，选南京工科给事中，乙卯卒。

16. 刘朝聘　字三予，号应莘，南康府安义县人，历工部主事，辛亥卒。

17. 戴九玄　字太圆，号园客，瑞州府新昌县人，历工部员外郎。

18. 吴三益　字惟谦，号受玄，袁州府萍乡县人，历邵武知府。

19. 萧鸣甲　吉安府庐陵县人，湖广汉阳民籍，历布政使。

20. 彭凌霄　字用沉，行一，临江府新喻县人，河南淅川县民籍，选庶吉士，官至礼部右侍郎，丙寅卒。

21. 龚一振　字维新，号悦对，南昌府南昌县人，进贤民籍，丁未初授行人卒。

22. 万崇德　字楙葵，号惺新，行一，南昌府南昌县人，南直隶徐州民籍，选监察御史，历山东副使。

七十六　万历三十五年丁未（1607）黄士俊榜

1. 桂绍龙　字骧云，号允虞，抚州府金溪县人，官至福建左布政使卒。

2. 易应昌　字瑞之，号百楼，抚州府临川县人，选监察御史，官至左副都御史革职归，福王时官工部右侍郎，卒年70岁。

3. 刘思诲　字忠甫，号鼎梅，赣州府赣县人，选监察御史，历大理寺丞，乙丑为民。

4. 彭笃福　字万来，号念素，吉安府安福县人，初授知州，壬子丁忧卒。

5. 旷鸣鸾　字思恭，号声和，吉安府庐陵县人，官至刑部侍郎，卒于官。

6. 詹士龙　字云从，号见吾，广信府永丰县人，历山西、陕西布政使，官至应天府尹。

7. 陈所志①　字元还，号弘庵，建昌府广昌县人，选刑科给事中，辛酉卒。

8. 刘　伸　字叔达，号弘宇，建昌府广昌县人，历云南布政使。

9. 谭　锴　字以炼，号百治，建昌府南丰县人，选南京监察御史，官至南光禄寺少卿，乙丑致仕。

10. 涂国鼎　字牧之，号傒如，一作徯如，建昌府新城县人，历刑部左侍郎，官至南京吏部尚书归，卒于难。

11. 祝耀祖　字述之，一字述卿，号秀水，临江府清江县人，癸卯乡试2名，选工科给事中，终官按察佥事。

12. 施天德　字胤尼，号见右，临江府新喻县人，历陕西参政，甲子回籍。

13. 宋良翰　字直夫，号清中，南昌府丰城县人，历工部员外郎。

14. 唐大章　字伯和，号元朴，南昌府丰城县人，选庶吉士，历南祭酒，官至礼部尚书。

15. 熊鸣岐　字文甫，号□印，南昌府丰城县人，历绍兴知府，官至广东布政使。

16. 李光元　字麟初，号□阳，自号二鹿山人，南昌府进贤县人，选庶吉士，终官至礼部右侍郎，乙丑卒。

---

① 本科《履历便览》作“陈所应”。

17. 朱身修　字玉全，号安百，南昌府进贤县人，历福建、湖广、四川布政使。

18. 杨春茂　字本实，号景明，南昌府南昌县人，初授推官，选监察御史。

19. 熊德阳　字龙光，号清屿，南康府建昌县人，初授知县，历刑、兵科给事中，卒年80岁。

20. 夏应台　字三星，号我命，南康府星子县人，历云南按察使，戊辰致仕。

21. 董有光　字伯谦，一字君实，号□岳，饶州府德兴县人，初授知县，历南刑部主事，癸丑卒。

22. 侯之翰　字为宪，一作惟献，号乾明，饶州府浮梁县人，历四川副使。

23. 方应庚　字长卿，号兑野，饶州府乐平县人，初授知县，历礼部主事。

24. 江　和　字以衷，一字不流，号劬见，饶州府鄱阳县人，庚子乡试2名，官至福建按察使，年60岁致仕，84岁卒。

25. 江之滨　字登卿，号桐宇，饶州府余干县人，初授知县，庚戌卒。

26. 曹汝兰　字斯馨，号心言，瑞州府上高县人，初授知县，选南京监察御史。

27. 邹维琏　字德辉，号匪石，瑞州府新昌县人，历佥都御史巡抚福建，罢归，崇祯八年卒。

28. 谢　陞　字伊普，号青墩，赣州府赣县人，山东德州卫军籍，官至太子少保、南京吏部尚书。

29. 黄　衮　字补之，号豫蒙，吉安府庐陵县人，河南光州民籍，历布政使。

30. 王纳谏　字圣俞，号观涛，行一，吉安府泰和县人，南直隶江都民籍，癸卯解元，历行人。

31. 罗文英　字质先，南昌府丰城县人，河南杞县民籍。

32. 张应吾　字以寿，号心严，抚州府金溪县人，贵州镇远府民籍，丁酉贵州解元，官至副使。

33. 康新民　字朝彻，号庄衢，吉安府安福县人，四川合州民籍，历浙江左布政使，大理寺卿，官至刑部尚书。

34. 周朝瑞　字思永，号衡台，建昌府南城县人，山东临清州民籍，选吏科给事中，官至太仆寺少卿，乙丑卒于狱。

35. 孙　縠　字子啬，号偃□，南昌府进贤县人，湖广华容籍，历山东左布政使，官至右佥都御史巡抚辽东，辛未革职。

七十七　万历三十八年庚戌（1610）韩敬榜

1. 魏光国　字士为，号合虚，抚州府东乡县人，初授行人。

2. 蔡国用　字正甫，号静原，抚州府金溪县人，官至吏部尚书兼东阁大学士，入参机务，崇祯十三年卒，谥文恪。

3. 丘兆麟　字毛伯，号太丘，抚州府临川县人，选监察御史，官至河南巡抚，年58岁卒于官。

4. 郑元昭　字二资，号著存，抚州府临川县人，初授知县。

5. 朱钦相　字懋忠，号如容，抚州府临川县人，初授知县。

6. 董继周　字茂文，号八际，广信府玉山县人，历鄖阳知府致仕。

7. 王汤孙　字稚诞，号犀石，吉安府安福县人，初授推官卒。

8. 施逢元　字惟贞，号天虞，吉安府吉水县人，初授知县，改徽州府学教授卒。

9. 曾学镜　吉安府万安县人，历知县。

10. 俞廷华　广信府永丰县人，历知县。

11. 郑之文　字应尼，一字豹先，建昌府南城县人，历知府。

12. 张凤图　字瑞唐，一字符舆，建昌府南丰县人，初授推官，历南京刑部主事卒。

13. 黄一凤　字时鸣，号声元，临江府峡江县人，历知府。

14. 周汝德　临江府峡江县人。

15. 陈应元　字长孺，一字孕初，南昌府进贤县人，历河南副使，左迁归。

16. 熊维卿　字以世，一作以亮，号松门，南昌府南昌县人，初授知县，癸丑致仕。

17. 周以典　字六虚，南昌府南昌县人，历河南按察使。

18. 胡继美　字中在，饶州府鄱阳县人，官至大理寺左寺丞卒。

19. 胡舜胤①　字明祚，号玄毓，饶州府余干县人，历福建佥事。

20. 钟　惺　字伯敬，号退谷，吉安府永丰县人，湖广景陵民籍，历佥事，卒年51岁。

21. 欧阳照　字文白，号成原，吉安府泰和县人，湖广竹溪县民籍，历副使。

22. 吴之甲　字元秉，号兹勉，南昌府进贤县人，抚州府临川县民籍，历福建参政。

23. 周　训　字若甫，号醒愚，吉安府安福县人，湖广耒阳籍，初授知县，升刑部主事，己未卒。

24. 欧阳调律　吉安府安福县人，四川合州籍，历太仆寺卿。

25. 游士任　南昌府丰城县人，湖广嘉鱼籍，历知县。

26. 陈维鼎　字九一，号象垣，南昌府南昌县人，进贤县民籍。初授知县，历南京工部主事。

七十八　万历四十一年癸丑（1613）周延儒榜

1. 傅　槐　抚州府临川县人。

2. 章光岳　字见谕，抚州府临川县人，官至刑部左侍郎。

3. 纪孟礼　字于复，广信府永丰县人，历工部主事。

4. 徐邦华　广信府永丰县人，历知县。

5. 李日宣　字晦伯，吉安府吉水县人，选监察御史，历兵、吏部尚书，崇祯十五年五月下狱，戍边。

6. 郭如闇　字章发，吉安府庐陵县人，选南京吏科给事中。

7. 刘士登　吉安府庐陵县人，初授推官，卒于官。

① “胤”雍正后避讳作“允”或缺笔，见《碑录》（第1149页）、同治《饶州府志》卷21《人物志四·宦业下》（第565页下）。

8. 萧命官　字拙修，号拙庵，吉安府庐陵县人，选庶吉士，官至礼部右侍郎，卒于官。

9. 萧　基　吉安府泰和县人，历给事中、副使。

10. 赖良佐　字元水，吉安府万安县人，选兵科给事中，乞归。

11. 石文器　字伯重，号玉完，建昌府泸溪县人，官至知府，卒年 79 岁。

12. 马焕宾　建昌府南城县人，历知县。

13. 张以化　字龙盱，建昌府南城县人，万历甲午解元。

14. 赵师尹　号瀛松，九江府德安县人，一甲探花，初授编修，居官一年以疾告归卒。

15. 赵赞化　九江府德化县人，历南宁知府。

16. 黎祖寿　字收溢，临江府清江县人，历吏部郎中卒。

17. 晏日启　临江府新喻县人。

18. 王三重　字坦斋，南安府大庾县人，官至吏部郎中，谪戍新丰卒。

19. 陈良训　字式甫，南昌府进贤县人，擢户科给事中，历陕西右布政使，官至郧阳巡抚。

20. 金廷璧　字德润，南昌府进贤县人，历湖广副使。

21. 罗汝元　字懋先，南昌府南昌县人，擢监察御史，历佥都御史巡抚浙江。

22. 王廷试　南昌府南昌县人，历山东副使。

23. 吴羽文　字长卿，南昌府南昌县人，历吏部郎中。

24. 周希令　号浒西，南昌府宁州人，选庶吉士，初授兵科给事中，历太常寺卿卒。

25. 邓良知　字未孩，南昌府新建县人，历福建兵备道。

26. 邹复宣　字用晦，南昌府新建县人，历监察御史卒。

27. 胡维霖　字梦说，瑞州府新昌县人，官至浙江、福建布政使。

28. 吴之仁　字育万，南昌府进贤县人，抚州府临川县籍，历监察御史，官至湖广右布政使，国变绝食死。

29. 田　仰　吉安府庐陵县人，贵州安化民籍，历副都御史巡抚。

30. 刘大受　吉安府泰和县人，湖广房县籍。

七十九　万历四十四年丙辰（1616）钱士升榜

1. 李　芬　字仲实，一字君实，抚州府临川县人，官至广西副使卒。

2. 游王廷　字登翼，抚州府临川县人，官至山东参政卒。

3. 曾　栋　字隆吉，抚州府临川县人，历广东、福建布政使，卒年80余。

4. 曾国祯　抚州府临川县人，官至太仆寺卿。

5. 曾应瑞　字征伯，抚州府临川县人，历监察御史，官至四川佥事。

6. 温国奇　字仲庸，赣州府宁都县人，选监察御史，官至西川清军驿传道，致仕。

7. 徐应雷　广信府上饶县人，历知县。

8. 詹以晋　广信府永丰县人，历兵部主事。

9. 王惟光　吉安府安福县人，历太仆寺卿。

10. 黄宪卿　吉安府庐陵县人，历湖广按察使。

11. 刘　铎　字我以，号洞初，吉安府庐陵县人，历扬州知府，忤魏忠贤弃市。

12. 杨嘉祚　字邦隆，号寨云，吉安府泰和县人，官至广西副使。

13. 刘廷佐　字瞻辰，吉安府万安县人，选监察御史，忤魏忠贤归。

14. 钱应华　临江府清江县人，历知县。

15. 曾　樱　字仲含，临江府峡江县人，历巡抚，唐王时官至工部尚书兼东阁大学士，自缢殉国。

16. 袁鼐臣　南昌府丰城县人，历知县。

17. 帅　众　字我一，南昌府奉新县人，历左副都御史。

18. 樊尚燝　字明卿，南昌府进贤县人，擢监察御史，官至河南巡抚卒。

19. 胡良机　字省之，号念庵，南昌府南昌县人，擢监察御史，终官南京吏部主事。

20. 刘斯琜　字文修，号大容，南昌府南昌县人，擢刑科给事中，历左佥都御史。

21. 涂世叶　南昌府南昌县人，历监察御史。

22. 杨弘备　字无我，南昌府南昌县人，二甲传胪，历浙江右布政使。

23. 章允儒　字珍甫，南昌府南昌县人，历吏科给事中，官至都给事中。

24. 徐大相　字觉斯，号明衡，南康府安义县人，历吏部郎中归。

25. 郑履祥　字季旋，饶州府浮梁县人，历知府。

26. 万　燝　字闇夫，南昌府南昌县人，新建籍，历工部郎中，天启四年七月七日为阉党殴卒，追谥忠贞。

27. 祝万龄　抚州府金溪县人，陕西咸宁籍，历保定知府，殉国难，赠谥忠节。

28. 夏启昌　广信府上饶县人，云南临安卫籍。

29. 胡一龙　吉安府庐陵县人，河南永城籍，历布政使。

30. 谢　琏　吉安府庐陵县人，湖广监利籍，历兵部主事。

31. 黎国器　临江府新淦县人，河南睢州籍。

八十　万历四十七年己未（1619）庄际昌榜

1. 陈钟盛　字稚德，号怀我，抚州府临川县人，初授知县，官至曹濮道归。

2. 徐天衢　字易儒，抚州府临川县人，历吏部主事归。

3. 邓　英　吉安府安福县人，历给事中。

4. 康元2穗　字寨云，一字日颖，号味澹，吉安府安福县人，以清江县教谕会试148名，历南礼部主事。

5. 刘仲熹　吉安府庐陵县人，历知县。

6. 刁孔化　字因甫，号紫瑶，吉安府庐陵县人，历参政。

7. 康承祖　吉安府泰和县人，历佥事。

8. 曹钦程　九江府彭泽县人，官至太仆寺少卿。

9. 黄大受　字应伟，南昌府丰城县人，初授评事，历兵部主事卒。

10. 李维乔　字梁父，南昌府丰城县人，历知县，改武学教谕卒。

11. 陈以瑞　南昌府进贤县人，历监察御史。

12. 吴士元　字来复，南昌府进贤县人，历祭酒、礼部侍郎。

13. 龚而安　南昌府南昌县人，历山东参政。

14. 胡以良　南昌府南昌县人，历推官。

15. 熊钟吴　南昌府南昌县人，历知府。

16. 姜曰广　字居之，号燕及，南昌府新建县人，选庶吉士，初授编修，福王时官至礼部尚书兼东阁大学士，投池殉国。

17. 闵　谨　南昌府新建县人，历四川右布政使。

18. 余应桂　字二矶，南康府都昌县人，选监察御史，历巡抚，官至兵部侍郎总督三边，罢官，卒于鼎革。

19. 郑觐光　字达中，饶州府鄱阳县人，历广东副使。

20. 张承诏　号笃棐，袁州府分宜县人，历户科给事中，官至南京刑部左侍郎。

21. 潘士闻　袁州府宜春县人。

22. 袁一凤　号鸣岐，袁州府宜春县人，官至湖广按察使。

23. 段高选　江西南康人，云南剑川州籍，以江油教谕会试343名。

24. 罗万爵　吉安府吉水县人，南直隶芜湖民籍。

25. 彭　参　吉安府安福县人，四川南溪民籍，历参政。

26. 万谷春　抚州府临川县人，进贤籍，历参议。

27. 王振奇　字石鲸，吉安府庐陵县人，安福籍，官至右佥都御史巡抚宁夏，卒于官。

28. 何可及　吉安府泰和县人，云南剑川州籍，历监察御史。

29. 黎国俊　临江府新淦县人，河南睢州籍。

30. 杨廷诏　南昌府丰城县人，贵州思南府籍，历湖广副使。

31. 涂绍煃　字伯聚，南昌府南昌县人，新建县民籍，历广西左布政使。

32. 樊维城　南昌府进贤县人，湖广黄冈籍，历副使。

33. 金秉乾　饶州府浮梁县人，湖广江陵籍。

八十一　天启二年壬戌（1622）文震孟榜

1. 谢德溥　字发可，号培元，后号云庵，抚州府东乡县人，选庶吉士，历少詹事，官至礼部尚书，不赴，入清隐居终。

2. 车梦瑶　字景曜，号玉符，抚州府金溪县人，官至湖广按察使，己卯卒。

3. 刘先春　字伯阳，号鹧岑，抚州府金溪县人，选庶吉士，初授刑科给事中，官至太常寺少卿。

4. 聂文麟　字孟仁，号苏门，抚州府金溪县人，历漳州、潮州知府，官至广西参议。

5. 傅朝佑　字右君，抚州府临川县人，壬子解元，历刑科都给事中，崇祯十二年春廷杖卒。

6. 祝　徽　字文柔，号怀服，抚州府临川县人，会试3名，历监察御史，崇祯七年卒，时年67岁。

7. 邹毓祚　字季振，号直瑞，一号匡毓，抚州府临川县人，历监察御史，历兵部郎中。

8. 邓来鸾　字绣倩，号鸣和，抚州府宜黄县人，丙午乡试5名，官至武昌知府。

9. 邓启隆　原名启泰，字允升，号凤韦，吉安府安福县人，历监察御史，官至太仆寺卿致仕，卒年87岁。

10. 李长春　字几生，一字东起，又字叔茂，号笠吾，吉安府安福县人，历监察御史，官至太仆寺卿。

11. 伍承载　字象坤，号华武，吉安府安福县人，官至广西佥事。

12. 李元鼎　字吉父，号梅公，吉安府吉水县人，官至兵部右侍郎。

13. 王　宏　字宪度，号符玉，吉安府吉水县人，初授知县，归卒。

14. 周瑞豹　字叔子，一字元淑，号飞石，吉安府吉水县人，历兵科给事中。

15. 刘轩孺　字韶野，号平田，吉安府庐陵县人，初授知县。

16. 萧士玮　字伯玉，号三莪，吉安府泰和县人，丙辰会试162名，官至太常寺卿，顺治间卒，时年67岁。

17. 刘士祯　字吉侯，号须弥，吉安府万安县人，历监察御史，历福建、湖广布政使，应天府尹，终官至刑部尚书。

18. 黄孙茂　字云来，号九芝，建昌府广昌县人，官至山东右参政，崇祯壬午五月望日遇害。

19. 邓天伦　字元明，号起南，建昌府南丰县人，初授中书舍人。

20. 谭昌应　字玄若，建昌府南丰县人，南昌府新建民籍。仪宾，初授知县。

21. 刘日曦　字驭初，号康谷，一号赤城，九江府彭泽县人，历浙江参议归。

22. 简钦文　字其敬，号劬思，临江府新喻县人，历吏部郎中。

23. 张茂颐①　字元贞，号紫坡，临江府新喻县人，历副使，辛未卒。

24. 雷化麟　字跃之，一字元龙，号念义，南昌府丰城县人，官至广西副使。

25. 朱道光　字君孚，号吉晖，南昌府丰城县人，初授知县，丙寅卒。

26. 傅　冠　字元父，一字子京，号寄庵，南昌府进贤县人，丙午乡试2名，一甲榜眼，历祭酒，终官至文渊阁大学士、礼部尚书，于汀州殉国。

27. 万　鹏　字翼皇，一字六息，号龙沙，南昌府南昌县人，历南京户科给事中，终官至四川佥事。

28. 李明睿　字太虚，南昌府南昌县人，乡试3名，选庶吉士，初授检讨，清顺治朝官至礼部左侍郎，终年87岁。

29. 万国相　字客卿，号鼎西，南昌府南昌县人，官至杭州知府，

① 一作“孙茂颐”，见清康熙《临江府志》卷10《选举·明》，第570页。

终年36岁。

30. 王　鹗　字荐卿，号云翼，瑞州府高安县人，历监察御史。

31. 钟　炌　字叔宪，号昭明，袁州府分宜县人，历户科给事中，顺天府尹，官至左都御史。

32. 文士昂　吉安府永新县人，湖广攸县军籍。

33. 李师沆　抚州府临川县人，湖广潜江民籍。

34. 王应斗　南昌府奉新县人，湖广崇阳军籍，历监察御史。

35. 陈民情　字舍颐，号春台，抚州府临川县人，辽东辽阳官籍，官至陕西副使。

36. 徐大仪　字象卿，号本生，一作太生，抚州府金溪县人，广信府贵溪县民籍，初授武学教授，历知府，官至太仆寺卿致仕，崇祯甲申绝食自尽。

37. 廖大亨　字行素，号玺仝，临江府清江县人，云南建水州民籍，戊午乡试2名，历右佥都御史巡抚四川。

38. 敖荣继　字公衮，号桥存，临江府新喻县人，贵州安化籍，辛酉乡试4名，初授知县，历刑部主事。

39. 饶　京　字倩侯，号黄山，南昌府进贤县人，湖广蕲州籍，历监察御史，清顺治朝历武昌知府。

40. 龚一程　字九徙，号瞻凤，南昌府南昌县人，进贤民籍，历监察御史，官至尚宝司卿。

八十二　天启五年乙丑（1625）余煌榜

1. 王廷垣　字康侯，号潜服，抚州府东乡县人，选庶吉士，历南京祭酒，官至礼部左侍郎。

2. 王肇对　字铭新，抚州府东乡县人，官至监察御史卒。

3. 龚廷献　号鉴惺，抚州府金溪县人，初授行人，选监察御史归。

4. 邹士楷　字行之，抚州府临川县人，历户科右给事中，官至浙江副使卒。

5. 曾就义　赣州府宁都县人。

6. 徐际旦　号存白，广信府永丰县人，以丰城教谕会试，初授知县，升知州，未任卒。

7. 刘垂宝　吉安府安福县人，选庶吉士，初授吏科给事中，被黜。

8. 王绩灿　字韦奏，吉安府安福县人，乙卯解元，历监察御史。

9. 郭维经　字六修，号云机，吉安府龙泉县人，选南京监察御史，唐王时官吏部尚书兼右副都御史总理军务，清顺治三年五月卒于赣州。

10. 胡中龙　字起潜，吉安府庐陵县人，官至武昌知府致仕。

11. 黄绍杰　吉安府万安县人，选给事中，官至南京吏部郎中卒。

12. 赵光抃　字彦清，九江府德化县人，官至兵部侍郎总督。

13. 张寿祺　临江府清江县人，历监察御史。

14. 李右谠　字献思，号匡山，南昌府丰城县人，初授知县，历监察御史。

15. 陈以诚　号绣谷，南昌府靖安县人，历福建参议。

16. 李綦隆　南昌府南昌县人，历湖广参议。

17. 万元吉　字吉人，南昌府南昌县人，初授推官，唐王时历江西、湖广总督，官至兵部尚书，顺治丙戌十月于赣州殉国，终年44岁。

18. 黄金贵　改名希宪，字双南，袁州府分宜县人，历监察御史、巡抚，官至工部侍郎总督河道。

19. 袁继咸　字季通，号临侯，袁州府宜春县人，官至兵部右侍郎兼右佥都御史总督，殉国难。

20. 刘兴秀　吉安府庐陵县人，湖广零陵县民籍，历监察御史。

21. 谢肇玄　吉安府安福县人，湖广湘潭民籍，历布政使。

22. 武起潜　南昌府进贤县人，山东曹州民籍，历遵化知县。

23. 张斌　复姓姚，字宪卿，抚州府金溪县人，临川籍，万历戊午解元，官至广西苍梧道卒。

24. 熊开元　字鱼山，抚州府金溪县人，湖广嘉鱼籍，擢吏科给事中，唐王时官至左佥都御史随征东阁大学士，国破即出家隐居终。

25. 刘若金　吉安府安福县人，湖广潜江籍，历副都御史。

26. 周昌祚　吉安府安福县人，云南定远籍，历评事。

27. 张叔镗　字振卿，号见刚，临江府清江县人，新淦籍，初授知县，终国子助教。

28. 金炼色　南昌府丰城县人，陕西南郑籍。

29. 胡志藩　南昌府南昌县人，南直隶合肥籍。

30. 万永康　南昌府南昌县人，云南临安卫官籍。

31. 陈四宾　瑞州府高安县人，四川铜梁籍。

八十三　崇祯元年戊辰（1628）刘若宰榜

1. 陈其赤　字石父，抚州府崇仁县人，官至副使卒。

2. 熊　经　抚州府临川县人，历知府。

3. 李国球　广信府铅山县人，选庶吉士。

4. 郑尔说　字鼎殷，号遯斋先生，广信府上饶县人，历杭州知府。

5. 程九万　广信府永丰县人，历推官。

6. 郭之祥　吉安府吉水县人，历检讨。

7. 汪　芳　吉安府泰和县人，历中书舍人。

8. 过周谋　字君断，号莲谷，建昌府新城县人，历知县卒。

9. 黄端伯　字元功，自号海岸道人，建昌府新城县人，初授推官，福王时官至礼部主事，甲申八月十三日殉国。

10. 叶初春　九江府湖口县人，官至工部侍郎。

11. 黎元宽　字左严，南昌府南昌县人，历浙江佥事，年79岁卒。

12. 李汝璨　字用章，南昌府南昌县人，历刑科给事中归，国变绝食死。

13. 朱统鉓　字章华，南昌府新建县人，选庶吉士，历祭酒。

14. 邵傅一　南康府都昌县人，历知县。

15. 李九华　字瑞生，瑞州府新昌县人，历井陉兵备道。

16. 吴甘来　字和受，号苇庵，瑞州府新昌县人，历户科都给事中归，崇祯甲申三月自缢尽节，谥庄介。

17. 熊士逵　字彝庚，瑞州府新昌县人，历四川副使。

18. 皮应举　临江府清江县人，四川温江县籍，历知府。

19. 胡　琏　字不器，饶州府余干县人，云南腾越州籍，历工部郎中。

20. 胡　江　吉安府庐陵县人，湖广孝感军籍，历佥事。

21. 辜朝荐　南昌府南昌县人，广东揭阳民籍。

22. 吴载鳌　抚州府宜黄县人，福建晋江县军籍。

八十四　崇祯四年辛未（1631）陈于泰榜

1. 刘应迪　字简在，抚州府金溪县人，弱冠登第，初授知县，卒于官，终年28岁。

2. 詹尔选　字思吉，抚州府乐安县人，初授太常寺博士，擢监察御史归，入清卒。

3. 刘太垣　抚州府临川县人，历湖广提学。

4. 杨以任　字维节，赣州府瑞金县人，历国子监博士，卒于任。

5. 王　鄘　字孟侯，号偕五，广信府上饶县人，官至太仆寺卿。

6. 詹兆恒　字月如，广信府永丰县人，历监察御史，唐王时官兵部左侍郎，兵败死。

7. 周瑞旭　吉安府吉水县人，历知县。

8. 龙起弘　吉安府泰和县人，历南京礼部主事。

9. 刘光震　字肩吾，吉安府永新县人，官至云南副使致仕。

10. 何三省　字观我，号印兹，建昌府广昌县人，初授府学教授，官至广东提学。

11. 柯友桂　字侣仙，号获庵，九江府彭泽县人，官至湖广按察使。

12. 余朝相　字君卜，号海峰，九江府瑞昌县人，历官巡抚、兵部侍郎。

13. 杨廷麟　字伯祥，号兼山先生，临江府清江县人，选庶吉士，初授编修，唐王时官至兵部尚书兼东阁大学士，顺治三年十月四日殉难。

14. 胡应诏　临江府新淦县人，历知县。

15. 周一松　临江府新淦县人，历博士。

16. 罗大任　字小逊，南昌府丰城县人，选庶吉士，历祭酒。

17. 朱　徽　字子美，南昌府进贤县人，历吏科给事中，入清官至陕西副使。

18. 涂必泓　南昌府南昌县人，历佥都御史。

19. 唐良懿　字求我，南昌府新建县人，历副使。

20. 熊文举　字公远，南昌府新建县人，历吏部左侍郎。

21. 熊维典　字约生，南康府建昌县人，历礼科左给事中。

22. 朱应熊　字渭叟，饶州府浮梁县人，历工部郎中。

23. 陈泰来　字刚长，瑞州府新昌县人，历给事中，官至左佥都御史。

24. 漆嘉祉　字受百，瑞州府新昌县人，历佥事兼参议。

25. 吴泰来　字保之，瑞州府新昌县人，历礼部郎中。

26. 梁佳植　袁州府宜春县人，历广西副使。

27. 刘柱国　吉安府安福县人，湖广潜江民籍，历福建参议。

28. 曹景参　九江府瑞昌县人，湖广兴国州民籍，二甲1名，历兵科给事中。

29. 宗敦一　南昌府南昌县人，四川宜宾民籍。

30. 王士俊　抚州府金溪县人，河南祥符籍，历知县。

31. 杨云鹤　抚州府临川县人，四川彭县籍。

32. 龙大维　吉安府永新县人，广东石城籍，历吏部员外郎。

33. 刘士琏　吉安府泰和县人，辽东复州卫籍。

34. 黄日芳　吉安府庐陵县人，湖广沔阳州籍，历知县。

35. 龚　奭　南昌府南昌县人，湖广景陵籍。

八十五　崇祯七年甲戌（1634）刘理顺榜

1. 傅云龙　字蒸甫，号愓庵，抚州府金溪县人，历太仆寺卿，殉国难，赠谥节愍。

2. 刘星耀　号寿次，抚州府金溪县人，癸酉解元，初授知县，官至兵部郎中归。

3. 王化澄　字登水，号靖海，抚州府金溪县人，擢监察御史，历大理寺卿，永明王朝官至礼部尚书、文渊阁大学士，顺治九年三月二十日自尽殉国。

4. 黄配玄　字位两，抚州府乐安县人，选南户科给事中，历安庆巡抚。

5. 陈际泰　字大士，号方城，抚州府临川县人，会试2名，初授行人，庚辰奉使南行，道卒。

6. 陈志忠　号再思，抚州府临川县人，历知府。

7. 刘　逵　号武敏，抚州府临川县人，庚午解元，初授知县，选监察御史。

8. 游正中　号龙犹，抚州府临川县人，初授知县。

9. 曾亨应　字子嘉，号凤山，抚州府临川县人，初授武学教授，历礼部主事。

10. 曾应遴　号二濂，赣州府宁都县人，历兵科都给事中。

11. 俞墨华　字君翰，号石莲，广信府永丰县人，初授知县，历刑部主事归。

12. 汪希甲　号石瞻，广信府弋阳县人，吏部观政。

13. 段文炳　字伯寅，号青曾，吉安府吉水县人，初授知县，卒于官。

14. 李陈玉　号兼庵，吉安府吉水县人，初授知县，选监察御史。

15. 欧阳主生　号醒庵，吉安府庐陵县人，历湖广副使，卒年82岁。

16. 杨仁愿　字内美，号亢石，吉安府泰和县人，初授左评事，选监察御史。

17. 王大宪　号依可，吉安府万安县人，初授知县。

18. 程　峋　字坦公，号九屏，吉安府永丰县人，初授南兵部主事，唐王时官至惠潮巡抚，遇害。

19. 刘大巩　字定生，号吾鼎，一作熙鼎，建昌府广昌县人，初授知州，历南礼部员外郎。

20. 黄文经　字景纶，号桓揆，建昌府南丰县人，初授知县，戊寅革职。

21. 文德翼　字用昭，一字镫岩，号几岩，九江府德化县人，历吏部员外郎。

22. 喻以恕　字心如，号中行，九江府彭泽县人，历工部郎中。

23. 龚震英　字孟男，南昌府南昌县人，初授府学教授，历淮安盐运使卒。

24. 刘鸣谦　号康侯，南昌府南昌县人，初授推官，癸未卒。

25. 万文英　字仲实，号笃坤，南昌府南昌县人，官至兵部员外郎，殉国。

26. 方廷涓[①]　字叔栗，号思勋，饶州府浮梁县人，初授知县，历南礼部主事，辛巳回籍。

27. 贺登选　号澹余，饶州府鄱阳县人，初授行人，选监察御史。

28. 詹时雨　字霖臣，号敬五，饶州府鄱阳县人，选监察御史，历贵州佥事卒。

29. 王明德　字克峻，号晋侯，瑞州府高安县人，初授知县。

30. 漆　园　字非周，号自镡，瑞州府新昌县人，初授知县，历兵部主事。

31. 萧谱元　号籥太，吉安府庐陵县人，河南永城民籍，历知县。

32. 张　法　字黄月，抚州府金溪县人，河南罗山籍，擢监察御史，殉国难。

33. 扶　纲　南安府大庾县人，贵州都匀籍。

34. 万民表　号守方，抚州府临川县人，云南阿迷州籍，初授知县。

35. 龚鼎孳　号芝麓，抚州府临川县人，南直隶合肥籍，初授知县，入清官刑部尚书，癸丑九月十二日卒。

---

① 一作"方延涓"，《崇祯七年进士履历便览》；又作"方廷焆"，见康熙《饶州府志》卷20《选举志四·进士·明》，第1481页。

36. 彭元祚　字公锡，号赤霞，临江府清江县民籍，南直隶溧阳县人，初授知县。

37. 朱统铚　号蔚园，南昌府新建县人，石城王府籍，初授行人。

38. 胡　璇　字元器，号不琱，饶州府余干县人，云南腾越州籍，庚午乡试3名，历吏部郎中。

39. 刘文翰　字必传，号心传，瑞州府高安县人，陕西洵阳籍，历山西副使。

八十六　崇祯十年丁丑（1637）刘同升榜

1. 傅振铎　号辛傭，抚州府金溪县人，初授知县，选兵科给事中。

2. 揭重熙　字祝万，一字万年，号蒿庵，一号潜铭，抚州府临川县人，初授知州，历吏部郎中，永明王朝官至兵部尚书兼右副都御史总督江西，辛卯十一月初三日丁丑斩于市。

3. 李茹春　字载阳，号釜源，抚州府临川县人，初授知县。

4. 张世溶　字水心，号山育，抚州府临川县人，初授知县，官至兵科给事中，殉国。

5. 胡梦泰　字友蠡，号璧水，广信府铅山县人，历兵科给事中，崇祯丙戌服毒自尽。

6. 徐敬时　号可轩，广信府上饶县人，初授知县。

7. 李世元　号六阳，吉安府吉水县人，初授推官。

8. 刘同升　字晋卿，吉安府吉水县人，一甲状元，初授修撰，唐王时官至詹事兼兵部左侍郎，崇祯十七年十二月卒于赣州，谥文忠。

9. 萧　琦　号韩若，吉安府吉水县人，历刑部郎中。

10. 欧阳铉　号节庵，吉安府龙泉县人，初授知县。

11. 刘大年　字赤生，号方白，建昌府广昌县人，初授兵部主事，于济南殉国。

12. 萧　汉　字云涛，号象石，建昌府南丰县人，初授知县，卒于官。

13. 邹逢吉　字五从，号夔石，九江府湖口县人，官至兵科给事中，甲申自尽。

14. 符遡中　号昉祁，临江府新喻县人，初授知县。

15. 甘大绶　字子纡，号紫虚，南昌府丰城县人，初授知县，卒于官。

16. 邹守尝①　号绎堂，南昌府丰城县人，初授知县，壬午卒。

17. 胡奇伟　改名琦，字异度，号念蓼，南昌府进贤县人，历湖东副使。

18. 熊人霖　字伯甘，号鹤台，南昌府进贤县人，历太常少卿。

19. 冯秉清　字惟乾，号瞻洪，饶州府浮梁县人，历刑部主事。

20. 姜荃林　号兰滋，饶州府鄱阳县人，初授知县，选试监察御史。姜金和孙。

21. 叶应震　字长东，号宝持，饶州府余干县人，历四川副使。

22. 欧阳烝　号繄庵，吉安府安福县人，湖广潜江县民籍，初授知县，历吏部员外郎。

23. 龚完敬　号潜石，抚州府临川县人，四川彭县籍，初授推官，明末降张献忠为兵部尚书。

24. 李曰池　字浴咸，号中宜，抚州府临川县人，南昌府进贤籍，初授推官，历礼部主事归。

25. 蓝　絅　号岵瞻，吉安府安福县人，湖广江陵籍，初授知县，庚辰卒。

26. 袁胤隆　号隆之，吉安府龙泉县人，山东胶州籍，壬子乡试5名。

27. 邓林枝　号透庵，南昌府南昌县人，湖广汉阳籍，初授知县，戊寅为民。

28. 黄国琦　字石公，号五湖，南昌府南昌县人，瑞州府新昌县籍，丙子乡试3名，选吏科给事中，历佥事。

29. 吴翔凤　号紫庭，南昌府南昌县人，顺天府大兴籍，初授知

① 一作“邹守常”，见雍正《江西通志》卷55《选举七·明》天启七年乡试、乾隆《福建通志》卷32《名宦四·明》。

县，历推官。

30. 朱统鐄　号弼成，南昌府新建县民籍，本宗籍，初授知县。

31. 余忠宸　号未之，南康府都昌县人，星子籍，初授推官，历礼部员外郎。

八十七　崇祯十三年庚辰（1640）魏德藻榜

1. 杨汝良　号勳明，抚州府崇仁县人，初授知州。

2. 徐鹏起　号淡时，一号澹池，抚州府金溪县人，初授知县，年84岁卒。

3. 傅鼎铨　字维源，一字维新，号聿庵，改号复庵，抚州府临川县人，初授检讨，永明王朝官至兵部右侍郎兼侍读学士，顺治八年八月就义。

4. 王华玉　字实功，号右攻，吉安府安福县人，初授知州，官至少詹事。

5. 徐　芳　字仲光，一字文屿，号拙庵，建昌府南城县人，己卯乡试2名，初授知州。

6. 季秋实　号大年，建昌府南丰县人，初授知县。

7. 汤来贺　乡试名来肇，字佐平，号澹庵，一作惕庵，建昌府南丰县人，历刑科给事中，唐王朝官至兵部侍郎兼巡抚，40岁归为遗民，82岁卒。

8. 张云奇　号平子，建昌府新城县人，初授检讨。

9. 黄云师　号雷岸，九江府德化县人，会试3名，初授户科给事中，历大理寺少卿。

10. 叶承光　号咸庵，九江府湖口县人，初授知县，卒年70岁。

11. 王　锡　字子美，号吉田，南昌府新建县人，初授知县，甲申年五月死于张献忠起义。

12. 朱统鉟　字无外，号嘉侯，南昌府新建县人，宗籍，丙子乡试4名，初授知县，历礼科给事中归。

13. 张士璠　号素园，南康府建昌县人，初授知县，甲申解任。

14. 鲍文弘　字士可，号碧亭，饶州府浮梁县人，初授推官，卒年76岁。

15. 卢兆熊　号介石，饶州府余干县人，初授知县。

16. 冯垣登[①]　字中星，号薇圃，瑞州府新昌县人，初授监察御史，甲申卒。

17. 丁时魁　字斗生，号金河，瑞州府高安县人，湖广江夏籍，癸酉乡试5名，初授户部主事。

18. 谢良瑾　号褐公，吉安府安福县人，广西全州民籍，初授长洲知县。

19. 辜　胤[②]奇　南昌府南昌县人，福建晋江民籍，历郎中。

20. 周亮工　号元亮，抚州府金溪县人，河南祥符籍，初授知县，入清官粮道。

21. 吴孳昌　号横溪，南昌府南昌县人，河南固始籍，癸亥年二月十二日生，初授推官，历吏部主事。

22. 彭三益　号旷庵，吉安府安福县人，顺天府大兴籍，初授知县。

23. 曾高捷[③]　号云驭，吉安府安福县人，云南宾川州籍，历吏部员外郎。

24. 彭而述　号子籛，临江府新喻县籍，河南邓州人，历布政使。

25. 廖履亨　号祖庵，临江府清江县人，云南建水州籍，初授吉水知县。

八十八　崇祯十六年癸未（1643）杨廷鉴榜

1. 程兆科　号□长，吉安府永丰县人，初授中书舍人。

2. 钟抡芳　号半岩，吉安府永丰县人。

3. 陈经文　字徵白，号祗庵，建昌府广昌县人，初授推官。

4. 汤绍中　号恪素，建昌府南丰县人，礼部观政，候选。

---

① 一作“冯元登”，见《崇祯十三年庚辰科进士三代履历》正文（第16页）。

② 《碑录》避讳缺笔（第1329页），同治《南昌府志》卷29《选举·历朝进士·明》作“允”（第187页）。

③ 《碑录》作“曾高桓”，第1328页。

5. 叶富春 号□谷，九江府湖口县人，隐居不仕。

6. 万发祥 名养正，以字行，号瑞门，临江府新喻县人（晚寓居吉州），选庶吉士。

7. 刘逢盛 号隆初，南昌府丰城县人，初授行人。

8. 史垂誉 字望之，号龙门，南昌府丰城县人，选庶吉士。

9. 孙之昊 号两峰，南昌府丰城县人。

10. 龚 棻 字建木，号建水，南昌府南昌县人，历吏部郎中，丙戌十月朔殉国。

11. 罗宪文 号□庵，南昌府南昌县人，选庶吉士，官至詹事。

12. 万 适 号应豫，南昌府南昌县人，初授推官。

13. 周定礽 字云奕，号松臞，南昌府南昌县人，福王时授刑部主事，唐王时官至广信巡抚，于铅山殉国。

14. 朱统鏑 号芝园，南昌府南昌县人，宗籍，初授知县。

15. 朱议汴 号惠再，南昌府南昌县人，宗籍，原封辅国中尉，初授行人。

16. 万 翱 字九皋，号挟沧，南昌府新建县人，初授推官，入清官至温处兵备道。

17. 李思谟 字承伯，号澹庵，饶州府浮梁县人，初授知县归。

18. 刘霖懋 原名的，号祉吉，广信府玉山县人，河南光州籍，初授知县。

19. 刘肇国 号阮仙，吉安府安福县人，湖广潜江籍，选庶吉士，历翰林院学士。

20. 彭遇飄 号云巢，吉安府吉水县人，山东沂州卫籍，初授兵部主事，选监察御史。

21. 钟性朴 号文子，吉安府吉水县人，直隶大兴籍，初授推官。

22. 熊 纬 字文江，号南坡，南昌府南昌县人，河南光山籍，己卯解元，初授行人，官至给事中，于汀州殉国。

参考文献

一　中文图书

B

［1］徐自强：《北京图书馆藏中国历代石刻拓本汇编》，中州古籍出版社 1989 年版。

C

［2］《成化二年进士登科录》，国家图书馆藏明成化刻本。

［3］《成化十一年进士登科录》，国家图书馆藏明成化刻本。

［4］《成化十一年会试录》，国家图书馆藏明成化刻本。

［5］成化《重修毗陵志》，《天一阁藏明代方志选刊续编》22 册，上海书店 1990 年版。

［6］《崇祯七年甲戌科进士履历便览》，上海图书馆藏明崇祯刻本。

［7］《崇祯十年丁丑科三百名进士三代履历便览》，上海图书馆藏明崇祯刻本。

［8］《崇祯十三年庚辰科进士履历便览》，上海图书馆藏明崇祯刻本。

［9］《崇祯十六年癸未科进士三代履历》，上海图书馆藏明崇祯刻本。

［10］（明）陶履中等：《瑞州府志》，载《中国方志丛书·华中地方》第 897 号，台北：成文出版社 1989 年影印明崇祯元年刊本。

[11]（明）蔡邦俊等：《抚州府志》，载《中国方志丛书·华中地方》第926号，台北：成文出版社1989年影印明崇祯七年刊本。

D

[12]（明）杨士奇：《东里文集》，文渊阁《四库全书》，台北：商务印书馆1986年影印本，第1238册。

[13]（明）杨士奇：《东里续集》，文渊阁《四库全书》，台北：商务印书馆1986年影印本，第1238册。

[14]（明）廖道南：《殿阁词林记》，文渊阁《四库全书》，台北：商务印书馆1986年影印本，第452册。

[15]乾隆：《大清一统志》，文渊阁《四库全书》，台北：商务印书馆1986年影印本，第474—483册。

F

[16]（明）王士贞：《凤洲杂编》，载王云五主编《丛书集成初编》2810—2811册，中华书局1985年新1版。

[17]廖可斌：《复古派与明代文学思潮》，台北：文津出版社1994年版。

G

[18]（明）雷礼：《国朝列卿记》，载沈文龙主编《元明史料丛编》第1辑第8种，台北：文海出版社1988年版。

[19]（明）徐学聚：《国朝典汇》，书目文献出版社1996年版。

[20]（明）谈迁：《国榷》，古籍出版社1958年版。

[21]（明）李时勉：《古廉文集》，上海古籍出版社1991年影印四库明人文集丛刊本。

[22]（清）陈梦雷编：《古今图书集成》，巴蜀书社1985年重印上海中华书局影印本。

[23]（清）李周望编：《国朝历科题名碑录初集·明洪武至崇祯各科

附》，台北：华文书局 1958 年版。

[24]（清）赵翼：《陔余丛考》，商务印书馆 1957 年版。

[25] 钱茂伟：《国家·科举与社会——以明代为中心的考察》，北京图书馆出版社 2004 年版。

H

[26]《弘治十二年进士登科录》，上海图书馆藏明弘治刻本。

[27] 弘治《抚州府志》，《天一阁藏明代方志选刊续编》，第 47—48 册，上海书店 1990 年版。

[28] 弘治《徽州府志》，《天一阁藏明代方志选刊》，第 21—22 册，上海古籍书店 1982 年版。

[29] 弘治《温州府志》，《天一阁藏明代方志选刊续编》，第 32 册，上海书店 1990 年版。

[30]（明）俞宪：《皇明进士登科考》，载屈万里主编《明代史籍汇刊》，台湾学生书局 1986 年再版，影印明嘉靖增补本。

[31]（明）张朝瑞：《皇明贡举考》，《四库全书存目丛书》，齐鲁书社 1997 年版，史部，第 269 册。

[32]（明）张弘道、张凝道：《皇明三元考》，《四库全书存目丛书》，齐鲁书社 1997 年版，史部，第 271 册。

[33]（明）黄佐：《翰林记》，台北：商务印书馆 1986 年影印文渊阁《四库全书》第 596 本。

[34]（明）朱谋垔：《画史会要》，台北：商务印书馆 1986 年影印文渊阁《四库全书》第 816 册。

J

[35]《嘉靖己丑科进士同年便览录》，上海图书馆藏明抄本。

[36]《嘉靖二十年进士登科录》，上海图书馆藏明嘉靖刻本。

[37]《嘉靖二十六年会试录》，上海图书馆藏明嘉靖刻本。

[38]《嘉靖二十六年进士登科录》，上海图书馆藏明嘉靖刻本。

[39]《嘉靖丁未科进士序齿录》，上海图书馆藏明张春写本。

[40]《嘉靖三十二年进士登科录》，国家图书馆藏明嘉靖刻本。
[41]《嘉靖四十四年乙丑科进士履历便览》，国家图书馆藏明嘉靖刻本。
[42]（明）林庭㭿、周广：嘉靖《江西通志》，《中国方志丛书·华中地方》第780号，台北：成文出版社1989年影印明嘉靖四年刊本。
[43] 嘉靖《浙江通志》，《天一阁藏明代方志选刊续编》，上海书店1990年版，第24—26册。
[44] 嘉靖《温州府志》，《天一阁藏明代方志选刊》，上海古籍书店1982年版，第17册。
[45] 嘉靖《许州志》，《天一阁藏明代方志选刊》，上海古籍书店1982年版，第47册。
[46] 嘉靖《蠡县志》，《天一阁藏明代方志选刊续编》，上海书店1990年版，第1册。
[47] 嘉靖《广信府志》，《天一阁藏明代方志选刊续编》，上海书店1990年版，第45册。
[48] 嘉靖《九江府志》，《天一阁藏明代方志选刊》，上海古籍书店1982年版，第36册。
[49] 嘉靖《临江府志》，《天一阁藏明代方志选刊续编》，上海书店1990年版，第49册。
[50]《嘉靖丰乘》，《天一阁藏明代方志选刊续编》，上海书店1990年版，第42册。
[51] 嘉靖《赣州府志》，《天一阁藏明代方志选刊》，上海古籍书店1982年版，第38册。
[52] 嘉靖《南安府志》，《天一阁藏明代方志选刊续编》，上海书店1990年版，第50册。
[53] 嘉靖《德庆州志》，《天一阁藏明代方志选刊续编》，上海书店1990年版，第65册。
[54] 嘉靖《淳安县志》，《天一阁藏明代方志选刊》，上海古籍书店1982年版，第16册。

[55] 嘉靖《山东通志》，《天一阁藏明代方志选刊续编》，上海书店1990年版，第51册。
[56] 嘉靖《惠州府志》，《天一阁藏明代方志选刊》，上海古籍书店1982年版，第62册。
[57] 嘉靖《东乡县志》，《天一阁藏明代方志选刊》，上海古籍书店1982年版，第40册。
[58] 嘉靖《延平府志》，《天一阁藏明代方志选刊》，上海古籍书店1982年版，第29册。
[59] 嘉靖《思南府志》，《天一阁藏明代方志选刊》，上海古籍书店1982年版，第67册。
[60] 嘉靖《袁州府志》，《天一阁藏明代方志选刊续编》，上海书店1990年版，第49册。
[61] 嘉靖《安吉州志》，《天一阁藏明代方志选刊续编》，上海书店1990年版，第28册。
[62] 嘉靖《章丘县志》，《天一阁藏明代方志选刊续编》，上海书店1990年版，第57册。
[63] 嘉靖《瑞金县志》，《天一阁藏明代方志选刊》，上海古籍书店1982年版，第40册。
[64] 嘉靖《建宁府志》，《天一阁藏明代方志选刊》，上海古籍书店1982年版，第27册。
[65] 嘉靖《宁州志》，《天一阁藏明代方志选刊续编》，上海书店1990年版，第43册。
[66]（清）朱彝尊：《经义考》，《四部备要》，台湾中华书局1981年版，第91—98册。

K

[67]（清）于成龙等：《江西通志》，载《中国方志丛书·华中地方》第781号，台北：成文出版社1989年影印清康熙二十二年刊本。
[68]（清）曾大升等：《抚州府志》，载《中国方志丛书·华中地

方》第 927 号，台北：成文出版社 1989 年影印清康熙廿七年刊本。
[69] （清）施闰章等：《临江府志》，载《中国方志丛书·华中地方》第 948 号，台北：成文出版社 1989 年影印清康熙七年刊本。
[70] （清）孙世昌等：《广信府志》，载《中国方志丛书·华中地方》第 918 号，台北：成文出版社 1989 年影印清康熙二十二年刊本。
[71] （清）江胤道等：《九江府志》，载《中国方志丛书·华中地方》第 736 号，台北：成文出版社 1989 年影印清康熙十二年刊本。
[72] （清）陈奕禧等：《南安府志》，载《中国方志丛书·华中地方》第 808 号，台北：成文出版社 1989 年影印康熙四十九年刊本。
[73] （清）廖文英等：《南康府志》，载《中国方志丛书·华中地方》第 819 号，台北：成文出版社 1989 年影印清康熙十五年补刊本。
[74] （清）黄家遴等：《饶州府志》，载《中国方志丛书·华中地方》第 959 号，台北：成文出版社 1989 年影印清康熙二十二年刊本。
[75] 刘海峰：《科举学导论》，华中师范大学出版社 2005 年版。

L

[76]《隆庆五年辛未科进士履历便览》，上海图书馆藏明隆庆刻本。
[77] 隆庆《临江府志》，《天一阁藏明代方志选刊》，上海古籍书店 1982 年版，第 35 册。
[78] 隆庆《仪真县志》，《天一阁藏明代方志选刊》，上海古籍书店 1982 年版，第 15 册。
[79] 隆庆《瑞昌县志》，《天一阁藏明代方志选刊》，上海古籍书店 1982 年版，第 40 册。

[80] （明）刘球：《两溪文集》，文渊阁《四库全书》，台北：商务印书馆1986年影印本，第1243册。
[81] （明）俞汝楫：《礼部志稿》，文渊阁《四库全书》，台北：商务印书馆1986年影印本，第597册。
[82] （清）盛子邺：《类姓登科考》，《四库全书存目丛书》，齐鲁书社1997年影印清钞本，子部，第226本。
[83] 尹德新主编：《历代教育笔记资料》第3册明代部分，中国劳动出版社1992年版。
[84] 池秀云：《历代名人室名别号辞典》，山西古籍出版社1998年版。

M

[85] （明）夏原吉等：《明太祖实录》，台北："中研院"史语所1962年校印本。
[86] （明）左辅等：《明太宗实录》，台北："中研院"史语所1962年校印本。
[87] （明）左辅等：《明宣宗实录》，台北："中研院"史语所1962年校印本。
[88] （明）孙继宗等：《明英宗实录》，台北："中研院"史语所1962年校印本。
[89] （明）张懋等：《明宪宗实录》，台北："中研院"史语所1962年校印本。
[90] （明）张懋等：《明孝宗实录》，台北："中研院"史语所1962年校印本。
[91] （明）徐光祚等：《明武宗实录》，台北："中研院"史语所1962年校印本。
[92] （明）张溶等：《明世宗实录》，台北："中研院"史语所1962年校印本。
[93] （明）张溶等：《明穆宗实录》，台北："中研院"史语所1962年校印本。

[94]《明神宗实录》，台北："中研院" 史语所 1962 年校印本。
[95]《明熹宗实录》，台北："中研院" 史语所 1962 年校印本。
[96]《明洪武四年进士登科录》，载王云五主编《丛书集成初编》第 3410 册，中华书局 1991 年影印《艺海珠尘》本。
[97]《明代登科录汇编》，载屈万里主编《明代史籍汇刊》，台北：台湾学生书局 1969 年版。
[98]（明）李贤等：《明一统志》，文渊阁《四库全书》，台北：商务印书馆 1986 年影印本，第 472—473 册。
[99]（明）李东阳等：《明会典》，文渊阁《四库全书》，台北：商务印书馆 1986 年影印本，第 617—618 册。
[100]（明）徐纮：《明名臣琬琰续录》，文渊阁《四库全书》，台北：商务印书馆 1986 年影印本，第 453 册。
[101]（明）程敏政：《明文衡》，文渊阁《四库全书》，台北：商务印书馆 1986 年影印本，第 1374 册。
[102]（清）张廷玉等撰：《明史》，中华书局 1974 年版。
[103]（清）黄宗羲：《明儒学案》，文渊阁《四库全书》，台北：商务印书馆 1986 年影印本，第 457 册。
[104]（清）朱彝尊：《明诗综》，文渊阁《四库全书》，台北：商务印书馆 1986 年影印本，第 1460 册。
[105]（清）黄宗羲：《明文海》，文渊阁《四库全书》，台北：商务印书馆 1986 年影印本，第 1453—1458 册。
[106] 朱保炯、谢沛霖编：《明清进士题名碑录索引》，上海古籍出版社 1979 年版。
[107]（清）陈田：《明诗纪事》，上海古籍出版社 1993 年版。
[108] 台湾"中央"图书馆编：《明人传记资料索引》，中华书局 1987 年版。
[109] 黄明光：《明代科举制度研究》，广西师范大学出版社 2000 年版。
[110] 多洛肯：《明代福建进士研究》，上海辞书出版社 2004 年版。
[111] 多洛肯：《明代浙江进士研究》，上海古籍出版社 2004 年版。

[112] 方志远：《明代城市与市民文学》，中华书局2004年版。
[113] 王凯旋：《明代科举制度考论》，沈阳出版社2005年版。
[114] 潘星辉：《明代文官铨选制度研究》，北京大学出版社2005年版。
[115] 陈长文：《明代进士登科录研究》，博士学位论文，浙江大学古籍研究所2005年12月。

N

[116]（明）夏言：《南宫奏稿》，文渊阁《四库全书》，台北：商务印书馆1986年影印本，第429册。

P

[117]（清）朱彝尊：《曝书亭全集》，《四部备要》，台北：台湾中华书局1981年版，第529—531册。

Q

[118]（清）陈兰森等：《南昌府志》，载《中国方志丛书·华中地方》第811号，台北：成文出版社1989年清乾隆五十四年刊本。
[119]（清）孟炤等：《建昌府志》，载《中国方志丛书·华中地方》第830号，台北：成文出版社1989年影印清乾隆二十四年刊本。
[120]（清）陈廷枚等：《袁州府志》，载《中国方志丛书·华中地方》第844号，台北：成文出版社1989年影印清乾隆二十五年刊本。
[121]（清）嵇曾筠等：《浙江通志》，文渊阁《四库全书》，台北：商务印书馆1986年影印本，第519—526册。
[122]（清）赵宏恩等：《江南通志》，文渊阁《四库全书》，台北：商务印书馆1986年影印本，第507—512册。
[123]（清）岳濬等：《山东通志》，文渊阁《四库全书》，台北：商

务印书馆 1986 年影印本，第 539—541 册。
[124]（清）鄂尔泰等：《云南通志》，文渊阁《四库全书》，台北：商务印书馆 1986 年影印本，第 569—570 册。
[125]（清）鄂尔泰等：《贵州通志》，文渊阁《四库全书》，台北：商务印书馆 1986 年影印本，第 571—572 册。
[126]（清）许容等：《甘肃通志》，文渊阁《四库全书》，台北：商务印书馆 1986 年影印本，第 557—558 册。
[127]（清）郝玉麟等：《福建通志》，文渊阁《四库全书》，台北：商务印书馆 1986 年影印本，第 527—530 册。
[128]（清）嵇璜等：《清文献通考》，浙江古籍出版社 1988 年版十通本。
[129]（清）黄虞稷：《千顷堂书目》，文渊阁《四库全书》，台北：商务印书馆 1986 年影印本，第 676 册。
[130] 毛晓阳：《清代江西进士丛考》，博士学位论文，浙江大学古籍研究所 2005 年 6 月。

R

[131]（清）于敏中：《日下旧闻考》，北京古籍出版社 1981 年版。

S

[132]（明）叶盛：《水东日记》，中华书局 1980 年点校本。
[133]（明）黄瑜：《双槐岁钞》，上海古籍出版社 2005 年点校本。
[134]（明）陆容：《菽园杂记》，上海古籍出版社 2005 年点校本。
[135]（明）郑岳：《山斋文集》，文渊阁《四库全书》，台北：商务印书馆 1986 年影印本，第 1263 册。
[136]（清）李兴元等：《吉安府志》，载《中国方志丛书·华中地方》第 272 号，台北：成文出版社 1976 年影印清顺治十七年刊本。
[137]（清）永瑢等：《四库全书总目》，中华书局 1965 年影印本。
[138] 乾隆敕修：《胜朝殉节诸臣录》，文渊阁《四库全书》，台北：商务印书馆 1986 年影印本，第 456 册。

T

[139]《天启壬戌科进士同年序齿录》，上海图书馆藏明天启刻本。

[140]《天启二年壬戌科进士履历》，国家图书馆藏明天启刻本。

[141]（明）余文龙等：《赣州府志》，《四库全书存目丛书》，齐鲁书社 1996 年影印顺治十七年汤斌刻本，史部，第 202 本。

[142]（清）许应鑅等：《南昌府志》，《中国地方志集成·江西府县志辑》，江苏古籍出版社 1996 年版，第 1—3 册。

[143]（清）达春布等：《九江府志》，《中国地方志集成·江西府县志辑》，江苏古籍出版社 1996 年版，第 9—10 册。

[144]（清）盛元等：《南康府志》，《中国地方志集成·江西府县志辑》，江苏古籍出版社 1996 年版，第 17 册。

[145]（清）蓧继洙：《广信府志》，《中国地方志集成·江西府县志辑》，江苏古籍出版社 1996 年版，第 20—21 册。

[146]（清）黄廷金等：《瑞州府志》，《中国地方志集成·江西府县志辑》，江苏古籍出版社 1996 年版，第 37 册。

[147]（清）德馨等：《临江府志》，《中国地方志集成·江西府县志辑》，江苏古籍出版社 1996 年版，第 41 册。

[148]（清）许应鑅等：《抚州府志》，《中国地方志集成·江西府县志辑》，江苏古籍出版社 1996 年版，第 45—46 册。

[149]（清）邵子彝等：《建昌府志》，《中国地方志集成·江西府县志辑》，江苏古籍出版社 1996 年版，第 53—54 册。

[150]（清）定祥等：《吉安府志》，《中国地方志集成·江西府县志辑》，江苏古籍出版社 1996 年版，第 60—61 册。

[151]（清）魏瀛等：《赣州府志》，《中国地方志集成·江西府县志辑》，江苏古籍出版社 1996 年版，第 73—74 册。

[152]（清）黄鸣珂：《南安府志》，《中国地方志集成·江西府县志辑》，江苏古籍出版社 1996 年版，第 84—85 册。

[153]（清）锡德等：《饶州府志》，《中国地方志集成·江西府县志辑》，江苏古籍出版社 1996 年版，第 29 册。

W

[154]《万历八年庚辰科进士履历便览》，上海图书馆藏明万历刻本。

[155]《万历十一年癸未科进士同年序齿便览》，上海图书馆藏明万历刻本。

[156]《万历乙未科进士同年序齿录》，上海图书馆藏明万历刻本。

[157]《万历二十六年会试录》，上海图书馆藏明万历刻本。

[158]《万历二十六年进士登科录》，上海图书馆藏明万历刻本。

[159]《万历二十六年戊戌科进士履历便览》，上海图书馆藏明万历刻本。

[160]《万历二十九年辛丑科进士履历便览》，上海图书馆藏明万历刻本。

[161]《万历三十二年进士登科录》，上海图书馆藏明万历刻本。

[162]《万历三十二年甲辰科进士履历便览》，上海图书馆藏明万历刻本。

[163]《万历三十五年进士登科录》，国家图书馆藏明万历刻本。

[164]《万历三十五年丁未科进士履历便览》，上海图书馆藏明万历刻本。

[165]（明）沈德符：《万历野获编》，文化艺术出版社 1998 年版。

[166]（明）范涞等：《新修南昌府志》，载《中国方志丛书·华中地方》第 810 号，台北：成文出版社 1989 年影印明万历十六年刊本。

[167]（明）邬鸣雷等：《建昌府志》，载《中国方志丛书·华中地方》第 829 号，台北：成文出版社 1989 年影印明万历四十一年刊本。

[168]万历《新昌县志》（浙江），《天一阁藏明代方志选刊》，上海古籍书店 1982 年版，第 19 册。

[169]万历《江浦县志》，《天一阁藏明代方志丛刊续编》，上海书店 1990 年版，第 7 册。

[170]（明）余之祯等：《吉安府志》，载《中国方志丛书·华中地

方》第768号，台北：成文出版社1989年影印明万历十三年刻本。

[171]（明）宋濂：《文宪集》，文渊阁《四库全书》，台北：商务印书馆1986年影印本，第1223册。

[172]（明）解缙：《文毅集》，文渊阁《四库全书》，台北：商务印书馆1986年影印本，第1236册。

[173]（明）徐有贞：《武功集》，文渊阁《四库全书》，台北：商务印书馆1986年影印本，第1245册。

[174]（明）谢肇淛：《五杂俎》，上海古籍出版社2005年点校本。

[175]（明）凌迪知：《万姓统谱》，文渊阁《四库全书》，台北：商务印书馆1986年影印本，第956—957册。

[176]（明）钱穀：《吴都文粹续集》，文渊阁《四库全书》，台北：商务印书馆1986年影印本，第1385—1386册。

X

[177]《宣德八年进士登科录》，国家图书馆藏明宣德刻本。

[178]（明）焦竑：《献徵录》，上海书店1987年影印本。

[179]（明）黄溥：《闲中今古录摘抄》，载王云五主编《丛书集成初编》，中华书局1985年新1版，第2895册。

[180]（明）徐咸：《西园杂记》，载王云五主编《丛书集成初编》，中华书局1985年新1版，第2913—2914册。

[181]（明）刘仕义：《新知录摘抄》，载王云五主编《丛书集成初编》，中华书局1985年新1版，第2928册。

[182]（清）嵇璜等：《续文献通考》，浙江古籍出版社1988年十通本。

Y

[183]《永乐九年进士登科录》，上海图书馆藏明永乐刻本。

[184]《永乐十三年会试录》，上海图书馆藏明永乐刻本。

[185]（明）朱元璋：《御制大诰三编》，《续修四库全书》，上海古

籍出版社 2002 年版，第 862 册。

[186]（明）王直：《抑庵文集》，上海古籍出版社 1991 年影印四库明人文集丛刊本。

[187]（明）王直：《抑庵文后集》，上海古籍出版社 1991 年影印四库明人文集丛刊本。

[188]（明）王世贞：《弇山堂别集》，中华书局 1985 年版。

[189]（明）焦竑：《玉堂丛语》，中华书局 1981 年点校本。

[190]（明）朱国祯：《涌幢小品》，文化艺术出版社 1998 年点校本。

[191]（清）觉罗石麟等：《山西通志》，文渊阁《四库全书》，台北：商务印书馆 1986 年影印本，第 542—550 册。

[192]（清）刘于义等：《陕西通志》，文渊阁《四库全书》，台北：商务印书馆 1986 年影印本，第 551—556 册。

[193]（清）黄廷桂等：《四川通志》，文渊阁《四库全书》，台北：商务印书馆 1986 年影印本，第 559—561 册。

[194]（清）郝玉麟等：《广东通志》，文渊阁《四库全书》，台北：商务印书馆 1986 年影印本，第 562—564 册。

[195]（清）金鉷等：《广西通志》，文渊阁《四库全书》，台北：商务印书馆 1986 年影印本，第 565—568 册。

[196]（清）李卫等：《畿辅通志》，文渊阁《四库全书》，台北：商务印书馆 1986 年影印本，第 504—506 册。

[197]（清）谢旻等修：《江西通志》，文渊阁《四库全书》，台北：商务印书馆 1986 年影印本，第 513—518 册。

[198]（清）王士俊等：《河南通志》，文渊阁《四库全书》，台北：商务印书馆 1986 年影印本，第 535—538 册。

[199]（清）史迈柱等：《湖广通志》，文渊阁《四库全书》，台北：商务印书馆 1986 年影印本，第 531—534 册。

Z

[200]《正统元年进士登科录》，上海图书馆藏明正统刻本。

[201]《正德三年会试录》，国家图书馆藏正德刻本。

[202]《正德三年进士登科录》，国家图书馆藏明正德刻本。
[203]《正德十二年丁丑同年增注会录》，国家图书馆藏明嘉靖刻本。
[204]《正德十五年会试录》，国家图书馆藏明正德刻本。
[205] 正德《建昌府志》，《天一阁藏明代方志选刊》，上海古籍书店1982年版，第34册。
[206] 正德《姑苏志》，《天一阁藏明代方志选刊续编》，上海书店1990年版，第11册。
[207] 正德《饶州府志》，《天一阁藏明代方志选刊续编》，上海书店1990年版，第44册。
[208] 正德《袁州府志》，《天一阁藏明代方志选刊》，上海古籍书店1982年版，第37册。
[209] 正德《瑞州府志》，《天一阁藏明代方志选刊续编》，上海书店1990年版，第42册。
[210] 正德《南康府志》，《天一阁藏明代方志选刊》，上海古籍书店1982年版，第39册。
[211] 正德《蓬州志》，《天一阁藏明代方志选刊续编》，上海书店1982年版，第67册。
[212] 正德《云南志》，《天一阁藏明代方志选刊续编》，上海书店1990年版，第70—71册。
[213] 正德《新城县志》，《天一阁藏明代方志选刊续编》，上海书店1990年版，第46册。
[214] 正德《松江府志》，《天一阁藏明代方志选刊续编》，上海书店1990年版，第5—6册。
[215] 正德《汝州志》，《天一阁藏明代方志选刊》，上海古籍书店1982年版，第46册。
[216]（明）魏校：《庄渠遗书》，文渊阁《四库全书》，台北：商务印书馆1986年影印本，第1267册。
[217]（明）归有光：《震川集》，《四部备要》，台北：台湾中华书局1981年版，第521—522册。
[218]（清）姜宸英：《湛园集》，文渊阁《四库全书》，台北：商务

印书馆1986年影印本，第1323册。
[219] 梁方仲：《中国历代户口田地、田赋统计》，上海人民出版社1980年版。
[220] 曹树基：《中国人口史》，复旦大学出版社2000年版。
[221] 吴宣德：《中国教育制度通史·明代卷》，山东教育出版社2000年版。

二 外文图书

[222] Ping-Ti HO, *The Ladder of Success in Imperial China: Aspects of Social Mobility, 1368 - 1911*, New York: Columbia University Press, 1962.

后　　记

修订好这篇不太像样的学位论文，最后再写点三年来值得记忆的事，以及应该感谢的人。

三年前的这个时候，非典给全国上下造成了一片混乱。我们就是在非典的威胁下，参加当年的博士生入学考试，我顺利地被浙大古籍所录取了。但录取的喜悦转瞬即逝，浙大对博士生毕业资格的苛刻要求，仿佛一座大山，立即沉沉地压上我的肩头。在当时看来，要移走这座大山，几乎是不可能完成的任务！三年后的今天，我居然一一完成了这些任务，按期取得了毕业答辩资格。开始和结局，都是如此幸运！

在这个幸运的过程中，有太多的理由，我应该感谢我的导师龚延明先生。自入学以来，先生就让我加入他的课题组，并为我单独提供了一个办公室。办公室在西溪图书馆的顶楼，室中储藏着相当丰富的文献资料，极大地方便了我的学习。三年苦修，我翻遍了室中的文献，对明代科举制度的研究算是入门了。在翻阅文献的过程中，我偶有心得，形成文字之后，先生必然要细致地批阅，一遍一遍，不厌其烦。尤其让我感动的是，先生对于我的每个想法，几乎都极力给予肯定和鼓励，从来不直接加以否定和打击。先生鼓励式的教育方式，使我获得了从来没有过的自信。如果要说我在浙大有什么收获，我想先生给予我的自信，应该放在首位。先生还给了我其他各种方式的帮助，难以穷言，在此一并表示感谢！

需要感谢的还有古籍所的其他老师。张涌泉所长严格认真，培养了我的学术规范意识。王云路老师平易近人，也给了我不少鼓励和指导。方建新教授对本文进行了初评，提出了相当中肯的修改意见，促进了本文水平的提高。还有束景南教授、崔富章教授等各位老师的授课，极大丰富了我的知识。办公室张淑亚老师和资料室的秦嘉慧老师，也为我提供了诸多的方便。浙大古籍所是一个优秀的团体，能从这里毕业，是我一生的荣耀。

还应该感谢我的家人，尤其是我的爱人周小英。我考上研究生的时候，女儿刚满一周岁，维持家庭和教育女儿的重任，便由爱人一人承担。一晃六年的时间，我博士毕业，女儿的小学一年级也快结束，我和女儿的每一个进步，都有爱人的一份功劳。而我所给予女儿和爱人的，与之难成正比。此外，我的父母、岳父岳母、兄弟和其他亲人，在我这几年的学习过程中，都给予了必要的支持和帮助，但我却未能给予他们相应的回报。每每心思及此，我不禁满怀愧疚。

回首这三年，值得铭记的还有同门、同室的友谊。作为先生的关门弟子，我受到了师兄毛晓阳、高明扬、沈小仙、陈长文和方芳等人的殷切关心和无私帮助；同室魏峰是历史系包伟民教授的高足，为了帮助本文水平的提高，他特地抽出宝贵的时间校读了本文初稿，指出了文中存在的不少疏误。

没有上述老师、亲友的帮助和支持，这篇论文我无论如何也完不成。同时，这些恩情铭刻于我心，使我不能不继续前进。

2006 年 5 月 31 日定稿于浙江大学西溪校区北园

出版后记

本书底稿为我的博士学位论文，是《中国历代登科总录》之子课题《明代登科总录》的阶段性成果之一。

自毕业以后，本人忙于教学科研的其他任务，没有心思考虑论文的修改和出版事宜，特别是这两年进入《明代登科总录》课题的扫尾阶段，几乎所有课余时间都投入其间，更是无暇顾及了。今年来，江西师范大学大力推进学科建设，在办学经费有限的情况下，专门划拨资金，全额资助本校教师的博士论文出版，本书有幸入选首批资助计划。

根据出版的要求，我对论文进行了以下几个方面的修改：

一、正文部分，主体内容、观点基本保持不变，对于若干处不太得体的语句进行了调整，并删掉了一些意义不太大的论证及材料，此外，花了较多的时间调整注释格式。

二、附录部分，对进士小传的内容进行精简，保留姓名字号、籍贯、历官等主要信息，其他信息则予以删除。这样做的主要目的，一是为了控制全文字数，二是凸显人物的主要信息，以方便读者的阅读。

三、原稿后记予以保留，作为本人在浙大生活的宝贵记忆。

四、修改了原文中存在的一些错别字、脱衍文。

明代科举制度和科举文献的研究，在2006年之后又取得了很大的进展，郭培贵等学者陆续发表了一大批重要的学术成果，对本书的修改有一定的指导意义。但因为时间比较紧张，本书未能在研究综述中进行新的补充，特此加以说明，并向他们表示歉意。

最后，我要感谢江西师范大学，感谢中国社会科学出版社，正是两家单位的合作，使我的论文有机会得以出版。特别感谢江西师范大学研究生院的孙桂珍老师、中国社会科学出版社的宫京蕾编辑，她们为本书的出版做了很多具体的工作，无私奉献，让人感动。书中存在的问题，一概由本人负责。

2013 年 11 月 25 日于江西师范大学逸夫楼